CSSCI来源集刊

JOURNAL OF
HUMAN RIGHTS
Volume 26

人权研究

第二十六卷

郑智航　主编

图书在版编目（CIP）数据

人权研究. 第26卷 / 郑智航主编. — 北京：商务印书馆，2023

ISBN 978-7-100-21691-3

Ⅰ. ①人… Ⅱ. ①郑… Ⅲ. ①人权—研究 Ⅳ. ①D082

中国版本图书馆 CIP 数据核字（2022）第 171445 号

权利保留，侵权必究。

人权研究

第二十六卷

郑智航　主编

商　务　印　书　馆　出　版
（北京王府井大街36号　邮政编码100710）
商　务　印　书　馆　发　行
江苏凤凰数码印务有限公司印刷
ISBN 978-7-100-21691-3

2023年11月第1版　　　　开本 700×1000 1/16
2023年11月第1次印刷　　　印张 30¼

定价：158.00元

编辑委员会

主　　任：徐显明

委　　员：（以姓氏笔画为序）

白桂梅　齐延平　李步云　李　林

张晓玲　徐显明　常　健　韩大元

编辑部

主　　任：何晓斌

编　　辑：（以姓氏笔画为序）

马扶摇　马康凤　王玉荣　冯俊伟

李　戈　杨　钊　倪文艳　雷海玲

序　言

"人权"，乃是人因其为人即应享有的权利，它无疑是人类文明史中一个最能唤起内心激情与理想的词语。人权，在今天已不再是一种抽象的意识形态，而是已成为一门需要熟虑慎思的学问。在呼吁人权的激情稍稍冷却的时候，挑战我们的智慧与理性的时代已经来临。

近代以来国人对人权理想的追求，总难摆脱经济发展、民族复兴的夙愿，曾经的救亡图存激起的民族主义情绪，始终是我们面对"西方"人权观念时挥之不去的顾虑。在个人与社群、公民与国家、自由与秩序、普遍价值与特殊国情之间，我们一直在做艰难的抉择。也正因此，为人权理想奔走呼号的人士固然可敬，那些秉持真诚的保留态度的人们也值得尊重。

人权不但张扬个人的自尊、自主、自强，也代表着一种不同于两千年中国法制传统的"现代"政治制度，它所依托的话语体系，既需要融合我们自己对理想社会的追求，也对我们既有的生活方式构成了严峻挑战。当意识到必须以一种近乎全新的政治法律制度迎接人权时代的来临之时，我们必须审慎思考自己脱胎换骨、破旧立新的方式。当经历"三千年未有之大变局"之后，一个古老的中国无疑遇到了新的问题。在这种格局下，人权的支持者和怀疑者都需要交代内心的理由：人权对中国意味着什么？对于渴望民族复兴的中国来说，人权对公共权力的规训是否意味着削弱我们行动的能力？对于一个缺乏个人主义传统的国家来说，人权对个人价值的强调是否意味着鼓励放纵？对于一个较少理性主义的国家来说，人权是否意味着将割裂我们为之眷恋的传统之根？对于这一源自"西方"的观念，我们如何既尊重其普遍价值又能不罔顾国情？诸如此类的问题，人权主义者必须作出回答，批评者亦必须作出回应。

人权既是美好的理想，又是政府行动的底线标准。

人权因其美好而成为我们为之奋斗的目标，毕竟，一个大国政道和治道的双重转换，确实需要时间来承载思想和制度上的蜕变。但是，对公共权力的民意约束、对表达自由的保护、对信仰自由的尊重、对基本生存底线的维持、对人的个性发展的保障，都昭示了政治文明走向以人权为核心的追求"时不我待"。我们必须承认，人权不是今人栽树、后人乘凉的美好愿景，而应当成为政府的底线政治伦理。政府的人权伦理不能等待渐进的实现，而应将之视作政府之为政府的要件。人权标准是一个"理想"并不等于也不应成为故步自封、拒绝制度转型的理由。

人权规范政府，但并不削弱权威。

近代民族国家的兴起和资本主义的扩张，将个人从传统的群体生活中抛出，个人直面国家成为现代政治的基本特征。个人主义价值观的兴起，在文化意义上凸现了个性的价值，在制度设计上为保护个人提供了防护性装置。民主化消除了君主专制和寡头政治的专横，但又带来了"多数派暴政"的危险，而巨型资本渐趋显现的对个人权利的社会性侵害，也经由政府释放着它的威胁。因此，人权观念的主流精神，始终在于防范公共权力。

但是，政府固然没有能力为非，却也无力行善。缺乏公正而有力的政府的社会，同样是滋生专制和暴政的温床。我们不会把尊重秩序与爱好专制混为一谈，也不会将笃信自由与蔑视法律视为一事。为公共权力设定人权标准，将强化而不是削弱权威，因为只有立基于民主选举、表达自由、尊重个性之上的公共权力才会获得正当性。与此同时，权威不等于暴力，它不是说一不二和独断专行。只有受到民意约束的政府，才能对维护公民的权利和自由保持高度的敏感。在一系列由于公共治理危机引发的严峻公共事件不断叩问我们良心的时候，我们相信，只有健全保障权利的政治安排，才能不致使政府因为无法获知民众的多元诉求而闭目塞听。我们需要牢记，一个基于民意和保障权利的政府才是有力量的。

人权张扬个性，但并不鼓励放纵。

人权旨在通过强化个人力量来制约公权力，它既张扬个性的价值，也坚信由制度所构造的个人创新精神乃是社会文明进步的根本动力。它让我们重新思考，依赖于牺牲个人权益的传统途径来保障公共利益，是否仍然具有合法性和有效性。在人权主义者看来，集体首先是个人的联合，公共利益也并非在各个场合都先于个人利益，它并不具有超越于个人之上的独立价值。为了所谓公益而把牺牲个人当作无可置疑的一般原则,将最终使公共利益无所依归。人权尊重个人自由,也倡导个体责任与自由结伴而行,它旨在改善个人努力的方向,排除在公共安排方面的投机,唤起普遍的慎重和勤奋,阻止社会的原子化和个人的骄奢放纵。自由与责任的结合,使每个人真正成为自我事务的"主权者"。当专断与暴政试图损害人的心灵的时候,人权思想具有阻止心灵堕落的功能。一个尊重个人价值的社会,才能滋养自立自强、尊重他人、关爱社群的精神氛围。一个尊重个人价值的社会,才能真正增进公共利益,获致国家的富强和民族的复兴。

人权尊重理性,但并不拒绝传统。

面临现代社会个人与国家的二元对立,我们期望通过培育权利和自由观念来增强个人的力量。人权尊重理性,它将"摆脱一统的思想、习惯的束缚、家庭的清规、阶级的观点,甚至在一定程度上摆脱民族的偏见;只把传统视为一种习得的知识,把现存的事实视为创新和改进的有用学习材料"(托克维尔语)。理性主义尊重个体选择,但它并不是"弱者的武器",甚至不能假"保护少数"之名行欺侮多数之实。"强者"和"多数"的权利同样属于人权的范畴。张扬理性乃是所有人的天赋权利,故人权理念不鼓励人群对立、均分财富和政治清算。我们主张人权与传统的融合,意味着我们要把界定"传统"含义的权利当作个人选择的领地留给公民自己,把增进公民德行的期望寄托于自由精神的熏陶而不是当权者的教化。我们相信,人权所张扬的理性价值,在审视和反思一切陈规陋习的同时,又能真诚地保留家庭、社群、民族的优良传统。

人权尊重普遍价值,但并不排斥特殊国情。

人权的普遍价值,系指不同的民族和文化类型在人权观念上的基本共识,它旨在唤醒超越国家疆界的同胞情谊,抛却民族主义的偏私见解。人权不是"西方"的专属之物,而是为全人类共享的价值。我们拒绝个别国家挥舞的人权大棒,仅仅确信那些出于狭隘民族国家利益的人权诉求构成了对人类共同价值的威胁。第二次世界大战以后,随着对威胁人类和平和尊严的反思日益深切,国际交往日益紧密,"人权"概念从东方和西方两个角度得到阐释,它厘定了共同的底线标准,也容忍各国的特殊实践。没有哪个国家可以标榜自己为人权国家的标准版本。但是我们相信,承认人权的特殊性只是为了拓展各族人民推进人权保障的思想潜力,任何国家以其特殊性来否定人权价值都是缺乏远见的。特殊性的主张不能成为遮羞布,人权在消除不人道、不公正实践方面的规范意义,应被置于首要地位。正像立宪民主有其改造现实、修正传统的功能和追求一样,人权标准与现实之间的紧张关系必须通过优化制度安排、改造陈规陋习来解决。

当下纷繁复杂的人权理论,既寄托着人们的期望,也挑战着人们的理智;它既是我们研究的起点,也是我们审视的对象。人权是一门需要理性建构的学科。唯怀有追求自由的执着热情,又秉持慎思明辨的冷静见解,才能使之萌茁发展。《人权研究》集刊就是为之搭建的一个发展平台。

是为序。

徐显明

2008 年 12 月 10 日

目 录

马克思主义人权理论中国化

3 "以人民为中心"
　　——理解中国共产党百年人权理论与实践的总钥匙　／肖君拥
23 美好生活权的法理意涵　／王岩云
41 儿童节假日制度的反思与重构
　　——以马克思主义人权理论为基础　／蒋华林
63 马克思对启蒙人权理论的解构、重构及启示
　　——基于《论犹太人问题》的分析　／孟非白

人权基本理论

83 宪法权利有位阶吗？　／章小杉
102 德沃金权利论题重构　／陈　坤
120 近代中国的国家主义权利观　／张梦婉
145 "权利行使不可罚"原则之质疑　／贺晨霞
166 作为法律原则的基本权规范研究　／李　鑫　段聪颖
186 律师庭外言论的监管模式　／张　培
202 人类的脆弱性与社会正义　／〔美〕玛萨·艾伯森·法曼 著
　　　　　　　　　　　　　　　李　霞　左君超 编译

环境权利研究

223 程序性环境权视角下的气候诉讼　／龚　微

242 论生态文明视域下牧民环境权实现路径的
　　　理论反思与重构　／杜建明
259 《埃斯卡苏协定》环境程序权的规范演进及人权法进路论析
　　　／马　亮

数据权利专栏

285 论宪法公民通信权的保护范围　／聂友伦
303 我国个人信息保护的宪法规范分析　／方　逊
320 个人信息隐私权的刑法保护路径探究
　　　——以生物识别信息为切入点　／王倩云　宫　月

权利发展研究

339 罗马法中的监护豁免权及其后世影响　／朱正远
359 社会功能分化背景下科学系统的自我治理与人权保护　／黄彦萌

刑事诉讼中的人权保护

377 公诉案件被害人角色定位的理性审视　／李文军
400 从经验驱动到数据驱动
　　　——逮捕社会危险性评估模式的逻辑转换　／施珠妹
423 非法证据排除的审查门槛与权衡因素
　　　——以欧洲人权法院判例为例　／〔西班牙〕安娜·玛丽亚·托雷斯·切德瑞 著　张嘉源 译

453 Abstracts

470 稿　约

CONTENTS

Sinicization of Marxism Theory of Human Rights

3 "People-Centered"
 —The Master Key to Comprehending the Centennial Human Rights Theory and Practice of the CPC / Xiao Junyong

23 The Jurisprudence Meaning of the Right to a Better Life
 / Wang Yanyun

41 Reflection and Reconstruction of Children's Holiday System
 —From the Perspective of Marxist Human Rights Theory
 / Jiang Hualin

63 Marx on Deconstruction and Reconstructoin of Human Right's Theory about Enlightenment
 —Based on Review to *the Jewish Question* / Meng Feibai

Basic Theory of Human Rights

83 Is There a Hierarchy of Constitutional Rights? / Zhang Xiaoshan

102 A Reconstruction of Dworkin's Right Thesis / Chen Kun

120 The Nationalistic Conception of Right in Modern China
 / Zhang Mengwan

145 Challenges to the Principle of "Non-Punishability of the Exercise of Rights" / He Chenxia

166 Study of Constitutional Right Norms as Legal Principles
 / Li Xin & Duan Congying

186 The Supervision Mode Of The Lawyers' Out-court Comments
      / Zhang Pei

202 Vulnerability and Social Justice   / Martha Albertson Fineman
      Translated by Li Xia & Zuo Junchao

Research on Environmental Rights

223 Climate Litigation from the Perspective of Procedural
      Environmental Rights   / Gong Wei

242 On the Theoretical Reflection and Reconstruction of the Protection Path of Herdsmen's Environmental Rights in the Perspective of Ecological Civilization   / Du Jianming

259 On the Normative Evolution of Environmental Procedural Rights in *the Escazú Agreement* and the Approach of Human Rights Law
      / Liu Mengyao

Research on Data Rights

285 On the Protection Scope of Citizens' Right to Communication in the Constitution   / Nie Youlun

303 The Constitutional Normative Basis of Our *Personal Information Protection Law*
      —From the "Draft Law" without "the Law is Enacted in Accordance with the Constitution"   / Fang Xun

320 Exploration on the Path of Criminal Law Protection of the Information Privacy
      —Taking the Biometric Information as the Starting Point
      / Wang Qianyun & Gong Yue

Research on the Development of Rights

339 Immunity of the Guardianship in Roman Law and Its Modern Application / Zhu Zhengyuan

359 Science System's Self-Governance and Human Rights' Rrotection under the View of Social Functional Differentiation / Huang Yanmeng

Human Rights Protection in Criminal Proceedings

377 Rational Examination of the Role of the Victim in Public Prosecution Cases / Li Wenjun

400 From Experience-Driven Risk Assessment to Data-Driven Risk Assessment —The Logic Conversion of Risk Assessment Model of Pretrial Detention / Shi Zhumei

423 An Analysis of the Exclusion of Evidence Obtained in Violation of Human Rights in Light of the Jurisprudence of the European Court of Human Rights / Ana Maria Torres Chedraui Translated by Zhang Jiayuan

453 Abstracts

470 Call for Papers

马克思主义人权理论中国化

"以人民为中心"
——理解中国共产党百年人权理论与实践的总钥匙[*]

肖君拥[**]

摘 要:"以人民为中心"是习近平新时代中国特色社会主义思想的价值内核,坚持并发展了毛泽东提出的"为人民服务"理念,吸收并传承了"三个有利于""三个代表""科学发展观"等思想理论,凝聚了中国共产党百年理论探索和实践总结,在全党和人民群众中获得了坚定广泛的认同支持。中国百年来人权建设所取得的丰功伟绩,可以归因为中国共产党形成并发展了"以人民为中心"的人权理论。从"以人民为中心"出发,系统建构优化社会主义现代化国家的制度体系、治理体系。中国共产党历代中央领导集体坚持"以人民为中心"统筹谋划国家安全、社会稳定、经济发展、文化繁荣、生态健康,共商共建共享,巩固政治、文化等传统优势,补齐减贫、环保等各项人权建设的短板,使得人权事业发展获得了源源不断的持续内驱力。

关键词:以人民为中心;中国共产党;人权;理论阐释

享有充分的人权是人类社会长期追求的崇高理想,也是近代以来中国人民矢志不渝追求的目标。[①] 鸦片战争后,在半殖民地半封建的旧中国,由于深受帝国主义、封建主义、官僚资本主义"三座大山"的压迫和剥削,灾难深重的中国人民可以说毫无人权可言。尽管一代代优秀的中华儿女为了民族的独立

---

[*] 本文系教育部人文社科重点研究基地项目(21JJD820009)的阶段性研究成果。本文初稿曾提交中国人权研究会2021年4月在吉林大学召开的"中国共产党与中国人权事业发展进步"国际研讨会,受益于诸众师友的评论与建议,谨此致谢。

[**] 肖君拥,法学博士,北京理工大学法学院教授、博士生导师,国家人权教育与培训基地·北京理工大学科技与人权研究中心执行主任。

[①] 参见国务院新闻办公室:《中国的人权状况》白皮书,1991年版,第1页。

与人民的解放，不断进行探索与尝试，但从洋务运动、君主立宪制的失败到辛亥革命的果实被袁世凯窃取等历史事件来看，近代的农民阶级、地主阶级及民族资产阶级都没能承担起民族解放和民族振兴的重任。直到以马克思主义为指导的无产阶级政党——中国共产党诞生后，其带领中国人民进行了一场推翻"三座大山"压迫、争取人民当家作主的伟大人权运动。从1921年中国共产党成立之初，中国人民为了救亡图存，让人民享有生存、平等、发展等基本人权而不断进行抗争，到2021年全国各族人民追求美好生活，充分享有各项人权，这条道路已然经历了百年历程。这期间，中国人权事业理论与实践伴随中国共产党三次重大理论创新历程也实现了三次历史性飞跃。马克思主义普遍真理与中国革命和建设的实践相结合形成了毛泽东思想，[①]形成了中国人权发展的第一次飞跃。改革开放时期，为解放和发展生产力，探索形成了中国特色社会主义理论体系，为中国人权事业发展的第二次飞跃奠定了坚强的制度保障。习近平同志新时代中国特色社会主义思想塑造了极富中国特色的人权保障理论与实践，并由此诞生了中国人权发展的第三次飞跃。回顾中共百年历史，党在中国人权事业发展史中扮演着领导者、推动者、保障者的多重角色，书写了一部以人民为中心，争取、发展和完善人权的革命史、奋斗史。在第二个百年目标开局之年，深入探寻"以人民为中心"的中国共产党百年人权理论与实践的总钥匙，从三次重大理论创新历史性飞跃的角度来理解和总结中国共产党领导中国人民争取人权、发展人权、享有人权的历史选择与科学经验，对于促进中国人权事业取得更大进步，启迪世界其他发展中国家与民族，都具有十分重要的意义。

一　毛泽东思想中的人权理论及其实践

中国共产党始终坚持革命为了人民、依靠人民，并在人民的支持和帮助下，一次次克服困难、化险为夷，从弱小走向壮大。以毛泽东为代表的第一代党的领导人在深入总结中国革命经验教训的基础上，创造性地提出了党和革

[①] 参见张文显主编：《法理学》（第5版），高等教育出版社2018年版，第49页。

命军队的宗旨就是要全心全意为人民服务。这一宗旨是马克思主义人权观同中国革命具体实际相结合的产物,是毛泽东思想在人权领域的集中体现,为新中国的建立及其建设奠定了重要的群众基础和理论支撑,实现了争取人权的首次重大理论创新。

(一) 以毛泽东为代表的中国共产党早期人权观发展历程

早在新文化运动中,党的创始人之一陈独秀就在《敬告青年》中提出:"国人而欲脱蒙昧时代,羞为浅化之民也,则急起直追,当以科学与人权并重。"[①] 1921年5月5日,武汉的共产党早期组织在领导汉口人力车夫的罢工斗争中,也提出了"奋斗、争自由、争人格"的口号。[②] 由此可见,早期党在创设阶段就着力启发人民去追求人权与民主,为毛泽东人权思想的初步形成奠定了基础。

1921年7月23日,党的一大召开标志着中国共产党的正式成立,开辟了中华民族民主革命和人权斗争的新时期。中国共产党自诞生伊始,就担当起团结和带领中国人民争取和实现人权的重任,鲜明地提出了党的性质和奋斗目标。1922年6月,党在《第一次对时局的主张》中,对选举、言论等人民权利进行了吁求。同年7月,党的二大通过了《中国共产党第二次全国代表大会宣言》,阐明了中国革命的性质、动力和对象,制定了党的最低纲领和最高纲领,同时对平等选举、言论自由、工人待遇、限制田租率、男女平等、教育普及等方面进行了规定。自1922年1月到1923年2月,中国共产党领导了多次工人运动,其中不乏对争取人权的政治主张。如1922年9月,毛泽东亲自部署了安源路矿工人大罢工,提出保障工人权利、增加工资、改善待遇等17项要求,其间喊出了"从前是牛马,现在要做人"的口号。1923年年初,党在领导二七大罢工时明确提出了"为自由而战,为人权而战"。中国共产党成立后,其带领工人运动争取人权的同时,还组织和发动了农民、青年、妇女运动,为他们争取应有的利益。

在大革命前夕,1923年6月,党的三大决定了共产党员以个人身份加入国

[①] 陈独秀:《敬告青年》(1915年9月15日),《青年杂志》第1卷第1号。
[②] 参见中共中央党史研究室:《中国共产党历史第一卷(1921—1949)上册》,中共党史出版社2011年版,第65页。

民党以促进国共合作,这也是党为保障人民享有基本权利、推进国民革命所做的一定程度上的让步与努力。1925年1月,党的四大第一次明确提出了无产阶级在民主革命中的领导权和工农联盟问题。这一时期国共合作的实现,促进了工人、农民、学生、妇女等群众运动的开展,一定程度上促进了人权事业发展。北伐战争中,党的早期领导人和优秀共产党员的政治工作对北伐军产生了积极的影响。赴江西前线实地考察的中央军事特派员王一飞在给中央的报告中写道:北伐军的政治工作"虽不能尽人如意,但对于人民及本军兵士,多少是有影响的,至少,我军兵士是知'国民革命'、'打倒军阀'、解放人民的,所以我军兵士累次打仗中是非常勇敢的"[1]。1927年起,中国共产党领导人民发动了一系列起义。虽然这些起义的地点和参加人员等不尽相同,但其目标是一致的,都是反抗剥削与压迫,争取人民的基本权利。

土地革命时期,以毛泽东为主要代表的一批共产党人,除了进行武装反抗国民党反动统治的斗争,还开展了艰苦卓绝的土地革命斗争,建立、发展了多个农村革命根据地,逐步找寻到一条适合中国革命的新道路。1928年1月,毛泽东指导起草了《遂川工农兵政府临时政纲》,规定了工人、农民、士兵和其他贫民都有参与政治的权利。同年4月,毛泽东在总结了井冈山根据地从事群众工作的经验后,提出了三大纪律、六项规定,体现了共产党员为人民服务开展工作的理念。同年12月,毛泽东亲自主持制定了井冈山《土地法》,以法律的形式肯定了农民分得土地的权利。此后,全国多地制定了土地法和政策,将一切权利交给工农劳苦大众。1928年6月18日至7月11日,党的六大召开并通过了关于政治、军事、组织、苏维埃政权、农民、土地、职工、宣传、民族、妇女、青年团等问题的决议。党的六大召开后的一年多时间里,各根据地土地革命广泛开展,全党对土地分配政策的探索取得了新进展。1931年11月7日,在江西瑞金召开的中华苏维埃共和国工农兵代表大会上,毛泽东当选为中央执行委员会主席,大会通过了《中华苏维埃共和国宪法大纲》及劳动法、土地法、关于经济政策的决定等重要决议。其中宪法大纲规定:苏维埃全部政权属于工人、农民、红军士兵及一切劳苦民众和他们的家属,不分男女民族和宗教信仰,

---

[1] 中央档案馆:《江西战事胜利的经过及北伐军东下问题》(1926年12月9日),中共中央党校出版社1981年版,第33页。

在苏维埃法律面前一律平等。① 规定了工人、农民、红军以及一切劳苦民众享有的一系列政治、经济、文化和社会权利。此外,根据地还注重经济和文化教育建设。经济上大力发展农业经济、手工业生产、对外贸易等,文化教育事业上通过举办夜校、补习班、识字班、墙报等多种形式,提高人民的文化水平。土地革命极大地调动了农民支持党开展革命斗争的热情与激情,这一时期中,党以人民为中心的人权理念已初具雏形。

1935年8月1日,中共中央发表《为抗日救国告全体同胞书》,此即著名的八一宣言,文末明确号召人民:"为祖国生命而战!为民族生存而战!为国家独立而战!为领土完整而战!为人权自由而战!"抗日战争时期,多灾多难的中华民族连最基本的生存权都无法得到保障,中国人民处在水深火热当中。1937年7月7日,卢沟桥事变爆发后,中共中央号召全国同胞共筑民族统一战线,于7月15日送交蒋介石《为公布国共合作宣言》,提出发动全民族抗战、实行民主政治和改善人民生活等三项基本要求。② 之后,党中央和毛泽东同志进一步号召全国人民为民族独立、民族自由、民生幸福而奋斗。1937年8月25日,洛川会议上通过的《抗日救国十大纲领》中,前两条内容都是关于民主的。从卢沟桥事变到1938年10月的这段时间里,日本侵略者占领了北平、天津、太原、上海、南京、广州、武汉等重要城市,并进行了大规模的烧杀淫掠,更在1937年12月制造了惨绝人寰的南京大屠杀,给中国人民带来了沉重的灾难。抗日战争开始后,党带领中国人民进行了大量的抗日救亡运动,旨在为人民争取最基础的人权。

1939年至1942年间,中国共产党领导的各抗日根据地政府先后颁行了一系列施政纲领,在政治、经济、社会、文化、人权等方面都有相关规定。如1941年5月1日,毛泽东在《陕甘宁边区施政纲领》中指出按照"三三制"组织抗日民主政权,保证一切抗日人民的人权、政权、财权及言论、出版、集会、结社等各项自由民主权利。1945年4月23日至6月11日,党的七大强调:"全心全意地为人民服务,一刻也不脱离群众;一切从人民的利益出发,而不是从个人或小集团的利益出发;向人民负责和向党的领导机关负责的一致性;这些就是我们

---

① 参见中共中央党史研究室:《中国共产党历史第一卷(1921—1949)上册》,第327页。
② 参见杨德山、韩宇:《中共党史简明读本》,华文出版社2016年版,第52页。

的出发点。""共产党人的一切言论行动,必须以合乎最广大人民群众的最大利益,为最广大人民群众所拥护为最高标准。"①1945年9月2日,日本的无条件投降标志着中国抗日战争的胜利,中国共产党在抗战中起到了中流砥柱的作用,其行动是中国人民争取最基础人权的有力实践。

解放战争时期,在中国共产党带领全国人民争取民主与权利的过程中,人权建设理论又有了新的发展,充分体现在这一时期提出的一些纲领和法令及实施过程中。1944年9月8日,毛泽东在张思德追悼会上的演讲讲述了为人民服务的道理,号召大家学习张思德同志完全彻底为人民服务的精神。"紧紧地和中国人民站在一起,全心全意为中国人民服务,就是这个军队的唯一宗旨。"②党在1947年9月通过了《中国土地法大纲》,大纲规定了彻底平分土地的基本原则。1948年8月,第六次全国劳动大会通过的《关于中国职工运动当前任务的决议》等,丰富了人权内容,在个人基本权利的基础上,增加了关于政治、经济、社会和文化等方面的内容。同时,在这一时期,党还明确提出了民族区域自治政策,对实现民族平等、促进民族团结产生了深远影响。

经过不懈努力,以毛泽东为代表的中国共产党带领中国人民,终于推翻了"三座大山"的压迫,赢得了国家独立和基本人权。这是中国共产党领导人民争取人权斗争的历史性胜利成果。

1949年新中国的成立,标志着中国革命进入了一个全新的历史时期,其后逐步确立了社会主义基本制度,完成了中国历史上最为广泛而深刻的社会变革,为中国人权事业发展奠定了根本政治前提和制度基础。新中国成立初期,党十分重视人民的文化教育工作:为了使广大人民得到受教育的权利,在多地开办了补习学校、夜校和扫盲学校;为了使少数民族人民接受教育,专门在北京设立了中央民族学院;通过教育制度改革,使人民普遍得到了接受基础教育的机会。1954年9月,第一届全国人民代表大会通过了中华人民共和国的第一部宪法,以国家根本大法的形式确定了人民群众的基本权利,并且先后制定了《婚姻法》《工会法》《选举法》等关于婚姻、劳动、经济、选举的法规。从1956

---

① 毛泽东:《论联合政府》,载《毛泽东选集》(第3卷),人民出版社1991年版,第1094—1096页。
② 同上书,第1039页。

年到1976年,由于发生反右扩大化、"大跃进"、"文化大革命"等错误,中国人权事业发展走了弯路,产生了许多人权悲剧,成了不堪回首的记忆。不过,实行改革开放政策之前的中共党史和新中国建设史已然显示,人民民主的法律制度由萌芽实现初具规模,人民的人权意识和保障水平都得到了进一步的提高。

(二) 毛泽东人权思想的理论特质

毛泽东人权思想是马克思主义人权观与中国实践相结合的产物,是马克思主义中国化的首个重大理论成果的一个重要组成部分,具有鲜明的理论特质。

一是以革命争取权利是毛泽东人权思想的依托。毛泽东分析和总结了近代中国人权斗争的经验教训后,创造性地提出了"枪杆子里出政权"的论断,认为只有武装革命才能实现国家独立和民族解放,人民才有充分享有人权的可能。大革命时期,在城市范围,毛泽东带领的共产党人团结工人阶级,告诉他们如何使用"阶级斗争"来争取应有之权;在农村地区,团结农民和妇女起来反对封建主义践踏人权。土地革命时期,毛泽东主张没收地主的土地分给农民,建立苏维埃政权,颁布了各种法律、法规,保障并发展了人权。抗日战争时期,他号召并带领全国人民奋起反抗日本帝国主义的侵略,建立抗日统一战线,维护民族尊严和人民权益。解放战争时期,他先是争取用和平方式建立国家,等到和平的方式无果后才提出不放弃通过武力实现和平与统一。

二是全心全意为人民服务是毛泽东人权思想的灵魂。党为人民服务的宗旨,实质上就是以人民为中心的人权思想在此时期的集中体现。换句话说,以人民为中心的人权思想理论根源于为人民服务的政治伦理。毛泽东强调,中国共产党带领人民群众取得革命胜利的前提,就是和人民群众密切联系,这也是中国共产党与其他党派的本质区别。党必须密切联系群众,一切从群众的利益出发,树立一切为了人民的观点。他还深刻认识到先进生产力是由人民创造的,只有了解人民的需求,服务于人民,把党的一切言论和行动统一到为人民服务的宗旨上来,才能把握先进生产力的正确方向,进而推动经济社会的发展,提高人民群众的生活水平。

三是民主制度是毛泽东人权思想的实践模式。毛泽东穷极一生都在为人民民主事业奋斗。他认为,国家权力来源于人民,服务于人民,属于人民。人民代表大会制度是我国的根本政治制度,是人民民主制度的表现形式。我国宪法对国家公权力的行使、人民代表大会的产生与运转、公民基本权利义务等作出了详细的制度安排,以国家根本法的高度来保障人民民主。在处理干群问题上,应坚持民主集中制原则;在处理与其他党派关系上,应坚持"长期共存,互相监督";在处理民族事项上,应坚持民族自治、民族团结。民主制度是处理人民内部矛盾的有效方法,是毛泽东人权思想鲜明的实践方式,只有坚持人民民主专政,才能从根本上促进矛盾解决与人民权益保障。

二 中国特色社会主义理论体系中的人权理论创新

从1978年党的十一届三中全会到2012年中共十八大的召开,中国共产党坚持从中国实际出发,大力发展人权事业,先后形成了邓小平理论、"三个代表"重要思想和科学发展观,即中国特色社会主义理论体系。其中:改革开放为人权保障发展注入强劲动力,初步形成了邓小平理论;"三个代表"重要思想对于全面开创中国特色社会主义人权事业新格局发挥了积极的作用;科学发展观对于全面建成小康社会、夺取中国特色社会主义新胜利起到极其重要的作用。这些理论的形成,使得党领导人民找到了一条真正符合中国国情的人权发展道路,推动中国人权事业实现历史性发展。

邓小平同志创立了建设有中国特色的社会主义理论,对马克思主义人权理论中国化的发展作出了新的贡献。1978年12月,邓小平在党的十一届三中全会上强调:"人人有依法规定的平等权利和义务,谁也不能占便宜,谁也不能犯法。不管谁犯了法,都要由公安机关依法侦查,司法机关依法办理,任何人都不许干扰法律的实施,任何犯了法的人都不能逍遥法外。"[①]1980年8月,邓小平在中央政治局扩大会议上明确指出:"保证全体人民享有各项公民权利","要使我们的宪法更加完备、周密、准确,能够切实保证人民真正享有管理国家

[①]《邓小平文选》(第2卷),人民出版社1994年版,第332页。

各级组织和各项企业事业的权力,享有充分的公民权利"。① 面对党内存在的家长制作风问题,邓小平多次予以严厉批评,主张在党内民主生活中应坚持民主集中制的原则。法制是保证人民民主的基础,在他的指示下,我国加快了人权立法的进程,不仅颁行了1982年宪法以保障人权,而且还制定了刑事、民事等方面的实体法与程序法,使我国人权保障逐步进入法制化的轨道。同时,邓小平认为发展很重要。在《沿着有中国特色的社会主义道路前进》报告中,他提出"一个中心、两个基本点"这一伟大论述与判断,为我国改革开放以来的经济建设飞速发展奠定了基础,从而使人权实践实现效益最大化。

1991年11月,国务院新闻办发表的《中国的人权状况》白皮书从生存权、政治文化经济社会权利、特殊人群权益、司法中的人权保障等多个角度和大量事实出发,对我国人权理论和实践做了详细描述,阐释了我国保障人权的政策和立场,体现出中国为实现《世界人权宣言》确立的目标所做的努力。1993年,中国人权研究会成立,标志着中国对人权问题的理论与实践研究更加专业化。1995年10月,江泽民同志明确指出,实现人权普遍性原则必须与各国的具体情况相结合。这就大大拓宽了人权理论研究视野,在人权理论的科学性上迈出了新的一步。② 1997年党的十五大首次将"人权"概念写入党的全国代表大会的正式文件中,提出"共产党执政就是领导和支持人民掌握管理国家的权力,实行民主选举、民主决策、民主管理和民主监督,保证人民依法享有广泛的权利和自由,尊重和保障人权"③。

2001年7月,在庆祝中国共产党成立八十周年大会上,江泽民同志系统阐释了"三个代表"的重要思想,其中一项就是党要始终代表中国最广大人民的根本利益。2002年,中共十六大再次将"尊重和保障人权"写入报告中,并将之作为社会主义政治文明建设的重要目标。

2003年,胡锦涛同志正式提出"科学发展观",核心就是以人为本,凸显人权保障的重要性。2004年,"人权"概念首次被载入宪法,正式确立了尊重和保

---

① 《邓小平文选》(第2卷),第339页。
② 参见谷春德:《30年来的中国人权理论研究与创新》,《高校理论战线》2009年第2期,第50页。
③ 《江泽民文选》(第2卷),人民出版社2006年版,第29页。

障人权的宪法原则地位。2007年,中共十七大报告指出要"尊重和保障人权,依法保证全体社会成员平等参与、平等发展的权利"①。同年,"尊重和保障人权"首次被写进《中国共产党章程》。

从改革开放到中共十八大召开期间,中国共产党探讨和保障人权的工作取得了非凡的成绩。其中,首要内容就是保障人民的生存权和发展权,通过改革和完善社会主义基本经济制度和体制,把解放和发展生产力作为第一要务,把实现人民群众的共同富裕作为最终目标,从而抓住了人权建设问题的关键。改革开放改变了人民的生活水平,中国社会也由此发生了翻天覆地的变化。社会主义经济建设高速发展,人民生活日益改善,国内生产总值和城乡居民收入持续增长。从1978年到2012年,国内生产总值从3645.2亿元上升到518,942.1亿元,增长了141倍。城镇居民人均收入由343元增加到24,565元,农村居民人均纯收入从134元增长到7917元;城镇居民家庭恩格尔系数从1978年的57.5%降低到36.2%,农村居民家庭恩格尔系数从1978年的67.7%降低到39.3%。②同时,党和国家还加强扶贫和社会保障工作,贫困人口持续减少,社会保障持续加强。

(一) 邓小平人权思想简析

邓小平同志为中国特色人权发展作出了卓越的贡献。从其关于人权问题的系列讲话中,可以看出以下几个特点:一是保障全体人民享有公民权利与民主权利。他分析并总结了"文化大革命"给我国人权事业带来的惨痛教训,指出一段时间以来的不正常现象,强调党和国家要充分保障和发展人权,使全体人民真正意义上享有充分人权。二是邓小平认为中国的人权与西方的人权观点不同。在范围上,中国主张人权由多数人享有,而西方人权的享有者则仅是少部分人。在制度上,只有中国的人权才能称得上真正意义上的人权,西方的人权仅是资本家的特权。在人权观上,中方认为生存权和发展权是首要的人权,西方却否认这点。在主体上,中方认为集体人权和个人人权同等重要,而

---

① 国务院新闻办公室:《中国共产党尊重和保障人权的伟大实践》,《光明日报》2021年6月25日,第4版。
② 参见中华人民共和国国家统计局编:《中国统计年鉴2013》,http://www.stats.gov.cn/tjsj/ndsj/2013/indexch.htm,2021年8月20日访问。

西方不承认集体人权。在适用范围上,中方认为人权虽有一定的国际属性,但主要是一国主权范围内的问题,反对利用人权问题肆意干涉他国内政,而西方的人权奉行霸权主义和强权政治,利用人权问题肆意干涉他国内政。三是邓小平认为国权比人权重要。他指出国家的主权和安全是首要的,主权是人权的前提和基础,因此主权比人权更重要。一个没有或者丧失主权的国家,根本就无从谈人权。四是邓小平认为奉行霸权主义和强权政治的国家没有资格谈人权。[①] 由于这些国家的发展史都伴随着血与火的侵略战争,他们的实际作为与人权无国界的主张背道而驰,其本国都还存在着人权问题,因此没有资格假借人权的幌子去干涉他国内政。

(二) 江泽民人权思想简析

从党的十三届四中全会起,以江泽民为代表的党的第三代领导集体,继承和发展了马克思主义、毛泽东思想和邓小平理论,形成了一系列新思想、新观点、新举措,概括起来可以归结为"三个代表"重要思想。在代表中国先进生产力的发展要求上,突出体现了人权的物质性基础。生产力的发展程度,是人权评价的一个重要标准。正是基于对人权和生产力关系的深刻理解,将之与中国实际相结合,江泽民提出党始终代表中国先进生产力的发展要求,坚持以经济建设为中心,大力发展生产力,使党的政策、理论、路线、方针和各项工作符合先进生产力发展的要求,努力提高人民的生活质量,促进人权实现。生产力的发展能提高物质经济增长,文化的发展则能促进精神文明建设。党始终代表先进文化的前进方向,充分体现了中国人权内容的丰富性,是发展精神文明的首要之义。在代表中国最广大人民的根本利益上,充分展现出社会主义人权观的普遍性与广泛性。江泽民贯彻马克思主义人权基本思想,强调党要始终代表最广大人民的根本利益,而不是个别人和少数人,这反映出社会主义人权思想与资本主义人权思想的差异点。资本主义建立在生产资料私有制的基础上,法律不可避免地侧重保障少数人的人权,而社会主义强调人的平等性,保障的是全体人民的合法权利。江泽民的这一论断是"以人民为中心"的人权

---

① 参见谷春德:《中国共产党与中国人民人权》,《思想理论教育导刊》2001年第12期,第36页。

理念在这一时期的鲜明体现。

(三) 胡锦涛人权思想简析

在党的十六届三中全会上,胡锦涛完整提出了科学发展观思想理论,提升了中国人权发展的新高度。以人为本的思想理论,彰显了以胡锦涛为代表的党的第四代领导集体对人权建设的高度重视,是毛泽东同志的"为人民服务"、邓小平同志的"有利于提高人民的生活水平"、江泽民同志的"代表中国最广大人民的根本利益"等人权观的一脉传承。以人为本就是要以最广大人民群众的根本利益为主,把党的一切工作的出发点和落脚点置于人民群众满意的价值取向上来,让科学发展的成果惠及全体人民。全面、协调、可持续的发展观,指明了人权发展的新思路,开启了中国人权事业发展的新阶段。全面发展需要中国特色社会主义在建设过程中综合布局,从宏观角度运筹帷幄,统揽全局,从微观角度细致分析,面面俱到。坚持围绕经济建设,统筹发展经济、文化、政治建设,实现经济与社会共同进步。协调发展需要统筹城乡之间、区域之间、国内外间、人与自然间、经济基础与上层建筑间等各个环节各个领域协调发展。可持续发展需要重点促进人与自然的和谐共生,保障经济与环境相协调,走一条可持续的发展道路。

三 习近平新时代中国特色社会主义思想中的人权理论

2012年中共十八大召开以来,中国特色社会主义进入了新时代。习近平新时代中国特色社会主义思想秉承了从毛泽东、邓小平、江泽民到胡锦涛等各个时期的重要思想理论成果,坚持统筹各方面力量、任务,系统化建构优化社会主义现代化国家的制度体系、治理体系,以此化解风险矛盾,着力推进高质量发展,不断提升人民生活水平。习近平同志曾多次强调:"人民对美好生活的向往,就是我们的奋斗目标。"新时代为中国人权事业发展确立了崭新坐标,这段时期,党中央突出强调人民安全是国家安全的宗旨,实现以人民为中心的新发展理念,力促共建人类命运共同体,这为党在新的历史条件下领导人权事业建设新格局指明了方向。

在习近平新时代中国特色社会主义思想指引下,坚持以人民为中心的发展思想,将"人权得到切实尊重和保障"作为全面建成小康社会的重要目标,从战略层面确立了人权事业的重要地位。中共十八大修改通过的《中国共产党章程》再次重申尊重和保障人权。2014年,党的十八届四中全会通过了《中共中央关于全面推进依法治国若干重大问题的决定》,提出增强全社会尊重和保障人权意识,加强人权司法保障。2017年,中共十九大报告蕴含着丰富的人权内涵,对新时代中国人权事业发展提出了新的更高要求,为坚持中国特色人权发展道路、全面推进中国人权事业提供了根本遵循。2018年通过的宪法修正案坚持人民主体地位。2019年9月,国务院新闻办发表的《为人民谋幸福:新中国人权事业发展70年》白皮书指出:中国把人权的普遍性原则与本国具体实际相结合,已经形成了较为系统的以人民为中心的人权理念。2020年10月,党的十九届五中全会审议通过的《中共中央关于制定国民经济和社会发展第十四个五年规划和二〇三五年远景目标的建议》明确把"坚持以人民为中心"作为"十四五"时期经济社会发展必须遵循的一项重要原则。与此同时,还建立起了一整套促进和保障人权的基本制度,并制定、颁布和实施了多个以人权为主题的国家规划,确定尊重和保障人权的阶段性目标和任务,推动中国人民的生存和发展状况发生了历史性的变化,各项权利得到全面切实保障,赢得了国际社会的高度评价和普遍赞誉。

(一)习近平总体国家安全观与人权发展

自古以来,国家安全就是安邦定国的重要支撑,维护国家安全是全国各族人民的根本利益所在。国家安全关乎国家中每个个人的权益维护与实现。为筑牢国家安全屏障,保障人民权益,以习近平为核心的党中央结合中国实践,科学塑造了一系列国家安全重大理论创新,体现了党和国家奋力开创国家安全新格局、守护人民安全的使命担当。

1. 总体国家安全观的时代意义。近代以来的历史教训表明,失去国家安全的保障,中华民族就无法掌握自己的命运,人民无法享有充分的人权。总体国家安全观突出了"总体"的特征,强调了系统化的"大安全"格局,汇集政治、军事、国土、经济、文化、社会、科技、网络、生态、资源、核、海外利益、太空、深海、极地、生物等众多领域于一体。实践证明,总体国家安全观既是认识论,也是方法论,是新形势下指导国家安全工作的强大思想武器,为破解我国国家安全面临的难题,奋力开拓国家安全工作新局面,提供了基本遵循。[①] 总体国家安全观的提出顺应了人民群众对国家安全、社会安定的新需求。

2. 总体国家安全观体现出党以人民为中心的安全理念。人民安全是国家安全的宗旨。以人民为中心的发展思想是新时代党和国家推进社会主义现代化进程的主旋律,而保障人民安全就是以人民为中心的执政理念在国家安全领域的集中体现。没有国家安全保障,人民安全无法实现,发展难以持续。在维护保障国家安全工作中,要以人民的安全作为根本出发点,保障人民的生命权、财产权,为人民充分享有各项人权创造安全、稳定、和谐的前置环境条件。党的十八大以来,经过全国各族人民的努力,国家安全已基本铸就坚强堡垒。因此,习近平总体国家安全观堪称中国人权事业发展的基石。

3. 全面认识总体国家安全观视域下的人权发展。总体国家安全观的宗旨强调人民安全,人民安全不是一个抽象的概念。

第一,全力保障人民的生命安全。生命权是人的最高权益,是人民行使权利义务的基本前提。习近平总书记强调:始终坚持把人民群众的生命权排在首要地位。自然灾害和暴力恐怖问题涉及国家安全与人民生存,处置不当将会给国家经济社会发展和人民生命财产造成严重影响。在防灾减灾救灾中,党和国家提出的首要原则就是坚持以人为本,保障受灾群众基本生活,增强全民防灾减灾意识,提高公众自救互救技能,切实减少人员伤亡和财产损失。面对洪涝、台风、干旱、地震、地质、森林火灾、低温冷冻、雪灾、疫情等灾害,中共党员无不冲在灾害的最前线,以保障人民群众的生命权为第一要务。此外,境外恐怖势力、分裂势力不断操纵和遥控中国边境地区极端分子,妄图制造暴力恐怖事件来达到分裂中国伤害人民的卑劣目的,对此中国坚决保持严打高压态势,有效遏制了境外敌对势力的嚣张气焰,保障了人民安定幸福的宜居环境,已连续四年未发生暴力恐怖事件。安全生产方面,在党的坚强领导下,经过全

---

① 参见全国干部培训教材编审指导委员会:《全面践行总体国家安全观》,党建读物出版社、人民出版社2019年版,第9页。

社会不懈努力,全国安全生产形势总体稳定向好。

第二,突出保障人民的健康安全。健康是人民改造世界、创造财富的必然要求,也是人民群众的共同追求。习近平指出,没有全民健康,就没有全面小康。致力于满足人民对于健康的新需求、新期盼,大力推进健康中国的建设。习近平同志关于"健康中国"的系列论述,凸显了党和国家丰富的人权思想,将人民健康提到了一个新的高度,树立大健康的观念。在食品药品领域,持续加强监管与处罚力度。如长春长生问题疫苗事件中,众多官员被问责,罚没款项高达91亿元。如今,各地政府纷纷着手实现"舌尖上的安全",颇受人民群众期待。

第三,全力维护人民群众的财产安全。财产权是人民群众行使各项权利与义务的物质基础,是人民追求的经济利益。加强人民财产权的保护,对维护社会稳定、推进诉源治理有着极其重要的作用。保障人民财产安全,比较代表性的举措是发起全链条纵深打击电信网络诈骗犯罪行动。

在总体国家安全观视域下,党对人民群众的人权保障还体现在政治、经济、社会、文化等方方面面,平安中国、健康中国、生态中国、绿色中国等创设性的概念已经深入民心,无一例外地诠释了党以人民为中心的安全思想。

(二) 习近平新发展理念与人权发展

习近平总书记在党的十八届五中全会中详细阐述了创新、协调、绿色、开放、共享的新发展理念,并在后来的多次会议中予以强调。新发展理念包含了党以人民为中心的人权理念。

创新是发展的第一动力,[①]当然也是人权发展的第一动力,创新使人权理论更趋丰富与可持续。鉴于当今社会国际国内环境的复杂多变,我们需要对人权理论进行不断创新,赋予其更加顽强的生命力。需要结合中国的实际国情去创新有中国特色的人权理论,这是马克思主义理论联系实际在人权领域的内在要求。人权的理论创新需要结合现阶段的具体国情和现阶段的主要矛盾,满足人民群众的需要和期待,抓住人民日益增长的美好生活需要和不平衡

---

① 参见中共中央宣传部:《习近平新时代中国特色社会主义思想学习纲要》,学习出版社、人民出版社2019年版,第110页。

不充分的发展之间的这一主要矛盾,坚持人权创新方向不变,道路不偏。事实证明,中国社会主义人权事业本身就是一部创新发展史,在国际社会上基本没有经验可循,而是中国共产党带领勤劳的中国人民不断探索与创新形成的。

协调是持续健康发展的内在要求,也是中国人权理论发展与实践的重要举措。从改革开放后"让一部分人、一部分地区先富起来"的因势利导到全面建成小康社会,扎实推动共同富裕,不变的是初心,改变的是协调的表现形式。同时,协调还表现在一方有难八方支援。武汉疫情保卫战中兄弟省份、社会各界的倾力相助生动体现了社会主义大家庭的温暖。要使人权保障做得更实更细,离不开各个时期、各个群体、各个地区的协助合作。正是因为"协调",方能促使人权发展更加展现出效能化与精细化。

绿色是永续发展的必要条件和人民对美好生活追求的重要体现。① 绿色发展问题关系到国家的长治久安,也关系到当代人民和千秋后代的生存发展。坚持绿色发展,不仅要在生产生活中发扬中华民族勤俭节约的传统美德,还要树牢可持续发展的理念,加快建设资源节约型、环境友好型、生态良好型的文明发展之路,形成人与社会和谐发展的新格局。习近平总书记形象地指出,绿水青山就是金山银山,改善生态环境就是发展生产力。2020年颁行的《民法典》将绿色原则确立为民法的基本原则,规定民事主体从事民事活动,应当有利于节约资源、保护生态环境,增加了惩罚性赔偿的规定。同时,在司法体制改革中,赋予了检察机关环境公益诉讼的职能,显现出新发展理念对人权的关注。

开放是国家繁荣发展的必由之路,对内促进人民群众参与法治中国的建设,对外促进中国参加国际人权治理。开放的理念贯穿在法治的各个领域,立法公开、行政公开、司法公开逐渐成为人民享有知情权、参与权、表达权、监督权等人权的重要途径,一个开放格局的政府与社会已经大体形成。随着开放不断深入,中国已经深度融入国际社会,既坚持发展中国家的身份定位,为其他发展中国家的人权保障贡献了独具中国特色的宝贵经验,又有序参与国际人权治理,为有需要的国家提供人道主义的援助。同时,中国主动参与联合国

---

① 参见中共中央宣传部:《习近平新时代中国特色社会主义思想学习纲要》,第110页。

系统内国际人权法律文书的起草和制定工作,批准或加入多项国际人权公约,切实履行国际人权义务。

共享是中国特色社会主义的本质要求。① 人权事业发展的成果是由人民共同努力创造的结果,理应由全休人民共同享有。党的人权保障在全面共享方面集中体现在对特殊人群的侧重保障上。一是注重保障少数民族人民的人权。党和国家历来重视少数民族的发展,制定了一系列促进民族区域发展的有利政策,使少数民族人民的生活水平发生了翻天覆地的变化,成就举世瞩目。如西藏2020年全年经济增长7.8%,地区生产总值突破1900亿元,城乡居民人均可支配收入分别增长10%和12.7%,增速位居全国前列。在云南,基诺族、德昂族、独龙族均已实现"整族脱贫",彻底摆脱了贫困的面貌。二是重视残疾人权益保障事业。习近平总书记明确提出"全面建成小康社会,残疾人一个也不能少",使中国残疾人事业整体发展水平迈上了一个新台阶。三是构建人类命运共同体,共同促进和保护人权。当前,人类社会科技、气候、环境等正处在不断变化当中,没有一个国家能够脱离自然与环境的束缚独立发展,国际社会理应联手共建,让人人得享人权!

新发展理念从根本宗旨、问题导向、忧患意识、发展成果的角度阐释了以习近平同志为核心的党中央对中国国家发展和人民权益保障的深远谋划。从根本宗旨来看,党的初心和使命在立法、执法与司法的各个方面都反映出党以人民为中心的发展理念。从问题导向来看,逐步解决地区经济差异、人民收入差距等现实问题,真正让人民享受发展成果。从忧患意识来看,在当今国内国外局势下,防范和化解多方位风险关乎人民生活的安全和幸福。坚持在新发展理念指引下,以底线思维、忧患意识防范和化解各领域重大风险在当下尤为重要。从发展成果来看,党的十八大以来,中国经济总量持续增长。至2020年,中国成为全球唯一实现经济正增长的主要经济体,国内生产总值历史上首次突破100万亿元。人均GDP与高收入国家差距持续缩小,人民生活水平明显提高,各项权利充分享有。这些成绩的取得,是新发展理念成果的集中体现。

---

① 参见中共中央宣传部:《习近平新时代中国特色社会主义思想学习纲要》,第110页。

（三）习近平法治思想与人权发展

法治是人权的保障，二者是相互促进的关系，法治强则人权进，法治弱则人权退。习近平总书记高度重视法治建设，从党的十八大以来，中国不断完善和发展以人民为中心的法治建设，取得了一系列成果，推进了人权的法治保障。在2020年11月16日至17日中央全面依法治国工作会议上，首次系统阐述了习近平法治思想，其可被概括为"十一个坚持"，这"十一个坚持"构成了一个有机统一、衔接连贯的整体。

一是以人民为中心的人权理念贯穿于习近平法治思想。以人民为中心的法治理念与党全心全意为人民服务的宗旨完全契合，是中国共产党性质和宗旨的具体体现。习近平提出，"我们要依法保障全体公民享有广泛的权利，保障公民的人身权、财产权、基本政治权利等各项权利不受侵犯，保证公民的经济、文化、社会等各方面权利得到落实，努力维护最广大人民根本利益，保障人民群众对美好生活的向往和追求"[1]。

二是习近平法治思想蕴含着通过法治建设保障人民权益这一根本目的。习近平高度重视社会公平正义的法治保障，主张"努力让人民群众在每一项法律制度、每一个执法决定、每一宗司法案件中都感受到公平正义"。十九大报告中提出"加强人权法治保障，保证人民依法享有广泛权利和自由"[2]。可见，习近平新时代中国特色社会主义思想理论中的法治思想和人权思想，都指向一条人权建设的基本途径，那就是以法治保障促进人权，保证人民依法享有广泛的权利和自由。法治是一个动态的过程，集中体现在以下几方面：在科学立法方面，提高立法质量，完善法律体系，打造保障公民享有人权的法治环境；在严格执法方面，推进行政机关供给侧改革与为民办实事业务，为维护公民人权提供法治保障；在公正司法方面，努力让人民群众在每一个司法案件中感受到公平正义，构建公民安居乐业的法治防线；在全民守法方面，推进遇事找法、善于用法的正向引导，塑造公民人权保障的法治氛围。

---

[1] 习近平：《在首都各界纪念现行宪法公布施行三十周年大会上的讲话》（2012年12月4日），《论坚持人民当家作主》，中央文献出版社2021年版，第7—9页。

[2] 习近平：《决胜全面建成小康社会 夺取新时代中国特色社会主义伟大胜利——在中国共产党第十九次全国代表大会上的报告》，人民出版社2017年版，第7页。

（四）"人类命运共同体"理念与人权发展

地球是人类赖以生存的共同家园，实现全人类和平与美好生活是人们的美好愿望。站在新的历史起点上，习近平同志高瞻远瞩，以宽宏的国际情怀，创新性地提出了人类命运共同体的伟大论断，并在多个场合进行详细阐述（见表1）。这是习近平国际人权思想的集中体现，必将成为引领世界人权发展潮流和人类文明进步的价值方向。人类命运共同体富含的人权思想是具有中国特色的人权观：

各个民族、各个国家应平等互助、友好相处，实现全球治理格局下的安全（和平）与发展（繁荣）。构建人类命运共同体，需要放弃零和博弈思维，主张和平对话、合作共赢，建立一个持续和谐的世界；需要共建共享，营造一个高质量发展的世界；需要奋力合作，打造一个普遍繁荣的世界；需要绿色环保，建设一个生态宜居的世界。

构建人类命运共同体是解决诸多全球性问题的根本之路，体现出全人类追求生存与健康的共同愿望。当今世界正遭遇百年未有之大变局，全球环境问题、重大传染病问题日益复杂，国际冲突时有发生，霸权主义明显上升，尤其是新冠疫情的爆发更凸显了人类共同的威胁。各国只有摒弃成见，团结携手，才能有效面对各种风险挑战。实现人类命运共同体有助于保障全人类的生存、健康等权利。

合力建设人类命运共同体是促使全球经济社会大发展的有力保障。随着新一轮科技革命的不断深入发展，生物医药、人工智能、航天工程、宇宙探索、基因技术、脑科学等与人类生活的关联和促进愈加明显，科技改变生活的节奏加快。为了人类的共同发展，建设人类命运共同体，让发展与联系、合作与共赢成为这个时代的主旋律，集全人类之力共同改造社会，发展人权，共享繁荣。

表 1　习近平总书记在多个场合下阐述共建人类命运共同体

场合	阐述
2013年3月23日,莫斯科国际关系学院	这个世界越来越成为你中有我、我中有你的命运共同体,和平、发展、合作、共赢成为时代潮流。
2015年9月28日,纽约联合国总部,第70届联合国大会一般性辩论	我们要继承和弘扬联合国宪章的宗旨和原则,构建以合作共赢为核心的新型国际关系,打造人类命运共同体。
2017年1月18日,联合国日内瓦总部,"共商共筑人类命运共同体"高级别会议	世界怎么了,我们怎么办?这是整个世界都在思考的问题。中国方案是:构建人类命运共同体,实现共赢共享。
2019年5月15日,北京,亚洲文明对话大会开幕式	希望各国秉持开放精神,推进政策沟通、设施联通、贸易畅通、资金融通、民心相通,共同构建亚洲命运共同体、人类命运共同体。
2020年9月22日,北京,第75届联合国大会一般性辩论	让我们团结起来,坚守和平、发展、公平、正义、民主、自由的全人类共同价值,推动构建新型国际关系,推动构建人类命运共同体,共同创造世界更加美好的未来!

综上所述,百年来,中国共产党人权理论与实践不断取得新的成绩,这完全可以归因于中国共产党形成并坚持的"以人民为中心"的人权思想理论。重温这段富含人权理论与实践的百年党史,我们更应该坚定中国共产党和中国人权事业的制度自信、道路自信、理论自信、历史自信、未来自信。

美好生活权的法理意涵[*]

王岩云[**]

摘　要：美好生活权是人人享有的追求美好生活的权利。美好生活权属于第四代人权，是高品质的复合型权利样态，同时是高位阶的统合性权利形态。美好生活权是立基于中国特色社会主义人权道路和中国特色社会主义人权事业所形成的一个承载中国文化、中国价值观和中国执政党执政理念的时代概念。它不仅具有浓郁的中国文化底蕴，而且具有普遍性意义。通过美好生活权，我们可以建构中国自己的人权话语体系，进而推进构建以人类命运共同体理念为中心的国际人权话语体系。

关键词：美好生活权；统合性权利；中国特色人权道路；人权话语体系

人民日益增长的美好生活需要和不平衡不充分的现实发展之间的矛盾成为新时代中国社会的主要矛盾。这是中国共产党的十九大报告对中国现实国情的科学论断。如何弥合这种矛盾，如何把握美好生活的内涵，如何满足人们对美好生活的需要，既是社会生活中的现实问题，也是一个理论上的时代课题。对此，不同学科可以有不同的作为，从不同的角度发力。有人从伦理学、哲学、社会学、经济学等不同学科对美好生活的意蕴作出了一些有益的探讨，法学界已经尝试以权利话语阐释"美好生活"，提出了美好生活的权利指向包括"平衡的平等权指向"和"充分的发展权指向"。"为了实现新时代美好生活的愿景，要全面加强权利的法治保障。实现权利保障的稳步升级，提高权利保障的质量和水平，使所有人的权利实现更加平衡、更加充分。"[①]笔者认同透过权

---

[*]　本文系山东省社科规划项目"法治视野下中国农村免于贫困权利问题研究"（16CFXJ01）的研究成果。

[**]　王岩云，法学博士，山东政法学院副教授。

[①]　赵树坤：《新时代美好生活的权利指向》，《社会科学报》2018年4月12日，第3版。

利的视角来解读"美好生活",赞同上述认知,但认为还可以更进一步,旗帜鲜明地提出"美好生活权"。当然还有一些基础性的工作要做,尤其要明确美好生活权的基本含义,辨析美好生活权的权利属性,探究美好生活权的学理意义。

一　美好生活权的初步证成

(一)美好生活权的字面含义

"权利"通常被认为是对某种事物的请求,或者是受保护的行动选择。在此意义上,某人享有权利,这能为权利持有人或者其他人提供独有的行动理由。[①] 据此,如果说某人享有"美好生活权",也就意味着追求美好生活的实现能够为权利人提供正当性的行动理由。

就字面含义而言,美好生活权是追求"美"的生活、"好"的生活的权利,是"人人或人类所追求美好生活的权利"。[②]"美好生活"的面向是极其广泛的。在中国共产党的十九大报告中,习近平总书记指出:"人民美好生活需要日益广泛,不仅对物质文化生活提出了更高要求,而且在民主、法治、公平、正义、安全、环境等方面的要求日益增长。"[③]这一论断既揭示了美好生活的丰富内涵,也界定了美好生活的基本元素。从权利的归属讲,美好生活权的权利主体是每一个社会成员(即所有的社会成员)。在应然上,每一个人都毋庸置疑地享有追求美好生活的天然权利,尤其是作为推动社会前进力量的人民群众更应该享有追求美好生活的权利。美好生活权的主体也正是美好生活的主体,即作为物质实体的人,而不可能是抽象的精神实体,是作为社会本质存在的现实的人,而不是作为生物本质的人。人人都有着对美好生活的内在追求,这种内在追求根植于人的自然属性、社会属性和思维属性三者合力所决定的满足个

---

① 参见〔美〕朱尔斯·科尔曼、〔美〕斯科特·夏皮罗主编:《牛津法理学与法哲学手册》,朱振等译,上海三联书店2017年版,第524页。
② 参见范进学:《习近平"人类命运共同体"思想下的美好生活权论》,《法学》2021年第5期,第9页。
③ 习近平:《决胜全面建成小康社会　夺取新时代中国特色社会主义伟大胜利——在中国共产党第十九次全国代表大会上的报告》,人民出版社2017年版,第11页。

体内在需要和实现自身价值超越的愿望。① 在此意义上讲,美好生活权是一种具有天然正当性的权利。

从权利性质看,美好生活权是一种绝对与相对相统一的权利,其本身是绝对权利,而其实现是相对的。首先,美好生活权是一种绝对权利。所谓"绝对权利",就是指如果其遭受到普遍的侵犯就会导致人类生活变得不堪忍受。② 美好生活权是关涉人的尊严与价值的基本权利,它对于任何人而言都是不可或缺的,因此必须承认每一个人都有追求美好生活的权利,不论其性别、出身、自然禀赋和现实境遇如何。尊重每一个人追求美好生活的权利,是国家、社会和其他人的义务。美好生活权的义务主体是国家、社会、其他社会成员和每一个人自身。国家应该保证人们追求自身所想要的美好、良善、幸福生活的绝对权利,提供人民美好生活权实现的各种外部条件。同时,每一个体对于自身的美好生活也负有不可推卸的责任,在承认人人享有追求美好生活的绝对权利的同时,也要明确人人负有创造自己理想中的美好生活的道德义务,美好生活的获致必然是通过个体的劳动和奋斗得来的。其次,美好生活权的实现是相对的。无论在何种语境下,美好生活都只能是一个相对理想的生活状态,其不可能不受制于所处时代的客观外部条件以及每一个人自身的努力程度。不同时代和不同个体对于美好生活的理解往往存在较大差异。现实的情况是,当一些人对于"美好生活"的需求还主要聚焦于饮食起居和医疗健康等方面时,另外一些人对于"美好生活"需求的重心已经朝向政治权利、自我价值、意义探求等更高层次。③ 尽管每一个人都平等地享有追求美好生活的权利,但是对于什么是美好生活的具体看法,不同个体之间存在显著的差异。每个人都是一个独立的社会主体、生活主体和法律关系的主体,美好生活的实现受到个人的认知结构、价值观念、生存能力和社会心态等多种因素的影响。即

---

① 参见何士青:《人民美好生活的法政治学解读》,《武汉科技大学学报》(社会科学版)2021年第4期,第359页。
② 参见郭威、应星:《道德感与自然权利——哈奇森道德哲学中的人性论与自然法》,《求是学刊》2016年第1期,第100页。
③ 参见温惠淇:《新时代"美好生活需要"的多维内涵——从中国共产党对人民需要的三次表述看》,《云梦学刊》2021年第3期,第32页。

使在相同的社会历史条件下,美好生活的实现程度也往往是因人而异的。① 因此,作为一种具有理想性的权利,任何时代人们的美好生活权的实现都必然是也只能是相对的。②

(二)"美好生活权"的质疑与反思

有人提出,将"美好生活权"视为一种能够引领新一代人权的当代人权,是缺乏前提批判而得出的错误认知;如果能够从人权原理出发作出前提性的批判和反思,将不会得出"美好生活权是人权"的法理论断。为了论证这一主张,研究者将美好生活权与国际公约所认可的"适当生活水准权"进行比较说明。其基本理据在于:其一,根据人权原理,人权只能是最低限度的权利,人权不能超标准或者高标准;没有这种人权,人就不成其为人。其二,人权的义务主体是国家,国家只能保障"适当社会水准权",而不能对"美好生活权"好大喜功。因为国家对社会成员只提供自由权、平等权及机会均等、市场公平竞争等基本人权保障,而每个社会成员能否享有具体的权利以及享有的权利量,则是其自身能力和自我努力的结果,也是市场竞争的结果,与国家无关。③ 笔者虽赞同上述论者通过前提批判和深度反思来分析问题的理论路径,但不认可其结论性观点。理由在于:其一,人权原理不应是单一品性和唯一结论的,即使从源头上讲成立的人权理论也不应是一成不变的。研究表明,人权并非只能是最低限度的权利,在最低限度的人权标准之外还有"梯度人权说",即不同发展程度的国家和地区还需要有与其自身相应而各不相同的人权要求和判别标准。④ 其二,如果按照同样的逻辑,"适当生活水准权"及健康权等许多具有共识性的人权类别,国家也不能提供,因为任何具体人权的享有都与主体的自我意志、自身禀赋等相关。国家只需提供基本保障,并不能成为否定"美好生活权"的充分理由。就如国家对于健康权也只需提供基本保障,一个人是否健康与其自身的先天身体素质和禀赋、后天锻炼与否等诸多因素都有密

---

① 参见喻文德:《新时代美好生活的美学意蕴及其实现》,《福建江夏学院学报》2021年第2期,第13页。
② 参见范进学:《习近平"人类命运共同体"思想下的美好生活权论》。
③ 参见邱本:《发现法理的方法》,《苏州大学学报》(法学版)2021年第1期,第55页。
④ 参见余元洲:《人权论刍议》,《武汉大学学报》(哲学社会科学版)2006年第1期,第119页。

切的关联。国家只要提供了适当的医疗卫生体系、健身体系等保障个体健康的基本条件,就不能说其没有保障健康权。"适当生活水准权"也是同样的道理。

美好生活权是一项人权,它符合通常的人权特征,是人之为人所必不可少的权利,是人之为人所应当享有的权利。我们不能说一个人没有追求美好生活的权利,也不能说一个人追求自身美好生活不具有正当性。当然,作为一项新兴权利,美好生活权要获得广泛共识,需要艰苦卓绝的论证工作。笔者认为,对于新观念、新概念,要允许和鼓励试错,而不应轻易否定一种新的提法、一个新的概念。

二 美好生活权与相关概念辨析

把握和理解美好生活权,需要厘清美好生活权和相关概念,尤其是与民生权、幸福生活权、新兴权利话语等的联系和区别。

(一) 美好生活权与民生权

美好生活权与民生权,都是在中国人权发展语境下产生的人权表达方式。梳理二者的关系,有利于更好地理解和把握美好生活权的内涵。从字面上讲,民生权是指"公民(抑或作为社会个体的升斗小民)"的"生存权、生命权和生活权";在当今中国社会语境下,"民生权"是指公民个人为确保其生命得以延续并有尊严地幸福生活而要求国家、社会提供条件、给予帮助、实行保障的权利。

民生权与美好社会权都不是单一的权利,而是复合型的权利形态。关注民生,就应该关注人们对美好生活的内在需求,而满足人们的美好生活期盼,也是保障和改善民生的应有之义。对于民生权与美好生活权的关系,人们有不同的认识。一种观点认为,民生权的所指范围大于美好生活权,即民生权包含了美好生活权又不局限于美好生活权。其理据在于:在新的时代背景下,民生不仅指满足人们不断增长的需要,而且体现着公正价值理念,并成为包含生存权、发展权和追求美好生活权的完整权利话语。① 还有观点认为,民生权是美好生活权的结果,是"人们追求美好生活的产物",如民生权体系中的"适当生活水准权""清洁饮水权"等均反映了一个人如何有尊严地、体面地生活这一问题。② 上述两种观点都有其合理成分,但又都有值得推敲之处。

笔者认为,民生权并不应然地包含美好生活权的内涵,"美好生活权"是高于"民生权"的价值追求和具有更高形态的权利样态。从价值指向看,美好生活权虽然在覆盖事项方面与民生权有大量交叉甚至重合,但美好生活权不是对民生权的同义重复,而是对民生权的升级。民生权的语义侧重于基本民生,是基础性的权利表达,而美好生活权的重心在于"美好生活",属于高品质的民生样态,美好生活权也就是高位阶的权利形态。从实质内容看,美好生活权与民生权是彼此交融的,二者在广泛领域是共生的。美好生活权本身包含浓郁的民生取向。民生权是一种在范围上有跨度的权利,是包括基本生存条件但不限于基本生存条件的权利。民生权是多种法律权利的集合,如生命安全保障权、基本生活水平保障权、受教育保障权、就业保障权、劳动保障权、报酬保障权、休息保障权、医疗健康保障权、社会救济保障权、住房保障权、养老保障权等。民生权体系内的多项具体权利的实现,都有助于美好生活的实现。保障和改善民生,在法律上对民生权予以承认,与满足人们对美好生活的向往往往是一致的、同步的。从现实层面讲,实现人民对美好生活的追求必须依靠保障民生工程的落实。解民生之忧,谋民生之利,补民生(教育、健康、颐养)短板,正是为美好生活的实现提供基础。从发展路径看,民生的改善是人民对美好生活向往的重要体现,持续性地保障民生,持续性地改善民生,是满足人民日益增长的美好生活需要的必然选择。③ 从相互关系看,民生所需往往是美好生活的关键,美好生活必须从一项一项的具体民生小事干起,而民生福祉增进

---

① 这是宋玉波教授的观点。参见田立、马康凤:《人权的中国发展:历史、社会与法律——首届山大人权高端论坛学术研讨会综述》,载齐延平主编:《人权研究》(第 23 卷),社会科学文献出版社 2020 年版,第 551 页。
② 参见孟融:《政治国家如何回应新兴权利——一个理解新兴权利的"国家"视角》,《河南大学学报》(社会科学版)2020 年第 4 期,第 74 页。
③ 参见王喜:《坚持以人民为中心切实保障和改善民生》,《贵州日报》2021 年 3 月 24 日,第 8 版。

的要求会推升民众对于美好生活向往的高度。①

当然,民生权与美好生活权的权利主体范围不同。美好生活权的权利主体是每一个社会成员,人人都享有追求美好生活的权利,而民生权的权利主体则是部分人群,即处于民生弱势群体的民众。对于拥有较多社会财富者和社会精英阶层而言,其本身占有较多社会资源,生存和竞争能力强,不存在基本生活、养老、就业、住房等方面的基础性、保障性的民生困难。故而从实质层面看,民生权只可能是部分人群的权利。

(二) 美好生活权与幸福生活权

对于美好生活权与幸福生活权的关系,目前学界也存在不同认知。一种观点认为,美好生活权与幸福生活权是内涵统一、外延重合的。如张文显教授就主张"美好生活权(幸福生活权)是统领性的、概括性概念",目前正在迎来以"美好生活权"或"幸福生活权"为统领的新一代人权。② 还有一种观点认为,美好生活权本身包含了幸福生活权,但总体而言,美好生活权的内容和范围要大于幸福生活权。以民法典所保护的美好生活为例,汪习根教授认为,美好生活是健康生活、体面生活、安宁生活和幸福生活的四重统一,其中的每一个生活层面均对应着不同的具体权利形式。与健康生活对应的权利形式主要是生命权、身体权、健康权;与体面生活对应的权利形式主要是姓名权、肖像权、名誉权和荣誉权;与安宁生活对应的权利形式主要是私人生活安宁权、私密信息安全权;与幸福生活对应的权利形式主要是人的全面发展权利得到尊重和保护(见表1)。③ 与美好生活的四个层面相对应,美好生活权就是有关健康生活的权利、体面生活的权利、安宁生活的权利和幸福生活的权利的四重统一。由此,美好生活权的外延包含幸福生活权,又远远大于幸福生活权。

---

① 参见王若磊:《不断增进民生福祉的时代内涵和重大意义》,《人民论坛》2021年第9期,第49页。
② 参见张文显:《新时代的人权法理》,《人权》2019年第3期,第18页。
③ 参见汪习根:《论民法典的人权精神:以人格权编为重点》,《法学家》2021年第2期,第7—10页。

表1　民法典所保护的美好生活权

生活层面	具体权利形式
健康生活	生命权、身体权、健康权
体面生活	姓名权、肖像权、名誉权和荣誉权
安宁生活	私人生活安宁权、私密信息安全权
幸福生活	人的全面发展权利得到尊重和保护

笔者认为,将美好生活进行不同生活层面的分析很有创意且细致入微,但在现实中,各个生活层面并非彼此分离而是相互交融的,幸福生活是更高层面的生活体验,必然包含了其他生活层面的品质要求。幸福生活与美好生活在用语上有所差异,但在本质是一致的。正因为如此,二者经常被结合使用,如"幸福美好生活""幸福的美好生活""幸福美好的生活""幸福与美好生活""幸福和美好生活"等。"美好"和"幸福"均是用来表征生活状态的修饰词,二者均体现了主观与客观的统一,即人的主观感受与客观的外在因素的统一。无论是"幸福生活"还是"美好生活",对于人来说都是一种完整的"客体—主体"的结构,它们均蕴含了"客观性存在向主体的价值生成",体现了生活主体的立场与态度,即"把外在的生活内化为主体所理解的具有价值与意义的生活"。"幸福"和"美好"的用语本身就体现了生活的品质和指向,关照了人作为个体的主体感受性。[①]从用语意蕴而言,二者略有差异:"幸福生活权"之"幸福"是一种直抵心扉的生活体验,内在主观色彩更为浓郁一些;"美好生活权"之"美好"则是一种内外兼具的心理感受,主客观相统一的意味更为突出。"美好生活"所承载的主客观相统一的"美好",对于主体而言,必然是"幸福"的;"幸福生活"所表达的"幸福",必然要求生活不仅在客观上是美好的,而且在主观上也是美好的。"幸福"本身就是一种美好,"是人在其需要得到满足时产生的心满意足

[①] 参见赵连君:《"美好生活"的价值意蕴》,《新长征》2021年第5期,第39页。

和精神愉悦的美好感受"①。一种美好的生活,必然是一种幸福的生活;一种幸福的生活,也应当是一种美好的生活。"美好生活"与"幸福生活"在本质上是一致的。相应地,"美好生活权"与"幸福生活权"也是内涵统一、外延重合的概念,可以根据具体的语境选择更为适宜的用语。

(三) 美好生活权与新兴权利话语

近年来方兴未艾的新兴权利研究,与美好生活权息息相关,因为"新兴权利的产生与发展是人们对美好生活向往与追求的集中展现",而无论是何种新兴权利,其往往也"是以人们对美好生活的向往与追求作为其核心关注的"。② 但是两者的意涵侧重明显不同:新兴权利更偏重一种状态表述,说明权利是"新"(新近)"兴"(兴起、生成或勃兴)的;而美好生活权则是更偏重价值或目的指向性的表述,说明权利的价值目标是促进"美好生活"(即"美"的生活、"好"的生活和"美好"的生活)。美好生活权包含多重内容,但可以作为独立的权利类型以被看待。新兴权利则是一个问题域,它既不是单一的权利项,也不是单独的权利类型,只是具有相似性的一组(系列)权利的组合。简言之,美好生活权是以"美好生活"为价值指向的权利体,而新兴权利是一系列权利的组合。

三 美好生活权的权利属性

美好生活权作为一项权利,具有权利的一般属性。它是一项新兴的权利,属于第四代人权,也是一项复合型、高品质的权利,同时与以往的人权类型相比,还是一项动态的、高位阶从而具有统合性的权利。

(一) 美好生活权属于第四代人权

美好生活权是一种道德权利,是一种应有权利。根据人权发展的历史轨

---

① 单一良:《"幸福权"的公民意识——关于"幸福中国"的法学思考》,《人民法治》2017 年第 1 期,第 121 页。
② 参见孟融:《政治国家如何回应新兴权利——一个理解新兴权利的"国家"视角》。

迹,联合国教科文组织法律顾问卡雷尔·瓦萨克提出了"三代人权"理论,该理论获得了广泛的认同。第一代人权主要指公民权利与政治权利,兴起于美国独立战争和法国大革命时期;第二代人权主要指经济、社会和文化权利,形成于苏联社会主义建设时期;第三代人权主要包括自决权、和平权、环境权和发展权等,是应对经济全球化所带来的全球依存现象而作出的理论回应。① 尽管围绕人权的代际问题引发了许多争论,但代际人权的界限是基本清晰的。三代人权发展至今,人的尊严、生命、自由和平等观念获得了空前的普及与提高,生存权与发展权得到历史性发展。②

每一个代际的人权都是顺应时代要求而提出的。与新时代的权利诉求所对应的人权形态(或阶段),被解读为"第四代人权"或者"新兴(型)权利"。西方有许多声音宣扬数字时代的第四代人权问题,并且已经在实证法上明确规定了属于第四代人权范畴的若干项数据权利。近年来中国学界对"第四代人权/新兴(型)权利"的研究和探讨也是方兴未艾,"和谐权"③、"生态权"④、"健康权"、"数字人权"⑤、"博爱权"等均被冠以第四代人权加以讨论。一些新兴的权利诉求和权利形态之所以被称为第三代人权或第四代人权,是在于这些人权与第一代人权、第二代人权相比,从出现的时间要素上看是较为晚近的事情。因为这些权利诉求和权利形态在第一代人权、第二代人权时期还不够强烈,从而也还没有被明确提出,在一定意义上说,也就是没有形成或出现这些人权。随着人类社会的不断发展,全球化及与其几乎同步的多元化、共同化时代来临,以往未曾有过的或潜伏存在的权利主张渐次涌现。⑥ 不同代际的人权之间并不是后一代人权否定、排除前一代人权的依次覆盖性关系,而是依代际递进的拓展性和转型升级性的关系。各个代际的人权蔓延接续,相互交融,共同组合构建起了新时代的人权体系。中国社会发展到新时代,人民的美好生活现实需求亟待转化为人权诉求,这种对美好生活的人权诉求呼唤着"美好生

---

① 参见沈宗灵、黄楠森:《西方人权学说》(下),四川人民出版社1994年版,第282页。
② 参见范进学:《习近平"人类命运共同体"思想下的美好生活权论》。
③ 参见徐显明:《和谐权:第四代人权》,《人权》2006年第2期,第30页。
④ 参见莫纪宏:《构建生物安全法律制度体系探究》,《祖国》2020年第4期,第27页。
⑤ 参见马长山:《智慧社会背景下的"第四代人权"及其保障》,《中国法学》2019年第5期,第5页。
⑥ 参见周玉林、江游:《传统人权的当代发展》,《学术论坛》2014年第12期,第149页。

活权",由此其顺势而起。① 美好生活权是新时代顺应社会发展过程中人民的新要求而产生的人权,属于第四代人权/新兴(型)权利的范畴。

(二)美好生活权是一种复合型、高品质的权利

美好生活权的内涵包括政治、经济、社会、文化、环境等多个方面的各项权利,与多种传统既有形态的权利存在紧密的关联,既包括物质性权利,也包括社会性权利和精神性权利。② 美好的人身权(包括生命权和健康权等)、财产权、环境权、生态权、发展权等都是美好生活权的重要维度。生命得以存有和延续应当作为美好生活权的首要目标,也是美好生活权最为本质的内容,更是美好生活权的前提和基础。生命之于人,首先意味着活下去,离开生命,一切都是枉然。当然,人不仅仅是为了活着,而且还要健康地活着,有尊严地活着,这体现了生命"质量"的要求。健康权,作为每一个人(自然人)享有的健康状况不受侵犯的权利,是人们不能忽略和遗忘的美好生活之维。对于财产权的充分且平等的保护,亦构成了人民美好生活的重要内容和根本保障。美好的环境和生态同样是美好生活权的基本环境要素。有人将美好生活权作为环境权的内容,甚至是最为重要的内容。③ 笔者对此持有异议。环境权固然有促进美好生活的价值指向,但从二者关系上看,美好生活权是一个涵盖更为宽泛的概念。美好生活权,不仅要求生活空间和环境的美好,而且要求社会环境和自然环境的美好,以及自身存在状态的美好。据此,保护生态环境不再是或者不应当仅仅是一种外在的规范,而应当是内在于美好生活权的必然要求。美好生活是以生态幸福为基础并包含生态幸福在内的幸福生活,没有生态幸福的美好生活是难以想象的。如果将当代人同上几代进行比较便可发现,不同时代人的幸福感和对于美好生活的认识存在巨大差异,其实不是后代人的生存压力变得太大,而是后代人的个人品位和对生活的期待值变高了。如前所述,目前中国社会的主要矛盾已经转化为人民日益增长的美好生

---

① 参见张文显:《新时代的人权法理》。
② 参见范进学:《习近平"人类命运共同体"思想下的美好生活权论》。
③ 参见牙韩选:《环境犯罪保护客体:"环境权说"之重塑》,《广西职业技术学院学报》2019年第5期,第127页。

活需要和不平衡不充分的发展之间的矛盾,那么过上更高品质的生活是人民群众普遍性、持续性的美好愿望。发展权是美好生活权的基本要求。"一般认为,发展能力的贫困是制约人们过上良善和美好生活的影响因素之一。"①美好生活权与劳动权同样息息相关。美好社会不是不劳动,它需要通过社会成员包括权利人自己的诚恳勤奋的劳动和不懈努力来创造。美好生活权也必然包含社会福利权利之维度和休闲维度。全民共享社会福利的充盈供给,以及人人得以充分分享或占有相应的休闲权利、休闲机会和休闲物品,也是美好生活的应有之义。②

美好生活权并不是对传统权利形态的简单聚合,而是立基于传统权利并实现了质性的跃升,由此美好生活权可以为传统单项权利的发展提供背景视域。比如,美好生活权视域下的健康权,不再是将其简单地理解为个人健康权利,而是指作为自然人享有的健康状态不受侵犯的权利。③再如,尽管美好生活权包含生存权的内容,但美好生活不是普通的生存,美好生活权是一种高于生存权的权利样态;尽管发展权承载了人类追求美好生活的向往,但美好生活权绝不等同于发展权,而是对传统发展权的继承和超越,它包括了人们对物质文明、精神文明和生态文明等多方面的发展追求。

(三)美好生活权是一种高位阶、统合性的权利

美好生活权是人权价值实在化的必然要求。在当代中国众多的人权类别中,美好生活权具有至上性,是一项最大的人权。与人权系列中的其他权利相比,美好生活权是高位阶的权利。权利位阶是指特定权利间的位阶而不是以整个权利体系为参照系的权利位阶。一般来说,高位阶的权利会优先于低位阶的权利。④作为高位阶的权利,美好生活权具有统摄和衍生功能。由美好生活权可以推导出公民权利、政治权利、经济权利、社会权利和文化权利等基本

---

① 龙静云:《农民的发展能力与乡村美好生活——以乡村振兴为视角》,《湖南师范大学社会科学学报》2019年第6期,第46页。
② 参见王永明:《休闲共享的正义逻辑及其当代建构》,《长白学刊》2020年第1期,第151页。
③ 这是韩跃红教授的观点,参见成海鹰:《马克思主义人权观与美好生活——"第七届全国人权与伦理学论坛"综述》,《道德与文明》2020年第1期,第160页。
④ 参见张平华:《权利位阶论:关于权利冲突化解机制的初步探讨》,《清华法学》2008年第1期,第50页。

权利,而每一项基本权利又可推导出其他子项权利或者更小的权利。① 美好生活是人类社会协同发展的必然要求,具有物质、自然生态、社会和精神等多方面的丰富内涵,美好生活权是各项权利协同发展的表征。同时,美好生活权是一种具有包容性和开放性的权利理念,也是一种动态性并具有统合力的权利样态,可以对传统的人权样态形成统合力。

常健教授及其带领下的南开大学人权研究中心课题组提出了发展主义的人权结构学说,即以"发展权"为"目的性权利"的人权关系结构理论(见图1)。② 在这一理论视域中,人的发展权是目的性权利,对目的性权利构成支撑作用的主要有四类支持性权利,具体为:以生存权为代表的基础性权利、以参与权为代表的手段性权利、以自由权为代表的主体性权利和以平等权为代表的约束性权利。

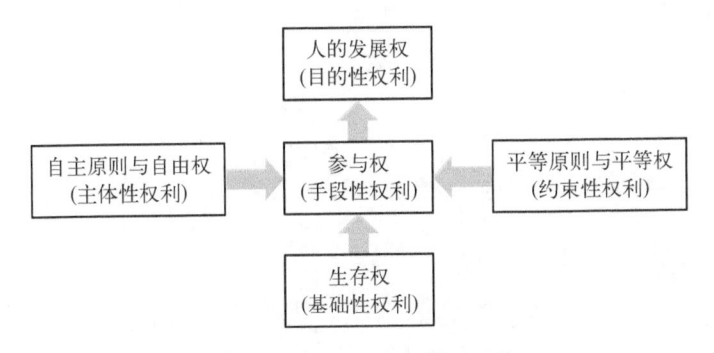

图 1 发展主义的人权关系结构

发展主义的人权结构学说具有明显的进步性,尤其是其体现出的统合倾向。但如果断言目的性权利相对于基础性权利、主体性权利、约束性权利和手段性权利,天然就具有优先性,却是值得推敲的。从人权领域"合作共赢"的角度讲,美好生活权则不仅能够有效整合碎片化的前三代人权,③而且可以有效统合和调整人权关系结构中各项权利"各自为政"的局面。因此,笔者建议在发展主义人权结构学说基础上再向前推进一步,以美好生活权为统领建立统

---

① 参见范进学:《习近平"人类命运共同体"思想下的美好生活权论》。
② 参见南开大学人权研究中心课题组:《当代中国人权的实践基础与理论创新——迈向发展主义的人权结构学说》,《人权》2021年第1期,第47页。
③ 参见范进学,前引文。

35

合主义的人权结构(见图2)。"美好生活权"作为人权关系结构中的统摄者、协调者和整合者,可以全面统摄、协同和整合作为基础性权利的生存权、作为主体性权利的自由权、作为手段性权利的参与权、作为约束性权利的平等权和作为目的性权利的发展权。

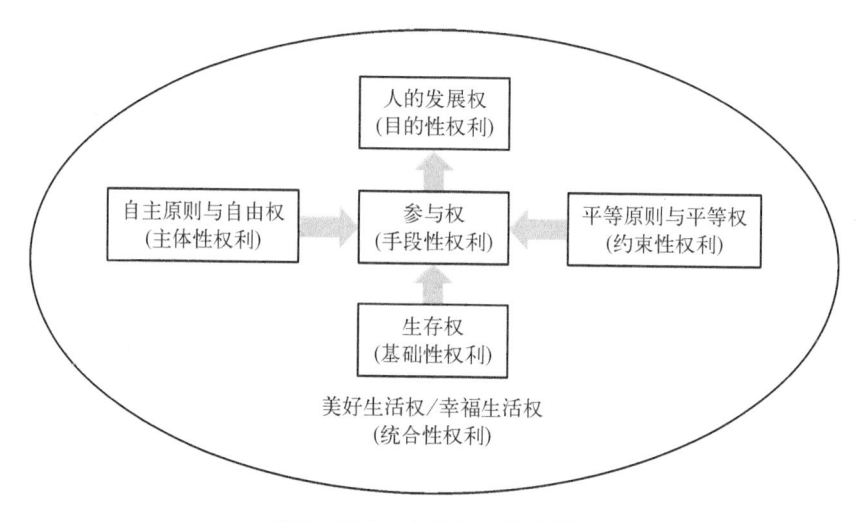

图2 统合主义的人权关系结构

四 确立美好生活权的重大意义

确立美好生活权,对于中国特色人权道路、中国特色法治道路乃至中国人权话语体系的构建都具有深刻而深远的意义,并且不仅具有中国意义,也具有世界性意义。

(一)确立美好生活权对中国特色人权道路的意义

实现人民充分享有人权,人人都能过上理想中的美好幸福生活,是人类社会的共同奋斗目标。国家不可能对美好生活问题保持中立,也不能在政治伦理层面对美好生活问题不予置评,因经济政治秩序预先影响了公众选择。[①] 政

---

① 参见谭泰成:《伯格曼技术哲学的政治与伦理向度》,《自然辩证法研究》2021年第5期,第39页。

府和政党尤其是执政党等政治组织应当成为人民群众美好生活的引导者和看护人。① 中国共产党自成立以来的百年历程,始终坚持以人民为中心的根本立场,以提升人民生活水平质量,满足人民对美好生活的向往为己任。正因为如此,中国历史和中国人民选择了中国共产党。人民性是马克思主义最鲜明的品格,以人民为中心彰显着中国共产党的初心和使命。让全体中国人过上幸福美好的生活,是中国共产党和中国政府一直追求的崇高目标。中国共产党在领导中国各项事业和人权发展中,坚持以人民为中心,尊重人民群众在政治上的主体地位,解决社会面临的主要矛盾,积极回应人民对美好生活的热切向往,走出了一条具有中国特色的人权道路。

美好生活权正是中国共产党全心全意为人民服务的宗旨和习近平法治思想坚持以人民为中心的基本立场在权利问题上的表达。把美好生活权作为最大的人权,与把生存权、发展权作为首要的基本人权一样,都是中国依据自身国情和人民需要作出的必然选择。坚持生存权、发展权和美好生活权一体化的人权体系,彰显了中国特色的以人民为中心、人民(权利)至上的人权道路,抓住了人权实现的基础,体现了对人权实现规律的把握。②

中国人权发展道路是随着时代发展不断与时俱进的。随着经济社会的全面发展,中国人权道路的探索不断深化,对人权理论的认知不断提升。对于中国人权道路的理论表述,经历了从特别强调"生存权是首要人权"到"生存权""发展权"并重,再到"人民幸福生活是最大的人权"的飞跃性变迁。1991年《中国的人权状况》白皮书明确生存权是首要人权,指出"人权首先是人民的生存权"。这是立足于特定时代的基本国情,即基于当时中国人民的温饱问题解决这一根本性民生问题而作出的重要论断。随着新时代的来临,中国社会主要矛盾的新变化和其呈现的新特点,决定了中国人民的人权道路不能仅仅停留于生存权和发展权是首要人权的表述。在当代中国社会,以人民为中心是形塑现实政治生活、实现人民对美好生活向往的巨大力量,不仅具有独特优势,是历史与现实逻辑的统一,而且充分彰显了中国国家制度和国家治理体系

---

① 参见童建军:《中国共产党坚持改革的人民主体地位分析》,《长白学刊》2021年第3期,第4页。
② 参见汪习根:《生存权发展权是首要的基本人权》,《人民日报》2021年2月19日,第9版。

的内在逻辑。① 作为新一代人权,美好生活权的形成合乎人权代际变革的历史逻辑与基本规律,②体现了鲜明时代特征,开辟和彰显了人权发展的新境界、新样态。

(二)确立美好生活权对中国特色法治道路的意义

中国共产党十八大以来,"美好生活"作为一个重要的政治发展目标被明确提出,又逐渐发展演变为一个崭新的政治性概念,其内涵和意蕴也因而彰显出鲜明的中国特色和中国风格。③ 现代政治发展目标的实现离不开人权和法治,现代政治无不是法治政治。从美好生活到美好生活权,就是将政治性话语转化为法学概念。人民美好生活的整体性、全局性更是要求切实发挥法治的功能,通过法律上权利义务机制的设置与有效运行,以防范个别社会成员采用侵害他人利益及公共利益的方式,片面地追求自身的美好生活。④ 美好生活权还将改进传统的健康权、生存权和发展权等权利的内涵,使欠发达地区人民群众和社会弱势群体的生活得到改善。这就为法治道路确立了新的坐标:理想的法治状态应当是确保每一个社会成员平等地追求各自的美好生活与推进人民整体的美好生活相向而行,并且每一个社会成员追求美好生活所形成的合力使得社会成员整体的美好生活得以实现。作为新式政治文明和法治文明的一项重要标志,美好生活权对于执政者和国家权力提出了更高的要求——良法善治、善政良治是人民达致美好生活的必要条件和保障;执政者必须实施善政良治,为人民美好生活权的实现提供政治和社会环境。

如前所述,"美好生活权"概念是对已有健康权、适当生活水准权、发展权等的超越,不仅丰富了权利概念体系,而且对权利保障提出了更高要求,还将引领法律发展方向。⑤ 从应有权利到法定权利再到实然权利的发展,是权利发

---

① 参见孙熙国、陈绍辉:《以人民为中心:中国国家制度和国家治理体系显著优势的内在逻辑》,《理论探讨》2021年第3期,第51页。
② 参见范进学:《习近平"人类命运共同体"思想下的美好生活权论》。
③ 参见马纯红:《新时代"美好生活"的哲学范畴及其关键词》,《湖南科技大学学报》(社会科学版)2020年第5期,第76页。
④ 参见何士青:《人民美好生活的法政治学解读》。
⑤ 参见邱本:《法理的核心是法的思想理论》,《深圳特区报》2019年6月11日,第C04版。

展和法治发展的一般过程。美好生活权的提出和发展完全符合权利发展的一般过程,将美好生活权从应有权利上升为法定权利,可以为美好生活权的实然化提供法律制度框架和保障。正如姚建宗教授对新兴权利的意义与价值的论述,它是"法学界和法律界主动参与社会发展与社会进步的进程,推动法律权利顺应社会发展与进步而发展,以法律权利引领社会发展、辅助社会发展的重要方式"①。美好生活权就是这样的一个法学概念,并且也将成为中国法学对于世界法学的贡献。

(三) 确立美好生活权对中国人权话语体系的意义

人权话语体系承载着特定国家的治理价值观念和权利意志,②它往往与执政者的积极作为密不可分,呈现为持续的创造性成果。美好生活权是在中国共产党执政和中国社会发展下形成的极具中国风格与中国文化底蕴的"权利"概念,是当代中国法学话语体系构建的一个重要支撑点。当今中国,中国共产党秉持全心全意为人民服务的宗旨,推进国家治理能力和治理体系的现代化,致力于实现中华民族伟大复兴,强调以人民为中心,将人民拥有美好幸福的生活作为最大的人权。由此,美好生活成为一种新的公共价值叙事,因而建构以美好生活权为导向和统辖的国内人权话语体系,成为大势所趋。

美好生活权是一个承载中国文化、中国价值观和中国执政党执政理念的时代概念。确立美好生活权,是马克思主义中国化的一项理论成果,丰富和发展了马克思主义人权思想。当中国提出美好生活权时,意味着我们的人权事业和人权研究又处在了一个新的站点。美好生活权的提出,本身是基于对人的生存本质的思考:人类生存的意义究竟是什么?无论是作为个体存在的人,还是作为群体存在的人们/人民,抑或是作为"类存在"的人类,其存在的意义必然是对于美好生活的追求。如果没有了对于美好生活的追求,人将不能成其为人。对于美好生活的追求是人类发展、社会进步的不竭动力。在此意义上,美好生活权与人类命运共同体理念相辅相成,成为向世界所提供的中国智

---

① 姚建宗、方芳:《新兴权利研究的几个问题》,《苏州大学学报》(哲学社会科学版)2015年第2期,第51页。
② 这是钱锦宇教授的观点,参见常健:《"人权蓝皮书10周年暨中国人权理念、话语和理论"研讨会综述》,《人权》2021年第1期,第170页。

慧与中国方案的内核。通过美好生活权,不仅可以建构起中国自己的人权体系、价值体系和话语体系,[①]而且可以搭建中国与国际社会对接和融通的载体,形成国际人权对话和交流中的话语权,在世界人权舞台上发挥中国应有的更大贡献。

美好生活权作为新时代人权发展的崭新形态,可以为国际人权话语体系构建注入新的元素和生机,从而推进构建以人类命运共同体理念为中心的国际人权话语体系。对于美好生活的内在需求和权利诉求,不仅可以在中国文化和中国社会条件下孕育成长,而且也具有普遍性意义,也可以在域外找到"对接"和对话交流的文化土壤。比如拉美印第安传统文化中也有着源远流长的"美好生活"理念。从历史维度看,拉美安第斯地区印第安人社会对于"美好生活"理念有着广泛的文化认同;从当代法治和公共政策制度等建设看,部分拉美国家尝试融入传统的"美好生活"理念,开启探索"美好生活"的进程。[②] 其实,美好生活不仅是中国人民的生活愿景,也是世界各国人民的期待,是人类生活的恒久课题。美好生活权与"人类命运共同体"理念一样,体现了中国在国际治理和世界人权发展问题上倡导和践行的共赢共享的中国智慧和中国方案。明确美好生活权,有助于将世界各国人民对美好生活的向往变为现实。

[①] 参见范进学:《习近平"人类命运共同体"思想下的美好生活权论》。
[②] 参见韩晗:《略述"美好生活"印第安理念在拉美的制度实践与挑战——以玻利维亚、厄瓜多尔为例》,《中央民族大学学报》(哲学社会科学版)2019年第1期,第40页。

儿童节假日制度的反思与重构
——以马克思主义人权理论为基础

蒋华林[*]

摘　要：儿童节假日制度设置及其运行，是儿童人权保障状况的折射，也是国家治理体系与治理能力现代化的表征。田野调查发现，我国现行儿童节一元化休假模式与儿童人权发展性及其精细化保障之间存在差距。面向未来，需要一场立足马克思主义人权理论视角下的"为了儿童""基于儿童"的儿童节假日制度供给侧结构性改革。通过对儿童节上的"儿童人权"与儿童人权下的"儿童节"的历史—制度主义进路分析，儿童人权主体性的证成与儿童人权特殊性的展开，为稳健推进儿童节假日制度变革与更新提供了坚实的逻辑支点。儿童节假日制度由现有的"儿童"一元放假模式向"儿童+"多元主体模式转变，是一种卡尔多—希克斯改进。摒弃成人中心主义、回归儿童本位主义理念，参酌域外制度建设经验，通过地方立法这一技术形式重构儿童节假日制度，助推儿童应有权利、法定权利递进转化到实有权利，从而更好保障并发展儿童人权及其美好生活。

关键词：马克思主义人权理论；儿童节；假日制度；地方立法

一　问题的提出

儿童即未来。作为当下的具体，儿童延续于过去，在主体性构建中亦指向未来之人对美好生活的向往，就此，未来的因素通过"预期"的方式介入当

---

[*] 蒋华林，法学博士，广东财经大学马克思主义学院副教授。

下世界的建构中。①习近平总书记指出："全社会都要了解少年儿童、尊重少年儿童、关心少年儿童、服务少年儿童，为少年儿童提供良好社会环境。"②儿童的境遇如何，从根本上来说是儿童权利问题。儿童节假日制度设计可以作为观察儿童人权保障的一扇重要窗口。

节假日设立及其变革流动，肇因于经济发展、文化传承与记忆政治，亦源发于权利理念迭代更新等。为儿童群体设立专门节日——儿童节，在我国经历了从无到有、重新设定的过程，而儿童节是否放假、谁获放假，则经过了一段从"有节无假"到"有节有假"的历史变迁。新中国成立伊始，1949年12月23日由政务院制定发布的《全国年节及纪念日放假办法》（以下简称《办法》），将每年6月1日设立为儿童节，代替了始自1932年中华民国时期旧的"四四"儿童节，但该《办法》并未为儿童节配置法定假日。直到1999年国务院修正《办法》，我国儿童节方才迈入"有节有假"新时期。修正后的《办法》第3条第3款规定，6月1日儿童节当天，不满14周岁的少年儿童放假1天。规范意义上，儿童节假日的享有主体为单一的特定的部分公民——儿童。应该说，儿童节及其假日制度的供给侧变迁历程，体现了时代的进步、儿童事业的发展，彰显了国家与社会等各个层面对儿童健康成长规律的深入把握、对儿童群体给予的特别关爱。但"有节有假"之后，尤其是近年来，伴随人口流动性加强、城市化进程加快以及社会异质化的进一步增强，全面三孩生育政策实施，儿童节儿童一元主体放假有将儿童节异化为"看家节""孤单节"之虞，儿童应该享有的相关权益下坠为"纸面上的权益"。基于此，社会对于儿童节当天家长甚或公众该不该与儿童一起放假的探讨，在每年儿童节前后均一再成为舆论焦点。针对此类社会关切，全国假日办曾一度表示"正在研究家长六一儿童节放假问题"③。但这一表态并未将儿童节假日改革变为现实，反而给舆论场造成了"扬汤止沸"效应。于是，后期有了媒体"'儿童节家

---

① 参见泮伟江:《超越"错误法社会学"——卢曼法社会学理论的贡献与启示》，《中外法学》2019年第1期，第48页。
② 中共中央党史和文献研究院:《习近平关于尊重和保障人权论述摘编》，中央文献出版社2021年版，第116页。
③ 《全国假日办:正在研究家长六一儿童节放假问题》，《法制晚报》2011年5月31日，第5版。

长放假'还要研究多久?"之问。① 对比公众及传媒的一头热,学界呈现出的却是罕见的沉默,至今鲜有在理论上专门探讨,②纵使被"搭便车"论及,也仅仅是从假日经济、消费经济、旅游市场等方面着力。儿童节家长放假,是社会大众的非分之想还是知识精英的习焉不察,这需要回到田野现场,反思理论的有效性与实践性,沟通事实与规范。到底需要一种什么样的儿童节假日配置机制? 儿童节假日制度设计如何体现或对接新修订实施的《未成年人保护法》中明确确立的"保护未成年人,应当坚持最有利于未成年人的原则。处理涉及未成年人事项,应当符合'给予未成年人特殊、优先保护'等"主旨要求等? 作为一项面向日常、面向生活、与人们利益(尤其是儿童利益)息息相关的制度设计,在众声喧哗之中,需要理论上的冷静思考。

儿童节假日与娱乐和消费有关,但儿童节发生学上的儿童人权保障这一根本价值底色,不应被娱乐至上和消费主义所遮蔽乃至淹没。本文试图引入马克思主义人权理论视角,在马克思主义人权的立场、观点和方法镜像下,以推进儿童权益保障、增进儿童福利国家治理体系和治理能力现代化为旨归,对儿童节假日制度予以人权历史文化审视,进而对其前景与革新路径予以展望和建构。

二 儿童节假日:儿童人权保障的现实尴尬

矛盾是事物发展的根本动力,在联系并不断变化的世界中确当把握主要矛盾和矛盾的主要方面,是破解矛盾、推动发展的起点。儿童节假日是否为儿童群体真正享有? 儿童对于儿童节有何感受("人权感受"——获得感、幸福感、安全感、公平感、尊严感等)? 家长对儿童节假日有何期待? 对这些问题的解答,需要我们回到真实的生活世界。因此,笔者对儿童节假日运行生态进行了专题实证调查与释读。

---

① 参见张涛:《"儿童节家长放假"还要研究多久?》,《南方都市报》2015年12月18日,第A23版。
② 通过"中国知网"数据库,输入主题词"儿童节假日""儿童节假日制度"等检索发现,学界尚无专题探讨儿童节假日制度改革的理论文献(截至2022年3月7日)。

（一）如何度过儿童节？

目前在专属于儿童的节假日,儿童是如何度过的呢？笔者选取了广州市内两所省属高校和广州市天河区某写字楼某中型公司,对目前家有儿童的家长进行了问卷调查。本调查以"问卷星"工具通过受约束的社会关系网络拓扑的微信群来开展,最终参与调查统计并返回有效问卷756份(即共有756人参与并正确填写提交问卷)。

通过对调查问卷的统计分析发现,在儿童节当天,有母亲、父亲或父母双亲陪伴的占38.49%,而绝大部分儿童没有父母陪伴,其中,尚有近十分之一的儿童只能独自或结伴在家或出去玩耍,存在较大安全隐患。而在临近儿童节及当天,父母并不轻松,想办法请假是一方面(具有不确定性),同时还要设想如果请假不获批准或临时因为工作缘故无法请假,则需要安顿孩子去向,比如送托管、兴趣班或亲友家等代为照看(占比20.37%)。还有一部分儿童(占比28.31%)继续由老人、保姆照看。不难发现,在现行儿童节放假模式下,儿童群体度过儿童节的形式可谓类型多样(见表1)。

表1 儿童与谁度过儿童节假日

	频次(人)	个案百分比(%)
自己玩	41	5.42%
母亲请假陪伴	156	20.63%
父亲请假陪伴	88	11.64%
父母双亲请假陪伴	47	6.22%
无人照看,带孩子上班	23	3.04%
老人(祖父母或外祖父母)陪伴	161	21.30%
保姆陪伴	53	7.01%
送托管/兴趣班、亲友家等	154	20.37%
其他	33	4.37%

(二) 家长意愿如何?

儿童节当天家长希望放假吗?本次调查中设置问题"您支持儿童节给家长放假吗?",其中表示"非常支持"与"支持"占比91.47%(见表2)。由此反映民间对于儿童节家长放假的呼声较为强烈,具有深厚的民意基础。

表2 您支持儿童节给家长放假吗?

问题	非常支持	支持	不太支持	无所谓
您支持儿童节给家长放假吗?	52.23%	39.24%	5.22%	3.3%

儿童节当天,多数家长有请假意向(表示非常想和想的占61.38%,见表3。根据问卷要素关联分析,请假意向与小孩年龄成反比,小孩年龄越小,意向越强烈)。且提出请假申请者,亦觉得儿童节这一请假理由比较充分,结果多数获得了批假(占70.25%,见表4)。关联分析发现,对于8岁以下儿童的母亲而言,儿童节当天,几乎成为一天或半天"事实上的假期",除非客观原因导致确实无法请假。经由与部分用人单位管理层访谈,多数管理者基于人道主义考量,表示在不影响单位日常运转前提下,只要请假者能妥善安排好工作,一般会批假一天或半天,尤其对于女性请假者,以及家有学龄前儿童者。[①] 但也有少数管理者认为在国家非法定假日集中请假太多,会影响整体工作效率,并增加生产成本。

表3 儿童节当天家长是否有意愿请假?

问题	非常想	想	不太想	无所谓
儿童节当天是否想请假陪小孩?	10.56%	50.82%	8.4%	30.22%

[①] 据有关媒体报道,2018年六一儿童节前夕,杭州娃哈哈公司发布放假通知:"考虑到员工低龄子女儿童节没人陪伴,公司决定今年6月1日,至少有一名子女年龄在14周岁以下(含14周岁)的在职员工,公司予以放假1天,陪伴孩子。"引来网友纷纷点赞。参见张淳艺:《纠结儿童节放假不如平时多陪孩子》,《嘉兴日报》2018年6月1日,第2版。

表 4　家长请假获得批准了吗？

问题	是	否
您的请假申请获得批准了吗？	70.25%	29.75%

（三）假期如何定位？

在支持儿童节家长与儿童共同休假的受访群体中，认为此举有助于儿童人权保障的受访者占比 33.7%（见表 5）。用人单位对于儿童节员工请假的态度，更多基于对儿童的怜悯之情、慈善之德等人道主义与自身经济利益考量而作出同意，权利、儿童人权在这里处于失语状态。

表 5　儿童节家长等放假与保障儿童人权有关吗？

问题	非常有关	有关	不太有关	完全不相关
您觉得儿童节家长和儿童一起放假与儿童人权保障有关吗？	10.28%	23.42%	40.56%	25.74%

（四）倾听儿童心声！

倾听儿童心声，引导儿童参与，进一步理解儿童，理应成为关涉儿童公共决策的必要环节。笔者在广州市番禺区抽样选择了一所幼儿园、一所小学、一所初中各两个班级进行问卷调查及访谈。其中在幼儿园发放问卷 50 份，回收有效问卷 41 份（利用幼儿园开家长会的机会进行问卷调查，幼儿在家长及老师的协助下填涂）。在小学发放问卷 90 份，回收有效问卷 86 份。在初中发放问卷 110 份，回收有效问卷 101 份。对于"你希望儿童节当天父母也放假陪伴你吗？"这一问题，表示非常希望和希望父母放假陪伴的儿童数量随着年龄增长呈减少趋势，但 10 岁以下儿童对于父母放假陪伴表现出极大的渴盼，分别占比 97.34% 和 70.31%（见表 6）。这恰恰吻合儿童成长规律：随着年龄增长，独立性渐趋增强，个性愈发凸显。经进一步访谈得知，多数希望父母陪伴的儿童表示如果父母也放假一起过儿童节，自己会更快乐、更期待。

表6 "你希望儿童节当天父母也放假陪伴你吗？"

年龄	非常希望	希望	不太希望	无所谓
幼儿园大班(5—6岁)	62.08%	35.26%	2.66%	——
小学三年级(9—10岁)	40.25%	30.06%	10.37%	19.4%
初中一年级(12—13岁)	11.28%	20.35%	27.59%	40.78%

通过上述调查发现，儿童节传统假日制度正在遭遇新的尴尬。儿童节本来应予儿童快乐、愉悦及满足感，[1]最后却造成了儿童与父母的双重困惑，异化为"只有儿童的儿童节"、缺乏儿童主体性的儿童节、缺乏儿童人权细微关怀的儿童节。毋宁说，这不失是我国儿童"照顾赤字""照顾危机"[2]的表征之一。传统儿童节假日模式下，一系列连锁反应不可避免地产生：第一，儿童节中的儿童群体被人为分化为有父母陪伴与无父母陪伴两个群体。第二，儿童节当天，家长亦被割裂为两个群体，即休假与工作之别。这两种分割，源于假日制度设置不合理，或良性制度供给迟滞或缺失所造成的对平等性的隐性破坏。[3] 第三，部分独处儿童存在较大安全隐患，而那些继续如往日由祖父母/外祖父母、保姆等陪同，或是送往托管、兴趣班及亲友照看的儿童，其人身安全较之独处虽然得到了基本保障，但由于隔代抚养、他者照顾的天然弊病，儿童节这一特殊日子以及经由商家、媒体、儿童间口耳相传等渠道所渲染出来的节日气氛，完全不为该部分儿童所体验，其难免产生失落感、心理受挫等负面情绪。第四，民间社会需求层次发生变化自然是经济、社会、文化等发展的结果之一，但种种迹象表明，儿童节假日配置与社会现实需要渐生抵牾，民间社会对于儿童节假日制度变革持续不断的呼声（需求侧拉升）理应得到政策制定者的积极回应。

---

[1] 参见郭景萍：《情感社会学：理论·历史·现实》，上海三联书店2008年版，第78—80页。
[2] 岳经纶、范昕：《中国儿童照顾政策体系：回顾、反思与重构》，《中国社会科学》2018年第9期，第109页。
[3] 参见胡玉鸿：《正确理解弱者权利保护中的社会公平原则》，《法学》2015年第1期，第92—93页。

三 儿童人权及其特殊性：
儿童节假日制度重构的支点

（一）儿童节上的"儿童人权"

人权是人之作为人应该享有的权利，它在本质上是道德权利（moral rights），不是法定权利（legal rights）。① 历史上的很长一段时期，儿童被视为国家或家长的一种财产或工具，仅仅是一种客体性存在。一种较为普遍的观点认为，"西洋在 16 世纪发现了人，18 世纪发现了妇女，19 世纪发现了儿童"②。基于人们对于人性、理性等认识的深入，儿童的道德地位和法律地位在 19 世纪后勃兴的儿童权利运动中得到迅速提升，儿童人权理论上的证成被不断挖掘、延拓，儿童作为一个独立和自足的个体的价值得到认可。③ 儿童是人，兼有自然属性与社会属性，出生即拥有自己的权利，无须成人赋予、确认，就此而言，儿童无疑享有法律人格，拥有个体人权。

时至今日，虽然儿童作为权利主体在人权理论上的证成还不乏争议，④但儿童权利主体资格理念在一系列主要国际人权文件中得到了确认和贯彻。基于两次世界大战对包括儿童在内的人权造成的灾难，1948 年联合国大会通过

---

① 参见夏勇：《人权概念起源：权利的历史哲学》，中国政法大学出版社 1992 年版，第 213 页。
② 王雪梅：《儿童权利论——一个初步的比较研究》，社会科学文献出版社 2005 年版，第 26 页。
③ 参见王本余：《教育与权利——儿童的教育权利及其优先性》，福建教育出版社 2012 年版，第 102 页。
④ 在传统理论中，理性是权利最重要的基础，各种权利学说的前提性理论预设都是理性的成人，也即可以归纳为平等（equality）和自治（autonomy）的人，这也是康德道德理论的基石。自治的个人是权利理论最基本的理论假设，在这个假设下，儿童显然是没有权利的。儿童权利的研究者在寻求权利理论探讨儿童权利时往往忽视了对理性假设进行前提性批判。实际上，儿童问题既拓展了权利理论的视域，同时也挑战了传统的权利理论。参见张杨：《儿童权利在权利学说上争议之探讨》，《辽宁大学学报》（哲学社会科学版）2014 年第 6 期，第 150 页。另有学者认为，儿童理性能力的薄弱只能证明儿童的权利享有在一定程度上有别于成人，但并不能否认儿童权利的正当性。这种"不同于"不是"少于"或者"不享有"，而是"更加需要"，就是说正因为儿童理性能力的薄弱，所以儿童更加需要享有权利。儿童理性能力的薄弱不仅不意味着儿童不应当享有权利，相反，理性能力的成长依赖于由儿童权利所保障的自由。因为自由只有在自由的运用中才能学会，理性也只有在理性的实践中才会得到发展。参见王本余，前引书，第 86、103 页。

的《世界人权宣言》，承认儿童必须受到特殊的照顾和协助。1959年联合国大会通过《儿童权利宣言》，该宣言宣称："儿童因身心尚未成熟，在其出生前和以后均需要特殊的保护和照顾，包括法律上的适当保护。"1966年，人权AB两公约即《经济、社会及文化权利国际公约》《公民权利和政治权利国际公约》对儿童人权也予以了正面回应。1989年联合国《儿童权利公约》颁布，在历史上第一次明确提出儿童人权这一全新概念，[1]包括中国在内的世界上绝大多数国家批准接受了这一被公认为是儿童人权保障领域的"大宪章"。至此，儿童人权获得了国际社会的普遍认可和接受，各国亦以儿童立法、儿童政策等形式为儿童人权保障与发展构筑起重重防火墙。其中，《儿童权利公约》认为儿童人权可概括为四种，即生存权、受保护权、发展权、参与权。从其本质属性上看，儿童人权是儿童作为一个人和作为一个未成年人根据道德以及法律的原则和规则而享有的资格，它从根本上保障着儿童的自由，捍卫着儿童的权益，同时，课以他人及社会尊重和认真对待儿童的一般性义务。[2] 不难发现，这样一种儿童人权观虽然对儿童享有受保护权与拥有自主决定权有了科学的认识，也将儿童人权提升到了一个空前的高度，但对于人权本身的认识还依然停留在启蒙自由主义思想牵制下的消极权利，或是无形中为其所影响，即偏重于市民社会与政治国家之间的对抗、斗争与革命，忽视人权的合作权，容易使得人权实践陷入死胡同，仅"看起来很美"。儿童人权的伸张与提倡，是对儿童与儿童、儿童与成人、儿童与国家和社会等之间利益关系的调整与界定，既包括对国家权力的消极约束（即"不能做什么"，指向人权的防御权），也包括对国家权力的积极约束（即"必须做什么"，指向人权的合作权）。[3] 这是马克思主义人权观、当代中国人权观的题中应有之义。在中国特色社会主义人权话语之下，人权合作权功能性约束更加凸显，"社会成员更加依赖于国家的积极行为能力，以便国家能够承担庞大的社会治理任务以及完成国家目标，从而使国家与社会、公共

---

[1] 参见周尚君：《儿童人权的中国语境》，《青少年犯罪研究》2012年第5期，第5页。
[2] 参见王本余：《论儿童权利的本性及其教育诉求》，《南京晓庄学院学报》2009年第1期，第86页。
[3] 参见刘志强：《论人权的合作权》，《四川大学学报》（哲学社会科学版）2020年第5期，第153页。

自主与私人自主之间的关系发生了根本性的改变,即从防御权到合作权"①。立足生产力—生产关系现实境况,当下中国人民的生存权与发展权是首要人权,通过保障生存权和发展权,有效促进其他各项人权发展,对于人权的保障是全方位的保障,而非不顾社会物质生产现实条件及其文化根基,一味偏狭地强调对抗,倡言自由与尊严高于一切,缺失对于儿童处于一定社会关系之中的现实考量,并将公权力视为不可改变的恶与"利维坦"。围绕儿童节假日的一系列制度设计,需要国家公权力部门在听取儿童及其监护人意见表达和相互对话的基础上,给予制度设计方面的精细回应。在儿童节假日制度设计等儿童福利保障促进事业中,国家人权保障义务所展现的更多的是积极的一面,兼顾一定程度的消极面相。是故,儿童节假日制度设计是一面镜子,既能看到儿童人权事业的进步,亦能映现出拓宽儿童人权保障的空间。

(二)儿童人权下的"儿童节"

回溯历史,儿童节的设立恰恰直接源于儿童人权保障的失落。换言之,儿童节及其附随的假日、仪式、庆祝等,实则是儿童人权的警世钟与推进器。

1925年8月,54个国家的代表在瑞士日内瓦举行"儿童幸福国际大会",通过《日内瓦保障儿童宣言》。该《宣言》对儿童精神的享受、贫苦儿童的救济、儿童谋生机会的获得等问题发出热切的呼吁。会上首次提出了"儿童节"的概念,并号召各国设立自己的儿童纪念日,借以鼓舞儿童,使他们感到自己伟大、幸福和欢乐,也使社会人士重视和爱护儿童。倡议得到了世界不少国家的响应,各国先后确定了本国的儿童节。中华民国政府也在1931年将4月4日设立为儿童节。人民教育家陶行知先生专门为儿童节创作了一首诗歌《小孩不小歌》:"人人都说小孩小,谁知人小心不小。你若小看小孩子,便比小孩还要小。"这首诗歌充分体现了以陶行知为代表的知识精英对儿童的主体性认识。中国共产党历来重视儿童与儿童工作。在陕甘宁边区及敌后抗日根据地,从团中央到地方各级团组织,都设立儿童局,领导儿童团工作。毛泽东非常关心边区儿童的培养和教育。在延安时期,延安多次

---

① 刘志强:《中国人权法学"三大体系"论纲》,《中国法学》2022年第2期,第57页。

专门举行儿童节庆祝活动,毛泽东曾三次为"四四"儿童节题词并登载于《新中华报》《解放日报》:"天天向上"(1940年4月)、"好生保育儿童"(1941年4月)、"儿童们团结起来,学习做新中国的新主人"(1942年4月)。三次题词及相关庆祝活动等,体现了毛泽东对少年儿童健康成长的殷切期望。① 不难发现,儿童节的世界开端以及在世界范围内的铺开,接续的正是儿童人权意识、主体理念的萌芽,并随儿童人权的发展而不断发展。

六一国际儿童节的设立,即是人权以及儿童人权发展与实践结果之一。只不过,它是一个出于对资本主义儿童人权悲剧深刻反思而来的节日。或可以说,6月1日同样是一个充满政治含义、权利话语的时间点。1949年11月,国际民主妇女联合会在莫斯科举行理事会议,中国和其他国家代表愤怒地揭露了帝国主义和各国反动派残杀、毒害儿童的罪行。会议决定以每年的6月1日为国际儿童节,旨在悼念1942年6月10日利迪策惨案和全世界所有在战争中死难的儿童。这是一个为了保障世界各国儿童的生存权、保健权、受教育权和抚养权,为了反对虐杀儿童和毒害儿童,为了改善儿童生活而设立的节日。此举正应和了恩格斯所言:"没有哪一次巨大的历史灾难不是以历史的进步为补偿的。"②就算将"权利来自恶行"③这一多少显得片面之论断置放此处,也不乏暗合之理。在1949年11月,国际民主妇女联合会将6月1日确立为国际儿童节后,新中国政府作出积极回应。在当年12月23日,政务院通过了《全国年节及纪念日放假办法》,规定6月1日为儿童节,通令全国遵行,就此中华民国政府旧的"四四"儿童节被宣布废除。1950年6月1日,成为新中国的第一个儿童节。④ 1952年六一儿童节前夕,毛泽东为北京育英学校题词"好好学习",彰显了党和国家对儿童群体、儿童事业、儿童人权的关切。

(三) 儿童节实现的"最后一公里"——儿童人权特殊性考量

"儿童人权是源于儿童作为人的本性和尊严,是儿童得以健康成长的不可

---

① 参见郑学富:《一百年来的中国儿童节》,《中华读书报》2018年6月6日,第15版。
② 《马克思恩格斯全集》(第39卷),人民出版社1974年版,第149页。
③ 参见〔美〕艾伦·德肖维茨:《你的权利从哪里来?》,黄煜文译,法律出版社2014年版,第198—202页。
④ 参见陈赫杰:《六一国际儿童节的由来》,《人民政协报》2017年6月1日,第7版。

或缺的权利,是儿童个人的权利。"[1]儿童因心智未臻成熟,不具有或不完全具有自我保护的能力,导致其在法律能力上与成人间存在较大差异。从权利结构及权利运行的视角来看,儿童人权的特殊性主要表现在权利主体的身心特殊性、权利行使的不可选择性、权利内容的特殊性、权利实现的依赖性、权利的易受伤害性和权利保障的特殊性等方面。[2] 其中,儿童人权实现的依赖性具有较为复杂的面相。对这一特殊性的认识,对于权力—权利、成人权利—儿童权利、家长权力—儿童权利等关系的界定,决定着儿童人权在新时代更高水平保障"最后一公里"能否被打通。具体来看,儿童人权实现的依赖性源于儿童自身所具有的依赖性,儿童在经济上、能力上与经验上之不足均是导致其依赖性的根源。如果我们将儿童人权细分为自由权与受保护权两个相对独立的部分,那么就儿童大部分自由权而言,其行使与实现无须依赖于成人,但就儿童受保护权而言,其实现就必须依赖于成人的帮助。前者如儿童的表达自由,是无须成人的帮助就可实现的;后者如监护权、受教育权等,有赖于成人的帮助方能实现。众所周知,儿童的法律能力是在成长过程中逐渐获得的。尽管从理论来看,儿童不仅享有一般人权,而且还享有特殊人权,但从实际来看,儿童因心智发育未臻成熟,法律上的能力尚不具备或不完全具备。所以,儿童的部分人权只能由其法定代理人或其他合格主体代为行使,儿童并不能亲自独立地行使这些人权。在绝大多数情形下,儿童人权的实现离不开成人的帮助,如果没有成人补足其能力之不足,儿童就无法真正享有并实现其人权。[3] 这就需要破除一个思维误区,即儿童部分权利实现具有依赖性、需要成人帮助,并不是对儿童人权主体性的解构,也不是对儿童自治要求、自我发展潜能的否定,而是儿童人权与父母权威、国家权力的一种互相制约与平衡,是三者之间的对抗与合作。因此,需要在"解放论"与"保护论"之间寻找一个平衡点,[4]保持一种必要的张力,二者互助矫正,不至于单极化而陷入儿童人权保障困顿,即或以"解放论"全然拒斥成人与国家的适度介入,或以"保护论"为"父爱主义"回

---

[1] 吴鹏飞:《中国儿童人权法治保障探究》,中国民主法制出版社2015年版,第5页。
[2] 参见吴鹏飞:《中国儿童人权法治保障探究》,第5页。
[3] 同上书,第8—9页。
[4] 参见张杨:《西方儿童权利理论及其当代价值研究》,中国社会科学出版社2017年版,第75—109页。

潮伸张,从而以这样一种错位组合引致一种儿童人权保障的"正义的幻象"。成人社会在处理儿童权利上的任何一种误差和平等意识的缺失,都有可能导致儿童权利被忽视与剥夺。① 是故,只有充分认识儿童人权及其特殊性,童年才不会消逝,②我们也才能深刻地理解儿童人权,认真地对待儿童人权,最终使儿童人权得到更好保障与发展。无视儿童人权的特殊性,或是将儿童人权混同于成人一般人权的汪洋大海之中,儿童人权则徒有其名。正如有论者指出:"特殊人权主体是对人权主体普遍性的加强……在普遍人权实现的过程中,对这些特殊人权主体,若不给予特殊保护,其人权将失去真实性。承认特殊性人权是对人的形式平等的扬弃和对人的实质平等的追求。"③

"西方人权承载着太多的西方文化特殊偏好"④,难以实现超文化、超历史的普遍化,仅仅是一种地方信念,并非普遍知识。马克思主义人权理论视域下的人权是普遍的、全面的、发展的,而不是狭隘的、单向的、静止的;是相对的、具体的、变化的,而不是绝对的、抽象的、永恒的。⑤ 从抽象人到具体人,从成人人权中离析出儿童人权,从粗糙的儿童人权意识迈向精细化的儿童人权意识,体现了马克思主义人权观对于人权认识的不断深化和与时俱进。儿童人权及其特殊性向度,是研究包括儿童节假日制度重构等儿童权利保障的一个必要视角。毋宁说,儿童人权及其特殊性是检视乃至重构儿童节假日制度、打破僵化格局的一个重要支点。前述实证研究发现,当下运行的儿童节假日制度并未做到对儿童人权的妥当关切,供需矛盾突出,这种现实困境根源于对儿童人权特殊性的认识不足。"我们不是从儿童的视角看儿童而是从成人的有关儿童的理念去看儿童……如果儿童在理论上没有自己的位置,不能提出自己的理念,那么他们的价值就不在当下而只能在未来——在他们将来成年的时候。"⑥这样一种功利主义儿童观,势必造成国家关于儿童节假日的制度供给陷

---

① 参见皮艺军:《儿童权利的文化解释》,《山东社会科学》2008 年第 8 期,第 31 页。
② 参见〔美〕尼尔·波兹曼:《童年的消逝》,吴燕莛译,中信出版社 2015 年版,第 8—10 页。
③ 徐显明:《人权法原理》,中国政法大学出版社 2008 年版,第 128 页。
④ 赵汀阳:《"预付人权":一种非西方的普遍人权理论》,《中国社会科学》2006 年第 4 期,第 19 页。
⑤ 参见秦正为:《马克思主义人权理论及其中国实践》,《学术界》2010 年第 9 期,第 24—25 页。
⑥ A. Oakley, *Women and Children First and Last: Parallelsand Differences between Children's and Women's Studies in Children's Childhoods: Observed and Experienced*, Berry Mayalled, 1994, pp. 22 – 23.

入无效化或半无效化的尴尬境地,从而使得儿童人权保障停留于应有人权、法定人权,因不能及时递进到实有人权而处于悬空状态。在人权法视域下,实有权利是权利(人权)的最终归宿和最高价值,是权利转化的最终结果,构成了权利主体追求的最高目标。而应有权利和法定权利只有经过国家公权力履行义务,真正转化为实有权利,人权才最终得到实现。① 也就是说,如果儿童人权仅仅停留在应有权利、法定权利,那还只是口头上或纸面上的承诺,是理念层面的,还不是儿童实际所得到的、现实适切地享有的。职是之故,有关儿童节假日制度配置等关涉儿童实有人权享有绩效的制度设计,必须优先考虑儿童人权及其特殊性,在"以人民为中心"这一新时代人权发展新理念和人权道路新路标的指引下,②坚持儿童最大利益原则与儿童优先原则,从马克思主义人权的合作权出发予以制度重构。

四 儿童节假日制度供给侧改革的路径选择

"人民幸福生活是最大的人权。"③幸福生活不仅指向物理空间,也指向精神空间,其享有主体既包括成人,也必然含括儿童。面向未来,需要一场立足马克思主义人权理论视角下的"为了儿童""基于儿童"的儿童节假日制度供给侧结构性改革,满足新时代儿童权利保障精细化水平不断提高的期待,契合了党领导儿童人权事业"没有最好、只有更好"基本主张和"以人民为中心"人权理念,④亦是马克思主义人权观、当代中国人权观的题中应有之义。

(一)儿童人权砝码——一次卡尔多—希克斯改进

评价一种福利制度是否合理的标准是看它在何种程度上提高了社会总福利,而不是能否与某种抽象原则或绝对正义吻合,亦要兼顾社会各方利益。儿童节家长甚或社会公众放假,可以提高儿童和家长等群体福利水平、增加市场

---

① 参见刘志强:《论人权法中的国家义务》,《广州大学学报》2010年第11期,第23页。
② 参见郭晔:《新时代美好生活的人权之道——习近平法治思想的人权理论》,《华东政法大学学报》2021年第5期,第97页。
③ 中共中央党史和文献研究院:《习近平关于尊重和保障人权论述摘编》,第7页。
④ 同上书,第51—52页。

消费,但用人单位一方成本势必增加等,需要予以考量。这也就意味着,儿童节假日制度供给侧改革实现"帕累托改进"恐怕是一种理想状态。

但是,社会变革并非只有在帕累托改进之下才有可能。社会整体福利增加的"卡尔多—希克斯改进"为我们提供了更具包容性的视角,也有利于我们在分析具体儿童问题时将儿童作为利益主体考虑进去。如图1所示,假设儿童节假日制度旧模式下,仅仅是儿童放假,没有父母陪伴,进而相对缺少亲情关爱、有效监护,遭受意外伤害甚至是不法侵害等,整个社会儿童发生事故等儿童成长损失的概率用P表示;作为劳动者的儿童家长,其放假人数用N表示。随着儿童家长放假人数N的增多,P值会下降,即P=P(N)是N的减函数。若用M表示情感、风险、事故等各类损失的货币价值,则M乘以P等于用货币表示的儿童发生事故、成长空间、机会等受限而给社会带来的预期损失。预期损失P(N)M是放假人数N的减函数。图1描述了这一情况,横轴表示儿童家长放假人数N的值,纵轴则表示货币数量,包括预期损失的货币价值P(N)M。图1中标有P(N)M的曲线向右下方倾斜,表示预期损失随着儿童家长放假人数的增多而下降。

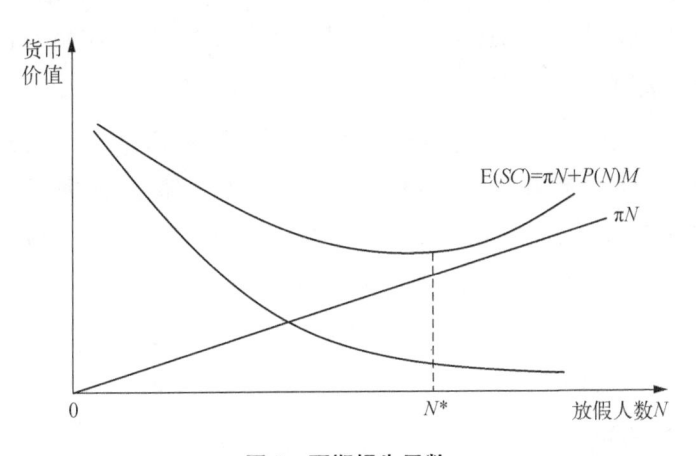

图1 预期损失函数

儿童节给作为劳动者的儿童家长放假意味着用人单位收益的损失。假设给一个劳动者放假会令用人单位损失π元。为了简化分析,假定π是一个常数,不会随着劳动者放假人数的变化而变化。因此,πN等于用人单位因给作为儿童父母的员工放假而损失的收益。图1中πN的图形是一条过原点的直线,斜率为 π。

图 1 描述了两类社会成本,即用人单位给员工放假的成本以及儿童成长损失的预期成本。因此,预期的社会总成本为:

$$SC = \pi N + P(N)M \quad (1)$$

预期社会总成本曲线在图 1 中可由 πN 曲线和 P(N)M 曲线垂直相加而得,其结果是一个 U 型曲线。由于预期社会总成本曲线是 U 型的,在 U 型的底部必有一个 N 值存在。这个值在图 1 中标为 N*,即令预期社会总成本最小化的儿童家长放假人数。从效率的角度来看,N* 是使社会总体有效率的儿童家长放假人数。

当儿童家长放假人数处于 N* 这一水平上时,边际社会成本刚好等于边际社会收益,即:

$$\pi = -P'(N^*)M \quad (2)$$

综上,儿童节家长放假这一新模式相对于旧模式来说,更有利于提高社会的总体收益,并且放假人数存在一个最优解。这样一种制度设计也吻合基于联合国《儿童权利公约》的《中国儿童发展纲要(2021—2030年)》总目标中关于"儿童优先"原则的规定。是故,可以判定"儿童+"新模式下的儿童节假日制度变革前景源于卡尔多—希克斯改进的内在驱动。不过,还需要注意作为卡尔多—希克斯改进核心要素的补偿原则——"长期自然的补偿原则",用人单位短期收益减损也不能视而不见。换言之,不应该完全由用人单位一方负担("政府请客,企业买单"),积极建构国家—社会—家庭—个人多方分担机制来作为改革助推器。国家作为儿童人权保障义务刚性主体,应该在企业社会责任、儿童权利文化的建构与宣传方面下大工夫,[①]与此同时,重新考虑对相关企业予以税费减免。

(二)域外经验——发现另一种可能

当今世界绝大多数国家或地区根据民族习惯、历史传统、心理惯习等,确

[①] 参见段立章:《观念的阻隔与超越:当代中国儿童权利文化的构建》,《山东大学学报》2014 年第 2 期,第 93 页。

立了属于自己的儿童节,并制定了不同的儿童节假日制度,日积月累生成异彩纷呈的儿童节日文化。一些地区的儿童节休假模式构筑及其实践,值得我们借鉴(见表7)。虽然它们目前并不具有普遍性,我们也未必全盘复制、移植,但为我们对于儿童节假日制度变革的思考提供了一种对比及可能前景。扎根中华大地,"坚持不忘本来、吸收外来、面向未来"①,"坚持把人权的普遍性原则同中国实际相结合,不断推动经济社会发展,增进人民福祉"②,以马克思主义人权理论为指导,探索一条更加适合中国儿童、促进中国儿童更好成长的儿童节假日制度。需要指出的是,在人类制度演进史上,类型上的数量占优不成为安于现状、停滞不前的理由,而先行者在一定时期内也许是少数,但少数未必就是异类,更可能喻示着未来。这亦是在理论和实践层面与西方社会、外界关系实现从追随跟跑到齐头并进,最终实现赶超并领跑的必由之路。

表7 域外儿童节休假模式(不完全统计)

国家	儿童节日期	休假模式
英国	7月14日	儿童+母亲
瑞典	8月7日是"男孩节",又称"龙虾节";12月13日是"女孩节",又称"露西娅节"	儿童+母亲
西班牙	1月5日	公众假日
日本	一年三个儿童节;3月3日"女孩节"、5月5日"男孩节"、11月15日"七五三儿童节"	5月5日为公众假日
韩国	5月5日	公众假日
新加坡	10月的第一个星期五	公众假日

(三) 本土选择——走向人权时代

现代国家的节假日体系是反映一个国家根本价值取向和民族精神状态的

---

① 习近平:《在哲学社会科学工作座谈会上的讲话》,人民出版社2016年版,第3页。
② 中共中央党史和文献研究院:《习近平关于尊重和保障人权论述摘编》,第4页。

风向标,是反映政府与人民、国家与社会的关系的重要指标。① 同时,也是权力与权利、权利与权利的关系的折射。自新中国成立以来,我国假日制度内核发生了时代性变化,大体经历了两个阶段的演变。第一阶段:1949—1978年。这一时期中国假日制度的特点是以阶级斗争为纲,突出政治,除春节外,整个法定节假日都是政治性的。第二阶段:1978—2007年。这一阶段的假日制度,明显反映出"以经济建设为中心"的特点。② 目前正在向新的阶段过渡。借由2004年"国家尊重和保障人权"条款载入《宪法》,人权观念日渐深入人心,尤其是人们在经济、社会及文化权利方面诉求积极,③加之对过去刺激经济型假日制度设计理念的反思(如2007年12月国务院修订《全国年节及纪念日放假办法》,将五一劳动节三天法定假日调整为一天),在开启全面建设社会主义现代化国家、向第二个百年奋斗目标进军的新征程中,中国假日制度改革调整理应"走向人权时代",转入更好体现人权保障、促成人的自由而全面发展为主旨的第三阶段。

立足儿童本位主义理念,儿童节假日制度退回"有节无假"的老路已不可能,④原地踏步,则愈发显得与需求侧期待凿枘不投。"权利决不能超出社会的经济结构以及由经济结构所制约的社会的文化发展。"⑤在马克思主义人权理论看来,人权是一定历史阶段的产物,其实践必须立足于具体的社会、政治、经济、文化环境,任何脱离本土实际、脱离物质生产实践、超越发展阶段的权利主张和权利行动,不仅无益,而且当"承诺"屡屡落空时反而动摇人权根基,不利于人权事业的可持续发展。2016年8月22日联合国开发计划署和国务院发展研究中心历时两年完成的《2016中国人类发展报告》指出,根据人类发展指数测算,中国已成为高水平人类发展国家,是30多年中人类发展领域进步最快

---

① 参见高丙中:《民间文化与公民社会》,北京大学出版社2008年版,第218页。
② 参见清华大学假日制度改革课题组:《中国假日制度改革的政治经济学分析》,《学习与探索》2009年第5期,第30—32页。
③ 参见张永和:《中国大众人权观念调查》,中国人民大学出版社2016年版,第338—343页。
④ 一个关于我国台湾地区儿童节假日设置的案例:1991年,台湾当局为减少休假天数,将儿童节与妇女节合并为妇幼节。2002年,台湾地区实行周休二日制度后,妇幼节放假规定被废止。2010年11月3日,台湾当局内部事务主管部门公布修正后的"纪念日及节日实施办法",增订儿童节放假一日,次年起实施。
⑤ 《马克思恩格斯选集》(第3卷),人民出版社1995年版,第305页。

的国家之一。① 新中国成立70余年来,我们创造了经济快速发展奇迹和社会长期稳定奇迹,我国的儿童观也发生了根本性转换,从社会需要的儿童(从"接班人"到"建设者")、异化的儿童(儿童观的错位与"成人化""政治化"取向)发展到"儿童"就是儿童("解放儿童"与"向儿童学习")。② 这些均无疑为新时代儿童人权及儿童节假日制度改革提供了坚实的物质基础与思想准备。

"每个人自由全面发展"是马克思主义人权理论的核心概念,其意涵既包括了共同体不能遮蔽个人的向度,也指明个人不能脱离社会而独立存在。③ 儿童作为具体的人,不是抽象的符号;同时,作为"真正的共同体"的参与者、建设者、受益者,也必然受到共同体本身所具有的现实性的制约。职是之故,制度的设计必须关照人(儿童),也必须通盘考量现有约束条件等。立足本土实际,参酌域外经验,新的儿童节假日制度供给模式主要有以下三种:儿童+母亲、儿童+父母、儿童+公众(见图2)。

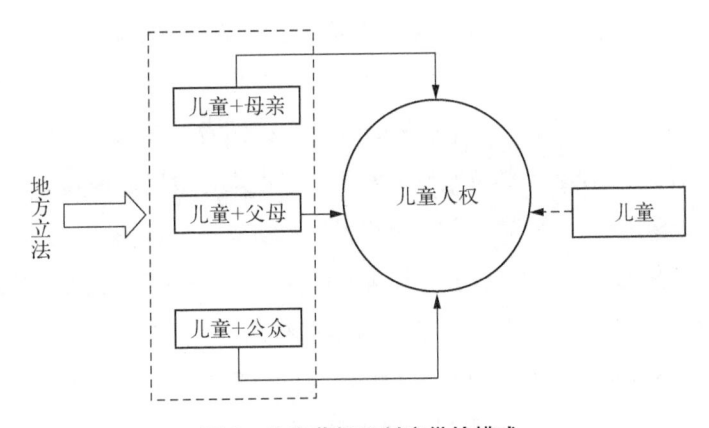

图2 儿童节假日制度供给模式

三种模式之间,我们该如何抉择? 在休假主体上,是选择突变(现有模式直接过渡到→"儿童+公众"),还是选择渐变(现有模式→儿童+母亲→儿童+

---

① 参见联合国开发计划署驻华代表处、国务院发展研究中心:《中国人类发展报告2016:通过社会创新促进包容性的人类发展》,中信出版社2016年版,第17—30页。
② 参见陈乐乐:《新中国70年儿童观的历史考察与反思》,《南京师大学报》(社会科学版)2019年第3期,第41页。
③ 参见陈曙光:《论"每个人自由全面发展"》,《北京大学学报》(哲学社会科学版)2019年第2期,第24页。

59

父母→儿童+公众),还是选择维持现状;在休假时间上,是"儿童1天+其他主体半天",还是直接过渡到"儿童1天+其他主体1天"。这些问题都取决于对儿童人权特殊性研究认识的深度,儿童人权特殊性在国家话语与国家治理中的权重,作为主要人权义务主体的国家基于现实社会、经济、文化发展的决断等。这是制度内涵要素方面的考虑。在技术层面,由于我国各地经济、社会、文化发展存在较大差异,大国的法治需要考量地方性的问题,①大国法治更加需要精细化治理。②从有效性与可能性计算,目前儿童节假日制度变革无需全国一盘棋。作为一种策略,此举可以规避制度变革的过于激进或"共同贫困"这一最坏结果出现。从中央—地方两个积极性出发,充分发挥地方主动性与能动性,激发地方在制度创新方面的活力,各地根据本地区经济、社会发展水平与发展需要,通过地方立法形式制定与本地区实际相契合的儿童节假日制度模式,并为形成可推广、可复制的经验作出先头探索,待条件成熟之际,适时修改《全国年节及纪念日放假办法》。是可谓之儿童节假日制度重构的"二阶性"。于此,一方面保证国家(法制)的统一,另一方面为地方性秩序的形成发展创造可能性和激励因素。③《中华人民共和国立法法》第72条规定:省、自治区、直辖市的人民代表大会及其常务委员会根据本行政区域的具体情况和实际需要,在不同宪法、法律、行政法规相抵触的前提下,可以制定地方性法规。这为条件成熟的地方(省、自治区、直辖市)探索儿童节假日制度改革实践提供了坚实的法律依据。出于依法立法、科学立法及维护法律安定性,应保持目前《全国年节及纪念日放假办法》关于儿童节儿童单一主体放假一天规范不变,在此基础上,地方立法从更好实现儿童节假日价值及体现对儿童人权的尊重、最大化考量儿童利益等出发,结合地方实际为儿童父/母/父母/公众新设儿童节"儿童陪护假"。对此,男性陪产假在各省呈现出的多元化的地方性制度安排即是一个支援性、证成性立法先例。借凭此类地方立法安排不难发现,产妇是一定阶段的特殊群体、弱势群体,作为群体的"儿童"与作为期间的"童年"亦然。二者虽然不同,但本质实则一致,均需要他人陪护、扶助、借助他人

---

① 参见陈柏峰:《拥挤社会的法治》,《南风窗》2014年第25期,第41页。
② 参见支振锋:《大国法治与精细化治理》,《理论视野》2014年第2期,第15—16页。
③ 参见苏力:《道路通向城市:转型中国的法治》,法律出版社2004年版,第75页。

力量等才能实现人权保障。当产妇、妇女(生的主体)权益得到越来越多的关注后,作为生产结果、更趋弱势的儿童(育的对象)的相关权益,理应得到更为细致的呵护。是故,从革新儿童节假日制度入手,将儿童节假期扩张覆盖到成人,并视成人获得假日为儿童真正享有儿童节假日权益的一种必要延伸、基本辅助(手段—目的关系),而非成人扩张假期容量的一种"借口""说服政治"。虽然现实中不可避免衍生出成人假期扩容(逻辑上的),但毋宁说,此举是儿童人权特殊保障的一种必要社会成本。这样将合作权意涵体现于人权文化全面融入中国特色人权实践的过程之中,不仅促进了个人(儿童)的权利保障,共同体的凝聚力也在此合作关系中得以增强。[①]

五 代结语:儿童"美好生活"再出发

依据"人权木桶原理",一个国家的人权状况是由弱势群体那部分人来决定的。[②] 儿童节假日制度设计如何,在发展着的经济社会条件下能否进一步提升儿童获得感、幸福感、安全感、公平感、尊严感等"人权感受",满足儿童对于美好生活的向往等,在一定程度上代表着我国人权事业发展水平。对于儿童节假日制度的反思与重构,仅仅是我们对于儿童人权保障事业走向精细化、系统化这一面向未来、直面人之本身社会工程建构的一个样本和切入口。据此作为儿童"美好生活"新的起点,深刻认识、理解并尊重儿童身心发展规律,坚持儿童优先和儿童利益最大化原则,为儿童健康成长创造优良的软件环境(良法善治)与硬件条件(如儿童游戏和娱乐设施建设、食品安全、校车安全、儿童适当生活水准保障、残疾儿童特别照顾权、反儿童歧视等),更加精准对接儿童人权特殊性,依法保障儿童生存权、发展权、受保护权和参与权,精心培育"祖国的花朵、民族的未来"。通过点滴努力实现儿童自由而全面发展,以良善制度的与时俱进推动实现"人的繁荣",促进儿童实际享有的美好生活更加平衡、充分、殷实。这对于开展国际人权对话、增强国际人权话语权、提升大国形象、为世界儿童人权保障事业贡献中国智慧与中国方案等,均具有非凡意义,同时

[①] 参见刘志强:《中国人权法学"三大体系"论纲》。
[②] 参见刘志强:《人权法国家义务研究》,法律出版社2015年版,第74—75页。

亦利于增强马克思主义人权观和当代中国人权观的吸引力、感染力、影响力，彰显中国特色社会主义人权制度优势，持续深入推进儿童福祉国家治理体系和治理能力现代化。

马克思对启蒙人权理论的解构、重构及启示
——基于《论犹太人问题》的分析[*]

孟非白[**]

摘 要:《论犹太人问题》是马克思首次集中对人权进行全面、系统剖析的论著。马克思通过对政治解放的反思与批判,对启蒙人权理论的人权本质、人权内容和人权实现进路等方面进行了解构,并在此基础上实现了有关"人"的重新阐述与构建,提出以人的终极关怀为指引的人类解放思想,重新定义了人权概念。在新时代,挖掘《论犹太人问题》的新价值,有利于从全局性、整体性和连贯性上把握马克思人权思想的内涵和要义,增进对我国现代化进程的理性反思,推进中国特色社会主义人权话语体系的构建,并促进马克思人权理论中国化的新发展。

关键词:马克思;人权思想;启蒙理论;解构;重构

《论犹太人问题》(以下简称《问题》)于1844年2月在《德法年鉴》上发表。在《德法年鉴》时期,马克思关注的焦点逐渐从抽象理论研究转向对现实政治的思考,其哲学立场开始从早期的唯心主义转变为唯物主义。《问题》恰好是一部从"青年"到"成年"的过渡时期的著作,开启了马克思未来在更高层面上对历史、社会和人的新思考。马克思在文中首次对人权进行了全面、系统的剖析,通过对政治解放的反思与批判,解构了启蒙人权理论,在此基础上重构"人"的形象,提出了以人的终极关怀为指引的人类解放思想,重构了人权概念。作为马克思主义哲学经典作品,《问题》具有持续的生命力。当下,重

---

[*] 本文系教育部重大项目"国民教育与少数民族发展权研究"(17JJD820020)的研究成果,曾获得第三届青年人权论坛优秀论文奖。
[**] 孟非白,西南政法大学人权研究院博士研究生,研究方向为人权法、弱势群体。

温《问题》可以深刻地把握启蒙人权理论及其内在局限性,加深对马克思人权思想核心要义与内涵的认识,这不仅具有历史意义,也具有现实意义。

一 《问题》的背景考察

(一)欧洲社会背景

19世纪上半叶,资产阶级政治革命在欧洲如火如荼地展开,资本主义制度在欧洲各国相继确立。随着产业革命的兴起,资本主义工业更是蓬勃发展,推动了欧洲经济的空前繁荣。然而,在以"自由、平等、博爱"为旗帜的资本主义制度下,在社会欣欣向荣的背后,却隐藏着现代性危机。经济的贫富差距、社会的冷漠不公、普通大众的苦难生活,成为不可回避的现实问题。在马克思的祖国普鲁士,政治、经济和社会问题更为复杂。新兴资产阶级正在崛起,但普鲁士却是带有专制主义色彩的政教合一国家,封建势力强大,资产阶级对现状愈发不满。当时国内兴起的青年黑格尔哲学-政治运动实质上是德国新兴资产阶级的一次思想解放运动,矛头直指封建专制及宗教制度,表达了资产阶级对自由解放和政治权力的渴望。作为思想解放运动的重要人物,布鲁诺·鲍威尔(Bruno Bauer,1809—1882)就德国犹太人受压迫的社会问题发表观点。他把上述问题归结于宗教与国家的关系、宗教束缚与政治解放之间的矛盾,并认为犹太人最终获得政治解放的途径在于:一方面放弃犹太教以获得公民权,另一方面消灭宗教以实现人的解放。换言之,鲍威尔将宗教解放、政治解放和人的解放等同,用启蒙精神改造犹太教,使犹太人放弃信仰冲突,同化为无差别的公民,并将公民权与人权赋予公民,实现政治解放和人的解放。然而,马克思针对德国的现状,结合英法工人运动的考察,并没有把"犹太人问题"视为纯粹的宗教问题,而是立足于更宏大的社会经济视野,从市民社会批判的角度出发,揭示了什么是政治解放和人的解放,把《问题》带入了"另一条轨道"[①]。

[①] 林进平:《马克思〈论犹太人问题〉研究读本》,中央编译出版社2016年版,第9页。

(二) 启蒙人权理论

在《问题》中,鲍威尔的见解和马克思的立论,都绕不开启蒙人权理论这一思想原点。启蒙人权理论是支撑资产阶级革命的理论基础,由霍布斯、洛克、卢梭等哲学家确立和发展,形成了"一种较为完整与体系化的人权理论形态"[①]。启蒙人权理论以古典自然法为理论依据,对人及权利本原进行了系统论证,使人权概念获得了具体形式与确定内容,推动了现代人权制度的形成与发展。

霍布斯作为奠基人确立了理论范式,认为个人权利先于国家的存在。他预设在国家成立之前,人生活于一个自然状态中。在这种自然状态下,人是平等、独立的原子式个体,人与人之间并不存在任何规则,但易陷入战争状态。出于"自我保存"的目的,人们彼此签订契约,把权利让渡给主权者,因此主权者获得了绝对至上的权力,他的命令成为法律,人们必须无条件地服从支配,并在对主权者的共同恐惧之下获得和平与安宁。之后,洛克继承并发展了霍布斯的"从自然状态到社会状态"的理路,界定了个人与政府的关系,强调了生命权、自由权、财产权作为人与生俱来的自然权利,不可剥夺,不可转让。洛克认为,人在自然状态中可以获得和平安宁,但存在着威胁。为了更好地保护自然权利,人需要进入政治社会,与统治者缔约契约,让渡部分权利组建国家。政府作为签约方有义务保护个人权利,个人则有权利限制政府权力的扩张,从而树立了个人至上的权利原则。卢梭阐述了国家秩序的构建,把抽象的人权内容,以社会契约的方式转化为具体的公民和政治权利,认为人作为公民应当受到国家的保护,为人权提供了法律依据。

简言之,启蒙的"人权"与封建、宗教势力的"神权"相对,是指"人们在自然状态下享有的自然权利"[②]。这种自然权利是人之为人的固有权利,而非统治者的恩赐,表现出人权的普遍性和抽象性特征。启蒙人权理论以自然状态论为前提条件,以国家契约论为重要支撑,从公民权利—国家权力对立的角度确立了个人权利至上的原则,倡导生命、自由、财产、安全等以自由为核心的人权

[①] 陈佑武:《古典人权理论探源》,《求索》2010 年第 8 期,第 109 页。
[②] 王哲:《西方近代人权观剖析》,《北京大学学报》1992 年第 3 期,第 48 页。

内容,通过政治革命的途径即政治解放确立法律制度保障人权。

二 《问题》对启蒙人权理论的解构

不可否认,启蒙人权理论具有划时代的进步意义,但其理论本身却存在着内在的困境。启蒙思想家是在二元对立的基础上,论述人权的正当性和国家的合法性。启蒙人权理论遵循"个人—国家—个人"的路径,以个人为出发点阐述国家的建构,最终又回到个人权利的保障上。[①] 这一路径虽然在逻辑上看似严密,却陷入了个人与共同体关系的内在矛盾中。上述矛盾"使启蒙人权理论之具体形式表现为是个人与共同体之间妥协的产物"[②]。由此,在这种妥协指引下的启蒙人权理论及其指导下的资产阶级人权实践,建立在以市民社会和政治国家分裂的基础之上。《问题》正是以市民社会与政治国家的关系为出发点,对启蒙人权进行了解构,主要表现在人权本质、人权内容、人权实现进路三个方面。

(一)启蒙人权本质的解构

事物的本质是具体内容和实现进路的内在基础。《问题》对启蒙人权内容和其实现进路的解构需要建立在对启蒙人权本质解构的前提之下。《问题》将启蒙人权概念分解为两个结构:一部分是公民权(droits du citoyen),表现为参与到政治共同体(国家)中,行使政治权利;而另一部分是人权(droits de l'homme),即"无非是市民社会的成员的权利"。[③] 两个结构之间的关系实质上反映了政治国家与市民社会的关系,表现为二元分裂且不可调和的特征——马克思将其形象地描述为"天国"与"尘世"的对立。"天国"与"尘世"的对立起始于资本主义萌芽。在前资本主义时代,不存在市民社会和政治国家的分野,在以政治权力为主导的共同体本位下的社会,公共领域与私人领域呈现同一性。随着商品经济的兴起,人可以在商业活动的往来中作为独立个体而存

---

① 参见李超群:《启蒙人权理论的悖论与超越》,《人权》2018 年第 3 期,第 19 页。
② 同上文,第 21 页。
③ 参见《马克思恩格斯全集》(第 3 卷),人民出版社 2012 年版,第 182 页。

在,不再必须依附于共同体成员的身份,于是"作为两个固定的对立面、两个真正有区别的领域的'市民社会'和'政治国家'的分离",就此出现了。① 在政治国家中,人行使公民权是为了实现共同体的普遍利益;但在市民社会里,人所获得的人权仅维护个人利益。两者的对立使启蒙人权中的"人"分裂为公民与犹太人。犹太人代表了构成市民社会的成员,在现实生活中表现出无限地追求生意上的获利,敬奉金钱为上帝,只关注自己的私人生活和私人利益。犹太人这种封闭于自身的私人生活,是脱离了人的本质和共同体的个体生活,具有利己性、占有性、排他性、封闭性,象征着现代社会的"现代人"。"现代人"组建的市民社会只追求私人利益,在私人利益面前可以漠视政治国家中的普遍公共利益。由于启蒙人权理论是从个人与国家对立的角度论述人权,因此个人身份与公民身份的边界模糊且趋于混同。马克思敏锐地意识到,启蒙人权中抽象、具有普遍人性的人和社会生活中具体的、现实的人之间具有不对称性,并进一步分析,认为在市民社会中,人是不真实的存在,而金钱成为最高的存在。每个人沦为金钱的奴仆,追求金钱面前的人人平等。人最终成为异己力量的玩物,丧失了人的主体性价值。《问题》通过人主体性的缺失解构了启蒙人权的实质,揭示了启蒙人权的本质其实是市民社会成员的权利,也就是以犹太人为代表的现代社会利己之人的权利,体现了"实际需要,自私自利"的现实犹太精神。

(二)启蒙人权内容的解构

抽象的启蒙人权在"市民社会"中主要被具体化为"自由""财产""平等""安全"等内容。《问题》通过剖析"自由""财产""平等""安全"的实质,揭示了启蒙人权所倡导的权利"无法实现其承诺"②。

关于"自由"。法国《共和国元年宪法》(又称《1793年宪法》)将之表述为"做任何不损害他人权利的事情的权利"。马克思就此进一步论述,自由之"每个人能够不损害他人而进行活动的界限是由法律规定的,正像两块田地之间的界限是由界桩确定的一样"③。此论述生动揭示出启蒙人权之自由在现实的

---

① 参见《马克思恩格斯全集》(第3卷),第90—91页。
② 〔美〕科斯塔斯·杜慈纳:《人权的终结》,郭春发译,江苏人民出版社2002年版,第171页。
③ 前引书,第183页。

法律制度中,以确立人与人之间的界限为前提条件。人在一个孤立的自我封闭的界限中,开展自由活动,营造自己的世界。这并非达到了真正的自由,因为启蒙人权之自由不是"人与人的结合",而是"人与人的分离",①其实质是一种分离、狭隘、封闭的个人权利。马克思把这种个人权利的自由的实际应用归结为对"私有财产这一人权"②的使用。

关于"财产"。《共和国元年宪法》将之表述为"财产权是每个公民任意地享用和处理自己的财产,自己的收入即自己的劳动和勤奋所得到果实的权利"。马克思指出,财产权的深层含义是"任意地(à son gré)、同他人无关地、不受社会影响地享用和处理自己的财产的权利;这一权利是自私自利的权利"③。财产权与自由有着密切的联系,是自由在现实中的实际应用,构成了现实自由的基础和载体。与"自由"权利的本质相同,财产权以人与人相互分离为基础,把他人视为对自己自由的限制,形成一种对立关系,进一步使个体处于封闭的界限中。

关于"平等"。平等是千百年来人们追求的理想目标,作为一项权利更是被1793年的《人权和公民权宣言》列于人权之首。在《1795年宪法》中,平等被规定为"法律对一切人一视同仁,不论是予以保护还是予以惩罚"。但马克思对此分析称,启蒙人权之平等"无非是上述自由的平等,就是说,每个人都同样被看成那种独立自在的单子"④。在启蒙人权制度下,平等是应然层面的平等,但在实然层面并非体现人与人之间的平等,而是受政治、经济因素的制约,具有市民社会性质的平等。

关于"安全"。《共和国元年宪法》将之规定为"是社会为了保护自己每个成员的人身、权利和财产而给予他的保障"⑤。从中可以看出,人权之安全保障的是市民社会中自私自利的个体的权利,维护其人身、权利和财产神圣不受侵犯,换言之,也就是保护市民社会的封闭及成员间相互的界限。

---

① 参见贺然:《马克思对近代自由权利理论的批判》,《马克思主义理论研究》2005年第12期,第16页。
② 《马克思恩格斯全集》(第3卷),第184页。
③ 同上。
④ 同上。
⑤ 同上。

通过对上述权利的分析,马克思认为启蒙人权以财产权为核心内容。财产权构成了市民社会成员的基础,处于上述权利最核心的位置。财产权是自由的实际应用,与自由活动空间呈现出比例关系;平等是财产自由的平等,个人拥有财产的多寡与享有法律保护的机会、程度存有差异;安全则意味着对财产的直接保障,凸显市民社会维护私有利益的正当性。《问题》对人权具体内容的剖析,揭示了启蒙人权所主张的权利只是维护少数有产者的私人物质利益。以财产权为核心的现代启蒙人权对于普通大众而言,是虚无而难以实现的。他由此总结道:"任何一种所谓的人权都没有超出利己的人,没有超出作为市民社会成员的人,即没有超出作为退居于自身,退居于自己的私人利益和自己的私人任意,与共同体分隔开来的个体的人。"[①]当启蒙人权概念被进一步表述为各项具体权利时,在实然层面的法律制度下呈现出非道德性和狭隘性,已与其所追求的人权的道德价值相背离。

(三)启蒙人权实现进路的解构

以启蒙人权理论为指导的资产阶级革命人权实践,即政治解放,是启蒙人权实现的必然进路。"犹太人"应通过政治解放,在"市民社会"中实现人权的享有与保障。然而,《问题》却阐述了犹太人并没有通过政治解放获得真正的解放,其所创建的资本主义民主国家并不是人权实现的最终途径。

一方面,马克思认为政治解放本身存在缺陷,致使人主体性的丧失以及人与人、人与社会之间冲突的加剧。政治解放是市民社会及其利己精神的解放,政治共同体被谋求政治解放的人用于维护自私自利的权利。这些致力于政治解放的人则是市民社会的成员,于是作为市民社会成员的人成为目的,成为"本来意义上的人"和"真正意义上的人",而公民被降格为奴仆和手段。政治解放看似获得的自由也只是形式性的、有限的,人没有通过现代国家脱离束缚,原子式的个体进入市民社会被重新异化,被金钱这种物质力量重新束缚。原先古代社会对人的束缚依然留在了"世俗生活"的市民社会中,只不过束缚的形式被货币替代。同时,政治解放"一方面把人归结为市民社会的成员,归

[①]《马克思恩格斯全集》(第3卷),第184—185页。

结为利己的、独立的个体,另一方面把人归结为公民,归结为法人"①。人获得双重身份:既作为国家主权的参与者,以抽象的公民形式出现,享有管理国家的公民权利和政治权利;也作为现代国家的被保护对象,现实的人以利己的个体形式出现,获得了所谓的"人权"。由此,形成了"本来意义上的人""真正的人"与"利己人"的冲突,而人的分裂导致了公共普遍利益与个人私人利益的冲突。

另一方面,文本通过对政治解放本身的解构,从深层次折射出政治解放的结果未能实现人们对于人权的享有。资产阶级革命倡导的启蒙人权精神与原则,在人权实践中基于相关"措施去调适每个人政治参与的平等权利和法律面前的平等,使法律和政治制度免受这些因素的影响,而不论他们处于什么样的社会地位,所有的人都是平等的公民"②。但正如《问题》中所阐述的,财产、文化程度、职业等差异会导致经济的不平等,而这种不平等"使不同的个人在行使他们平等的公民权利时,通过一种完善的合法途径产生行使效力上的不平等"③。资本主义民主国家的人权是在财富实际占有不平等的前提条件下产生的,具体的权利虽然以法律的形式确立,但建立在无产者已被剥削的基础之上,在资本主义社会的条件下,只是形式上的权利,而非实质的权利。由此,政治解放对人而言成为一种新的桎梏,并且通过政治解放所建立的资本主义民主国家更似一种虚无的梦幻,难以实现启蒙人权所致力于的政治主张和人权理念。

三 马克思对启蒙人权理论的重构

《问题》对"人权"的批判,并不能被浅显地理解为马克思对人权持否定态度;实质上,马克思否定了以启蒙人权理论为代表的资产阶级人权观。马克思人权思想恰恰建立在对资产阶级人权观的批判基础之上:对"人"进行重塑,追求对人的终极关怀,进而完成对人权概念的转化,并在此后逐渐形成马克思人权思想体系。

---

① 《马克思恩格斯全集》(第3卷),第189页。
② 〔美〕艾伦·布坎南:《马克思与正义——对自由主义的激进批判》,林进平译,人民出版社2013年版,第87页。
③ 同上书,第83页。

（一）"人"的重塑

马克思在《问题》中对犹太精神的批判,实质上是对启蒙精神下现代人的批判,从而试图对人的形象进行重新塑造,追问"人应当是什么"。资产阶级政治解放把人从封建社会异化关系中解放出来,瓦解了特权、等级、宗教等对人的束缚,然而这种解放却是不彻底的,使人陷入新的异化。在资本主义社会中,金钱成为人本质的自我异化。"这种异己的本质统治了人,而人则向它顶礼膜拜。"[1]《问题》指出,金钱成为现实的统治力量,作为衡量一切存在价值的尺度。人与金钱关系的颠倒,导致了如下结果:一方面人与人之间相互疏远,甚至是相互敌对,人把别人当作自己实现利益的手段、限制,而社会交往建立在利益的纽带之上,只是实现利益的工具;另一方面人被物异化,劳动产品脱离了劳动者,人不能支配产品,反而受制于产品。同时,劳动本身在生产过程中也出现异化,劳动不再是一种自我价值的体现,而是物质力量支配下的不自由的行为,成了无产者受迫性、奴役性的卑微谋生活动。因此,市民社会是异化人的生活状态,不是真正的社会。在这种社会中,人失去了本真,不是真正意义上的人。

市民社会的"人"是孤立的、相互敌对的、利己主义的个人,由此马克思开始探索人应当是什么。《问题》强调了人的社会属性,并形成了社会存在物的概念,但马克思未在《问题》中就此概念进行深入阐述,而是在其后期作品中谈到:"只有在社会中,自然界对人来说才是人与人联系的纽带,才是他为别人的存在和别人为他的存在,只有在社会中,自然界才是人自己的人的存在的基础,才是人现实的生活要素。"[2]马克思认为人是社会的动物,人的本质不是其自然属性,而是社会属性。虽然他在当时还并没有作出"人的本质不是单个人所固有的抽象物,在其现实性上,它是一切社会关系的总和"[3]的论断,但《问题》已指出人的社会力量应作为人的本质力量的展现,要使"人"过上符合他本质的生活,不应受外在必然性的束缚。但在现实社会中,人已经被异化,失去合乎人性的条件。马克思追求的理想社会中人的状态应该是:人们不是为了

---

[1]《马克思恩格斯选集》(第2卷),人民出版社2012年版,第94页。
[2]《马克思恩格斯选集》(第1卷),人民出版社2012年版,第301页。
[3] 同上书,第56页。

谋生而劳动,而是将其看作自己自由自觉的本质力量的展现,劳动由被迫性谋生转变为自由创造性的活动,每个人都可以按照自己的喜好兴趣,上午打猎,下午捕鱼,傍晚放牧,晚饭后从事哲学批判。① 因此,马克思重构了"人"的形象,旨在探求一种"彻底的、关于人性的本质和权利的承认,推翻令它'被侮辱、被奴役'的社会关系"②,展现人的本质力量。

(二) 对人的终极关怀的体现

"人"是人权的主体,人权的价值应该体现为对"人"的终极关怀。启蒙人权理论中的"人"被物质力量支配,人的价值被物质的价值所替代,以启蒙人权理论为指导的资本主义民主国家缺乏对人的真正尊重和关爱。马克思在重塑"人"之后,又将如何追求对人的终极关怀?在《问题》和同时期作品《〈黑格尔法哲学批判〉导言》,以及后期的《德意志意识形态》和《共产党宣言》等论著中,这种终极关怀表现为对于人的解放的诉求。

马克思在《问题》中指明,真正的解放是"使人的世界和人的关系回归于人的本身","只有当现实的个人把抽象的公民复归于自身,并且作为个人,在自己的经验生活、自己的个体劳动、自己的个体关系中间,成为类存在物的时候,只有当人认识到自身'固有力量'是社会力量,并把这种力量组织起来因而不再把社会力量以政治力量的形成同自身分离的时候,只有到了那个时候,人的解放才能完成"。③ 人的解放是"人"的复归,让人重新成为自身世界和自身关系的主人,这恰恰也是马克思人权思想本质的体现。在《问题》阶段,马克思没有对人类解放思想进行系统的论述,只是以市民社会批判为出发点,认为必须消灭利己主义,使人从"犹太精神"中解放出来,把人的解放作为文本阐述的目的。但《问题》开启了马克思研究"人权"之匙,此后马克思以"人类解放"为中心,逐渐形成了马克思人权理论。在人权的本质方面,马克思人权理论旨在把人的本质复归给人自己,强调人的主体性。马克思主义反对资本主义经济制度在社会大分工面前对人的"分割""物化",力图在社会中塑造完整的人,消除

---

① 《马克思恩格斯选集》(第1卷),第38页。
② 刘昊:《〈论犹太人问题〉中人的解放思想及其时代价值》,《理论与现代化》2012年第3期,第89页。
③ 《马克思恩格斯全集》(第1卷),人民出版社2012年版,第189页。

人的异化状态,摆脱以资本为统治的对于人的奴役,使人成为自身世界和自身关系的主人,"实现人性的完全复归和人的自由而全面的发展,最终实现全人类的彻底解放"①。在人权内容方面,马克思主义追求的是人的"全面发展",满足作为一个精神的、文化的、政治的存在体的各项权利需求,包括"既是人的个性、能力和知识的协调发展,也是人的自然素质、社会素质和精神素质的共同提高,同时还是人的政治权利、经济权利和其他社会权利的充分实现"②。在人权的实现进路方面,马克思用"自由人联合体"取代旧制度,通过无产阶级社会革命方式"消灭基于阶级分化之上的剥削与压迫,建立一个自由人的联合体,即共产主义社会"③,在"真正的共同体条件下,各个人在自己的联合中并通过这种联合获得自己的自由"④,使所有的人实现彻底的、根本性的解放。马克思是站在全人类的高度而非从某个人或某一部分人的利益出发,寻找人权的实现。马克思提出了人类解放的构想,指出应批判与改造资本主义社会,建立一个每个人都能够实现自由而全面发展的理想社会,就此表达了对人的尊重和关怀。

(三) 对启蒙人权理论的超越

重构人的形象、追求对人的终极关怀是马克思对人权概念本身的转化及重新定义,以此为基础逐渐形成的马克思人权理论,超越了启蒙人权的局限性。首先,马克思人权理论突破启蒙人权对人的束缚,构建人的主体性地位。启蒙人权的实质是利己之人的权利,人权之"人"在现实中存在于市民社会,被异己的物质力量所支配,失去了人的主体性。马克思使启蒙人权之"人",从孤立的、利己的、被物化的人成为真正意义上的人,让人自身身份的分裂走向统一,人与人之间的对立走向和谐,人从被物化的奴役中解放,实现人的主体价值,为实现人的自由和全面发展奠定基础。其次,马克思人权理论突破启蒙人权内容的狭隘,追求政治权利和经济权利、社会权利的整体实现。启蒙人权只视

---

① 俞可平:《努力实现人的自由而全面的发展——谈〈共产党宣言〉与中国特色社会主义》,《马克思主义与现实》2008年第3期,第4页。
② 周子伦:《马克思、恩格斯人的自由而全面发展思想解读——隐喻研究视角》,《改革与战略》2017年第12期,第29页。
③ 俞可平,前引文,第4页。
④ 《马克思恩格斯全集》(第1卷),第517页。

"自由本位"的公民政治权利为人权,关注自由的价值,忽视了实现自由的社会经济的条件。因此,在资本主义民主国家的实际状况中,启蒙人权所倡导的公民政治权利对于无产者而言只徒有虚表,正如夏尔·傅立叶(Charles Fourier,1772—1837)的描述:"当赤贫的人'既没有工作也没有自由',也没有要求就业的权利时,那么'公民的不可侵犯的权利'就只能是欺骗。"[1]权利以法律的形式确立,但对于无产者而言这只是形式上的权利而非实质的权利。马克思认为,人权不应只局限在政治领域,需从政治领域扩展到社会经济领域。要让多数人能够在现实中享有人权,应从"消灭作为经济领域核心的私有制出发,然后达成经济人权和政治人权的整体实现"[2],促进人权从形式到实质转变。最后,马克思人权理论突破启蒙人权实现方式的误区,寻求普遍人权的享有。以启蒙人权为理论指导的资产阶级政治解放,在欧美相继展开并建立了资本主义民主国家,但这并非彻底的社会变革及完善的人的解放,而只是解放了市民社会中的有产者,实现了少数人的解放。少数人转变为合法的统治者后,用资本的特权代替了等级和世袭的特权,无产者由于丧失权利的经济基础,唯一的活路只能是自由地出卖劳动力,接受剥削与压迫。马克思提出了人类解放的思想,而"这种解放就是人类所应当得到承认和保障的共同的利益和要求,即人类的共同权利——人权"[3],以人类解放思想取代未完成的"政治解放",并通过无产阶级革命运动的路径最终实现人的普遍权利。

马克思在《问题》中彻底放弃了早年时期对现代启蒙的追求,开启了在更高层面上对历史、社会和人的认识的新思考。不同于启蒙人权在人性中寻找人权的正当性,马克思认为,人权是在社会发展过程中产生的需求和愿望,在一定历史阶段社会实践中形成的社会关系,由社会的经济基础决定,而非与生俱来和永恒不变的。马克思深化了对人及人权的理解,强调人权中人的主体性,重构人的形象,试图展现人的本质力量,提出以人的终极关怀为指引的人类解放思想,表达对人的关爱和尊重,重视每个人在实际现实中对于各项权利的享有,追求人的全面而自由的发展,这无疑是对西方启蒙人权理论的重构与超越。

---

[1] 〔美〕林·亨特:《人权的发明》,沈占春译,商务印书馆2011年版,第150页。
[2] 郭大林:《马克思人权批判思想的方法论探析》,《广州大学学报》2013年第9期,第27页。
[3] 夏勇:《人权概念起源》,中国社会科学出版社2007年版,第171页。

四 《问题》的当代价值分析

经典作品具有生命力,对《问题》进行重读可以挖掘出新的时代内涵,从而获得新的认知感悟。进入中国特色社会主义新时代,重温《问题》,对于社会现代化的理性反思、中国特色人权话语体系的构建、马克思人权思想的内在发展以及中国特色社会主义理论的完善,都具有重要的当代价值。

(一)促进对我国现代化发展的理性反思

《问题》中"犹太人问题"并不指基督宗教问题,而是西方早期市场经济发展下的社会现实问题。正如有学者指出:"'犹太人问题'在19世纪欧洲政治生活中的凸显,一大部分原因在于它在相当程度上反映了追逐物质财富的现代人在市场化浪潮中遭遇的社会问题及其群体心理。"[①] 重读《问题》,可对我国现代化发展中形成的问题具有一定的启发与警醒意义。

站在新的历史起点,机遇与风险并存。我国在一跃成为世界第二大经济体的同时,却仍处于社会转型期,面临更加严峻的社会挑战。尽管当前社会的主要矛盾发生了变化,但处于并长期处于社会主义初级阶段的基本国情并未改变。从某种程度上说,在社会主义初级阶段,市场经济发展完善的过程中存在着一些与资本主义初级市场经济进程中的相似问题,例如金钱日益成为人与人相互之间关系的纽带,经济高速发展的同时伴随着人性的失落、道德价值迷失等不良现象。马克思在《问题》中对上述问题的剖析可促使当代社会深入思考在社会主义市场经济条件下,如何消除金钱对人的异化,实现物质生活与精神生活的平衡发展,从而促进人的现代化和构建现代化中国。面对当今社会高速发展背后贫富差距的扩大、社会阶层固化等社会问题,要始终坚持把"人民为中心"作为人权的发展理念,"美好生活"作为人权的实现目标,"社会公平正义"作为人权的价值导向,补齐民生"短板",进一步保障和改善民生,在"幼有所育、学有所教、劳有

[①] 臧峰宇:《犹太人问题与拜物教秘密的政治哲学探赜——〈论犹太人问题〉解读》,《社会科学辑刊》2016年第3期,第12页。

所得、病有所医、老有所养、住有所居、弱有所扶"①方面取得新突破,让人民群众不断获得安全感和幸福感。马克思在《问题》中对政治解放的批判、对人的尊重和关怀,无疑能为国家现代化发展提供理性的思考,并且给予有益的启示及正确的指引。

(二) 推进以马克思人权理论为指导的中国特色人权话语体系的构建

目前,以美国为首的西方国家频繁攻击中国的人权状况,在现行的国际人权话语体系下,我国在面对人权问题的诘难上回应乏力,始终难以掌握话语主动权,因此构建中国特色人权话语体系迫在眉睫。重读《问题》,可对解构西方人权话语,建立以马克思人权理论为导向的中国特色人权话语体系具有一定启迪与探索意义。

一方面,中国特色人权话语体系的构建在于对现有西方人权话语的解构,而《问题》无疑具有强有力的批判与解构力量,有助于增强我们对西方话语霸权的清醒认知。启蒙人权理论是当今国际人权话语体系的缘起及理论基础,它经启蒙思想家理论证成,在资产阶级革命中得到实践,但其理论和实践都呈现出内在困境。《问题》无疑最好地揭示了这一困境。在逻辑方面,文本中揭示出个人与社会的分裂使人成为工具性的存在,不能实现人的主体性。在人权实践中,政治解放使人只获得形式上的平等而非实质的平等,并非实现了其所致力于的社会理想目标,更促使人权最后沦为资产阶级的特权。《问题》反映了启蒙人权的狭隘性和局限性,因此,加强对《问题》的研究可从根本上破解现有以"西方中心论"为核心的国际人权话语权。

另一方面,马克思主义思想作为立党立国的根本性指导思想,需要在推动中国特色人权话语体系构建进程中发挥建设性作用。20世纪80年代末,党和中央明确提出要用马克思主义观点看待"民主""自由""人权"问题,要用马克思主义的基本立场揭示上述问题,以回应西方对中国人权问题的诘难。当今,

---

① 《决胜全面建成小康社会 夺取新时代中国特色社会主义伟大胜利——在中国共产党第十九次全国代表大会上的报告》,中国网,http://www.china.com.cn/19da/2017-10/27/content_41805113.htm,2020年6月29日访问。

构建人权话语体系路径,亦必须遵守此一原则性立场。探讨马克思人权理论如何在构建人权话语体系进程中发挥应有作用,则需要先对相应的人权、人权话语体系等概念予以理解。张永和认为,人权话语体系是指在确定的人权话语范围内,将同类的现象按照一定的秩序和内部联系组合而成的整体,并认为影响我国人权话语体系形成的主要原因是忽略了对概念不断进行系统梳理和必要的解读。[①] 以《问题》为起点的马克思人权理论,有助于人权概念的全局性、整体性把握,并为人权话语体系的构建提供理论资源、实践指导和话语基础。基于此,在理论方面,应进一步丰富马克思人权思想的内涵,挖掘马克思的人本主义思想,强调人的主体性地位;在实践方面,以马克思人权理论为指导,致力于在中国实践中更平衡、更充分、更全面地实现人权;在话语方面,以马克思人权理论及其当代中国化成果为出发点,全面总结人权实践经验,立足我国现有人权话语基础,优化凝练统领我国人权概念及话语的核心话语,确保对人权本质、人权内容、人权保障方式等进行全方位阐释。

(三) 有助于新时代马克思人权理论及中国特色社会主义理论的拓展与完善

中国共产党作为执政党,把马克思主义的普遍真理与中国革命实践相结合,形成了中国特色社会主义理论。迈入新时代,国内外形势的新变化向党和国家提出了新课题,即如何在新时代坚持和发展中国特色社会主义,实现中华民族伟大复兴。对马克思人权理论的深入探索,有助于马克思主义中国化的又一次飞跃,丰富和完善中国特色社会主义理论。重读《问题》,可对马克思人权理论的创新发展具有一定的启示意义。

《问题》是开启马克思人权理论研究的钥匙,可从横向角度、纵向角度理解马克思人权理论的形成与发展。从横向角度,《问题》与《〈黑格尔法哲学批判〉导言》为同时期发表作品,两者的思想有一定的内在关联性。马克思通过对黑格尔法哲学的批判,揭示了宗教制度、黑格尔哲学对当时德国社会发展的阻碍,阐述了不同于黑格尔的国家观,同时结合对英法工人运动的考察,探索德

[①] 参见张永和:《全面正确理解人权概念、人权话语以及话语体系》,《红旗文稿》2017年第14期,第8页。

国的解放、人的解放及无产阶级历史使命。《问题》深入分析了市民社会与政治国家的关系,批判了现代国家的本质,在此基础上探讨了政治解放和人类解放,但就如何实现人类解放这一命题,却并没有提供答案,而是在《〈黑格尔法哲学批判〉导言》对此指明了方向,即通过无产阶级革命实现解放。两部作品互为补充,形成一个有机的整体,因而对《问题》的挖掘,可以整体性把握马克思早期人权思想的形成。从纵向角度看,一方面,《问题》体现出马克思后期成熟思想的萌芽。《问题》是一部思想过渡的作品,同其成熟时期的思想内容相比尚处萌芽阶段。从《问题》中,可以较好地理解马克思后期的思想发展,此后《巴黎手稿》《德意志意识形态》等文本中对异化概念的分析、阶级及分工的剖析等,都能够在《问题》中寻找到思想因子。以马克思对私有财产的批判为例,《问题》分析了私有财产的本质,认为私有财产是市民社会成员的基础,处于人权最核心的位置。私有财产是资本主义社会世俗的反映,以犹太人为代表的现代人被金钱奴役,成为私有财产的奴仆。到后来,《巴黎手稿》中所形成的对人的异化概念的批判,揭示出人被物质力量支配而沦为异己力量的玩物,从主体地位降格为客体地位的事实。再到《德意志意识形态中》时,马克思将人权本质归纳概括为"人权本身就是特权,而私有制就是垄断"[1],其思想一脉相承且层层递进。再有,《问题》已经初步揭示由于财产、文化程度、职业等差异导致经济的不平等,而经济的不平等与资产阶级革命倡导的政治平等无法共存,经济的不平等会通过合法完善的途径产生权利有效性的不平等。这种经济上的实质不平等和政治上应然层面的平等所引发的对立冲突,为后来《德意志意识形态》中分工导致阶级对立的阐述和物质决定意识的概论,奠定了一定的思想基础。另一方面,《问题》开启了马克思对"人"的探索的新起点,此后对"人"的理解得以不断深化。在《问题》中,马克思对"人"的考察由神学转向世俗。通过对启蒙人权理论的反思与批判,马克思提出自己对"人"的理解及"人"的终极追求的认识。在《巴黎手稿》中,马克思系统地论述了异化理论,指出通过消除私有制以达到解放的途径;在《德意志意识形态》中,马克思从历史唯物主义的角度阐释了人权发展的逻辑,明确了人权不是与生俱来的,而是由

---

[1]《马克思恩格斯全集》(第3卷),第228页。

现实的社会经济条件所决定的；在《共产党宣言》中，马克思提出了联合体是未来的社会形态，每个人在联合体中实现全面自由的发展；在《资本论》中，马克思以政治经济学视角，从人类解放的必然性、人类解放的历史进程、人类解放的系统条件等方面系统阐述了人类解放理论。《问题》是首次集中对人权问题进行全面、系统剖析的著作，但却不是马克思人权思想研究的终结。对于《问题》的探讨，有助于把握马克思主义人权思想的整体性、连贯性和全局性，进而有利于完善新时代马克思人权理论和新时代中国特色社会主义理论。

五 结语

《问题》是研究马克思人权理论不可回避的原典性作品。在《问题》中，马克思解构了启蒙人权理论，指出其在人权性质、人权内容、人权实现途径等方面都具有局限性、狭隘性、非道德性，无法完成启蒙人权所倡导的崇高目标。通过对政治解放及西方现代性的批判与反思，马克思提出人类解放思想，追求对人的终极关怀，重构"人"的形象。马克思以"人"的解放思想为出发点，逐渐形成马克思人权思想理论体系，从而完成了对人权概念的转换与重新定义。不同于西方启蒙人权理论，马克思没有片面地从抽象的人性中探寻人权的根基，而是从社会经济的角度出发来揭示人权的本质。马克思深化了对人及人权的理解，强调人权中人的主体性，表达出对于人的全方位的关爱，重视人权从应然层面向实然层面的转变，探求人全面自由的发展。当下，中国特色社会主义进入了新时代，《问题》作为经典著作显示出持续的生命力，具有时代的新内涵，对文本研究也具有新的现实意义：首先，可为国家现代化的发展提供有益的启示及理性的反思；其次，有助于解构"西方中心论"的国际人权话语体系，为中国特色人权话语体系的构建提供理论指导；最后，从整体性、连贯性、全局性的角度加强马克思人权思想的研究，将促进马克思人权理论的中国化发展，为中国特色社会主义理论的完善提供新角度、新思路和新尝试。

人权基本理论

宪法权利有位阶吗？

章小杉[*]

摘　要：对确定性的追求令部分学者将权利位阶视为权利冲突的理想解决方案。宪法权利有时会彼此冲突，但现有的判例和法理并不足以支撑权利位阶论。从内部来看，权利位阶论混淆了个案适用与抽象原则、说理论证与宪法解释、价值与权利。从外部来看，权利位阶论背离了人权不可分割的理念，也偏离了成文宪法对多重价值的追求。权利位阶论在理论上无法自圆其说，在实践中亦为各国司法界所否弃。走出权利冲突的两难，可循事后的司法解决，即个案中的法益权衡，亦可考虑事先的立法解决，即设定权利边界和冲突解决规则。

关键词：权利冲突；权利位阶；基本权利；法益权衡；比例原则

宪法列明了公民享有的诸多权利，但是各项权利都是平等的吗？回答这个问题至关重要，因为有时囿于资源的稀缺性，国家不得不在人权之间将其分出先后。[①]例如，在面临新冠疫情带来的人道主义困境，尤其是生命权与其他权利的冲突时，学者会追问"人权是否存在等级？"[②]由于位阶论提供的诱人的确定性，论者便自然而然地想到，以权利位阶来解决权利冲突问题。[③]宪法权利是否（应该）有位阶，是一个长期争论不休的问题。国内学界有关权利位阶的讨论可追溯至二十多年前：苏力教授在评论两起权利冲突案件时指出，言论自由

---

[*] 章小杉，法学博士，广东外语外贸大学法学院讲师。
[①] 参见 Alberto Quintavalla, Klaus Heine, "Priorities and Human Rights," *The International Journal of Human Rights*, Vol. 23, No. 4, 2019, p. 679；何志鹏：《权利基本理论：反思与构建》，北京大学出版社 2012 年版，第 129 页。
[②] 韩大元：《生命权与其他权利的冲突及其平衡》，《人权》2020 年第 3 期，第 15 页。
[③] 参见解晋伟：《以"权利位阶"为基础解决权利冲突优先保障问题试探》，《上海政法学院学报》（法治论丛）2020 年第 5 期，第 93 页。

相较于其他权利具有优先性。①随之而来的论战未分胜负:有学者主张,言论自由和其他权利同样重要,不存在主次之分和何者优先问题,对于所有权利应当给予同等保护;②也有学者坚持,言论自由确实具有优先性,权利位阶的存在是不争的事实。③事实上,权利位阶并非国内学界的独有辩题,国外学者也时常就此议题展开讨论。有学者认为,国际人权法中带有等级意味的术语,如基本权利(basic rights)、强行法(jus cogens)、不可克减的权利(non-derogable rights)等,或许意味着人权有位阶高低。④有学者主张,美国联邦最高法院对基本权利(fundamental rights)和其他权利的区分,表明某些宪法权利确实比其他宪法权利等级更高。⑤有学者反对给人权划分等级,认为权利位阶论带来的问题比解决的问题更多。⑥检视国内外有关的学说与判例,梳理论战中的理据与逻辑,有助于解答关于权利位阶的困惑,亦能够为解决权利冲突提供一些思路。

一 变动情境中的秩序:权利位阶的诱惑

位阶对法律人有着特别的吸引力,因为这个术语传达了秩序、安全和确定性的理念。⑦权利位阶意味着等级和先后,能够为权利冲突提供简洁明了的解

---

① 参见苏力:《〈秋菊打官司〉案、邱氏鼠药案和言论自由》,《法学研究》1996年第3期,第70页。
② 参见关今华:《权利冲突的制约、均衡和言论自由优先配置质疑》,《法学研究》2000年第3期,第29页;刘作翔:《权利冲突的几个理论问题》,《中国法学》2002年第2期,第67页;刘作翔:《权利平等的观念、制度与实现》,《中国社会科学》2015年第7期,第93页。
③ 参见林来梵、张卓明:《论权利冲突中的权利位阶——规范法学视角下的透析》,《浙江大学学报》(人文社会科学版)2003年第6期,第8页;张平华:《权利位阶论——关于权利冲突化解机制的初步探讨》,《清华法学》2008年第1期,第60页。
④ See Tom Farer, "The Hierarchy of Human Rights," *American University International Law Review*, Vol. 8, No. 1, 1992, p. 115; Teraya Koji, "Emerging Hierarchy in International Human Rights and Beyond: From the Perspective of Non-Derogable Rights," *European Journal of International Law*, Vol. 12, No. 5, 2001, p. 918.
⑤ See Milton R. Konvitz, *Fundamental Rights: History of a Constitutional Doctrine*, New York: Routledge, 2017, p. 2.
⑥ See Theodor Meron, "On a Hierarchy of International Human Rights," *American Journal of International Law*, Vol. 80, No. 1, 1986, p. 22.
⑦ See Eckart Klein, "Establishing a Hierarchy of Human Rights: Ideal Solution or Fallacy," *Israel Law Review*, Vol. 41, No. 3, 2008, p. 478.

决方案。如果存在一个基本权利的位阶秩序表,那么发生基本权利冲突时,只需要核对相互冲突的权利的位阶,便可以轻易地得出哪个权利优先的结论。

解决权利的冲突有一个前设,即权利的冲突是真正的,而非口头上的或表面上的。那么,权利的冲突真实存在吗?曾有学者认为,并不存在真正的权利冲突——权利都有边界,谨守权利的边界,冲突便不会发生;对权利的清晰界定,才是化解权利冲突的理想路径。①诚然,不少所谓的权利冲突都属于"虚假的",但这并不能否定"真正的"权利冲突的存在。权利有边界,不等于说,权利的边界总是清晰确定的,某项权利总是以其他权利为边界,某人的权利总是以他人的权利为边界;恰恰相反,宪法保障的各种权利往往"犬牙交错",彼此之间难有清晰的界限。权利冲突的经典场景包括隐私权与新闻自由的冲突、言论自由与名誉权的冲突、平等权与宗教自由的冲突等。时至今日,世界各地的法院处理了大量权利冲突案件。②学界也愈来愈倾向于承认,真正的权利冲突客观地存在着。

权利冲突不一定是不同权利的冲突,也可以是不同主体关于同一权利的冲突。拉兹认为,一人的权利意味着他人的义务:当且仅当某人的福祉或利益足够重要,以至于必须向他人施加某种义务,才能说该人享有某种权利。③据此,沃尔德伦指出,权利冲突的本质是义务的冲突,即由权利创设的多个义务无法被同时履行。④基本权利是个人对国家的主张,亦即国家对个人的义务。因此,有学者认为,当两个或两个以上的个体或团体同时向国家主张权利,将国家置于两种或两种以上不可兼容的义务之下,真正的基本权利冲突就产生

---

① 参见郝铁川:《权利冲突:一个不成为问题的问题》,《法学》2004年第9期,第3页;王博:《权利冲突化解路径的经济法律分析——兼与苏力等教授商榷》,《法学》2016年第11期,第89页;John Hasnas, "From Cannibalism to Caesareans: Two Conceptions of Fundamental Rights," *Northwestern University Law Review*, Vol. 89, No. 3, 1995, p. 900; Alexander Green, "An Absolute Theory of Convention Rights: Why the ECHR Gives Rise to Legal Rights that Cannot Conflict with Each Other," *UCL Jurisprudence Review*, Vol. 16, 2010, p. 75。

② 参见 Lorrenzo Zucca, *Constitutional Dilemmas-Conflicts of Fundamental Legal Rights in Europe and the USA*, Oxford: Oxford University Press, 2007; Stijn Smet, *Resolving Conflicts between Human Rights: The Judge's Dilemma*, New York: Routledge, 2017; Andrew Cheung, "Conflict of Fundamental Rights and the Double Proportionality Test," *Hong Kong Law Journal*, Vol. 49, No. 3, 2019, p. 835; 柳建龙:《论基本权利冲突》,《中外法学》2021年第6期,第1426—1427页。

③ See Joseph Raz, *The Morality of Freedom*, Oxford: Clarendon, 1986, p. 166.

④ See Jeremy Waldron, "Rights in Conflict," *Ethics*, Vol. 99, No. 3, 1989, pp. 513–514.

了。①沃尔德伦将权利冲突分为内部冲突和外部冲突：所谓权利内部冲突（intraright conflicts）即同一权利的冲突，如不同个体的生命权的冲突；所谓权利外部冲突（interright conflicts）即不同个体的不同权利的冲突，如人格权与言论自由的冲突。②国内学者将基本权利冲突类型化为：消极权利与消极权利的冲突、积极权利与积极权利的冲突和积极权利与消极权利的冲突。③

既然权利冲突是客观存在的，那么学界便应积极寻求解决之道。传统的解决方式是基于个案的法益权衡，④即司法者根据个案中的具体情况，通盘考虑案件所涉的各种因素，在利益权衡的基础上作出决断。但这种解决方式被认为有着难以忍受的缺陷——利益权衡缺乏客观的衡量标准，且授予法官过大的自由裁量权。⑤相比之下，权利位阶论为法官提供了可靠的选择机制，因而被部分学者视为化解权利冲突最有效而又简捷的思路。

二 权利位阶的悖论：一个内部批判

既有判例关于某些权利"重大"或"基本"的表述，令学者误以为有些权利高于其他权利。重新审视判例和法理可知，所谓"重大"或"基本"，只是一种修辞手法。一些权利重要，并不代表其他权利不重要。退一步而言，价值有大小，但权利无高低。权利位阶论有着无法克服的逻辑缺陷，且无助于解决权利冲突的困境。

（一）有些权利比其他权利更平等？

《维也纳宣言和行动纲领》第5条规定："一切人权均为普遍、不可分割、相互依存、相互联系。国际社会必须站在同样地位上，用同样的眼光，以公平、平

---

① See Stijn Smet, *Resolving Conflicts between Human Rights: The Judge's Dilemma*, p. 53. 一个类似的定义，参见〔韩〕权宁星：《基本权利的竞合与冲突》，韩大元译，《外国法译评》1996年第4期，第78页。
② Jeremy Waldron, "Rights in Confict".
③ 参见王锴：《基本权利冲突及其解决思路》，《法学研究》2021年第6期，第39—41页。
④ 参见〔德〕卡尔·拉伦茨：《法学方法论》，陈爱娥译，商务印书馆2003年版，第279页。
⑤ 参见张翔：《基本权利冲突的规范结构与解决模式》，《法商研究》2006年第4期，第99页。

等的态度看待人权。"但是,在不少学者看来,某些权利确实高于或优于其他权利。这不禁令人联想到奥威尔的名言:"所有动物一律平等,但有些动物比其他动物更平等。"学界主张一些权利比其他权利更优越,主要可以归结为以下几个因素。

一是既有判例对于某些权利"重大"或"基本"的表述。以美国为例,联邦最高法院在系列判决中认定,某些宪法权利属于基本权利(fundamental rights)。1925 年,桑福德大法官在 Gitlow v. New York 案中表明,"第一修正案保护言论和新闻自由不受国会限制,此等权利属于第十四修正案正当程序条款保障的不受国家侵犯的基本个人权利"①。1937 年,卡多佐大法官在 Palko v. Connecticut 案中裁定,获得公正审判的权利不属于"代表了有序自由的本质所在的基本权利"②。1965 年,在 Griswold v. Connecticut 案中,联邦最高法院认定,隐私权属于基本权利,且基本权利不限于权利法案所列举的权利。③有学者据此认为,宪法权利有基本权利和其他权利之分,而基本权利比其他权利等级更高。④基于类似的原因,有国际法学者认为,基本人权(basic human rights)比其他人权位阶更高。⑤

二是与基本权利概念密切相关的"双重审查标准"。1938 年,在著名的 United States v. Carolene Products Co. 案的注脚 4 中,斯通大法官写道:"当某项立法在表面上属于宪法所禁止之事项,比如就前十项修正案或第十四修正案保护的自由作出限制,那么合宪性推定的范围可能相对狭窄。"⑥结合此前和此后的判例,学界总结出了"双重审查标准说"(the double standard theory),亦即,对限制经济和社会权利的立法作宽松审查,而对限制公民和政治权利的立法作严格审查。在此案基础上,学者还提出了"优越地位说"(the preferred position doctrine),亦即某些权利比其他权利占据更优越的地位,因而值得更加严

---

① Gitlow v. New York, 268 U. S. 652(1925), p. 666.
② Palko v. Connecticut, 302 U. S. 319(1937), p. 325.
③ See Griswold v. Connecticut, 381 U. S. 479(1965), p. 512.
④ See Milton R. Konvitz, *Fundamental Rights: History of a Constitutional Doctrine*, p. 14.
⑤ See Tom Farer, "The Hierarchy of Human Rights"; Dinah Shelton, "Hierarchy of Norms and Human Rights: Of Trumps and Winners," *Saskatchewan Law Review*, Vol. 65, No. 2, 2002, p. 309.
⑥ United States v. Carolene Products Co., 304 U. S. 144(1938), p. 152.

格的保护。① 有学者据此认为,权利位阶的存在是一个不争的事实。

三是具体权利冲突案件中,某些权利被超越的事实。例如,德国"吕特案"涉及言论自由与人格权的冲突,宪法法院在权衡后决定优先保护宪法诉愿人吕特的言论自由。有学者据此主张,言论自由较其他权利具有优先地位。② 德国"梅菲斯特案"涉及艺术自由与人格权的冲突,宪法法院在权衡后决定拒绝优先保护宪法诉愿人的艺术自由。德国"雷巴赫案"涉及广播自由与一般人格权的冲突,宪法法院在权衡后决定优先保护宪法诉愿人的一般人格权。有学者据此认为,人格权的位阶高于艺术自由和新闻自由。③

四是文明社会对特定价值和利益的重视。在现代文明社会,某些重要的价值和利益,比如生命、人的尊严和言论自由,得到了普遍的承认和推崇。在谈及不同利益的冲突时,博登海默认为,生命的利益是保护其他利益的正当性条件,因此它应当被宣称为高于财产方面的利益。有学者据此主张,生命权的位阶高于其他权利。④ 德国基本法对人的尊严的重视,被认为是确立了人格权的绝对优先地位。⑤ 基于言论自由对于民主社会的重要性,以及由其带来的制度效益,有学者主张,言论自由应当优先于其他权利。⑥ 同理,民法学者对利益的排序,被视为权利存在位阶的依据。⑦

(二)致命的误解和混淆

权利位阶论看似有理有据,实际上有着无法克服的逻辑缺陷。一方面,倘若真如学者所言,生命权高于其他权利,那么我们便无法解释死刑、堕胎和尊

---

① See Peter Linzer, "The Carolene Products Footnote and the Preferred Position of Individual Rights: Louis Lusky and John Hart Ely v. Harlan Fiske Stone," *Constitutional Commentary*, Vol. 12, No. 2, 1995, p. 277.
② 参见林来梵、张卓明:《论权利冲突中的权利位阶——规范法学视角下的透析》。
③ 参见解晋伟:《以"权利位阶"为基础解决权利冲突优先保障问题试探》。
④ 参见〔美〕E. 博登海默:《法理学:法律哲学与法律方法》,邓正来译,中国政法大学出版社2017年版,第416页;林来梵、张卓明:《论权利冲突中的权利位阶——规范法学视角下的透析》。
⑤ 参见张翔:《基本权利冲突的规范结构与解决模式》。
⑥ 参见苏力:《〈秋菊打官司〉案、邱氏鼠药案和言论自由》。
⑦ 参见王利明:《民法上的利益位阶及其考量》,《法学家》2014年第1期,第85页;扈艳:《权利位阶在中国司法中的运用与克制》,《石河子大学学报》(哲学社会科学版)2016年第4期,第57页。

严死等伦理困境。倘若真如学者所主张,言论自由或人格尊严优先于其他权利,那我们便无法解释为何在不同的个案中,法院有时选择支持言论自由,有时选择支持人格尊严。①有学者主张,权利位阶并不具有整体的确定性,当面临权利冲突时,应当在具体的情形中进行考量。②但这并不符合位阶论的初衷——位阶论旨在提供确定性,如仍需结合个案情形考量,所谓的确定性便要大打折扣。更何况,位阶论提供的解决方案应当是抽象且确定的:当我们说宪法的位阶高于法律,我们并不需要结合具体情境决定优先适用宪法还是法律。倘若权利果真存在等级,那么利益权衡便显得多余。另外,除非每一项权利都有一个独特的排位,否则位阶论对于解决权利冲突的贡献就十分有限,因为相同位阶的权利也可能彼此冲突;即便每一项权利都有独特的排位,位阶论也无助于解决不同个体同一权利的冲突,即权利的内部冲突。③

事实上,权利位阶论建基于重大的误解和混淆,现有的判例和理论并不足以支撑其成立。其一,在权利冲突的具体个案中,当法院表明某些权利非常重要或基本时,并不表明其他权利更不重要或等级更低。将某些权利定义为"基本权利",在很大程度上源于对权利重要性的主观判断。但权利的重要性取决于个案情形,这种相对重要性可能随着时空的变化而变化。④如学者指出,在更多时候,法院强调某项权利的重要性,只是一种修辞手法或说理论证,这种表述不可用于贬低其他权利。⑤法院强调言论自由重要,并不表明其他权利不重

---

① 例如,"吕特案"涉及言论自由与人格尊严的冲突,德国联邦宪法法院在衡量后选择支持言论自由。BVerfGE 7, 198. "梅菲斯特案"涉及艺术自由与人格尊严的冲突,德国联邦宪法法院在衡量后选择支持人格尊严。BVerfGE 30, 173. "雷巴赫案"涉及广播自由和一般人格权的冲突,德国联邦宪法法院在衡量后选择支持一般人格权。BVerfGE 35, 202. "斯奈德诉菲尔普斯案"涉及言论自由和隐私权的冲突,美国联邦最高法院选择支持言论自由。Snyder v. Phelps, 562 U. S. 443(2011). "摩纳哥公主诉德国媒体案"涉及隐私权与新闻自由的冲突,欧洲人权法院在第一次判决中选择支持隐私权,而在第二次判决中选择支持新闻自由。Von Hannover v. Germany, 2004, ECHR 294; Von Hannover v. Germany(No. 2), 2012, ECHR 228.
② 参见林来梵、张卓明:《论权利冲突中的权利位阶——规范法学视角下的透析》。
③ See Gustavo Arosemena, "Conflicts of Rights in International Human Rights: A Meta-Rule Analysis," *Global Constitutionalism*, Vol. 2, No. 1, 2013, pp. 15 – 18.
④ 参见〔美〕奥利弗·温德尔·霍姆斯:《法律的道路》,李俊晔译,中国法制出版社2018年版,第39页。
⑤ See Eckart Klein, "Establishing a Hierarchy of Human Rights: Ideal Solution or Fallacy".

要。即便人权有基本与非基本之分,国际人权法理和实践也不支持基本人权高于非基本人权的论断。[1]分类并不等于高下。美国联邦最高法院也从未表明,基本权利有压倒非基本权利的效力。同理,核心与派生、可克减与不可克减、绝对与相对,这些学理分类不能用于支撑权利位阶论。

其二,"双重审查标准说"不能支持权利位阶论。香港特区终审法院在"霍春华案"中写道,若案件牵涉基本权利或核心价值,法院会采用严格的审查标准,若案件涉及社会福利政策,法院会给予政府更多裁量余地,但"严格审查"和"裁量余地"等用语只是权宜之计,不可照字面理解;个案中的审查标准应依具体情形而定;基本权利或核心价值类案件在法院的专长和经验范畴之内,因而审查标准会相对严格,而对于社会福利政策,法院不具备专长和经验的优势,因而审查标准会相对宽松。[2]换言之,决定审查标准的,与其说是权利本身,不如说是系争问题(subject matter)的性质。某项权利并不会因为严格审查标准而升格更为"高级权利"。在 Brinegar v. United States 案中,美国联邦最高法院杰克逊大法官明确反对赋予某些宪法权利优先地位,理由是设定优先权利会令其他权利沦为次等权利。[3]

其三,在权利冲突个案中,某项权利被超越是利益权衡的结果,而非权利位阶的命令。某项权利优先于其他权利适用于某个案,并不意味着这种权利先在地就处于一种优先地位,而是在进入具体的案例、事件、情境之后,对权利的一种分析和比较,选出某种更为重要的权利或利益。[4]人格尊严或言论自由在特定个案中优先,并不代表人格尊严或言论自由在任何情形下都优先。不论是在"吕特案",还是"梅菲斯特案",抑或是"雷巴赫案"中,德国联邦宪法法院都在强调"不可或缺的法益权衡":法院不是抽象地决定某项基本权利优先,而是通盘考量个案中的一切因素,对相互冲突的基本权利作充分衡量,从而确定哪一项基本权利应当得到保障。[5]论者不应将个案中的适用与抽象的位阶相

---

[1] See Theodor Meron, "On a Hierarchy of International Human Rights".
[2] See Fok Chun Wa and Another v. The Hospital Authority and Another (02/04/2012, FACV10/2011), 2012, 15 HKCFAR 409, para 81.
[3] See Brinegar v. United States, 338 U. S. 160(1949), p.180.
[4] 参见刘作翔:《权利冲突:案例、理论与解决机制》,社会科学文献出版社 2014 年版,第 446 页。
[5] See BVerfGE 7, 198; BVerfGE 30, 173; BVerfGE 35, 202.

混淆。

其四,价值或利益并非绝对,且不可与权利划上等号。不同的社会对不同的价值或利益有不同的偏好。在这个文化多元的年代,我们很难断言一种价值占有至高无上的地位。比如说,生命的利益或价值并不总是能压倒其他价值或利益,否则便不存在死刑、堕胎和尊严死等伦理的两难。基于主观价值判断的权利位阶论,容易令权利话语滑向文化相对主义乃至充满意识形态色彩。退一步而言,即便人类社会能就价值排序达成共识,也不等于说权利有高下之分,因为一项权利可能体现多重价值和利益,而一种价值和利益也可能寓于多项权利之中。生命至上不等于生命权至上,因为生命的价值可能体现于社会福利和医疗卫生等权利之中。人的尊严是最高的宪法原则,不等于说人格尊严权有至高无上的地位,因为所有的权利归根结底都是为了维护人的尊严而存在,一个被剥夺了受教育权或通讯自由的人很难说是有尊严地活着。言论自由是核心价值,也不代表言论自由权总是能压倒隐私权、名誉权和人格权。

三 权利位阶的否定:一个外部批判

权利位阶论不仅有着无法克服的内在缺陷,而且背离了普遍的人权理论和宪法原则。从国际法来看,人权相互依存且不可分割的理念已广获接受,这种理念否决了权利存在任何位阶的可能。从国内法来看,拔高一些权利而贬低另一些权利,体现了一种过于能动的司法取态,这种取态僭越了司法权的边界,有篡改宪法文本之虞。

(一) 人权不可分割:国际法的视角

《维也纳宣言》第5条有关人权不可分割的表述,体现了国际社会对于人权的一贯立场和共识。冷战期间,人权话语充斥着意识形态色彩,西方阵营重公民和政治权利而轻经济和社会权利,苏联阵营重经济和社会权利而轻公民和政治权利。[1] 1966年通过的《公民权利和政治权利国际公约》与《经济、社会

---

[1] See Dinah Shelton, "Hierarchy of Norms and Human Rights: Of Trumps and Winners".

及文化权利国际公约》便体现了两种不同的旨趣。为了弥合人权话语在意识形态上的差距,联合国国际人权会议于1968年发布《德黑兰宣言》,其中第13条强调"既然人权及基本自由不容分割,若不同时享有经济、社会及文化权利,公民及政治权利便无完全实现之可能"①。1977年,联合国大会通过第32/130号决议,重申"一切人权和基本自由都是不可分割并且是相互依存的;对于公民权利和政治权利,以及经济、社会和文化权利的执行、增进和保护,应当给予同等的注意和迫切的考虑"②。1998年,欧洲委员会议会通过第1165号决议,其中第11条再次确认"隐私权和表达自由都是民主社会的基础,两项权利既非绝对,也不存在任何等级关系,二者价值同等"③。

人权不可分割的理念是为超越意识形态对峙而作的努力,自《德黑兰宣言》之后逐渐为国际学界所接受和证立。有学者追溯了人权话语的演变,发现在人权理论确立的早期,政治权利和经济权利的二分法并不存在,人权范畴的划分是随着新的政治环境而产生的:早期的人权理论是政治改革的工具,资产阶级为挑战封建政权而宣扬平等和自然权利,但当资产阶级逐步掌权之后,自然权利就被用于防止较低阶层的崛起,成为阻碍进一步的政治变革的工具,经济和社会权利逐渐被视为与公民和政治权利相对抗的权利。④虽然从历史演进来看,公民和政治权利是在资产阶级中获得社会基础的,而对于经济和社会权利的要求是自工人阶级和社会主义知识分子开始的,但就政治实践而言,西方社会的福利国家已经结束了对经济和社会权利的争论,第三世界阵营也很少将公民和政治权利摆在更低的位置。政治权利和经济权利往往彼此交织。欧洲工人及其同盟者通过有效地运用公民和政治权利,实现了对于经济和社会权利的承认,这进一步说明了对政治权利和经济权利厚此薄彼并不合理。

---

① *Proclamation of Teheran*, *Final Act of the International Conference on Human Rights*, Teheran, 22 April to 13 May 1968, U.N. Doc. A/CONF. 32/41 at 3 (1968).
② *Alternative Approaches and Ways and Means within the United Nations System for Improving the Effective Enjoyment of Human Rights and Fundamental Freedoms*, A/32/PV.105 16 Dec. 1977, 123-0-15.
③ *Resolution of the Parliamentary Assembly of the Council of Europe* (*Right to Privacy*), Resolution No.1165, 1998.
④ 参见〔美〕杰克·唐纳利:《普遍人权的理论与实践》,王浦劬等译,中国社会科学出版社2001年版,第29—30页。

人权的不可分割性体现在应然和实然两个层面。就应然而言,所有人权的规范基础(normative ground)都在于人的尊严,承认某一项人权意味着承认作为人权基础的人的尊严,而其他各项人权亦是维护人的尊严之所需。任何一项人权被剥夺都会妨碍人过上有尊严的生活,因而,承认一项人权即意味着承认所有人权。从这个意义上来看,人权是一个不可分割的整体。[①]就实然而言,人权往往是相互依存、相互交织、相互强化的。从人权的相互作用来看,缺衣少食时,人并不真正拥有选择自由;而没有选择自由,人很难保护自己不堕入贫困;缺乏政治权利,便很难争取经济权利;没有受过适当的教育,就很难充分行使参政权;不在法律面前被承认为人,就无法主张生命、财产和其他权利;人格权可以被随意践踏,便不能说是受法律的同等保护。从人权的保障范围来看,自由权与财产权有交叉之处,平等权可能寓于教育、医疗和社会福利之中,隐私权有时会牵涉人格权。各项人权的相互关系尚待进一步的揭示和探讨,但这种相互关系本身就印证了人权不可分割这个命题,而人权不可分割这一理念从根本上拒斥了人权存在任何等级的可能。[②]

(二) 尊重宪法原意:国内法的视角

当学术界还在为人权是否有等级争论不休时,司法界已经对这个问题作出了否定的回答。2005 年,在 Gosselin (Tutor of) v. Quebec (Attorney General) 案中,加拿大联邦最高法院花了一节的篇幅来阐释"宪法权利没有位阶高下" (There is no hierarchy of constitutional rights)。[③]该案涉及平等保护与少数人语言权利的冲突:魁北克省根据《加拿大宪章》第 23 条为有英语背景的学童提供就读公立英语语言学校的机会,不合就读此类语言学校资格的学童家长作为上诉方主张,此项政策侵犯了他们根据《加拿大宪章》第 15 条享有的受平等保护的权利。若上诉方的主张获支持,则少数群体的语言权利将被排除。加拿

[①] See Ariel Zylberman, "The Indivisibility of Human Rights," *Law and Philosophy*, Vol. 36, No. 4, 2017, p. 389.

[②] See Helen Quane, "A Further Dimension to the Interdependence and Indivisibility of Human Rights: Recent Developments Concerning the Rights of Indigenous Peoples," *Harvard Human Rights Journal*, Vol. 25, 2012, pp. 49 – 52.

[③] See Gosselin (Tutor of) v. Quebec (Attorney General), [2005] 1 S. C. R. 238, 2005 SCC 15, at Section D.

大联邦最高法院裁决,宪法条款没有高下之分,平等保护不可用于废止其他明确受宪法保护的权利,对宪法须作整体的解读。在 Gosselin 案之前,加拿大联邦最高法院亦曾在 Reference re Bill 30 案中表明,任何宪法条款都不能凌驾于(be paramount over)其他宪法条款,因而,任何宪章条款都不可被用于废止1867年宪法法令条款。①在 Adler v. Ontario 案中,加拿大联邦最高法院重申,为实施宪法法令对少数人的保护条款的立法不受(immune from)宪章平等保护条款的审查。②经过不断的发展和重述,"宪法权利/条款没有位阶"在加拿大已经被确立为一项宪法解释原则。③

在对言论自由情有独钟的美国,权利位阶论同样备受质疑。在著名的"国旗致敬第二案"中,法兰克福特大法官表达了不同意见:"司法权不因被援引的权利法案条款的改变而改变。就司法权的范围而言,未经合理补偿不被剥夺财产的权利与不受无理搜查和没收的权利有着同等的宪法地位,不受无理搜查和没收的权利的宪法地位亦不低于新闻自由、言论自由或宗教自由。"④在 Adamson v. California 案不同意见书中,布莱克大法官反对援引 Twining v. New Jersey 案所确立的宪法理论——最高法院有权根据自然法决定何为基本自由和正义,理由是这种理论贬低了权利法案提供的宪法保障,同时令最高法院将宪法没有授予的权力占为己有。布莱克大法官尖锐地指出,认为最高法院有权决定哪一项权利法案条款将被执行以及相应的执行力度,等于在破坏成文宪法的伟大设计。⑤在 Nebraska Press Association v. Stuart 案判决书中,美国联邦最高法院指出,权利法案的作者并未就第一修正案和第六修正案分出高下,立宪者充分意识到这些权利的潜在冲突,若他们不愿或者不能以设定优先权利的方式解决问题,那么最高法院也无权违背这些作者的意志来改写宪法。⑥

---

① See Reference re Bill 30, An Act to Amend the Education Act (Ont.), [1987] 1 S. C. R. 1148.
② See Adler v. Ontario, [1996] 3 SCR 609.
③ See Chagnon v. Syndicat de la fonction publique et parapublique du Québec, 2018 SCC 39, [2018] 2 S. C. R. 687; "General principles for the interpretation and application of the Charter," https://www.justice.gc.ca/eng/csj-sjc/rfc-dlc/ccrf-ccdl/check/principles-principes.html, last visited 8 March, 2022.
④ West Virginia State Bd. of Educ. v. Barnette, 319 U. S. 624(1943), p. 648.
⑤ See Adamson v. California, 332 U. S. 46(1947), p. 70,89.
⑥ See Nebraska Press Assn. v. Stuart, 427 U. S. 539(1976), p. 561.

德国联邦宪法法院亦拒绝权利位阶论。"梅菲斯特案"涉及艺术自由与人格权的冲突,宪法法院强调,两项基本权利受宪法同等保护,解决二者的紧张关系不可仅基于艺术作品的"社会"效应,而是应当将美学因素纳入考虑范围;个人对社会尊重和价值的主张并不高于艺术自由,艺术亦不得完全无视个人对适当尊重的主张;只有权衡具体个案中的所有情形,才能决定披露他人生活细节的艺术作品有无对该人的人格权构成严重的威胁。[①]"雷巴赫案"涉及广播自由与人格权的冲突,两项基本权利同受宪法的保护,宪法法院指出:根据宪法的意图,两项宪法价值都构成了宪法上自由民主秩序的实质组成部分,因而其中任何一方都不能要求具有通常优先地位……两项宪法价值由此必须在冲突情形中尽可能地取得均衡;如果无法达到这一状态,那么应当考量案件类型的构建以及个案的特殊情形,以决定何种利益不得不退让。[②]在"约瑟芬·穆岑巴赫尔案"中,宪法法院强调,艺术自由与青少年保护均是宪法保护的价值,为保障宪法秩序的和谐均衡,艺术自由和青少年保护均不享有绝对的、普遍的优先保障,当二者发生冲突时,应以功能最适为目标,对二者进行适宜的权衡。[③]

从国内法的角度来看,拒绝权利位阶的根本原因在于对宪法原意的尊重。平等权、自由权、人格权和财产权等都在宪法权利清单之列,意味着宪法所追求的并不是单一的价值。自由、平等、公正、法治等都至关重要,都是宪法所追求的价值和目标。承认人的尊严是最高宪法价值也不能支持权利位阶论,因为我们无法抽象地决定哪一项基本权利离人的尊严更近。每一项基本权利都是为了维护人的尊严所必需的。任何一项基本权利被剥夺都会妨碍人过上有尊严的生活。平等权、自由权、人格权和财产权都很重要,但它们都只是成文宪法的一部分,它们必须和谐地共存于一个宪法秩序之下。预先设定权利位阶,拔高某些权利而贬低其他权利,等于迫使一项权利臣服于另一项权利,等于允许一个宪法条款排除另一个宪法条款,等于容忍选择性地执行宪法,等于

[①] 参见 BVerfGE 30, 173 – Mephisto;张翔主编:《德国宪法案例选释》(第 2 辑),法律出版社 2012 年版,第 43 页。
[②] 参见 BVerfGE 35, 202 – Lebach;同上书,第 59 页。
[③] 参见 BVerfGE 83, 130 – Mutzenbacher;同上书,第 152 页。

准许对宪法断章取义。贯彻这种理论会破坏宪法的完整性——某些宪法条款会因居于"次要地位"而被忽略不计,这显然并非宪法的原意。如果将宪法视为一纸契约,那么设定权利位阶的权力等于改写宪法的权力,立宪者并未将这项权力授予任何机关,尤其是司法机关。如学者所观察,拒绝设定权利位阶体现了一种克制或谦抑的司法哲学,[1]这种克制和谦抑是维护成文宪法的完整性与尊重宪法原意所必需的。

四 走出两难：权利冲突的解决之道

权利位阶论无法自圆其说,且为司法界所否弃。因而,权利冲突需另寻出路。就此,司法解决和立法解决都是值得思索的方向。司法解决是一种事后的、具体的解决方案,主要涉及个案中的法益权衡;立法解决是一种事先的、抽象的解决方案,重点在于划定权利的边界。两种方案各有利弊,但都不能从根本上杜绝权利冲突的发生。

（一）权利冲突的司法解决

自德国"吕特案"之后,诸善权衡(Güterabwägung)成为权利分析不可或缺的环节,这一方法论甚至在英美法系落地生根,尽管在不同的法域有不同的呈现方式。在 Michigan v. Summers 案中,美国联邦最高法院将权衡冲突的利益(balancing of competing interests)视为第十四修正案的关键原则。[2]在 Attorney General v. Guardian Newspapers 案中,英国上议院上诉委员会强调,当隐私权与公众利益发生冲突,法官须对隐私权和公众利益进行对照权衡。[3]在 Dagenais v. Canadian Broadcasting Corp 案中,加拿大联邦最高法院指出,当两项宪章权利发生冲突时,宪章原则要求达致一个充分尊重两项权利的平衡;在解释宪章

---

[1] See Mark Carter, "An Analysis of the 'No Hierarchy of Constitutional Rights' Doctrine," *Review of Constitutional Studies*, Vol. 12, No. 1, 2006, p. 50.
[2] See Michigan v. Summers, 452 U. S. 692 (1981), p. 700; Tennessee v. Garner, 471 U. S. 1 (1985), p. 8.
[3] See Attorney General v. Guardian Newspapers (No 2) [1990] 1 AC 109; Campbell v. MGN Ltd, [2004] 2 AC 457.

和发展普通法时,必须避免给权利设定位阶。①

随着法益权衡在司法领域的普及化,有学者对这一方法论提出了有力的挑战。哈贝马斯质疑,法益权衡将权利贬损为目标、政策和价值,消解了权利的规范性,并且在缺乏合理标准的情况下,衡量的过程要么是武断的,要么是粗糙的;或者说,法益权衡将是非题变成计算题,能够提供结果却不能说服读者。②美国学者亦指出,利益权衡体现了一种实用主义和工具主义的司法哲学,其优势在于经济性、灵活性和对现实世界的关注,但劣势在于相关利益的识别、挑选、加权和衡量缺乏客观可行的标准,并且权衡改变了法院的传统角色,将宪法解释问题变成利益计算问题,司法者得以借"计算的黑箱"逃避艰难的宪法判断。③

作为回应,阿列克西指出,法益权衡只是比例原则的一个部分,完整的比例原则包括适当性、必要性及狭义的合比例性,这三项要求都旨在实现宪法权利保障的最大化;对宪法权利施加的限制,符合比例原则的视为合理限制,反之则视为不合理限制;法益权衡实质上有章可循,并不完全是司法者的主观擅断。④在晚近的司法实践中,考虑到只应用一次比例分析可能厚此薄彼,单一的比例测试被拓展为双重比例测试(the double proportionality test),即对两项冲突的基本权利或权利主张各作一次比例分析:例如,当 A 公民的言论自由与 B 公民的隐私权发生冲突时,既要运用比例原则审查对言论自由的限制是否合宪,也要运用比例原则审查对隐私权的限制是否合宪。⑤权利冲突的规范本质是正当利益的冲突,应用双重比例分析意味着法院承认,两项权利主张都是正当的,两项权利都值得给予最大化保障,并且没有一项权利优先于另一项权利。

---

① See Dagenais v. Canadian Broadcasting Corp [1994] 3 S. C. R. 839.
② 参见〔德〕哈贝马斯:《在事实与规范之间:关于法律和民主法治国的商谈理论》,童世骏译,生活·读书·新知三联书店 2003 年版,第 313—328 页。
③ See T. Alexander Aleinkoff, "Constitutional Law in the Age of Balancing," *Yale Law Journal*, Vol. 96, No. 5, 1987, p. 943.
④ See Robert Alexy, "Constitutional Rights, Balancing, and Rationality," *Ratio Juris*, Vol. 16, No. 2, 2003, p. 131.
⑤ See Andrew Cheung, "Conflict of Fundamental Rights and the Double Proportionality Test". 必须指出的是,由于比例原则仅适用于相对权利(non-absolute rights)限制措施的合宪性审查。理论上,双重比例测试方法也只适用于相对权利之间的冲突。

在 Re S 案中，英国上议院上诉委员会确立了解决基本权利冲突的四项原则：(1) 任何一项权利都不优于其他权利；(2) 当两项权利所涉价值发生冲突，须仔细考察个案中的具体权利的相对重要性；(3) 须分别考虑对各项权利施加限制的理据；(4) 须对两项权利各作一次比例测试。[1]双重比例分析在德国"雷巴赫案"和"约瑟芬·穆岑巴赫尔案"中亦有所体现。这种方法论能够减少法益挑选和权衡中的主观性。

为进一步限缩法官的自由裁量权，有学者提出，法官在权利冲突案件中进行法益权衡时，应将七项因素纳入考量：一是抽象的价值权重，若某项权利背后的抽象价值更高，则可适当向其倾斜；二是退让的可能后果，若有一项权利必须退让，应考虑哪一项权利可能遭受更严重和更确定的损害；三是核心或外围，基本权利的保护范围有核心与外围之分，应当尽量确保基本权利的核心不受损害；四是有无涉及其他权利，有时卷入冲突的不止两项基本权利，此时不应将目光局限于二元的冲突；五是普遍的公众利益，通常基本权利冲突的解决方案会有更广泛的社会影响，此时应在具体语境下考虑解决方案对普遍的公众利益的影响；六是权利的目的，某些基本权利的目的在于保障其他基本权利，例如在涉及儿童权利的案件中，儿童利益最大化原则要求最终的决定不能妨碍儿童的最大利益；七是权利的附随责任，某些权利的行使附随义务与责任，在具体案件的法益权衡中，应当考虑权利人有无以负责任的方式行使权利。[2]

此外，考虑到并非所有表面上的(prima facie)权利冲突都是真正的权利冲突，在进入法益权衡之前，法官应进行事实查明和宪法解释，排除不属于权利冲突的情境；在宪法解释无法排除权利冲突的情况下，法官应积极寻求折衷方案，探寻有无可能双方各退一步，以使两项权利主张和谐共存；在折衷方案不可得时，法官才进入利益权衡环节，在双重比例分析后决定何种利益不得不退让。[3]

概而言之，法益权衡是基于个案情形的具体解决模式，这种解决模式的好

---

[1] See Re S, [2004] UKHL 47; [2005] 1 AC 593; [2004] 3 WLR 1129.
[2] See Stijn Smet, *Resolving Conflicts between Human Rights: The Judge's Dilemma*, pp. 141–146.
[3] Ibid., p. 40.

处在于充分考虑个案的各种情形,避免先入为主和厚此薄彼,但坏处在于价值判断的主观性和权衡结果的不确定性。

(二) 权利冲突的立法解决

事后的司法解决过度依赖个案中的法益权衡,案件结果具有高度不确定性;相比之下,事先的、抽象的立法解决模式似乎更值得欲求,但学界对此的研究稍显不足。通过立法解决权利冲突,有两个值得探索的方向:

一是划定权利的边界。[1]如所公认,很少有基本权利是绝对的。换言之,多数的基本权利都有界限。权利外部冲突,即不同权利的冲突,在很多情况下源于权利边界的模糊。如果立法机关能够在事先确定权利的边界,那么发生权利冲突的概率将大大降低。例如,我国《民法典》第1125条规定:"行为人为公共利益实施新闻报道、舆论监督等行为,影响他人名誉的,不承担民事责任,但是有下列情形之一的除外:(一)捏造、歪曲事实;(二)对他人提供的严重失实内容未尽到合理核实义务;(三)使用侮辱性言辞等贬损他人名誉。"这其实是事先划定了新闻自由与一般人格权的界限。承认基本权利的界限以及行使基本权利所附随的责任,有助于预防权利冲突的发生,促进各项权利和谐共存。

二是确定权利冲突的解决规则——这不等于给权利设定位阶。如果权利冲突无法避免,那么立法机关应该预先确定导向性原则。例如,澳门特区《民法典》第327条规定:"在相同或同类权利上出现冲突时,各权利人应尽量妥协,使有关权利能在不对任一当事人造成较大损害之情况下同样产生效力。权利不相同或其所属类别不相同时,以在具体情况下应被视为较高之权利为优先。"这实质上是一种事先解决的思维。诚然,民法权利冲突不同于宪法权利冲突,但当国家介入时,民法权利冲突可演变为宪法权利冲突。对于权利内部冲突,即同一权利的冲突,如不能兼顾所有权利主体,也应尽可能地保障最多。在某些情况下,可根据权利可能受损的程度以及实际的重要性来决定资源的分配。总之,此类解决规则的要旨在于确保基本权利保障的最大化。

在"约瑟芬·穆岑巴赫尔案"中,德国联邦宪法法院指出,根据法治国和民主要求,对基本权利的实现标准予以具体规定,是立法机关的义务和专属职

---

[1] 参见柳建龙:《论基本权利冲突》。

权,当某个生活领域涉及互相竞争的基本权利,而它们各自的界限又难以确定时,立法机关尤其有义务决定必要的导向性原则。①如学者指出,立法机关是一个天然的利益协调部门,其更容易考虑到更为广阔的社会现实,由立法机关决定权利冲突的解决规则更为适宜。②立法机关在制定此类规则时,应当充分考虑各种潜在的利益和价值,寻求各项权利的均衡和平等保护,同时避免对权利施加不必要的限制。当然,立法机关划定权利边界和设定冲突解决规则,实质上也无法避免利益协调与价值判断;对此类规则,应有合宪性审查,但原则上宜作合宪性解释。

总体而言,司法解决和立法解决的规则建构能够为权利冲突的解决提供一些确定性。曾有学者将权利冲突的原因归结于中国市场经济不发达、法治不全备、公民权利意识不完善。但这种归因方式并不准确,因为在欧美发达国家,权利冲突的案例也并不鲜见。权利冲突真正的原因在于基本权利效力范围的重叠:在同一个生活领域,可能涉及不同的价值、利益、权利和权利主体,这些价值、利益、权利和权利主体并不是彼此割裂、各自为政,而是彼此关联、相互影响,因而难免会发生竞争和冲突。从这一点来看,不论是事先的规则设定,还是事后的利益权衡,都不能从根本上消弭权利的冲突。

五 结语

国内学界有关权利位阶的争论,始于二十多年前苏力教授的文章。回望二十余年的理论发展,苏文的贡献不在于为权利冲突提出了完美的解决方案,而在于提请国内学界关注正当法益的冲突。权利位阶论表达了法律人对确定性的追求,以及对某些涉及核心价值的权利的青睐,但设定权利位阶并非解决权利冲突的理想方案。权利位阶论建基于对具体适用和抽象规则的混淆,这种理论的危险之处在于引入主观的判断标准,将宪法权利分为高级权利和低级权利,令权利相对化乃至意识形态化,既贬低了某些应受法律同等保护的权利,也背离了成文宪法的多元化价值追求。是故,权利位阶论为司法界所摒弃。

---

① 参见张翔主编:《德国宪法案例选释》(第2辑),第151页。
② 参见张翔:《基本权利冲突的规范结构与解决模式》。

就权利冲突的解决而言,立法和司法都是值得探索的方向,现时的学术讨论主要集中于司法层面。权利冲突的司法解决,简而言之,就是个案中的法益权衡。这种模式为人诟病之处在于权衡过程的不透明及权衡结果的不确定。宪法解释—利益协调—权衡取舍"三步走"和对冲突权利的"双重比例分析",在一定程度上能够降低司法过程的主观性。权利冲突的立法解决,主要在于划定权利边界和确定冲突解决规则。立法者在制定此类规则时,应当充分考虑各种潜在的利益和价值,寻求各项权利的均衡和平等保护,同时避免对权利施加不必要的限制。基于权利效力范围的交叉重叠,权利的冲突几乎是不可避免的,而化解权利冲突就是立法者和司法者应时时思索的问题。

德沃金权利论题重构

陈 坤*

摘 要：德沃金在1975年发表的《疑难案件》一文中提出了"权利论题"，在之后的著作中，这一论题所涉及的相关问题又被反复提及。我们可以将权利论题重构为四个子论题，即前提论题、描述论题、规范论题与方法论题。分别探讨的问题包括：在判决之前，是否已经存在一些等待法官去揭示的个人权利；在司法实践中，法官在事实上是否在揭示这些权利；法官为何应当揭示这些权利；法官可以通过什么样的方法来揭示这些权利。通过这一重构，德沃金的全部理论可以被理解为为尊重与保护个人权利提供理论支撑。

关键词：德沃金；权利；权利论题

原则与政策、个人权利与集体目标之间有何联系与区别？个人权利是如何通过司法而得到保护的？我们应当如何理解制定法与判例在权利保护中的作用？以及在疑难案件中，个人是否仍然拥有先在的法律权利？德沃金在1975年所发表的《疑难案件》[①]一文中提出"权利论题"（rights thesis），用以回答包括上述问题在内的诸多相互关联的问题。在之后的著作中，尽管他并没有继续使用"权利论题"这一术语，但对上述诸多问题的探讨并没有停止，一些问题甚至被反复提及。[②] 这些相关讨论可以被视为对其权利命题的进一步论

---

* 陈坤，法学博士，南京大学法学院教授。

[①] See Ronald Dworkin, "Hard Cases," *Harvard Law Review*, Vol. 88, No. 6, 1975, pp. 1057 – 1109. 一个稍微不同的版本，出现在他随后的论文集《认真对待权利》。See Ronald Dworkin, *Talking Rights Seriously*, Cambridge: Harvard University Press, 1978, pp. 81 – 130.

[②] 主要包括 Ronald Dworkin, *A Matter of Principle*, Cambridge: Harvard University Press, 1985; Ronald Dworkin, *Law's Empire*, Cambridge: Harvard University Press, 1986; Ronald Dworkin, *Sovereign Virtue*, Cambridge: Harvard University Press, 2000; Ronald Dworkin, *Justice in Robes*, Cambridge: Harvard University Press, 2006; Ronald Dworkin, *Justice for Hedgehogs*, Cambridge: Harvard University Press, 2011; 等等。

证与精致化。

本文试图结合这些相关讨论来重构德沃金的权利论题。概括说来,本文将权利论题分为四个子论题,即前提论题、描述论题、规范论题与方法论题。随后分别探讨以下问题:在判决之前,是否已经存在一些等待法官去揭示的个人权利;在司法实践中,法官在事实上是否在揭示这些权利;法官为何应当揭示这些权利;法官可以通过什么样的方法来揭示这些权利。对这四个问题的回答涉及了德沃金理论中的绝大多数内容,因此,对德沃金权利论题的重构在一定程度上也可以说是对德沃金理论的重构。

一　权利论题的提出

德沃金的权利论题,正如他的其他许多理论一样,是在批判法律实证主义的过程中提出的。[1] 我们知道,在以哈特为代表的实证主义者看来,在规则是否适用并不明确的疑难案件中,法官需要进行自由裁量。[2] 这就意味着在疑难案件中,"法官一直在创造新的权利,然后将之溯及既往地适用到手头所处理的案件中"[3]。换句话说,法官是在扮演立法者的角色。

德沃金反对这样一种对疑难案件中法官角色的理解。在他看来,这一理解忽略了一个在政治理论中应具根本地位的区别,即原则论据(arguments of principle)与政策论据(arguments of policy)的区别。概括来说,原则论据是通过论证某项政治决定能够尊重或维护某些个人权利来证明该决定之合理性的,政策论据则通过论证某些政治决定能够促进或保护某些社会目标来证明该决

---

[1] 例如,德沃金的原则模式是在批判哈特规则模式的过程中提出的,德沃金的诠释性概念理论则是在批判哈特"语义学理论"的过程中提出的。当然,以哈特为代表的法律实证主义者的观点是否被德沃金所贴切地归纳了,换句话说,德沃金在多大程度上"创造了"他的靶子,是有争论的。原则模式与诠释性概念理论分别参见 Ronald Dworkin, "The Model of Rules I," in *Talking Rights Seriously*, pp. 14-35;〔美〕罗纳德·德沃金:《法律帝国》,李冠宜译,时英出版社 2002 年版,第 31—49 页。

[2] See H. L. A. Hart, "Positivism and the Separation of Law and Morals," *Harvard Law Review*, Vol. 71, No. 4, 1958, p. 607.

[3] Ronald Dworkin, "Hard Cases," in *Talking Rights Seriously*, p. 81.

定的合理性。① 如果法官是在代理立法权,那么他应该像立法者那样,充分运用原则论据与政策论据来证明自己决定的合理性,但事实并非如此,而且也不应该如此。"疑难案件中的司法决定是而且应当基于原则论据而非政策论据。"② 如果疑难案件中的判决是基于原则作出的,而原则又是通过论证判决能够尊重或维护某些个人权利来证明其合理性的,这也就意味着,在法官作出判决之前,存在一些"先在"(pre-existing)的个人权利。从而法官应该去揭示这些先在的个人权利,而不是像实证主义者所设想的那样,为诉讼参与人创造新的权利。

基于上述简短讨论,我们可以分辨出四个不同的论题。第一个论题是在司法实践中,法官事实上在揭示先在的权利。第二个论题是即便是在疑难案件中,法官也应当去揭示先在的权利。前一个论题是描述性的,后一个论题是规范性的。这两个论题都较为明显地出现在《疑难案件》一文中。第三个论题即上段所揭示的先在权利的存在,换句话说,在判决被作出之前,就已经存在着一些等待法官去揭示的个人权利。这个论题是前提性的。很明显,如果不首先存在一些权利,就既谈不上法官在事实上是在揭示这些权利,也谈不上法官应当去揭示它们。除了这三个论题之外,完整的权利论题还应包括第四个子论题,它探讨方法问题,即法官应当如何去揭示这些先在权利?下面将结合德沃金的相关著作,按照前提论题、描述论题、规范论题与方法论题的次序来对德沃金的权利论题作出较为详细的讨论。

二 前提论题:先在的权利?

先在权利的存在是其他三个论题能够成立的前提,而这一论题本身要成立的话,必须能够令人满意地回答如下几个问题:(1) 说一个权利存在,究竟是什么意思?(2) 存在的是何种权利?以及(3) 为何说即便是在疑难案件中,它仍然存在?下面我们就分别来看这些问题及德沃金的回答。

---

① See Ronald Dworkin, "Hard Cases," in *Talking Rights Seriously*, p. 82.
② Ibid., p. 84.

(一) 权利及其存在

说一个权利存在,和说一个桌子或电子存在,显然是不同的。它既不占据任何空间,也无法依靠经验观察或实验检测来加以证实。正因如此,许多人否认它的存在。在一些学者看来,权利并不存在,存在的其实只是人们关于权利的谈论。① 如果权利并不存在,那么人们为什么还要谈论权利呢?尤其是,为什么在进行司法审判时,法官还要假装自己是在揭示权利呢?实用主义者提供了一个答案,即掩饰司法的政治性。②

但在德沃金看来,这样一种解释在描述与规范两个层面上都不具有吸引力。从描述的层面上说,它曲解了司法实践的真实面貌;而从规范的层面上说,它忽略了法律的整全性(integrity)这一重要的政治美德。③ 如果人们经常严肃地谈论权利,并时常提出各种权利主张来维护自身或他人的利益,那么一个最自然的解释是:它是真实存在的。但权利究竟在什么意义上存在呢?对此问题,我们可以从德沃金对权利的界定中看出他的答案。

德沃金对权利的界定较为迂折,他从政治志向(political aims)④这一概念谈起。对政治志向,德沃金是这样界定的:"如果一种政治理论赞成任何可能会推进或保护某种特定状态的政治决定,而反对任何可能会延阻或危害这种特定状态的政治决定,那么,该政治理论即把该种特定状态视为政治志向。"⑤根据政治志向是否个体化(individuated),可以将其分为两种:个人权利与集体目标。具体说来,在一个政治理论看来,个人对某些机会、资源或自由享有权利,"如果该政治理论支持某一政治决定,该政治决定可能会促进或保

---

① See Karl Olivecrona, *Law as Fact*, London: Oxford University Press, 1939, pp. 18 – 22; Axel Hagerstrom, *Inquiries into the Nature of Law and Morals*, translated by C. D. Broad, Uppsala: Almqvist & Wiksells, 1953, pp. 315 – 324.
② 参见〔美〕罗纳德·德沃金:《法律帝国》,第 160—162 页。
③ 同上书,第 162—172 页。
④ 一些学者将其翻译为"政治目标"。只从 political aims 这一词语来看,这样翻译并无不妥。但在德沃金的学说中,与 political aims 相关的还有一个概念,即集体目标(collective goals),它与个人权利(individual rights)均是 political aims 的一种表现形式。因此,如果将 political aims 翻译为政治目标,则容易与社会目标相混同,尤其是在德沃金于文中只使用 aims 与 goals 而不加前置定语的情况下。
⑤ Ronald Dworkin, "Hard Cases," in *Talking Rights Seriously*, p. 91.

护某种个人在其中享受该权利的特定状态,即使该政治决定并不有利于其他的政治志向甚至不利于某些其他的政治志向;或者,如果该政治理论反对某一政治决定,该政治决定可能会延阻或妨碍某种个人在其中享受该权利的特定状态,即使该政治决定有利于其他的政治志向"①。

从这一界定中可以看出,权利总处于某个特定政治理论观照下,它是该政治理论视为有特别重要性的政治志向;因此该政治理论将其个体化,即以特定方式分配给个人。而集体目标则是那些尚未个体化的政治志向。这意味着,个人权利与集体目标是相对而言的;一个特定的政治志向既可以成为个人权利,也可以成为集体目标,关键看该政治志向在特定政治理论中的地位。在德沃金看来,只有那种将整全性视为重要政治道德的政治理论才是妥当的;而在该政治理论看来,只有那些具有极端重要性——超出一般政治志向之分量(weight)——的政治志向才应当被个体化为权利。作为权利,尽管它可能要向某些特定的紧急状态下的目标让步,但不会被任何常规的集体目标所击倒。②依据这一权利界定,说一个权利是存在的,也就是说,一个妥当的政治理论能够为推进或保护个人在其中享有该权利的特定状态的政治决定作出充分的证成,即便是在存在某些相反考虑的情况下。比如,说某个报刊有一个公布特定国防计划的权利,也就是说,在综合考虑各种因素的情况下,一个妥当的政治理论认为该报刊公布该计划的行为应当被允许。

(二)先在的是何种权利?

上文已述,说一个权利存在,就是说它能够在一个妥当的政治理论中被证成。那么,对于何种权利存在这一问题的回答,也就依赖于妥当政治理论的性质。上面说过,在德沃金看来,一个妥当的政治理论必须将政治决定的整全性视为一个独立于公平与正义的具有根本重要性的政治美德。这在根本上是因为只有整全性才能证成国家对其公民使用强制力的道德正当性——这既是任何政治理论的根本使命,也是法律的本旨所在。下文还会详述整全性与道德证成(或正当性)之间的关系,以考察规范论题何以成立。这里将专注于回答,

---

① Ronald Dworkin, "Hard Cases," in *Talking Rights Seriously*, p. 91.
② Ibid., p. 92.

在这样一种推崇整全性的政治理论看来,存在何种先在权利的问题。

值得注意的是,这里所要探讨的是存在何种先在权利,这是一种具体权利,即在判决之前,诉讼参与人所拥有的权利,而不是该政治理论承认什么样的抽象权利。① 更具体地说,这里所要探讨的是:诉讼参与人所具有的权利究竟是一种法律权利,还是一般意义上的道德权利? 在德沃金看来,正确的答案是前者,即便是在疑难案件中,诉讼参与者仍然享有法律上的权利。我们来看他是如何得出这一结论的。

上面说过,在德沃金的理论中,说一个权利存在,也就是说它能够在妥当的政治理论框架下被证成。那么在判决之间存在何种权利的问题,也就自然可被归结为支持或反对这些权利存在的规范性主张的性质问题。换句话说,一个政治理论如何看待相关规范性主张的性质,也就决定了它如何看待权利的性质。实证主义者正是由于将疑难案件中的规范性主张视为一种道德主张,进而才认为此时的权利只能是道德权利(它来源于法官的实质性道德观);一些法律现实主义者正是由于将这些规范性主张视为描述性主张的伪装,进而才认为并不存在任何权利。而在德沃金看来,在推崇整全性的妥当政治理论中,法律同样具有整全性;法律不仅包括规则,而且还包括能够将不同的规则与其他制度事实整合在一起的原则。而这意味着,即便是在疑难案件中,人们对何种法律主张为真的争论仍然是关于"法律是什么",而不是关于"法律应当是什么"。② 就此而论,如果关于权利存在的规范性主张可以为真,那么即便它在被证成的过程中依据了一些实质性道德,但仍然是报告法律要求之真实内容的法律主张,从而相关的权利也就仍然是一种法律权利。这一定性也可以从德沃金对制定法与判决先例的"领域优先性"的讨论中得到验证。在《法律帝国》的结尾部分,他将法律的整全性分为"包括的整全性"与"纯净的整全

---

① 对于这后一个问题,德沃金的回答可以概括为:个人拥有抽象的平等权,它要求政府对个人的平等关怀与尊重。这一抽象权利是个人所享有的具体权利的来源。对此抽象平等权,德沃金在《至上的美德》《适于刺猬的正义》等著作中有更为详细的论述,讨论了抽象平等权的内涵与具体要求等内容。See Ronald Dworkin, *Sovereign Virtue*, pp. 65–83; Ronald Dworkin, *Justice for Hedgehogs*, pp. 351–363.

② 这也就是德沃金所说的"理论争议"。在德沃金看来,那些认为该种争论是关于"法律应当是什么"的人们是被错误的语义学理论"刺"到了。更详细的讨论,请参见〔美〕罗纳德·德沃金:《法律帝国》,第31—49页(关于理论争议与语义学之刺的讨论)。

性"两类。前者要求法官"实行与实质融贯性相反的制定法,以及实行阻挡不同法律部门之一致性的判决先例与领域优先性";而后者则要求将各种道德考虑抽象化,追求不受拘束的诸正义原则的融贯性。而我们所拥有的法律,"亦即我们现实具体的法律,是由包括的整全性所确定。这是对法官的法律,是他不得不去宣告与执行的法律"。①

(三)先在权利与正解论题

德沃金的权利论题要求,即便是在疑难案件中,仍然存在某些先在的法律权利。如果说一个法律权利存在,也就是说,相关的法律主张为真。那么,权利论题实际上也就是在要求:即便是在疑难案件中,支持与反对某一具体权利主张的那些法律命题也是具有真值的,或者说,相关的法律争议仍然是有正确答案的。这便是德沃金的正解论题。

疑难案件中的法律争议具有正确答案,是德沃金不遗余力加以维护的一个论题。德沃金主要是通过批判那种认为在疑难案件中并不存在正确答案的观点来维护正解论题的。②让我们从德沃金所说的"处置性概念"(dispositive concept)谈起。

处置性概念是指这样一些法律概念:"如果其成立则法官至少有一个初显(prima facie)的义务支持某个法律主张,如果其不成立则法官至少有一个初显的义务支持相反的法律主张。"③比如,"有效合同"即为这样一个处置性的概念。法律工作者通常认为,处置性概念具有二值性(bi-valence),即在任何情况下,它或者成立,或者不成立。这意味着,比如,对于一个合同来说,它要么是有效的(valid),要么是无效的(not valid)。④但在那些认为疑难案件中并不存在正确答案的人们看来,二值论题不能成立。有两类论证可以用来反对二值论题的成立。一类是在命题"一个特定的合同有效"和命题"一个特定的合同"之

---

① 〔美〕罗纳德·德沃金:《法律帝国》,第414页。
② 这一批判最为集中地出现在他的《疑难案件中真的没有正确答案吗?》一文中。See Ronald Dworkin, "Is There Really No Rights Answer?" in *A Matter of Principle*, pp. 119 – 145.
③ Ibid., p. 119.
④ 值得注意的是,此处的"无效"应当被理解为"并非有效",它与英文表述中的 valid 与 not valid 对应。这里为了表述方便,采用"无效"这一说法。在没有特别提出的情况下,下文中所出现的"无效"均是在这个意义上使用。

间存在逻辑空间,换言之,"有效"与"无效"并没有穷尽合同状态的所有可能性。而另一类则认为,尽管在命题"一个特定的合同有效"与"一个特定的合同无效"之间不存在逻辑空间,但由于一些其他理由,这两个命题仍然可以同假。德沃金通过一种形式化也更容易理解的方式,重构了这两个版本的"没有正解论题"。设~p为p的逻辑反对,即~p为真当且仅当p为假;再设命题"汤姆的合同有效"(Tom's contact is valid)为p,而"汤姆的合同无效"(Tom's contact is not valid)为non-p。在二值论题看来,对于"汤姆的合同是有效的还是无效的?"这一问题,一定有一个正确答案。因为non-p与~p是同一的。而p与~p穷尽了所有的逻辑可能性。"没有正确答案论题"的第一个版本认为non-p并非~p,从而也就不是p的逻辑反对,换言之,在non-p与p之间存在逻辑空间。而"没有正确答案论题"的第二个版本认为non-p是~p,但在一些情况下,~p与p可能都不为真。①

对第一个版本的"没有正解论题",德沃金的回应是,既然法律工作者事实上在法律谈论中将"无效"当成"有效"的逻辑反对,那么它要成立的话,就必须能够证明这样一种语言实践是带有欺骗性的。但迄今为止,并没有人能够提出一种有效的论证。第二个版本的"没有正解论题"从如下几个方面寻找依据。一是语言的模糊性,二是法律实证主义,三是可证实论题。对于依据语言模糊性的论证,德沃金认为,它犯了这样一个错误,即假设如果语言是模糊的,那么法律规则的含义也必然是不确定的。而事实并非如此,即便语言是模糊的,人们如果对解释或适用模糊概念有共识的话,那么法律规则的含义仍然是可确定的。从而,来自模糊性的论证在事实上依赖于另外一个论证,即"当理性的法律工作者对何为正确答案有分歧时就不存在正确答案",这也就是依据可证实论题的论证。对于依据实证主义的论证——法律主张的真值来源于某些特定的社会事实,因此当不存在特定的社会事实时,法律主张不可以为真——德沃金认为,它无法成立。即便不存在社会来源的法律主张,仍然可能通过其他已被确定真值的法律主张来判断它的真假。对于依据可证实论题的论证,德沃金认为,可证实论题错误理解了我们所进行

---

① See Ronald Dworkin, "Is There Really No Rights Answer?".

的法律事业。事实上,它的客观性既不依赖于一些物理事实的存在,也不依赖于法律工作者对某些特定问题所可能达成的共识。它的客观性依赖于相关的法律主张在"契合性"(fit)与"政治道德"(political morality)这两个维度的被证立程度。从而,如果"没有正解论题"是对的,那么也就意味着存在多个在这两个维度上都势均力敌的论证。但在德沃金看来,在一个具有丰富的宪法性规则、先例以及制定法的高度发达的法律制度下,出现这样一种平局的可能性是极低的。这种可能是如此之低,以至于给司法审判设置一个排除平局的基本规则是合理的与可行的。这一规则假设:"在手头可资利用的法律材料足够复杂的情况下,如果法官思考详尽,那么他们就会逐渐认识到,一个论证优越于另外一个。"①

在其后来的著作(如《客观性与真:你最好相信它》②、《适于刺猬的正义》③等)中,德沃金为正解论题提供了另外一个重要的依据,即道德的客观性。如果道德是客观的,或者说道德主张是具有真值的,那么建立在道德主张基础上的法律主张也就同样是具有真值的,从而法律争议也就是有正确答案的。对此问题,下文在讨论方法论题时还会进行详述,此处从略。

三 描述论题:如何妥当描述我们的法律实践?

上一部分讨论的前提论题揭示了在判决之前,存在着一些先在的个人权利等待法官去揭示。而描述论题则试图证实,在法律实践中,法官事实上是在去揭示这些权利。在《疑难案件》一文中,德沃金对这一论题作了一定程度的说明与论证,④但更充分的论证是在后来的《法律帝国》⑤、《身披法袍的正义》⑥等书中作出的,它涉及描述人类实践的解释学进路。

---

① Ronald Dworkin, "Can Rights be Controversial?" in *Talking Rights Seriously*, p. 286.
② See Ronald Dworkin, "Objectivity and Truth: You'd Better Believe It," *Philosophy and Public Affairs*, Vol. 25, No. 2, 1996, pp. 87–139.
③ See Ronald Dworkin, *Justice for Hedgehogs*, pp. 23–96.
④ See Ronald Dworkin, "Hard Cases," in *Talking Rights Seriously*, pp. 84–89, 97–100.
⑤ 参见〔美〕罗纳德·德沃金:《法律帝国》,第47—121页。
⑥ 参见〔美〕罗纳德·德沃金:《身披法袍的正义》,周林刚等译,北京大学出版社2010年版,第163—210页。

（一）对描述论题的初步维护

在《疑难案件》一文中，德沃金提到了这样一种对描述论题的质疑。近来对经济学与普通法之间联系的研究表明，法官总是依据政策而非原则来作出判决。如果这是成立的，那么描述论题也就不可能正确。在德沃金看来，我们应当从上面的说法中分辨出两种观点。第一种是，在普通法领域，法官每一次所作出的对侵权、合同与财产规则的改进，都明显地更有利于使资源分配更为有效这样一个集体目标；第二种是，在某些案件中，法官公开宣称自己将判决建立在经济政策的基础上。

第一种观点较为容易对付，因为它没有考虑那些作出（在后果上确立了改善经济效率的规则的）相关判决的法官们的目的。即便它是真的，也只是一种不会对描述论题产生威胁的人类学论题。但第二种观点则对描述论题提出了较为严肃的挑战。如果法官公开宣称他求助于经济政策——像汉德的过失理论那样，那么相关的案件就不能仅仅被视为人类学论题的例证。对这一观点的回应是，它忽略了抽象权利与具体权利之间的区别。事实上，经济政策的考量可以被视为在不同具体权利之间进行比较与权衡的手段，从而仍然可以被理解为诉诸抽象权利。

当然，仅仅依靠对描述论题的质疑的批判是不够的，德沃金还需要从正面对描述论题作出论证。在《疑难案件》中，他提出了两个初步的论证。一是将法官行为理解为揭示权利既有利于解释法官在疑难案件中如何将个人道德与制度史的道德结合在一起，也有利于解释制定法与判例在疑难案件中是如何被使用的。二是在政治理论中，人们经常对司法独创性作出批判，而如果将法官行为理解为揭示权利，就不会遭到与之类似的批判。[1]

尽管这两个论证并不是很得力，但其中隐含了一种非常重要的考察人类实践的思路。即，如果对某个人类实践的描述能够较为成功地解释其他一些与之相关的重要现象，或能够较为充分地展示出该人类实践的意义或正当性，那么这就在很大程度上能够证明该描述的真实性，或至少优越于其他与之不一致的描述。在其后著作中，德沃金将这一思路发展为描述社会现实的解释

---

[1] See Ronald Dworkin, "Hard Cases," in *Talking Rights Seriously*, pp. 84–89.

学进路。

（二）解释学进路与对法律实践的妥当描述

我们知道，哈特在《法律的概念》中提到了两种描述人类实践的方法。一种是外在视角的描述，而另外一种则是内在视角的描述。① 概括说来，前者纯粹是对可观察的现象的描述，它类似于对物理事实的描述；而后者则包含了理解的描述。在描述社会学中，外在视角的典范是统计分析，而内在视角的典范则是田野调查。以对一种少数民族之行为模式的描述为例，外在视角专注于能够观察到的行为与后果，以及特定行为方式所出现的概率等；而内在视角则专注于主体从事特定行为的理由，它要获得成功，就必须借助被考察的主体所使用的语言、所感受到的规范性压力等内在因素来进行。

值得注意的是，在哈特看来，尽管对人类实践之内在视角的描述必须参照和援引实践参与者的信念、道德观，但这并不意味着他必须分享这些信念与道德观，质言之，他所做的仍然是道德上中立的描述。这便是他所说的描述性法理学。② 但德沃金对此持有不同意见，认为描述性法理学在方法论上是有缺陷的，因此也绝不可能成功。在他看来，对人类实践的妥当描述仅从内在视角出发还不够，还必须采取解释学的进路，这在根本上是因为用以表述这些人类实践的概念是解释性的概念，从而使人类实践本身具有解释学的特征。这样一种采取解释学进路的描述不可能是道德中立的，他必然要参照描述者自身的道德观，来最大程度地展现所描述对象的意义与正当性。③

围绕着描述性法理学是否可能的问题，后来的学者发表了大量的争论性文章。④ 这里并不试图对此发表一个结论性的意见，而只关注德沃金如何展开他的论述。在德沃金看来，那些认为描述性法理学可以成立的人们，误解了我们用以指涉人类实践的诸多概念的性质。概言之，他们将概念视为标准型的

---

① 参见〔英〕哈特：《法律的概念》（第2版），许家馨等译，法律出版社2006年版，第85—86页。
② 同上书，第220页。
③ 参见〔美〕罗纳德·德沃金：《法律帝国》，第48—72页。
④ See Stephen R. Perry, "Interpretation and Methodology in Legal Theory," in Andrei Marmor (ed.), *Law and Interpretation*, Oxford: Clarendon Press, 1995, pp. 97-135.

或自然类型的,而这些概念实际上是解释性的。人们对解释性概念的共享并不依赖于聚合性的语言实践(像标准型概念那样),也不依赖于自然种类的本质特征(像自然类那样),而只依赖于他们对这些概念的重要性具有抽象的共识。这使人们能够在不共享概念之实例的情况下共享这些概念(比如,即便人们对正义究竟是什么争论不休,但仍然可以说他们共享着这一概念)。解释性概念鼓励我们,去反思并争论现实的某些实践究竟是什么样子。在德沃金看来,关于这些实践的妥当理论要求我们应该把价值和目的归之于实践,并以此来详细地阐述。① 这也就意味着,我们对于法律实践的妥当描述,不仅应当契合现实,而且应当从最佳观点出发把该实践展现出来。

那么,什么样的描述是符合这个要求的呢?德沃金比较了三种可能的描述法律实践的解释学理论:惯例主义的、实用主义的与整全法的。其中,惯例主义的主张是,法官在常规案件中的确是在揭示人们所具有的法律权利,但在疑难案件中却是在创造权利;而实用主义的主张是,法官从来都没有在揭示权利,"法官们有时之所以必须做得好像人们拥有法律权利的样子,是因为长期看来,那样做会更符合社会的利益"②,换句话说,法官在所有的案件中都是在进行政策判断与后果权衡。可以看出,这两种主张都不像整全法理论那样,支持权利论题中的描述论题——即便是在疑难案件中,法官仍然在揭示先在的权利。

在德沃金看来,无论是惯例主义,还是实用主义,都既不契合我们的法律实践,也不具有充分的道德吸引力。惯例主义之所以不契合我们的法律实践,在于:"我们的法官们,实际上对制定法与判例之类的所谓惯例性法源,所加诸的注意,比惯例主义所允许的,还要来得更多。"③另外,惯例主义以可预测性(保护被期待的利益)作为法律实践的价值,但这一价值并不能通过惯例主义所描绘的法律程度得到有效的维护,从而"它在诠释的两个向度上,都是失败的"④。实用主义将法官的行为视为一种欺骗,在描述的层面上是扭曲的,从而

---

① 参见〔美〕罗纳德·德沃金:《身披法袍的正义》,第12—13页。
② 〔美〕罗纳德·德沃金:《法律帝国》,第161页。
③ 同上书,第138页。
④ 同上书,第158页。

"只有透过看起来十分不妥当的削足适履机制,实用主义才能……免于被废弃"①;而在证立层面上,实用主义由于并不将"与过去一致"视为自身具有价值,从而忽略了政治整全性这一重要的政治美德。

整全法理论支持描述论题,认为即便是在疑难案件中,法官仍然在揭示权利。如果我们将权利区分为抽象权利与具体权利,那么就可以认为这样一种描述是契合现实的,即便审理案件的法官自己认为正在进行政策判断时也同样如此;另外,这样一种对法律实践的描述也将最佳观点展现了出来,使之更符合我们的政治道德理想。从而,它"同时符合与证立法律实践的某个复杂部分;它提供了一个吸引人的方式,在那个实践的结构中,看到整全性所要求的原则一致性"②。

四 规范论题:揭示权利的道德证成

描述论题揭示了在司法实践中,法官们实际上是在揭示个人权利。但这并不意味着他们应当这样做。要证明规范论题,德沃金还必须提供另外一些理由。下面所讨论的就是在德沃金的理论中,我们能够发现的两个重要理由。

首先,在法律实践中,法官们应当揭示个人权利的一个显而易见的理由是:只有这样,法律的整全性才能得以维持。这一论证若要成立,则应当说明两个问题:(1)为什么法律的整全性是值得追求的?(2)为什么只有当法官们在揭示个人权利时,整全性才能得以维持?第二个问题将主要在方法论题中讨论,因为它涉及揭示个人权利的方法。概言之,在德沃金看来,对个人权利的揭示要采取建构性解释的方法,即从某种实质性道德出发,努力发现将制定法、判例整合在一起的法律原则。这里主要讨论第一个问题。

法律的整全性之所以是值得追求的,从根本上说是因为只有具有整全性的法律才是具有正当性的,或者说才是值得人们遵守的,即便是在他们并不同意其中具体的法律规则时。概括说来,在德沃金看来,法律的本旨在于证成国

---

① 〔美〕罗纳德·德沃金:《法律帝国》,第168页。
② 同上书,第236页。

家强制力的运用,而法律如果缺乏整全性,则无法做到这一点。只有那些"将整全性作为政治核心的原则社群"才能对"政治的正当性提供较佳的辩护"。① 在这样一种原则社群中,我们每一个人都有一种对其他人表示关怀的政治义务,它来源于这样一个历史事实,即我们所处的社群采纳了原则体系。从这个意义上说,法官应当揭示个人权利也是他作为个人的政治义务的一种表现。②

其次,法官们应当揭示诉讼参与人所拥有的个人权利,也是抽象平等权的要求。"如果……一种裁决方式将她(诉讼参与人)看作是法律面前平等的,而另一种裁决方式不是这样的,那么我们支持鼓励第一种裁决而不鼓励第二种裁决的合法性观念。"③抽象的平等权,即个人拥有被平等关怀与尊重的权利,在德沃金看来,是一个政治理论的最高原则。它来源于人的道德尊严(dignity)。而在法律实践中,抽象的平等权也是宪法所确立的一个原则。政府的一个重要任务就是通过立法与司法判决的方式宣告这一道德权利。

从这个意义上说,所有立法与判例中的规则都可以被理解为政府对抽象平等权的落实,从而具体的法律权利也就是抽象平等权在规则中的体现。正因如此,只有当法官去揭示这些权利时,个人所拥有的抽象平等权才能够得到保护。

这一论证也解释了为什么由法院所进行的违宪审查是正当的。当立法没有落实宪法所要求的抽象权利时,对真正的个人权利的揭示就要求法官去宣告相关的规则不合法。在一些人看来,违宪审查违背了民主的要求。但德沃金认为,这一看法只是由于采取了不妥当的民主观,即多数至上的民主观。妥当的合宪性的民主观这样界定民主:"集体决策由政治机构作出,这些政治机构的结构、组成以及实践将社会共同体的所有成员视为独立个体,并予以同等的关怀与尊重。"④这意味着平等关怀与尊重个人是民主的条件。在民主条件被尊重与满足时,我们应当接受政治机构所作出的决定。然而,"当它们未能

---

① 〔美〕罗纳德·德沃金:《法律帝国》,第 224 页。
② See Ronald Dworkin, *Justice for Hedgehogs*, pp. 317 - 323.
③ 〔美〕罗纳德·德沃金:《身披法袍的正义》,第 201 页。
④ 〔美〕罗纳德·德沃金:《自由的法:对美国宪法的道德解读》,刘丽君译,上海人民出版社 2013 年版,第 15 页。

提供和尊敬这种民主条件,或者其运作是有缺陷的,那就不能以民主的名义来抵制那些可以更好地保护并尊重民主条件的其他程序"①。

五 方法论题：解释与客观性

上面三个部分依次讨论了前提论题、描述论题与规范论题,论证了先在权利的存在,以及法官是并应当通过揭示这些权利来作出判决。那么,剩下的问题就是,这是如何实现的？特别是在疑难案件中,法官可以通过一种什么样的方法来揭示个人权利？

（一）建构性解释

在德沃金看来,法官应该通过建构性解释的方法来发现个人权利。概括说来,这一解释采取如下的步骤:首先,法官应当尝试提出各种针对手头案件的原则；其次,他应当检验这些原则是否契合以前的法律实践(包括判例与制定法)；最后,对于多个能够契合以往法律实践的原则,他应当决定哪一个具有最高的道德优越性。② 此处有两个问题值得注意：一是领域优先性,二是法律实践中的错误。

所谓领域优先性,是指法官在判断自己所提出的原则是否契合以前的法律实践时,要"以一系列同心圆的方式,从自己面前的直接案件扩张出去"③。以精神损害案例为例,法官对自己所提出的多个候选原则,应问道哪些原则符合过去的精神损害案例,哪些原则更一般化地符合关于人身意外伤害的案例,然后才是哪些原则符合经济利益之损害赔偿,并以此方式进入离手头案件越来越远的每个领域。

当然,领域优先性并不是绝对的。在德沃金看来,法官之所以要遵从领域优先性,原因在于,"法律部门间的界限与流行意见(道德)的符合"提升了"可

---

① 〔美〕罗纳德·德沃金：《自由的法:对美国宪法的道德解读》,刘丽君译,上海人民出版社2013年版,第15页。
② 参见〔美〕罗纳德·德沃金：《法律帝国》,第246—256页。
③ 同上书,第257页。

预测性",并"避免了将广大法律领域连根拔起的官方突然再诠释",从而促进了"整全法的深层目标"。这意味着,如果"部门间的传统界限,因为流行道德转变,或因为部门的实质内容不再反映流行意见,而变得机械与恣意",法官也就"不会如此乐意遵从领域优先性"。①

除了领域优先性之外,法官在进行建构性解释的过程中还应注意到,在一些情况下,可能他所提出的每一个原则都不能完全契合以前的法律实践。此时,他就需要把法律实践的某一部分视为错误。但他必须小心运用这一策略,不仅要严格限制错误的数量(这要求他选择那些具有最大契合程度的原则),而且要发展一套关于错误的理论,以说明为什么将其视为错误具有独立的正当性。

(二)道德的客观性

建构性解释不可避免地要参照解释者的道德观。如果它是可行的话,或者说,如果法官能够运用这一方法得出正确答案的话,就必须要求道德是客观的。因此,道德的客观性也是德沃金不遗余力加以维护的一个论题。为维护道德的客观性,他在诸多著作中都对道德怀疑论进行了严厉的批判。

为了深入批判怀疑论,德沃金将其做了两个分类。第一个分类是内在怀疑论与外在怀疑论;第二个分类是错误(error)怀疑论与状态(status)怀疑论。内在怀疑论与外在怀疑论的区分依据的是它们从何处提出自己的论据:内在怀疑论的依据是从道德内部提出的,它预设一些道德命题的真;外在怀疑论的依据则据说是某种外在于道德的元理论。错误怀疑论与状态怀疑论的区分所依据的则是它们对道德判断的态度:错误怀疑论者认为,所有的道德判断都是错误的;状态怀疑论者则认为,道德判断的问题并不在于它们是错误的,而在于它们不是描述性的,因此对于它们来说,没有任何真理可言。外在怀疑论既可能是错误怀疑论,这时它否定我们的道德判断;也可能是状态怀疑论,这时它并不直接否定我们的道德判断,而只是否定它们在客观上可能是真实的。举例说来,外在的状态怀疑论者可能和我们一样认为"奴隶制是错误的",但他同样可能接着说,"这不过表达了我们厌恶奴隶制的情感,而并不是在描述事

---

① 〔美〕罗纳德·德沃金:《法律帝国》,第258—259页。

实"。而内在怀疑论则只可能是错误怀疑论,而且因为它要依据某些道德命题来进行论证,从而还只能是部分的错误怀疑论。如果它认为所有的道德判断都是错误的,那么它就自我否证了。①

在德沃金看来,所有的外在怀疑论都是无法成立的,"内在怀疑论是唯一可能的怀疑论形式"②。概括说来,外在的错误怀疑论认为,所有的道德判断都是错误的,但它没意识到这样一种表述同样是道德判断,因此是自我否证的。而外在的状态怀疑论要成立的话,则必须满足两个条件:语义独立性(semantic independence)与怀疑针对性(skeptical pertinence)。但语言行为怀疑论、语义怀疑论、语言游戏理论以及建构主义怀疑论,都无法同时满足这两个条件。简单说来,这些理论都区别了两种主张,一种是"奴隶制是错误的",而另一种是"奴隶制在客观上是错误的",并认为我们可以在赞同第一个主张的同时,依据某种哲学理论(如,只有对存在的描述才可能有真假之分,而道德判断并不是对存在的描述)而反对第二个主张。如果这些理论要成立的话,就必须能够在第二种主张中找出它不同于第一种主张的语义成分(语义独立性),并有证据表明它确实是我们在第二种主张中所试图蕴含的(怀疑针对性)。在德沃金看来,第二种主张不过是对第一种主张的重复与强调,并没有独立于第一种主张的语义成立,从而外在怀疑论者不能在支持第一种主张的条件下反对第二种主张。如果他们要反对第二种主张,则必然要反对第一种主张,从而使他们成为外在的错误怀疑论。

在德沃金看来,外在怀疑论的根本问题在于,他们试图从某个外在于道德的立足点出发来批判道德的客观性,但在道德之外,并无此种立足点。因为"道德判断是否可以为真的问题,本身就是一个实质性道德的问题(substantive moral issue)"③。内在怀疑论者经常采用的一个论证是,道德命题具有不确定性(indeterminacy),当判断道德是否为真的一个论证并不优于另一个论证时,这种不确定性就出现了。在德沃金看来,这一说法混淆了不确定性与不明确性(uncertainty)。当人们不知道一个道德命题是否为真时,出现的是不明确

---

① See Ronald Dworkin, *Justice for Hedgehogs*, pp. 31 – 33.
② Ibid., p. 37.
③ Ibid., p. 67.

性,而不是不确定性。"命题是否为真不确定"并不是一个默认(default)的选项,而是和"命题为真"与"命题为假"一样需要作出论证的选项。事实上,不确定性论题需要一个普遍性更高的理论框架来说明,为何一个道德命题的真值是不确定的,而不是简单为真或为假的,但事实上并没有人提出这样一种理论。

从上面的讨论中可以看出,德沃金在批判道德怀疑论的过程中提出了自己对于道德客观性的看法。在他看来,道德的客观性并不类似于自然科学中的客观性,它是指我们为一些道德判断所提供的理由不会被其他一些理由所驳倒。这意味着在一些时候,我们不知道一个道德命题的真假并不意味着它们没有真假之分,而只意味着我们没有能力作出更加深入的、更有说服力的道德论证。从这个意义上,一个道德命题的真是由妥当的道德论证来保证的,而一个道德论证的妥当性则是由另外一个更加深入的道德论证来保证的。以此持续,直至一个论证能够明显地优于另外一个论证,从而得出正确的答案。我们不能因为这个过程的艰难而利用不确定性或其他与之类似的怀疑论主张来逃脱自己的道德责任(moral responsibility)。为了获得为真的道德判断,我们必须从内在参与者的立场去努力寻求更好的道德理由。

六 结语

至此,本文从四个方面重构了德沃金的权利论题。事实上,德沃金的全部理论探讨都可以被理解为为尊重与保护个人权利提供理论支撑。正因如此,这个重构也涉及了德沃金理论的绝大多数内容,从而至少在一定程度上可以被视为(通过权利论题)对德沃金理论的重构。通过这个重构,我们可以看出,德沃金将权利视为一种道德主张(法律权利即为一种制度化的道德主张),并主张客观的道德真理必须依靠我们从内在参与者的视角去努力寻求。尽管在很多时候,这很困难,但这正是法官所要肩负的道德责任。

近代中国的国家主义权利观*

张梦婉**

摘　要：近代中国主流的权利观念因其生发的中国场域而具有独特的中国化特质，呈现出明显的国家主义倾向，具体表征为在国家与权利的关系问题上，主要信奉权利来源于国家、权利服务于国家和权利受制于国家的立场。中国古典思想文化传统、外来西方权利文化、近代中国历史社会情势等是形塑这种国家主义权利观的主要原因。权利观念的国家主义倾向带来了权利推行的名实不符、权利实行的工具主义等问题。国家主义权利观是一种有失偏颇地处理国权与民权关系的观念模式，国权与民权之间既存在张力又彼此助益，是一种既相反相成又相辅相成的悖反辩证关系。未来中国的权利观应注重国权与民权的平衡共进。

关键词：权利；国家主义；国权；民权

现代中国法制是在一个权利化时代展开的，法治中国的建设应当践行把权利保障和完善作为法治之根本的现代法治主义原则，一套科学合理的权利观应该是良法善治的核心构成内容。而现代中国法治权利观的构建有其历史脉络，为此，我们有必要对近现代中国权利观念的历史遗产进行客观梳理和理性反思，为未来中国法治建设过程中的权利实践提供一套权利观的理论支撑。基于此理论和实践旨趣，本文旨在梳理和总结近代中国权利观的基本倾向与特征，将其概括为一种国家主义的权利观，[①]进而探寻近代中国国家主义权利

---

* 本文系江苏省法学会法学研究课题"新时代中国幸福生活权的法理研究"（SFH2023D021）、苏州城市学院国家级项目预研课题（2021SGY004）的阶段性研究成果。

** 张梦婉，法学博士，苏州城市学院讲师。

[①] "国家主义从属于集体主义，其在本质上是一种与自由主义相对的社会理念。它强调国家的一元化统治，国家具有最高的理性，国家意志贯穿于全部的社会活动，与个人生（转下页）

观形成的主要原因,检视这种权利观的客观影响和主要问题,并且尝试提出一种更为合理的调处国权与民权之间关系的权利观模式。

一 国家主义权利观的主要表征

在近代中国权利观念的形成和发展过程中,国家始终扮演着举足轻重的角色。不管这个"国家"是作为一种观念的现代民族国家,还是作为一种实体的现代主权国家;也不管这个国家是清末时期的古老帝国,还是之后维新改良人士提出的君主立宪国,抑或是革命党人试图建立的民主共和国;又或不论是"保君即是保国"的君国同构,还是"保国需要去君"的君国分离,抑或是强调培养"新民"以建立"新国"的"国""民"设想:国家(观念和实体)始终是近代中国权利观念无法回避的深刻背景和形塑近代中国权利观念的重要力量。近代中国的国家主义权利观作为那个历史时期占据主流、具有支配地位的权利观念,在不同的权利思想人物那里有不同的表述方式,并且有不同的具体表现形式。总体而言,可以将这种权利观的国家主义倾向和特质概括为以下三个方面。

(一) 权利来源于国家

近代中国的权利观念受到现代西方自然权利思想与天赋人权观念的影响。早在19世纪末期,何启、胡礼垣等人就受到其时西方正盛行的自然权利思想的影响,将相关超越性的权利观念引入中国。二人的"民权"论明显受到洛克自然权利论的影响,[1]他们也被视为近世中国"天赋人权"观念的首倡者,天

(接上页)活、民族意志、国家理性、民族情感以及公民政治观念相互交融,但也尊重原有的法律制度和伦理观念,允许法律体系的运行,并借助法律来进行统治,保障国家政令法令的统一与权威。"于浩:《共和国法治建构中的国家主义立场》,《法制与社会发展》2014年第5期,第173—183页。相关研究,参见高力克:《中国现代国家主义思潮的德国谱系》,《华东师范大学学报》2010年第5期,第9—18页;吕世伦、贺小荣:《国家主义的衰微与中国法制现代化》,《法律科学》1999年第3期,第6—14页;张志铭:《转型中国的法律体系建构》,《中国法学》2009年第2期,第140—158页。

[1] 参见许政雄:《清末民权思想的发展与歧异》,文史哲出版社1922年版,第121页;何启、胡礼垣:《新政真诠》,郑大华点校,辽宁人民出版社1994年版。

赋人权说和自然权利论构成了他们民权学说的主要内容和鲜明特色。① 在其之后的康有为、梁启超、严复等人，则向国人介绍了西方启蒙运动时期卢梭、孟德斯鸠等人及其权利观念，卢梭等人的天赋人权论由此开始在中国逐渐散播开来，对近代中国权利观念产生了重要影响。

但是，这种源自现代西方的超越性、神圣性的自然权利论和天赋人权说，在近代中国社会与国家层面并未得到深入理解和真正接受。实际上，强调权利与现代国家具有内在紧密勾连的权利观念日益兴起，权利来源于现代国家的实证观念不断盛行，使得现代西方的权利来源思想与近代中国的权利来源观念呈现出"天赋人权说"与"国赋民权论"的明显差异。② 这种权利观念上的差异，通过近代中国报纸、图书、期刊等传播媒介中有关"权利"的词语和概念（包括"权利""民权""天赋人权"等）的使用情况，可颇为直观地展现出来。

例如，通过检索《民国文献大全（1911—1949）》这一系统，统计民国时期图书、期刊、报纸有关"天赋人权"一词的使用次数，可得图书记录23条，期刊记录26条，报纸记录34条；"自然权利"的记录次数分别是17次、20次与3次。与之相较，"民权"这一词语的使用次数则为图书记录3651条，期刊记录911条，报纸记录3467条。③ 这些相关"权利"词语使用次数上的巨大差异，直观有效地反映那时人们讨论权利的不同方式，折射出其时国人的相应权利观。另外，作为近代中国发行时间最长、社会影响广泛的现代报刊，《申报》被誉为中国近现代史的"百科全书"。因此，考察《申报》有关权利的话语使用情况，说明其时人们的权利观念同样具有相当的说服力。根据笔者对于《申报》电子版的数据检索情况，《申报》首次出现"天赋人权"这种词语用法是在1906年，最后出现是在1946年。在这四十年的时间里，排除部分因为书籍广告推介而完全雷同的内容的重复次数，减去部分认为"天赋人权"并不值得认可或应该对其实行限制的反面情况，实际上真正正面积极主张"天赋人权"的话语论述数量与使用"民权""权利"的话语论述数量可谓相差悬殊。④ 此外，还有学者通过

---

① 参见赵明：《近代中国的自然权利观》，山东人民出版社2003年版。
② 参见张梦婉、瞿郑龙：《现代中国权利文化的孕育及其基调——"权利"概念的历史生成及其主要特质》，载齐延平主编：《人权研究》（第23卷），第359—394页。
③ 参见《民国文献大全（1911—1949）》数据库"自然权利""天赋人权"等关键词的搜索结果。
④ 参见《申报》数据库"天赋人权""民权"等关键词的搜索结果。

对清末所创办的《民报》上"民权""人权"等概念的出现次数进行具体统计,得出二者之间同样相差悬殊的结果,并在比较分析之后指出,近代中国权利研究的重点只是"民权",而"人权"等概念则被认为附随于"民权"的概念。① 这些能够表征近代中国权利观念的重要文本都趋向于表明:近代中国,占据主流的权利观念是更为实证化、世俗化的权利观,在权利来源亦即权利与国家何者为先的问题上,更加倾向于主张权利来源于国家的立场。

  不仅上述总体性和具有代表性的相关统计数据,能够反映近代中国权利观念强调权利来源于国家的实证化、政治化倾向,而且具体到代表性人物的权利观念上,同样呈现出类似倾向。在这方面,梁启超权利观念的转变可谓颇为典型。1900年,梁启超致康有为的一封信证明了后者对自然权利的拒绝态度,那时的梁启超还曾经在信中力劝康有为承认,中国的国民性现状以及对此现状进行改造,需要卢梭这样一位主张天赋人权观的现代西方大哲。然而梁启超本人同样因为"他对群体凝聚力和国家统一的关注不久便导致他感觉到自然权利学说的危险,并最终从这种自由主义的思想立场上退却下来"②。1901年,梁启超在阐述和评价以卢梭为代表的民约论时指出,平权派的民约论强调人权者出于天授,故人人皆有自主之权,人人皆平等,国家则是由人民之合意结契约而成立,其弊端在于容易导致陷入无政府党,破坏国家的秩序。③ 1902年,梁启超撰写的罗兰夫人的传记,再度表明他不再迷恋于卢梭自然权利的思想。1902年以后,梁启超很少再使用或提到自然权利学说。④ 1903年初春,梁启超的北美之行并未使其认可、接受美国的自由主义权利观,恰恰相反,伴随这次出访而来的是他对美国民主制度的怀疑以及自身国家主义倾向的加强。1903年以后,梁启超开始转而攻击他眼中原先作为现代西方自由主义倡导者的卢梭,认为"不管卢梭的思想多么令人满意,都不适合中国的建国目标",进

---

① 参见〔日〕须藤瑞代:《中国"女权"概念的变迁》,姚毅译,社会科学文献出版社2010年版,绪论,第9页;曲相霏:《十九世纪末二十世纪初人权语词在中国的使用》,《法学家》2008年第4期,第19—23页。
② 〔美〕张灏:《梁启超与中国思想的过渡》,崔志海、葛夫平译,江苏人民出版社1995年版,第110页。
③ 参见张枬、王忍之编:《辛亥革命前十年间时论选集》(第1卷·上册),生活·读书·新知三联书店1960年版,第30—31页。
④ 参见〔美〕张灏:《梁启超与中国思想的过渡》,第110—111页。

而顺带开始全方位地批判社会契约论和自然权利说,以至于最后在社会达尔文主义和德国国家主义的影响之下,梁启超完全转向了国家主义的立场,强调人民、政府皆是处于国家之下的存在,而作为支撑人民制法统构成的要素,权利自然也是源自国家的事物。[1]

孙中山、吴经熊等人对现代西方的自然权利说、天赋人权论同样保持谨慎甚至拒斥态度,直言这种超越性的权利观念不大适合中国。孙中山指出,"卢梭《民约论》中所说民权是由天赋的言论,本是和历史上进化的道理相冲突,所以反对民权的人便拿他那种没有根据的言论来做口实。卢梭说民权是天赋的,本来是不合理,但是反对他的人,便拿他那一句没有根据的言论来反对民权,也是不合理"[2]。1924年,中国国民党第一次全国代表大会宣言延续了孙中山在权利来源问题上的国家主义立场,指出"国民党之民权主义,与所谓'天赋人权'者殊科,而求所以适合于中国革命之需要"[3]。即使是后来专门研究自然法哲学的吴经熊,对于卢梭等人的天赋人权学说,也认为其"显属空中楼阁",极力认同孙中山的民权思想,认为"中山先生在他的《民权主义》第一讲里已经说的很通透:'就历史的进化的道理说,'他说,'民权不是天生出来的,是时势和潮流所造出来的。'总之,依中山先生的说法,权利是历史的产品,所以具有社会性和时代性的兄弟觉得这是对于权利来源问题最圆满的答案"[4]。国民党政府统治时期,有学者在总结当时国人的法律与权利观念时认为,人们从一开始就需要认识到,宪法权利不应基于天赋人权理论之上。任何可以实施的权利都是由法律创设的,这一点不容置疑,只有在法律承认某一权利时,该权利才受到法律上的保护。因此,法律既可以创设权利,也可以改变权利。[5] 即使是近世中国最早系统地探讨人权思想和权利观念的巨擘张佛泉也承认,在中国的本土法律传统中,同胞对于天赋人权观念知之甚微,实践天赋人权观念于宪法之中的想法始终也未能得到实现。

---

[1] 参见〔美〕张灏:《梁启超与中国思想的过渡》,第八章。
[2] 曹锦清编选:《民权与国族——孙中山文选》,上海远东出版社1994年版,第78—79页。
[3] 李剑农:《中国近百年政治史》,商务印书馆2011年版,第594—595页。
[4] 吴经熊:《法律哲学研究》,清华大学出版社2005年版,第107页。
[5] 参见〔美〕安德鲁·内森:《中国权利思想的渊源》,黄列译,载夏勇编:《公法》(第1卷),法律出版社1999年版,第59页。

由上可知,近代中国在权利来源问题上的主流观念,倾向于强调权利来源于国家的实证立场,而非现代西方国家所坚持的那般,强调权利在发生逻辑和规范价值上优先于国家的天赋人权论或自然权利说。

(二) 权利服务于国家

现代西方自然权利说与天赋人权论因为其权利来源的设定,从逻辑上推演出这样一种有关权利价值的观念,即政治国家的创立,从根本上是为了服务于保障人民权利的目标,人们主要是基于保障自身权利的需要,方才通过缔结社会契约,达致政治合意,进入政治社会,创建政治国家。由此,政治国家的根本政治正当性正是立基于保障人民权利之上。[1] 例如,在卢梭看来,人民主权不可分割、不可转让,政府只是暂时接受人民所委托的权力,而且需要以人民的名义行使作为主权者的人民托付给它的权力。人民根据自身意志可以更改或收回权力,当国家不足以达成保障民权的政治目标时,人民可以起而反对政府甚至退出国家。[2] 18世纪美国的《独立宣言》将这种有关政治国家与人民权利的理论学说予以了制度化的历史确认,明确表达了成立政府、创建国家的根本目的在于保障民权的基本精神。[3]

相较于现代西方这种政治国家服务于人民权利的观念,近代中国的主流权利观念认为,推行权利、发展民权从根本上而言,主要是为了服务于、有助于政治国家,不管这个国家是作为古老帝国的清王朝,还是后来的君主立宪国,抑或是民主共和国。

早在清末时期,曾经强烈反对实行民权的张之洞,对于其时之所以推行民权有着清醒的认识,指出:"今日愤世嫉俗之士,恨外人之欺凌也,将士之不能战也,大臣之不变法也,官师之不兴学也,百司之不讲求工商也,于是倡为民权

---

[1] 参见李猛:《自然社会:自然法与现代道德世界的形成》,生活·读书·新知三联书店2005年版;徐向东:《自由主义、社会契约与政治辩护》,北京大学出版社2005年版;周濂:《现代政治的正当性基础》,生活·读书·新知三联书店2008年版;毛兴贵编:《政治义务:证成与反驳》,江苏人民出版社2007年版。

[2] 参见〔英〕洛克:《政府论》(下篇),瞿菊农、叶启芳译,商务印书馆1964年版,第七至十章;〔法〕卢梭:《社会契约论》,何兆武译,商务印书馆2003年版,第六至八章。

[3] 参见王希:《原则与妥协:美国宪法的精神与实践》(增订版),北京大学出版社2014年版,第54—56页。

之议，以求合群而自振。"①主张推行民权、首倡天赋人权的何启、胡礼垣二人同样说道："人人有权，其国必兴，人人无权，其国必废，此理如日月经天，江河行地，古今不易，遐迩无殊。议院者，合人人之权以为兴国之用者也。"②

康有为主张通过维新变革的方式进行社会改良，而非激进的政治革命，借此实现民权，为此他说道："夫民权自由之与革命，分而为二者也。欧洲十余国，皆有民权，皆能自由者，除法国革命外，余皆有君主，然则必欲予民权自由，何必定出于革命乎？革命未成，而国大涂炭，则民权自由，且不可得也。是故真有救国之心，爱民之诚，但言民权自由可矣，不必谈革命也。"③因而在康有为看来，实行民权并不必然走向革命，但是实行民权的初衷也是出于爱国之心，其终极目标则是救国。康有为所著《大同书》主张推行民权、男女平权，其根本目标也是为了去国害、兴国力。④ 与康有为同为维新改良派主将的梁启超，其政治主张同样具有明显的国家主义取向，其理论目标在于探索如何建立一个强有力的政府，试图通过倚重"国权主义"，以济"民权主义"之穷。⑤ 梁启超在谈论权利问题时指出，国家譬犹如树也，权利思想譬犹如根也，国民无权利思想者，不足以抵挡外患。因此，为政治家者，以勿摧压权利思想为第一义，作为私人者，以坚持权利思想为第一义，要想使得吾国之国权与他国之国权平等，必须使吾国中人人权利平等。虽然昌言民权并不意味着与君主直接为仇，但他却直言，如要振兴中国，"必曰兴民权"，由此积极主张民权救国论，振国强国成为其讨论民权问题的主要语境，借此不断强化国家与权利、国权与民权之间的内在关联，作为其思想根本旨趣的"救国"是实行民权的终极政治目标。⑥ 主张民权的严复则说道："天下未有民权不重，而

---

① 吴剑杰编：《张之洞卷》，中国人民大学出版社2014年版，第294页。
② 熊月之：《近代中国民主思想史》，上海人民出版社1986年版，第172页；何启、胡礼垣：《新政真诠》，第412页。
③ 汤志钧编：《康有为政论集》（上），中华书局1981年版，第482页。
④ 参见康有为：《康有为大同书二种》，朱维铮编校，中西书局2012年版；汤志钧编：《康有为政论集》（下），第702页。
⑤ 参见杨天宏：《政党建置与民国政制走向》，社会科学文献出版社2008年版，第84页；〔美〕张灏：《梁启超与中国思想的过渡》，第123页。
⑥ 参见张枏、王忍之编：《辛亥革命前十年间时论选集》（第1卷·上册），第135—136页；熊月之：《近代中国民主思想史》，第14页；袁兵喜：《民权思想研究》，法律出版社2011年版，第94—95页；〔日〕须藤瑞代：《中国"女权"概念的变迁》，绪论，第44—49页。

国君能常存者也"①,"是故富强者,不外利民之政也,而必自民之能自利始;能自利自能自由始;能自由自能自治始"②。在其看来,民权并非君权的绝对对立面,反而是稳固君权、维系国家的重要方式,只不过民权从根本上维系的是君主国家的巩固强盛。

作为革命派领袖的孙中山早年在《建国大纲·民权初步》中说道:"今后民国前途之安危若何,则全视民权之发达如何耳。"③后来在其系统的民权纲领"民权主义"中,孙中山指出,"在三十年前,我们革命同志便下了这个决心,主张要中国强盛,实行革命,便非提倡民权不可"④。在三十多年的时间跨度里,民权发达之于国家强盛的关联意义始终为孙中山所坚持,相对于政治国家的强盛这一"国家理性"设定,实行民权成为追求这一"国家理性"的"工具理性"。⑤ 孙中山之后的国民党人蒋介石等人同样如此。"现代中国民主思想的另一个主题就是国家的首要性和个体之于全体的次要性。……蒋介石讲民主与国家统一和独立联结在一起,要求个人做出牺牲。他的民主观同孙中山一样,并非强调个人权利与利益的神圣性,而是将国家和群体至于首位。"⑥

中国共产党的早期创始人陈独秀基于寻找救国图强良方的根本目标,针对中国国民性展开分析,认为近代中国贫弱的主要原因不在于外敌和专制,而在于中国国民性的衰败。陈独秀认为,国民性重塑和文化改造是中国富强的依存之道,因而要对作为国家富强先锋的青年进行思想改造,强调发扬青年自主性、尊重国民自定权利的重要意义。因而陈独秀对于个人权利的强调,从根本上同样是服务于现代国家的救亡图强这一关键政治任务。⑦ 中国共产党更是从其诞生之日起,就把争取和维护民族生存权和国家主权放在首位,外争

---

① 王栻主编:《严复集》(第 1 册),中华书局 1986 年版,第 90 页;胡伟希选注:《论世变之亟——严复集》,辽宁人民出版社 1994 年版,第 111 页。
② 王栻主编:《严复集》(第 1 册),第 14 页。
③ 魏新柏选编:《孙中山著作选编》(中),中华书局 2011 年版,第 531 页。
④ 曹锦清编选:《民权与国族——孙中山文选》,第 79 页。
⑤ 参见〔美〕王赓武:《华人与中国》,上海人民出版社 2013 年版,第 32—36 页。
⑥ 〔澳〕冯兆基:《寻求中国民主》,刘悦斌、徐硙译,江苏人民出版社 2012 年版,第 189 页。
⑦ 参见王人博:《中国的近代性》,广西师范大学出版社 2015 年版,第 232—242 页。

"国权"成为中国共产党在其成立早期所确立和坚持的首要政治目标与任务。①

从权利类型上来看,亦是如此。自 20 世纪之初以来,中国的法律思想就曾给予政治权利很重要的角色,但认为政治权利的目的并不是为了个人反抗政府,而是为了使得公民能够更好地工作以服务于国家。② 有学者指出:"尽管中国宪法的起草者缺乏对自我肯定的个人主义的敬重,但是,假如他们在每部宪法里都显著地写入了权利,那么他们的目的并非针对国家来保护个人,而是要使个人更有效地发挥作用以加强国家的力量。"③即使在近代中国权利文化中获得重要关注,并且在实践中获得诸多重要进步的女权问题,同样也是在现代政治国家的背景之中得以展开。作为倡导女性论与男女平权的重要人物,梁启超提出了女子不缠足与女子受教育的新锐主张,试图以此改良女性智力和体力。改良之后的女性扮演两种角色:一是教养孩子的优良母亲,生育具有优良品质的孩子,承担女性作为母亲对于孩子的早期教养培育任务;二是从事劳动的职业女性,女性由此得以成为支撑中国经济的基本人力资源。通过这两种主要角色扮演,改良之后的女性方能对国家有所贡献,才能助力于实现国家富强这一最终目标。在梁启超之后的其他有关近代中国推行女权的主张中,享有女权的女性扮演的仍然主要是"国民之母"的角色,承担的是报效国家的任务,女权仍然是在现代国家的框架之下推进的。因而自始至终,近代中国兴起的"女权"主张并非单纯着眼于女性本身,而是将其根本目标锁定在女权之外的政治国家上。④ 在中华苏维埃共和国时期,毛泽东等中国共产党人对妇女权利问题同样颇为重视,其中的重要原因就在于妇女解放对于苏维埃革命的巨大推动作用。革命领导人试图通过解放妇女,以此号召妇女积极参与革命,

---

① 参见罗慧兰等:《中华苏维埃共和国人权建设研究》,湖南人民出版社 2007 年版,第 59—62 页。
② See Andrew J. Nathan, *Chinese Democracy*, Oakland:University of California Press, 1986, p.106.
③ 〔美〕安德鲁·内森:《中国权利思想的渊源》,第 69 页;R. Randle Edwards, Louis Henkin, Andrew J. Nathan, *Human Rights in Contemporary China*, New York:Columbia University Press, 1986.
④ 相关论述,参见熊月之:《近代中国民主思想史》,第 185—187 页;〔日〕须藤瑞代:《中国"女权"概念的变迁》。

从而推动革命走向胜利。①

其他类似推进权利的举措同样也是服务于革命战争的需要。革命群众的人身自由权利不受侵犯,以免损害革命势力,威胁革命秩序;小孩则被视为革命的后代受到保护;工人阶级的经济利益受到劳动政策的保障,以此巩固苏维埃政权。② 陕甘宁边区时期,对坚决不悔改的反革命分子实行镇压与对其他汉奸、伪军等采取宽大政策,虽说在某种客观意义上保障了人权,但实则主要是为了尽力争取抗战力量,以使其成为对抗战有用之人;但凡参与抗战之人,都享有政治权利。③ 在革命根据地时期颁布的诸多有关人权的条例当中,例如《山东省人权保障条例》《陕甘宁边区保障人权财权条例》《冀鲁豫边区保障人民权利暂行条例》等文件中,对于人权的保障主要是基于安定社会秩序、巩固革命根据地、动员全民参战等现实目标,保障人权只是为达致这些目标的政策方略。④ 凡此种种,对于不同人群权利的保障大多有其革命现实的政治考量,以此保障革命力量和秩序,进而通过革命实现理想现代国家的改造和重建。

综上所述,不管是清末时期基于维护君权而实行民权,还是后世推行君主立宪制改革而推行权利,抑或是后来追求民主共和国而主张民权;不管是仍旧站立在维护封建王朝的立场之内的旧派人士,还是力图改革陈旧体制的维新人士,抑或是主张彻底推翻封建王朝、实行革命、推行共和民主的革命派;无论是个人或集体权利,还是特定的妇女权利抑或是政治权利:在近代中国主流权利观念中,权利都是服务于近代中国国家救亡、稳固、图强的根本政治目标,不是国家为了保障权利而存在,而是推行权利以服务于国家。

---

① 参见江西省妇女联合会、江西省档案馆选编:《江西苏区妇女运动史料选编》,江西人民出版社 1982 年版,第 63 页;谢一彪:《论毛泽东的苏维埃妇女人权思想》,《江西社会科学》2007 年第 4 期,第 133—136 页。
② 参见谢一彪、甘宗郊:《论毛泽东的苏维埃人权理论与实践》,《社会科学战线》2005 年第 5 期,第 321—323 页。
③ 参见谢一彪:《论毛泽东在陕甘宁边区保障人权的实践与思想》,《探索》2008 年第 5 期,第 28—30 页。
④ 参见韩延龙、常兆儒编:《革命根据地法制文献选编》(上卷),中国社会科学出版社 2013 年版,第 63—73 页。

（三）权利受制于国家

现代西方主流的权利观念由于从义理逻辑上强调权利优先于政治国家而产生和存在，并且预设了现代政治国家为保障民权服务的规范价值位阶，因而对现代政治国家及其法律关于权利的限制，施加了尤为严苛的反向限制。民众的权利不得因为一般的政治考虑而被任意限制或削减，也不得因为普通的公共利益考量等功利主义理由而被限缩或牺牲。只有当某项权利与更为重要的权利或价值存在冲突矛盾之时，方可以对其施加必要的限制和减损，而且对这种针对民权的限制设置了极为严格的、事先的法律上的限制。[①]

反观近代中国，由于其时人们大都抱持权利来源于国家的实证化、政治化观念，使得民众权利的获得、行使和实现往往都需要依靠国家自上而下地发动、施予和推行，人民只是被动、消极地接受国家赋予相应权利的客体。这种权利的国家赐予，进一步走向由代表国家的先进分子替人民争取、向人民施予权利的境地，权利的这种获得方式使得权利从根本上成为外在于民众自主控制的事物。孙中山认为，依靠少数先知先觉的人，创造发明、预先替人民打算，造成民权再交给人民，民权就可以实现，不要等待人民来争，才交到他们。[②] 更为重要的是，由于权利不仅来源于国家，权利的实际存在及其具体享有需要依靠国家，而且权利本身就是服务于国家目标，因而为了国家主义目标的实现，对民众权利的限制、缩减甚至取消就成为顺理成章的事情。由此，权利成为一种完全受制于国家的存在。

梁启超把其从域外学习的边沁的功利主义理论予以转换，用来证成国家固有的更高利益可以牺牲个人利益。这种国家利益的政治、法律表达就是"国权"，个人利益的政治、法律表达就是"民权"，因而这种权利观主张牺牲民权以保障国权。[③] 严复则把其所接触的密尔自由论说中的社会效用或社会福利予以解释、发挥，用来论证个人发展的目的乃是强大国家的发展。"不管怎样，在

[①] 参见吴玉章：《论自由主义权利观》，中国人民公安大学出版社1997年版；〔美〕罗纳德·德沃金：《认真对待权利》，信春鹰等译，中国大百科全书出版社1998年版。

[②] 参见姜义华：《论孙中山的自由平等观》，载《孙中山和他的时代》（中），中华书局1989年版，第958页。

[③] 参见〔美〕安德鲁·内森：《中国权利思想的渊源》，第74—76页。

此又像斯密的情况一样,由于社会利益和社会幸福被当做首要理由,凡是指社会利益和社会幸福的话就常常被严复变换成指国家利益的话了。"①孙中山在谈到个人自由与国家强盛的关系时,更是直言不讳地指出:"在今天,自由这个名词究竟要怎么样应用呢？如果用到个人,就成一片散沙。万不可再用到个人上去,要用到国家上去。个人不可太过自由,国家要得完全自由。到了国家能够行动自由,中国便是强盛的国家。要这样做去,便要大家牺牲自由。"②由此可见,为了服从于建设强盛国家的政治目标设定,思想先驱们大都主张对个人权利的限制与对国家权利的张扬。

1926年,共产国际在华代表鲍罗廷在国民党第二次全国代表大会上发表演说,号召国民党人继承孙中山先生的三民主义遗志,指出三民主义并非同步进行、一体实现,而是强调"民族自由了、国家独立了,民权、民生才能实现"③。这同样是把国权置于民权之上,强调国权的优先地位。即使是吴经熊也认为:"从前欧美的人,他们争自由,是以个人为出发点。我们现在的争自由,是以团体为出发点。我们所争的自由,是国家的、民族的自由。……欧美人民的大问题,是怎样救自己。我们今天的大问题,是怎样救国家、救民族。……我们要救国家,救民族,则不得不要求个人极力牺牲他所有的自由,以求团体的自由。因为这个缘故,我们的《宪法草案》不得不采取法律限制主义,于规定权利各条,加上'非依法律不得限制'的条件。"④当陈独秀基于救亡图强的现代国家政治任务而提出尊重民权的主张时,为了实现国家的保存和富强,他主张"真国家者,牺牲个人一部分之权利,以保全体国家之权利也",少数个体的权利并未受到其真切的关怀。⑤

总而言之,近代中国权利观念中一直存在着一种强烈的、突出的国家主义取向,这主要体现在权利来源于国家的实证化、政治化意识,权利服务于国家的工具化倾向以及权利围绕国家展开、受到国家制约的实用性态度——我们

---

① 〔美〕安德鲁·内森:《中国权利思想的渊源》,第74—76页；〔美〕本杰明·史华兹:《寻求富强》,叶凤美译,江苏人民出版社1990年版,第91、95页。
② 曹锦清编选:《民权与国族——孙中山文选》,第95页。
③ 荣孟源主编:《中国国民党历次代表大会及中央全会资料》(上),光明日报出版社1986年版,第186页。
④ 吴经熊:《法律哲学研究》,第122页。
⑤ 参见王人博:《中国的近代性》,第238页。

可以将其综合概括为国家主义权利观。

二 国家主义权利观的主要成因

近代中国的国家主义权利观之所以形成,其直接原因是受到自身思想文化传统的形塑以及外来西方权利文化的影响,其深层的社会原因则是近代中国所面临的特有的历史政治环境,后者决定性地塑造了近代中国权利观念的国家主义格局。

(一)思想文化原因

近代中国的国家主义权利观作为一种文化现象,其形成的直接原因源于特定思想文化的影响,这种影响来自中国自身内部与域外西方外部两个方面。

一方面,中国传统法律文化中的法律概念就具有浓重的国家主义色彩。作为国家核心表征的君主,既是法律的制定者,也是法律的主要保护对象,因而法律从来源上、形式上和价值目的上都是围绕君主这个中国传统国家的核心角色展开,这就是中国传统社会以君权为核心的法律国家主义。这种深厚的国家主义的法律文化,使得近代中国在移植、引介和理解源自现代西方的权利观念时,容易将作为法律现象和法律范畴之内在现象与下位概念的权利,予以国家主义的理解和阐发。与现代西方的"天赋人权""自然权利"等主流权利话语相反,近代中国权利观念中频繁且广泛使用的是"民权"概念。"民权"主要针对的是近代中国具体的"官权""君权"等封建特权,追求的是使得普通民众分享权利的目标,并且往往与"国权"相互对应使用,以期通过对内发展民权来实现外争国权的目标,因而有其明确的国家指向与目标设定,表现出明显的实证化、政治化色彩。

另一方面,虽然现代西方权利文化(尤其在其诞生早期)的主流是自然权利说和天赋人权论等具有超越性色彩的权利文化,并且这种权利文化也一度传入中国,影响了诸如何启、胡礼垣、梁启超等人。但是,19世纪末20世纪初现代西方法律和法学大量传入中国的时候,也是西方自然权利说和天赋人权论因受法律实证主义的影响而受到批判之时,因而实证化、国家化的权利观在那个时期的现代西方呈现上升之势。① 实际上,早在起草近世中国历史上第一部宪法性文件《钦定宪法大纲》若干年以前,以及在梁启超为宣传现代宪法立宪思想而撰写论述之际,天赋人权论就已经在西方走向式微,这也相应影响了恰在其时大量引进现代西方权利文化的中国所接受的权利观念。② 例如,梁启超从早期介绍、推行卢梭式的天赋人权论转向了更具实证主义、国家主义色彩的权利观念,就是因为受到了其时源自现代西方尤其是德国国家主义的直接影响。

(二)历史政治原因

民族主义是现代社会的重要政治意识形态,现代化"同现代社会中的民族国家之兴起的所谓的'新国家主义'有着不可分割的千丝万缕的联系"③。因此,当近代中国开始迈入现代化的历史进程之时,就同样不可避免地产生了现代国家的历史任务与民族主义的思潮,以"救国图强"等主张为内容表征的现代国家建构也就成为近代以来中国的核心政治任务——为了自立于世界民族之林,现代国家的建立、巩固、安全始终成为最为重要的考虑因素。近代中国权利观的形成同样不自觉地处于或笼罩在这个宏大的政治背景之下。④ 因而,源自现代西方的天赋人权观所预设的那种个人优先于国家的根本前提,与中国近世面临的现代国家救亡图强任务之间,存在特定的紧张关系。由于面临救国图存的现实任务,人们更容易接受也更愿意主张权利来源于国家、服务于国家、受制于国家的观念,而不是权利优先于国家的天赋人权说和自然权利论。

例如,梁启超就认为:"凡国未经民族主义之阶级者,不得谓之国……今欧美列强皆挟其方刚之臂力,以与我竞争,而吾国于所谓民族主义者,犹未胚胎焉。……知他人以帝国主义来侵之可畏,而速养成我所固有之民族主义以抵制之,斯今日我国民所当汲汲者也。"⑤梁启超强烈的民族主义情怀和国家主义

---

① 参见梁治平:《梁治平自选集》,广西师范大学出版社1997年版,第97页。
② 参见〔美〕安德鲁·内森:《中国权利思想的渊源》,第58页。
③ 〔美〕艾恺:《世界范围内的反现代化思潮——论文化守成主义》,贵州人民出版社1991年版,前言,第2页。
④ 参见〔美〕杜赞奇:《从民族国家拯救历史》,王宪明等译,江苏人民出版社2009年版;〔法〕巴斯蒂:《中国近代国家观念溯源》,《近代史研究》1997年第4期,第221—232页。
⑤ 梁启超:《国家思想变迁异同论》,载《梁启超文集》,燕山出版社1997年版,第149—150页。

诉求，"是对组织松散和缺乏活力的社会的一个反动，在这个社会里，人们没有公民感和组成统一的民族共同体所必需的团结一致的协作精神，它意指无条件地承认民族国家为最高的政治共同体；它包含一个民族国家的民主化；它的产生最初主要是对外来帝国主义的一种回应"①。因此，当他受到对于自然权利观持有明显敌意的日本人士之权利学说的影响后，同样开始担心这种学说可能给中国带来的危险，从而转向了权利的国家主义立场。②

近代中国的权利观念，不管是各种类型的权利，如经济权利、政治权利和财产权利，还是各个主体的权利，如个人权利、集体权利、妇女权利；无论这些有关权利的声音多么响亮，无论这些宣言多么勇敢，无论这些论述流传多么广泛：面对清末王朝的腐败孱弱，面对北洋军阀时期的军阀混战，面对民国时期的动荡征伐，近代中国始终处于严重内忧外患的生存困境之中，这是一个一直未变的基本事实。面对这种无可逃遁的客观而又残酷的现实，彼时国人清楚地认识到，也真切地感受到，没有国家对内的统一和秩序，没有国家对外的安全和稳固，其他一切都是虚幻和泡影。③ 这种政治现实主义的考量使得近代中国的无数仁人志士，不论是维新改良派还是革命共和派，不论是旧式官僚还是新式精英，不论是政商业界人士还是知识分子，大都将国家的救亡图强视为压倒其他一切的首先事务，其他一切皆需要为此服务、为此让道。④ 面对这个压倒一切的争取"国权"的政治任务，相对于国权而言的民权自然而然成为来源于国家、服务于国家、受制于国家的次要事物。权利何时启动展开、如何推进发展，权利推展到哪些群体、何种范围、哪般程度乃至是否受到限制、缩减或直接取消，都以视其是否有利于实现国家救亡图强的根本目标为转移。国家主义成为决定权利发展具体状况和前途命运的终极判准，因而导致其时的权利观念的国家主义倾向突出。

---

① 〔美〕张灏：《梁启超与中国思想的过渡》，第117页。
② 同上书，第八章。
③ 参见〔美〕王赓武：《华人与中国：王赓武自选集》，第35页。
④ 参见李泽厚：《中国现代思想史论》，生活·读书·新知三联书店2008年版，第一部分"启蒙与救亡的双重变奏"。

三 国家主义权利观的主要影响

虽然近代中国的国家主义权利观有其深厚的思想文化原因以及现实的历史政治背景,因而具有相当的必然性和合理性,但这种权利观也具有诸多内在缺陷,并导致了权利实践中存在相应的问题。

(一) 权利推行的"名""实"问题

由于其时国人抱持的主要是国家主义的权利观,外争"国权"以确立民族国家独立自强的政治目标被视为至高无上的政治任务。在这一具有终极正当性的政治诉求面前,推行"民权"要么被视为次要任务或工具手段,要么被视为不得已而为之的妥协权宜之策,这使得其时国人容易假借推行、实现国权之名,实行限制、缩减民权之实,甚至以此作为标榜,实则追求非公共性的政治目标。

由于权利的推行需要依靠国家自上而下地展开,当实际掌握国家命运的政治精英缺乏真正实行权利的政治诚意时,推行民权容易流于形式,使得实践中虚行民权的事情随处可见;至于其在实现国家救亡图强之后再推行民权的口头政治承诺和政治纲领是否切实履行,则成为一个悬而不决的问题。是否推进权利、发展何种权利、如何实行权利等权利发展的诸多重要实践问题,都取决于其是否有利于国家的救亡图强。然而,对于关涉权利发展的这些重要问题,到底谁享有判断、决断的权力,到底谁应该承担相关决断后果的责任等问题,本身就是一个众说纷纭的事情。这又使得真心推行民权以实现国权这一主张的群体,与假借争取国权实则限制民权发展这一主张的群体鱼龙混杂、分辨不清,从而易造成不同时期的不同群体都可以借助国家主义的理由,实行限缩民权甚至取消民权之举。由此,倡导权利之"名"与推行权利之"实"之间往往存在巨大鸿沟。

造成这种推行民权"名实不符"问题的根源,在于近代中国的政法改革采行自上而下的国家推动方式,其根本目标也是为了巩固国权:整个政法改革遵循国家主义方式,民权只是这场国家主义政法改革的构成内容与实施途径之一。王伯琦认为:"实则当时朝廷所以要变法的动机,几乎全是应付列强的压迫,可说全是被动的、勉强的。如沈家本删除律例内重法折有说:'夫西国首重法权,随一国之疆域为界限,甲国之人侨寓乙国,即受乙国之裁制,乃独于中国不受裁制,转以我以不仁之名,此亟当幡然变计者也。方今改订商约,英美日葡四国,均允中国修订法律,首先收回治外法权,实变法自强之枢纽。'这是当时变法的真正意义。"①蔡枢衡早已指出:"新法制的产生是把撤销领事裁判权的目的作为出发点的","在某种意义,撤销领事裁判权只是一种原因。这种原因的结果是'中国强盛了'。从这点说,把撤销领事裁判权作为目的而变法,就是把自强作为目的而变法;换句话说,撤销领事裁判权的目的之另一面是'图强'"。② 因此,当清王朝的根本着力点在于对外争取国权、对内巩固君权时,其实行民权的政治诚意就显得颇为可疑,其推行权利的实践也显得尤为微弱。因而,当康有为、梁启超等人将发展民权的重任寄希望于晚清政府,主张权利来源于国家、服务于国家甚至受制于国家的国家主义权利观时,这种权利观就使得权利的实践推行完全依赖于一个本就无意发展民权,只一心为维系巩固君权的君主国家。这种权利观早早给权利自身的实践发展埋下了夭折难产、惨淡失败的隐患。即使经过众多权利精英苦心论证,极力辩解民权对于维系君权、巩固国权的益处,君权国家的本质仍然决定了晚清政府推行的所谓发展民权之举,只不过是某种"醉翁之意不在酒"的权宜之计,乃为其安抚人心、缓解矛盾的名义之策。

对于清末实行宪法、召开国会、推行民权的改革举措,时人指出:"我国近数月来,国会之声吷如狂瘽。仅观其表面,莫不以为国民之国家观念兴起,权利思想发达也。而其实则诚如斯宾塞尔所云,政党之所为固无与于全国民也。……今之要求开国会者,……欲迎合政府,以利用我国民。"③"吾民权之利,其少有扩张,而吾国势之根本,亦将于此巩固矣。"④"今试问谋国之士,所谓宪法者、国会者,其用心安在?试观前岁拟定宪法大纲之折,有最简括之语曰:

---

① 王伯琦:《近代法律思潮与中国固有文化》,清华大学出版社2005年版,第18页。
② 蔡枢衡:《中国法理自觉的发展》,清华大学出版社2005年版,第46、89页。
③ 张枬、王忍之编:《辛亥革命前十年间时论选集》(第3卷),生活·读书·新知三联书店1977年版,第454—455页。
④ 张枬、王忍之编:《辛亥革命前十年间时论选集》(第3卷),第678页。

'夫宪法者,巩固君主之大权,而兼以保护臣民者也。'""故就吾之观察而以一言断之曰:今中国所颁之宪法,全为保障君主大权,对于民权之伸张固全属空文。"①可见,这种假借推行宪制、实行民权的名义,实则为了巩固君权或追求其他个人利益的事情,在那个时期并不鲜见。

不仅仍然处于君权国家的晚清政府时期,权利的实践发展容易生出这样的名实不副问题,即使是进入了所谓的"民主共和"阶段的民国时期,这种权利实践中的流弊同样如故。辛亥革命建立共和之后,李大钊指出:"共和后,又有所谓建国之勋者矣。其今日一榜,明日一榜,得勋位、嘉禾、上将、中将者,要以武人为多,而尤以都督为横,以其坐拥重兵,有恃无恐,上可以抗中央,下可以胁人民。其抗中央也,则曰:'吾拥护民权也。'其胁人民也,则曰:'吾尊重国法也。'究之,国法当遵,而彼可以不遵,民权当护,而彼可以不护。不过假手于国法以抑民权,托辞于民权以抗国法,国法民权,胥为所利用以便厥私。中央视之无奈何也,人民视之无奈何也。"②这里明确地道出了辛亥革命以后,各地军阀以遵守维护国法之名义抵抗推行民权甚至侵犯民权的时局困境。1924年,中国国民党第一次全国代表大会宣言指出,"国民党之民权主义,与所谓'天赋人权'者殊科,而求所以适合于中国革命之需要。盖民国之民权,惟民国之国民乃能享之,必不轻授此权于反对民国之人,使得借以破坏民国。详言之,则凡属反对帝国主义之个人及团体,均得享有一切自由及权利,而凡卖国罔民以效忠于帝国主义及军阀者,无论其为团体或个人,皆不得享有此种自由及权利"③。国民党基于革命是为了争取一个民主共和之现代国家的借口,将反对民国之人以不利于革命因而有害于国家的名义,排除在权利享有者的范围之外,实行"党同伐异"的政治压迫,而"国家"则成为他们限制、缩减甚至剥夺权利的"尚方宝剑"。1932年至1937年之间,"国民党为了巩固一党统治,有意将抗日救亡与社会变革、个人解放完全对立起来,以'集中国力、抵御外侮'为由发起的'民族复兴运动'",对个人予以贬低甚至蔑视,公然宣传反民主、反民权

---

① 张枬、王忍之编:《辛亥革命前十年间时论选集》(第3卷),第693—699页。
② 中国李大钊研究会编注:《李大钊全集》(第1卷),人民出版社2006年版,第11页。
③ 李剑农:《中国近百年政治史》,第594—595页。

的集权主义理论。①"国家"成为一个谁都可以随意利用的至高无上的神圣符号,因而当国家主义权利观占据主导时,"国家"就可以成为用以限制、排除敌对政治力量或群体的政治借口,任何一方都可祭起"国家主义"的大旗,而民权随即沦为屈居于"国家"之下可被随意牺牲之物。

(二) 权利实行的工具主义

即使近代中国不同时期的不同政府推行权利的主张并非虚伪造作,它们甚至被认为在实现现代中国富强之后,即会真心实意推进民权,但是国家主义的权利观仍然使得权利沦为国家给予民众的自上而下的"施舍"之物。

"夫人民之权利,本待国家之赋予,然后得之。国家欲将何种权利赋予人民,其何种权利则靳而不予,此其全权本操自国家,非人民所得而强争也。"②民国时期"五五宪法"草案的设计者同样倾向认为,实行宪制政府是国民党人对人民的善举,是一项特别的恩赐。这种国家对民众自上而下式恩赐、赋予的权利观是国家主义立场的典型表征。③国家主义权利观使得国家在民众面前,不仅是民权的赋予者、恩赐者,而且还是承担以先知先觉的姿态"启蒙""唤醒"不知不觉之愚民的启蒙者、发动者。在这种国家主义权利观支配之下,"国家要负起责任,唤醒民众成为'自觉的'公民。于是,这种'唤醒'民众的决心,促使那些先觉者创造出一系列组织、技术和程序,以唤起人们的公民身份和民族认同。当这些程序演化为一种制造新民的体制时,这种体制本身就开始呈现诸多集权国家的特征。但它又不只是集权主义的,它还是民族主义的。这些人就是中国的新民"④。这就是说,国家主义使得近代中国及其革命先行者加强了对国民的自上而下式的启蒙、唤醒和改造,这种人为刻意的启蒙、改造由于主要由国家展开,容易采取集权的策略或路径,带有浓重的集体主义色彩,被唤醒的民众虽然获得自由、自主,但是根本上则是为了实现现代国家强盛的宏

---

① 参见高华:《革命年代》,广东人民出版社2012年版,第15页。
② 张枬、王忍之编:《辛亥革命前十年间时论选集》(第3卷),第794页。
③ 参见〔澳〕冯兆基:《寻求中国民主》,第48页。
④ 〔美〕费约翰:《唤醒中国》,李恭忠、李里峰等译,生活·读书·新知三联书店2004年版,导言,第11页。

大政治任务而服务。① 这是一种以国家强迫、限制民权的方式来推进民权的路径,因而走向了让人民"被迫"享有权利的内在紧张,陷入了本为追求民权的结果,但是实行民权的过程却限制了民权的悖论。

在这种权利源于国家自上而下式"恩赐""赋予"的国家主义权利观的影响下,当权利本身作为有利于国家稳固强盛的因素而存在时,权利就会在国家之下得到相应有限的发展空间。例如,当推行女权有利于妇女教育培养优良的下一代并且作为劳动资源而有助于国家建设时,女权就会受到推崇,得到发展。但是当权利成为不利于国家的因素时,权利就会遭到限制、缩减,甚至取消、剥夺。再如,当权利被视为造成国家内部一盘散沙的原因而不利于国家内部团结之时,权利就会遭到断然限制。孙中山在旅居伦敦期间,结合当时中国的悲惨命运,构思出一套呼吁中国人民牺牲小我自由以争取大我自由、限制民权的民权主义,试图通过万能政府推进现代国家的独立、建设。② 孙中山指出:"就政治团体的范围讲,或者是国家,或者是政党……或者是本国与外国相竞争,或者是本党与他党相竞争,都应该有平等、自由。不能说在本国之内,或者是在本党之内,人人都要有平等、自由。""要求团体自由,必定对个体的行为自由施加了严格的限制。"于是,"团体主义政治是实现国家统一、主权和行动自由的一种技术。为了强化自己的观点,间或也为了让自己在传统政治思想的谱系中具有一席之地,孙中山得出了这样的结论:'国家是体,政治是用。'当超然的价值寄身于国家身上时,那么,所有其他的价值,包括个人、社会和社区的自由,都不再是不可剥夺的权利,而只是国家——它追求着自己的更高利益——所赋予的特殊待遇"③。

辛亥革命创建共和民国,《临时约法》虽然采行了"主权在民"的根本原则,规定中华民国人民一律平等,没有种族、宗教之区别,列举了人民享有的广泛公民权利、政治权利和经济权利,但是却也规定,如果能够增进公益、维持治安或非常紧急必要之时,得依照法律对个人权利予以限制。④ 民国时期通过的具

---

① 参见〔美〕费约翰:《唤醒中国》,导言,第 13 页。
② 参见姜义华:《论孙中山的自由平等观》,第 941—961 页。
③ 〔美〕费约翰,前引书,导言,第 27—28 页。
④ 参见鲍明钤:《中国民治论》,商务印书馆 2010 年版,第 39—40 页。

有宪法性质的《中华民国训政时期约法》,对于权利的保护并未采取直接保障主义,而是采取法律保障主义,换言之,人权的保障有赖于法律,而法律亦可限制人权。① 第一次世界大战期间,强调国民政治权利的民主主义陷入危机,遭受官僚主义、军国主义等对立思潮的严重诋毁和攻击。② 20世纪30年代,随着西方世界经济大萧条所引发的自由主义怀疑倾向,导致人们对现代西方式民主颇感失望,带来世界性的政治民主危机,这种世界性范围的潮流同样影响了中国。"九一八"事变之后,中国的亡国之祸日亟,曾经主张民权、民主的大批人士尤其是知识分子基于亡国忧患,纷纷开始对民主制度表示疏离,提出所谓"新式独裁""万能政府""法家复兴"等反民主、倾集权主张,引发了一场广泛的有关民主与独裁的争论。在这场争论中,虽然胡适等人仍然坚持通过民主追求现代化,但是这一声音在众多敌对声音面前却显得十分微弱,以至于主张通过武力完成国家统一,再通过专制实行国家集权并开展现代化建设,成为其时人们的一种较为普遍的思想观念和立场主张。③

即使这种法律上的限制虽为必要,但是由于这种有利与有害的是非判断和临时决断,本身就是一件不可捉摸、无事先成规因而不可确定的事情,进而在实际操作当中,难免变相沦为政治决策者随意武断、任意利用的口实。例如,民国时期,宪法中对于基本权利都或多或少规定了法律限制,就是为了保证权利的享有最终服务于国家目标。虽然强调国家既然已把权利赋予人民,所以事后国家剥夺人民的权利需要受到法律的限制,但是这种法律限制也是极为模糊、孱弱的,因而在实践中无法起到保护权利的真切作用。④ 因而,从根本上来看,民权始终只是在追求国权、实现国强目标过程中可以被随意取舍、便宜利用的工具,民权始终无法在国家面前宣告其自主地位和独立价值。

---

① 参见金以林:《国民党高层的派系政治》,社会科学文献出版社2009年版,第128页;王世杰、钱端升:《比较宪法》,商务印书馆2010年版,第632页。
② 参见李大钊:《李大钊法学文集》,张小军点校,法律出版社2014年版,第185—188页。
③ 参见智效民编著:《民主还是独裁:70年前一场关于现代化的论争》,广东人民出版社2010年版。
④ 参见聂鑫:《宪法基本权利的法律限制问题》,《中外法学》2007年第1期,第51—52页;饶传平:《"得依法律限制之":〈临时约法〉基本权利条款源流考》,《中外法学》2013年第4期,第718—735页。

四　国权与民权的调适平衡

　　国家主义权利观不只存在于近代中国，而且直接影响了当代中国。例如，有关权利来源于国家的实证化主张仍然是一种支配当下中国权利观的主流论说。例如，《汉语大词典》有关"权利"一词所列举的四种含义中，其现代含义之一种解释为，它是指法律用语，指公民依法应享有的权力和利益。[①] 现行《辞海》释义"权利"一词的其中一种含义为：与"义务"相对称，指称法律上的权利，亦即自然人或法人依法行使的权能与享受的利益。[②] 再如，现行宪法实践中，实行所谓做不到的权利保障，先不规定在法律之中。[③] 权利始终源出于国家主义的实证化法律，因而国家与法律也可以作出限制权利的规定。例如，中国现行宪法没有规定公民罢工的权利，因为制定宪法时认为，工人是国家的主人，工人的利益和国家的利益是高度一致，如果罢工，则只能使国家和工人自己的利益受到损失，使国民经济遭到损害。[④] 因此，基于工人这个集体利益与更为庞大的国家利益的一致性，并未规定工人罢工的自由与权利。同样，基于类似的国家主义立场，中国在宪法中既规定了公民权利，也规定了公民义务，这与世界范围内对宪法的本质理解存在差异，因为宪法只是约束公共权力的法律，而非指向公民。[⑤]

　　近代中国的国家主义权利观虽仍不失为一种推行民权的现实路径，但是由于秉持太过强烈浓重的国家主义立场，使得权利成为始终屈从于国家的存在，因而这种权利观内在地包含了自我限制的基因，容易陷入自我悖反的困境之中。这种国家主义权利观片面绝对地将国权置于民权之上，尚未认识到国权与民权既有相互助益、促进的关系面向，又可能存在彼此紧张、龃龉的复杂关系，未能合理定位现代政治国家与民权的辩证关系。如果我们更为辩证复

[①] 参见汉语大词典编辑部：《汉语大词典（CD—ROM 繁体单机 2.0 版）》，商务印书馆（香港）有限公司 2003 年版。
[②] 参见夏征农、陈至立主编：《辞海》（第 6 版），上海辞书出版社 2009 年版，第 1857 页。
[③] 参见蔡定剑：《宪法精解》，法律出版社 2006 年版；肖蔚云：《论宪法》，北京大学出版社 2004 年版。
[④] 参见肖蔚云：《论宪法》，第 525 页。
[⑤] 参见姜峰：《宪法公民义务条款的理论基础问题》，《中外法学》2013 年第 2 期，第 284—299 页。

杂地看待国权与民权的关系,那么国权与民权之间的两难构成了近代中国权利观念和实践中始终面临的现实难题。一方面,当国家面临内忧外患、生死存亡的生存性挑战和紧迫性危机之时,以对内对外的国家主权为首要性目标和前提性任务的政治追求有其现实客观的合理性;另一方面,现代国家证立自身根本正当性的依据在于保障公民权利,国家应当以实现公民平等权利作为终极政治目标。因此,当保卫国权这个具有现实主义合理性的政治任务与实现民权这个具有理想主义正当性的政治目标,遭遇国权需要予以事实优先性的考量,而将民权予以暂时性的搁置和限制的情形时,两种目标之间就会形成难以克服的矛盾,这不可避免地引发国权与民权两种价值之间的紧张和冲突。面对现实当中生存性和紧迫性的国家生死存亡之境,近代中国虽然已经有了"主权在民"的现代意识,但是实践中仍然屡屡主张"主权在国"。①

实际上早在古希腊时期,苏格拉底就已指出公民只有依靠特定城邦政治共同体,方能获得自身权益的保障。在《回忆苏格拉底》之中,色诺芬记述了阿里斯提普斯与苏格拉底的对话,前者试图过一种既不统治他人也不受他人统治的自由自在的生活,并不打算把自己关闭起来作为某一个特定国家的公民,而是要到处周游作客。但是苏格拉底立刻指出了这种生活方式的危险性,认为这种所谓的城邦"世界公民"乃是一种无根的个体,因而自身利益并不会像城邦公民那样受到城邦法律的保护,反而会遭受其他城邦政治共同体的侵犯。② 现代西方社会同样已经遭遇过或仍然面临着这种国权与民权之间的两难。③ 权利正因为只可以是作为某个具体国家国民的权利,因此宣称自己的权利为不可剥夺的人权在政治上没有任何意义。如果自然法与神圣戒律不能作为法律的来源,那么剩下的唯一源泉只能是国家。人权假定其自身不可分离,但是一旦当人们不再是任何主权国家的公民时,即使是在那些以人权为宪法

---

① 近代日本在其历史变革时期,同样面临国权与民权之间的悖论困境。日本明治维新的精神结构就是国权与民权的双重变奏,明治维新既带有浓重的国家主义色彩,同时也内在蕴涵了自由民权的基本精神,以至于在此之后,日本既在国家主义的道路上越行越远,陷入了军国主义的陷阱,也可能在"二战"之后经过民主主义的改革,实现了自由民权。参见〔日〕松本三之介:《国权与民权的变奏》,李冬君译,东方出版社2005年版。
② 参见〔古希腊〕色诺芬:《回忆苏格拉底》,商务印书馆1984年版,第46—47页。
③ 参见钱永祥:《现代情境里的政治伦理》,生活·读书·新知三联书店2002年版,第239页以及前后。

基础的国家里，人权本身也难以甚至无法实行了。丧失人权者失去的第一种权利就是家园，降临在越来越多人头上的不是失去具体的权利，而是失去愿意和能够保护任何一种权利的社群。只有失去了一个国家，才使得人被逐出人类。这意味着，现代国家的衰落可能导致权利无法获得切实保障，甚至意味着权利的终结。[1] 这意味着，一方面，现代国家在现实政治社会中，仍然是保障民权的必要前提和基本主体。但是另一方面，现代国家在其创建及发展过程中，对于权利的限制、缩减甚至取消，同样也是造成权利侵犯的重要根源，甚至容易走向极权主义的罪恶深渊。由此可见，基本健全的国权在仍然以现代民族国家作为基本政治单位的世界，乃是民权保障的重要基石；但是过于强势的国权也可能是限制、侵犯民权的最大祸首。因而，现代政治社会民权的良好发展，需要妥善处理其与国权之间的关系。

在现代这个全球都已经政治化的世界，权利只有在作为某个国家的具体公民时方能得到切实、有效的保障。因而近代中国在面对生存性危机时，必须以对内对外之国权的保卫为首要性政治任务，由此可以必要地限制、合理地缩减对于民权的承诺与践行。但在当下身处国权已经稳固的社会和时代，我们则应当将关注和实践的重点转向民权。

当然，这种关注重心的转移并非意味着对于国权的轻视和疏忽，而是强调作为维护民权前提性条件的国权与作为国权存在运行根本性目标的民权之间，应实现基本的平衡和有效的共进。毕竟，国家和政府尊重和保障民众权利，反过来实际上有助于国家本身。其中的道理在于，公民权利的保障和发展有助于培养公民之于国家的归属感、义务感，进而使其从法律上效忠于国家、从文化上认同于国家，这无疑对于国权本身的巩固具有根本性的意义。正如耶林指出，当民众维护自身权利的意识逐渐成熟并且扩展之时，就会延及国家身上，进而有助于维护国权本身。"未曾一次习惯于勇敢地去捍卫自身权利的人，又如何可意识到那种为了整体而献出自己财产和生命的冲动？……国家法律和民族法律的忠实追随者不外是私权的侍从——他在后一种情形中所养成的特点，同样将会在前一种关系中伴随着他，并具有决定性意义——为了国

---

[1] 参见〔美〕汉娜·阿伦特：《极权主义的起源》，林骧华译，生活·读书·新知三联书店2008年版，第382—396页。

家在私权中播下的和显示出的东西,将在国家法律和民族法律中结出果实。"①

五 结语

综上所述,现代国家深刻形塑了近代中国的权利观,使其呈现明显的国家主义特质,具体表现为权利来源于国家、权利服务于国家和权利受制于国家三个方面。未来中国权利观的发展需要复杂辩证地处理国权与民权的关系问题:一方面,民权的发展离不开国权,国权是保障民权的前提;另一方面,追求国权更是为了实现民权,落实民权是发展国权的终极目标,民权的发达有助于增强公民的国家归属感、义务感,因而反过来有利于国权的巩固强大。因此,面对近代中国尤为突出的国家主义权利观,我们需要更加注重培育以平等发展、充分保障和不断实现民权为核心内容的民权主义文化,实现国权与民权的合理平衡与彼此共进。

---

① 〔德〕耶林:《为权利而斗争》,郑永流译,法律出版社2007年版,第37、40页。

"权利行使不可罚"原则之质疑[*]

贺晨霞[**]

摘　要:"权利行使不可罚"的依据是缓和的违法一元论,出罪路径是"构成要件阻却说"与"违法阻却说"。不能以享有权利否认非法手段对法益的侵害,权利行使的动机不是认定非法占有目的的唯一标准,因此"构成要件阻却说"存在疑问。权利行使若逾越了相当性,则沦为权利滥用,于是"违法阻却说"同样存在疑问。因刑法中的权利行使与财产犯罪的区别在于责任阶层,故提出"权利行使可罚"的观点。"权利行使可罚"是指采用法所不容许的手段实现其权利内容的行为,能以财产犯罪处罚。"权利行使可罚"基于违法相对论的理论,通过"责任减轻说"的路径,将"权利性"因素在量刑上予以考量,以区别于一般财产犯罪。

关键词:权利行使;权利滥用;财产权;财产犯罪;刑民交叉

一般意义上的权利行使,指权利人实现其权利内容之正当行为,即以合法手段实现其权利内容。[①]与一般意义上的权利行使不同,本文所探讨的刑法中的权利行使,是指"行为人基于某种客观原因认为自己有取得对方占有财产的权利,因而采用盗窃、抢劫、诈骗、敲诈勒索等非法手段取得了财产"[②]。通过该界定可知,刑法中的权利行使,特指以非法手段实现其权利内容的行为,故具有权利内容的正当性与手段的非法性这两项明显的特征。由于本文所探讨的权利行使,是采用刑法禁止的非法手段来实现其权利内容的,因此便涉及是否

---

[*] 本文系国家社科基金项目"风险社会背景下行政犯扩张及其适用限缩研究"(19BFX061)的阶段性成果。
[**] 贺晨霞,湖南大学法学院博士研究生。
[①] 参见梁慧星:《民法总论》,法律出版社2011年版,第264页。
[②] 刘明祥:《财产罪比较研究》,中国政法大学出版社2001年版,第82页。

构成财产犯罪的争议。例如，债权人为了实现债权，对债务人采用胁迫、恐吓等手段的行为能否构成相应的财产犯罪？对此，英美国家以及德国判例基本上采取不可罚的原则。我国刑法通说也认为其一般不构成财产犯罪，理由是债权受到民法保护，"行使民事权利的行为，阻却敲诈勒索罪（财产犯罪）的违法性"[1]。童伟华教授将此称为"权利行使不可罚"原则。[2]

"权利行使不可罚"原则，是指在财产犯罪的视域下，对于采用法所不容许的手段实现其权利内容的行为，不以财产犯罪处罚。"权利行使不可罚"原则的依据是缓和的违法一元论，"权利行使不可罚"原则的出罪化路径是"构成要件阻却说"与"违法阻却说"。"构成要件阻却说"是在构成要件符合性判断中，通过解释财产犯罪构成要件内容，论证权利行使行为不符合财产犯罪构成要件，得出"权利行使不可罚"的结论。英美法系国家以及我国学者刘明祥持该观点。"违法阻却说"是肯定权利行使行为在符合财产犯罪构成要件的前提下，以无实质的违法性得出"权利行使不可罚"的结论。日本学界以及我国的童伟华、陈兴良、张明楷等学者持该观点。

虽然"权利行使不可罚"原则代表了学界较为通说的立场，但并非无商榷之处。一是"权利行使不可罚"原则的依据是建立在忽视刑事违法性判断独立性的缓和的违法一元论之上，即单纯基于民法对权利的认可，就直接在刑法上否定行为的违法性。但是，民法尚且认同权利的行使需有一定的界限，否则违反禁止权利滥用原则。为何刑法一味地将"权利行使不可罚"视为一条原则，这是否与禁止权利滥用原则有所冲突？二是"权利行使不可罚"原则设法从构成要件符合性与违法性中寻求出罪路径，但权利行使是否在构成要件符合性与违法性中区别于一般财产犯罪？因"权利行使不可罚"原则仍存在值得商榷之处，本文拟全面评析"权利行使不可罚"原则，对其依据、出罪路径提出质疑。

---

[1] 张明楷：《刑法学》，法律出版社2021年版，第1333页。
[2] 参见童伟华：《财产罪基础理论研究——财产罪的法益及其展开》，法律出版社2012年版，第188页。

一 "权利行使不可罚"原则的依据质疑

不同法领域之间的违法性判断是保持一致,还是保持相对独立,将影响"权利行使是否可罚"的判断。违法性判断的分歧体现在以下两个问题上:(1)民法或行政法上许可的行为,是否能排除刑法上的不法?(2)民法或者行政法上禁止的行为,是否也表现为刑法上的不法?对于上述问题,违法相对论均持否定,而缓和的违法一元论对问题一持以肯定,对问题二则持以否定。可见,缓和的违法一元论与违法相对论的分歧在于问题一。支持"权利行使不可罚"原则的学者因主张"民法等前置法上的合法行为,不具有刑事违法性"[①],故"权利行使不可罚"原则的依据是缓和的违法一元论。缓和的违法一元论将"法秩序统一性"理解为整体法秩序、法概念的统一,其以"一般的违法性+可罚的违法性"的二重构造作为判断方式。本文认为,该依据存在以下不合理之处。

(一)缓和的违法一元论对"法秩序统一性"的理解存在偏差

首先,缓和的违法一元论是从实然层面理解"法秩序统一性"。对于"法秩序统一性"的理解,存在实然与应然两种概观。应然视角认为,法秩序并非完整而统一的,法秩序统一是立法者与司法者应当追求的目标。实然视角认为,法秩序是完整而统一的,各个法领域之间不存在矛盾与冲突。对于同一个行为 X,A 法律得出 X→R(合法),B 法律得出 X→-R(违法)的结论,实然层面则认为有违"法秩序统一性"。可见,实然视角所得出的结论与缓和的违法一元论所认为的"其他法律合法(R)→刑法构成要件该当→刑法合法(R)"的结论一致。因此,缓和的违法一元论是从实然层面理解"法秩序统一性"。

其次,缓和的违法一元论误将"法秩序统一性"理解为"整体法秩序的统一"。本文认为,"整体法秩序的统一"是立法者与司法者应当追求的目的和理想状态,而非现实状态。原因在于:一是立法者的认识具有局限性。实然视角依靠立法者制定"完美的法律",由于立法者的认识无不受到认识客体及主体

[①] 陈兴良:《民法对刑法的影响与刑法对民法的回应》,《法商研究》2021 年第 2 期,第 30—32 页。

自身认识能力的制约,因此,法律在其创制过程中就不可避免地会表现出不理性、不周严的一面。二是规范本身的局限性。法律规范往往存在一定的滞后性,法律概念也具有一定的模糊性,因此难以确保所有法领域之间协调一致。三是实然视角忽视了法乃价值冲突与妥协的产物。当今社会是一个价值多元与利益多元化的社会,不同法域的立法价值选择有所不同。在同一部门法中的不同条文之间尚且不可避免地存在冲突之处,要求所有法领域之间保持完全一致更是不现实的。正如魏德士所言,整个法秩序的统一性仅仅是解释的理想状态而非现实。[1]

最后,缓和的违法一元论将"法秩序统一性"不当理解为"形式上、概念上"的统一。缓和的违法一元论的支持者宫本英脩认为,"刑法和民法的违法概念是同一的"[2],这是从形式上予以理解。但是,由于不同法律制度的固有属性不同,同一概念在不同制度中的含义可能会有所不同。实践中,刑法和民法往往对于同一概念的实质内涵存在理解差异,又进一步导致刑民在违法性判断上出现不同。例如,若采用客观归责理论,刑法上则会先判断是否存在事实上的因果关系,再进一步从规范上考察结果能否归责于行为人。因此,刑法中因果关系的认定相较于民法而言,多了一层规范的考量。[3] 基于该差异,又会进一步导致刑民在违法性判断上出现不同。刑法和民法各自存在不同的考察角度和规制方式,刑事违法性判断不必然受制于前置法,刑法可以根据其自身目的的考量进行实质判断。因此,"法秩序统一性"不能是"形式上、概念上"的统一,而是"评价上、实质上"一致性的要求。

(二)缓和的违法一元论中"一般的违法性"概念无独立存在的必要

首先,"一般的违法性"概念有违明确性原则,是不明确的概念。明确性原则既是一项法治原则,也是罪刑法定原则的实质侧面,其目的在于以成文

---

[1] 参见〔德〕伯恩·魏德士:《法理学》,丁小春、吴越译,法律出版社2003年版,第126页。
[2] 转引自童伟华:《日本刑法中违法性判断的一元论与相对论述评》,《河北法学》2009年第11期,第170页。
[3] 参见张凯:《刑民关系视野下违法一元论与相对论之对立及展开》,《贵州警官职业学院学报》2015年第3期,第99页。

的刑法规范限制司法恣意的空间。法谚有云,"法律不明确,等于无法律"。但是,缓和的违法一元论在进行刑事违法判断时,不是依据刑法的目的,即保护法益以及依据具体的刑法条文进行判断,而是强调行为违反了"一般的违法性"这一不明确的概念。可是,具体的违法行为只可能违反具体的规范,"一般规范"在现实生活中并不存在,也不存在违反"一般规范"的违法行为。[1] 某一行为也只有在违反具体规范时才能被评价为违法行为。"一般的违法性"这一抽象的概念因没有对应的具体规范,会使规范的边界含混不清,而违法的判断也会因人而异,进而导致司法恣意。综上,缓和的违法一元论中"一般的违法性"概念远不及刑法明确,以此进行刑事违法性判断的结论也会存在疑问。

其次,"一般的违法性"概念忽视了不同法领域之间的差异性,是不必要的概念。刑法通过确证规范的效力,以实现法益的保护目的,其法律效果是最具有强制力的刑罚;民法则立足于定分止争、对受害人利益的维护,其法律效果是以救济被害人的损失为目的的损害赔偿。因民法更追求效率,如果一味地采用民法等前置法定性,可能会导致以牺牲法益为代价而追求效率。可见,不同的法领域之间存在明显的差异性,进而影响对违法性的判断。刑事违法的判断是兼顾前置法的取向,但不从属于前置法。[2]

(三) 缓和的违法一元论与禁止权利滥用原则相冲突

我国《民法典》第132条以及《宪法》第51条都体现了禁止权利滥用原则。缓和的违法一元论者因主张前置法上的合法行为不具有刑事违法性,故设法为"权利行使不可罚"原则寻求出罪路径。可见,"权利行使不可罚"原则是以个人为本位的产物,该原则以古典的自由主义哲学观为基础,强调绝对的私法自治与权利绝对化。但是,权利行使不应违背权利的本来目的,且不得超出权利的必要边界。[3] 德国学者梅迪库斯也指出,以过度的方式行使权利,是不合

---

[1] 参见王骏:《违法性判断必须一元吗?——以刑民实体关系为视角》,《法学家》2013年5期,第140页。
[2] 参见周光权:《法秩序统一性原理的实践展开》,《法治社会》2021年第4期,第1页。
[3] 参见刘权:《权利滥用、权利边界与比例原则——从〈民法典〉第132条切入》,《法制与社会发展》2021年第3期,第39页。

法的行为。[①] 因此,权利的行使只有在法律所容许的范围内,才能得到法律的保护。刑法中的权利行使已然超出权利行使的"范围"与"程度",沦为权利滥用,其与民法的基本原则相违背。秉承缓和的违法一元论会得出权利滥用行为为民法所不容,却为刑法所容忍的荒谬结论。这种以权利的正当性推出权利行使也正当的结论有待商榷。没有哪一项权利是不受任何限制的,民法学界尚且都禁止权利无边界的行使,将"权利行使不可罚"视作一条原则则更加存在疑问。

(四)缓和的违法一元论与我国司法实践难以相适应

一方面,"一般的违法性+可罚的违法性"的二重判断方式难以在司法实践中被贯彻与运用。由于构成要件是违法行为的类型,在判断行为是否具有刑事违法性时,司法者只要根据刑法规定,审查行为是否符合构成要件,而符合构成要件的行为通常具有刑事违法性。缓和的违法一元论所采用的二重判断步骤只是理论上的理性状态,其脱离我国刑事立法与刑事司法的实际现状,在刑事司法实务中难以遵循。

另一方面,缓和的违法一元论会导致司法处理结果不合理。例如,在"套路贷"案件中,若按照缓和的违法一元论所持有的"民事合法行为就不能认定为犯罪"的观点,由于"套路贷"往往打着民间借贷的幌子,而民间借贷是合法的民事行为,按照缓和的违法一元论的立场,刑法不能处罚此类"合法"行为。缓和的违法一元论是简单、机械地依照前置法进行判断,但这种处理方式会导致大量打着"合法"行为幌子的法益侵害行为被放纵。对此类行为,只有处以财产犯罪,才能有效地维护社会秩序的稳定与保护财产安全。相反,若根据缓和的违法一元论处理此类案件,不仅不利于预防犯罪,甚至给不法分子指明了逃避刑事制裁的方向和手段。

---

① 参见〔德〕迪特尔·梅迪库斯:《德国民法总论》,邵建东译,法律出版社2013年版,第117页。

二 "权利行使不可罚"原则的出罪路径质疑

理论上论证"权利行使不可罚"原则主要是在构成要件符合性及违法性阶段考虑"权利性"的因素,并形成"构成要件阻却说"与"违法阻却说"两条出罪路径。

(一)构成要件阻却说的质疑

"权利行使不可罚"构成要件阶层出罪,是在构成要件符合性判断中,基于"权利"因素的考量,通过否定客观上财产法益损害以及主观上非法占有目的来论证"权利行使不可罚"。

1. 财产法益损害否定说的质疑

犯罪的本质是侵害法益,只有当行为侵害了财产法益时才成立财产犯罪。财产法益损害否定说主张权利行使具有权利基础,不会导致财产损害结果,因而否认财产法益侵害。例如,刘明祥教授指出:"债权人有取得财物的权利,债务人有交付的义务,债权人采用非法手段实现了债权,并非非法占有他人财物;债务人履行了本该履行的义务,不存在财产损害。"[①]本文认为,该观点值得商榷。

首先,在我国物权变动形式主义模式下,债权请求权难以对抗所有权。主张"权利行使不可罚"的学者对于财产法益的判断是基于本权说来展开的,但是即使采用本权说,当行为人以非法手段行使权利时,仍侵犯了债务人的所有权。根据我国《民法典》的相关规定,我国物权变动采用的是形式主义而非意思主义。因此,在债务人尚未履行债务的场合,虽然双方就某项财物的买卖达成了协议,但只要债务人尚未交付,债务人仍对标的享有所有权,而债权人只享有债权请求权。主张"权利行使不可罚"的学者,一方面是错误地站在意思主义的立场之上,认为债务人对标的物的占有属于非法占有,因非法占有无法对抗债权请求权,从而得出"权利行使不可罚"的结论;

[①] 刘明祥:《财产罪比较研究》,第106页。

另一方面，其只注意到了权利主体享有债权请求权，却忽视了对债务人所有权的保护。但是，对一种权利的肯定不意味着对另外一种权利的否认，[①]债权人为主张债权而使用非法手段，仍侵害了债务人的所有权。

其次，财产法益损害否定说以权利人享有权利、债务人负有义务来否认财产损害这一法益侵害结果的观点值得商榷。一方面，权利人享有权利也不能否认非法手段在客观上对法益的侵害。例如，在紧急避险中，法律认可避险人有避险的权利，不可否认的是，避险人的确在客观上造成了法益的侵害。换言之，避险行为作为法定的违法阻却事由，在客观上确实符合某些犯罪的构成要件，只是通过违法性的判断对阻却违法予以出罪化。同理，在权利行使的场合，也应当承认非法手段在客观上对法益的侵害。另一方面，债务人遭受财产损失与其所欠或未履行债务不具有因果关系，更不能相互抵消。财产法益损害否定说认为，债务人"被履行"了他本该履行的交付财物的义务，[②]属于有效偿还，因此就不能认为被害人遭受了财产损失。可见，财产法益损害否定说对财产损害的实质判断，是站在了整体财产说的角度，以债务人遭受的财产损失与其过往所欠债务相抵消，以被害人的整体财产未受损为由否认财产犯罪的成立。但是，该观点混淆了因果关系的判断。在权利行使中，能推导出的因果关系是：债权人以非法手段实现债权⇒债务人遭受财产损失；债务人履行债务⇒债务抵消。但是，债务人未履行债务≠债务人遭受财产损失。因此，可以得出的结论是：债务人遭受财产损失与债权人以非法手段实现债权具有因果关系，债务抵消与债务人履行债务具有因果关系，而债务人遭受财产损失与债务人未履行债务没有刑法上的因果关系。财产法益损害否定说以没有因果关系的事实相互抵消，实为不妥。

最后，财产法益损害否定说误将请求权理解为支配权。请求权与支配权不同，支配权能直接支配其标的，具有排他性；请求权是请求他人为特定行为，债权人不能直接支配债务人的行为，更不能支配债务人的人身。在权利行使

---

① 参见简爱：《权利行使行为的刑法评价——以违法相对论为立场的分析》，《政治与法律》2017年第6期，第60页。
② 参见李婕：《债权请求权对财产犯罪成立的影响》，《苏州大学学报》（法学版）2018年第3期，第87页。

中,请求权的基本结构是:债权人享有债权→债权人请求债务人履行债务→债务人履行债务→债权人取得债权(财产)。从该结构可以看出,债权人不能对标的进行直接支配,只能通过债务人间接取得。然而,持财产法益损害否定说的学者认为的基本结构是:债权人享有债权→债权人(非法)取得债权。该观点直接省略了中间两个步骤,认为享有请求权就能直接支配债权,甚至直接通过胁迫等非法手段直接支配债务人的人身。这是化间接支配为直接支配、化间接取得为直接取得,本质上是误将请求权理解为支配权的表现。法律上虽然肯定行为人具有请求权,但是,不能直接推导出行为人具有"直接取得他人财产的权能"这一结论。①

2. 非法占有目的否定说的质疑

非法占有目的否定说是从行为人的主观方面出发,主张行为人主观目的是行使权利,即便债权人采用非法手段,权利行使也不具有非法占有目的,从而不构成财产犯罪。②

(1) 非法占有目的否认说过于重视行为人的主观方面

非法占有目的否定说以行为人的动机作为认定非法占有目的的唯一标准。有学者认为,行为人主观上是为了获取自己有权获取的财物,并不具有非法占有的目的。③可见,非法占有目的否定说是直接将"权利行使目的"的正当性等同于"占有目的"的合法性,④从而推导出行为人不具有非法占有目的。非法占有目的否定说是直接以行为人的犯罪动机(权利行使目的)作为认定非法占有目的的唯一标准。但是,犯罪动机只是行为人刑事责任的量刑因素,而不能作为认定非法占有目的的唯一标准。⑤

非法占有目的否定说忽视对行为客观方面的考察。行为人的主观心理态度必然通过其犯罪行为以及客观活动表现出来。例如,在消费者过度维权的

---

① 参见王骏:《不同法域之间违法性判断的关系》,《法学论坛》2019年第5期。
② 参见蒋铃:《论刑法中"非法占有目的"理论的内容和机能》,《法律科学》(西北政法大学学报)2013年第4期,第93页。
③ 参见叶良芳:《权利行使与敲诈勒索的界限》,《中国刑事法杂志》2007年第3期,第67页。
④ 参见吕小红:《财产权利不当行使的刑法评价》,华东政法大学博士学位论文,2020年,第140页。
⑤ 参见于改之:《自力实现债权行为的刑法教义学分析——以我国〈刑法〉第238条第3款的性质为基础》,《政治与法律》2017年第11期,第92页。

案件中,可以采用刑事推定的方法,只要行为人实施胁迫手段,致使对方产生恐惧心理进而交付财物,即客观上行为完成,交付财物的结果发生,就此可推定非法占有目的的实现。因此,对于非法占有目的的认定,重点是考察行为的客观方面,而非法占有目的否定说是直接忽视对行为客观方面的考察。

非法占有目的否定说忽视了相当性的考量。英美法系国家因尊重个人权利、强调行为人的主观方面,主张"只要有权利或相信有权利就不可罚",故超出权利范围的权利行使行为也不会构成犯罪。与之相反,日本学者大谷实认为,"如果敲诈行为有滥用权利之嫌,就失却了行使权利的性质,成立敲诈勒索罪"[①]。故超出权利范围的权利行使行为构成财产犯罪。可见,在权利行使中,即使享有权利,也必须符合权利行使的"范围"与"程度"的相当性。非法占有目的否定说与英美法系国家所持的立场相同,都过于重视行为人的主观方面,而忽视了相当性的考量。

(2) 非法占有目的否定说对权利基础的理解存在片面性

非法占有目的否定说对权利基础的认定只强调有因性,而忽视了关联性。非法占有目的否定说得出的结论往往以权利基础为导向,当存在权利基础时就否认非法占有目的的成立。例如,在消费者过度维权的案件中,大多数学者认为,凡"事出有因",就不能认定行为人主观上具有非法占有目的,从而不构成敲诈勒索罪。可见,理论界与实务部门对于权利基础,即维权依据的认定通常只强调有因性。但是,并非只要"事出有因",就不能认定为敲诈勒索罪。对维权依据的认定既要具备有因性,也要具备关联性。关联性,是指行为人的维权意图与维权依据之间具有关联。在职业索赔案件中,虽然举报违法是公民的权利与义务,满足有因性,但职业索赔人举报违法行为的意图是为其谋取财物,打假只是幌子,职业索赔行为乃假借维护社会、他人利益之名,行敲诈勒索之实,因不满足关联性,应肯定非法占有目的。

(3) 非法占有目的否定说推理方式存在问题

非法占有目的否定说以"权利的正当性"推出"权利行使的正当性",并不妥当。"权利行使"包括"权利"与"行使"两方面。"权利"是从实体法的角度

[①] 〔日〕大谷实:《刑法讲义各论》,黎宏译,中国人民大学出版社2008年版,第268页。

考察,即是否具有权利基础,具体包括法律上的请求权与事实上的请求权;"行使"是从程序法的角度考察,即实现权利所使用的手段是否合法。权利基础与行使手段之间应当有妥当的配合,"权利"的获取应当采取适当的"行使"方式。"权利行使的正当性"判断应从"权利的正当性"与"行使的正当性"两方面予以考察,当二者均正当时,才能得出"权利行使的正当性"这一结论。正如学者彭诚信所言:"权利核心具有合法性并不意味着行使权利的一切行为均应受到保护,以不当方式行使权利若构成权利滥用,则为法所不许。"[1]换言之,即使行为人的权利受到法律保护,当权利行使的手段为法所不容时,就不能得出"权利行使正当性"的结论。

(二) 违法阻却说的质疑

违法阻却说是肯定权利行使行为形式上符合财产犯罪构成要件的前提下,以无实质的违法性得出"权利行使不可罚"的结论。

1. 自救行为说的质疑

自救行为说认为,为实现债权而实施胁迫等行为可以通过自救行为正当化。[2] 自救行为说的支持者往往也是财产法益本权说的支持者。若要权利行使可以被认定为刑法中的自救行为,从而作为超法规的违法阻却事由予以出罪,则其前提是明晰何为自救行为。自救行为只有同时满足四个条件时才能成立:为保护自己的请求权(正当性)、手段具有相当性、恢复权利的现实必要性与紧迫性、相对方不会受到额外损害。[3] 在职业索赔案件中,因职业索赔人不是直接受害人,不满足正当性要件。在巨额索赔案件中,行为人为了实现获取巨额赔偿的意图而往往采用胁迫手段,故权利行使行为已经越轨,不满足相当性的要件。根据占有说的立场,自力救济是有严格限制的,如果可以通过民事诉讼实现权利,那就不能实行。[4] 因此,在"债权实现型"与"所有权实现型"场合中,由于权利人还有选择正当法律途径寻求救济的充裕

---

[1] 彭诚信:《论禁止权利滥用原则的法律适用》,《中国法学》2018年第3期,第259页。
[2] 参见〔日〕前田雅英:《刑法总论讲义》,曾文科译,北京大学出版社2017年版,第208页。
[3] 参见周光权:《刑法总论》,中国人民大学出版社2016年版,第223页。
[4] 参见刘明祥:《财产罪比较研究》,第99页。

空间,故难以满足必要性、紧迫性要件。可见,权利行使行为难以被认定为自救行为而被予以正当化。

另外,基于法治国的要求,刑法也不应将权利行使宽泛地认定为自救行为。由于国家赋予了私人请求国家予以保护的诉讼权利,当权利人权利遭受侵害时,法期待权利主体在法律许可的范围内寻求公力救济的介入。在能选择正当程序来保护权利的情况下,权利人通过非法手段行使权利,不是不得已而为之,而是有意为之。该行为不但不符合自救行为成立的要件,反而体现了对法秩序的藐视。只有尊重法制度与法秩序才符合法治国精神。基于财产罪的法益有维持既存财产秩序的一面,而私力救济往往伴随着侵犯他人的人身自由、财产自由、意思自由等权利的风险。所以,"刑法不可能如民法那般宽泛地认定正当化事由"①。在此情况下,若刑法将权利行使宽泛地认定为自救行为,是向公民宣告法允许以非法手段维护权利。这不仅会导致通过国家公权力解决民事纠纷的制度形同摆设,还会造成私力救济被滥用的风险,进而影响法秩序的稳定。

2. 对"法益衡量说"作为违法阻却实质根据的质疑

张明楷教授认为,"符合构成要件的行为,即使违反了某种规则,但只要保护了更为优越或者同等的法益,就应成为正当化事由"②。西田典之教授为此提供了简洁的公式予以判断:"B(保全法益)-A(侵害法益)≥0 时,就可将该行为整体予以正当化。"③张明楷进一步从法益衡量的角度指出:"维权人的利益优于相对方的利益,行为保护了更为优越或者同等的利益,该行为就不可能构成犯罪。"④法益衡量说因其能为复杂的违法性判断提供可供操作的方案而备受推崇,但是,法益衡量说是否如支持者所设想的那样,在权利行使中,足以承担起阻却违法的重任?这是存在疑问的。

一是法益衡量说具有主观性本质,极易造成解释的主观性与恣意性。在

---

① 王骏:《正当化事由的刑民关系初探》,《法治研究》2013 年第 11 期,第 115 页。
② 张明楷:《行为功利主义违法观》,《中国法学》2011 年第 5 期,第 113 页。
③ 〔日〕西田典之:《日本刑法总论》,王昭武、刘明祥译,法律出版社 2013 年版,第 113 页。
④ 张明楷:《妥善对待维权行为 避免助长违法犯罪》,《中国刑事法杂志》2020 年第 5 期,第 3、18 页。

债务履行期届至且债务人未履行债务的场合,权利主体即债权人享有债权请求权,而相对方即债务人享有所有权。此时权利行使人的债权请求权是否能够优越于相对方的财产所有权,能否得到 B(债权请求权)-A(所有权)≥0 的结果?显然,难以得出这一结论。但是,依据法益衡量说的逻辑,权利行使行为都将由于存在权利基础这一更为优越的利益,而得出阻却违法的结论。可见,为了使权利行使行为能够被纳入法益衡量说的框架之中,法益衡量说的支持者往往对权利行使主体的利益作扩大化、优越化的评价,对相对人的利益作缩小化的处理,以此契合"维权人的利益优于相对方的利益"这一结论的妥当性。但是,对相对方的利益作缩小的评价是存在疑问的。正如井田良教授所言:"优越利益保全的合法性也太理所当然了,完全没有说明一方的'利益'在什么时候、存在什么样的要件时,可以优越于另一方。"[1]虽然在正当防卫、紧急避险的场合,可将防卫者、避险者的行为评价为"正",将相对人的不法侵害行为评价为"不正",此时是"以正对不正",防卫者、避险者的利益相较于相对人而言具有明显的价值优越性,因此,在正当防卫、紧急避险的场合承认"防卫人处于本质的优越地位"具有合理性。但是,在权利行使中,一方面难以将权利行使行为与防卫行为、避险行为等同并评价为"正",甚至能评价为"不正";另一方面也难以将债务人迟延履行债务的行为与正当防卫中侵害方的不法侵害行为等同并评价为"不正",此时是"不正对不正",或是"不正对正",都难以说明维权人的利益相较于相对方而言具有明显的价值优越性。因此,法益衡量说所言"维权人的利益优于相对方的利益"的结论具有很大的主观性。结果无价值论者所支持的法益衡量说,因其具有主观性本质,容易"使法益论沦为一种万金油式的理论"[2],从而造成解释的恣意。高桥则夫也曾指出,法益衡量说有形成恣意的权威主义的危险性。[3]

二是法益衡量说所得出的结论仅着眼于当事人的直接利益,考量因素具

---

[1] 〔日〕井田良:《刑法总论的理论构造》,秦一禾译,中国政法大学出版社 2021 年版,第 115 页。
[2] 劳东燕:《法益衡量原理的教义学检讨》,《中外法学》2016 年第 2 期,第 373 页。
[3] 参见〔日〕高桥则夫:《刑法总论》,李世阳译,中国政法大学出版社 2020 年版,第 259 页。

有片面性。"价值和利益权衡,要考虑所有的被冲突直接或者间接涉及的应当保护利益。"①在权利行使中,行为人以非法手段实现权利的行为不仅侵犯相对人财产安全这一直接利益,还有可能侵犯相对人的人身安全、意思自由等间接利益。在衡量双方当事人的具体利益时,若将债权人的债权请求权与其所有可能侵犯到的人身安全、财产安全、意思自由等利益进行比较,则难以得出法益衡量说所持有的"维权人的利益优于相对方的利益"这一结论。可见,法益衡量说没有充分地对间接利益予以考量,而这种片面性的衡量自然容易得出法益衡量说论者想要的结论。

三是法益衡量说将利益狭隘地界定为当事人具体利益,考量因素具有单一性。法益衡量说所持有的利益衡量观与加藤一郎的利益衡量理论大致相当,都只衡量当事人具体利益之后,得出哪一方获得法律保护的结论。②但值得商榷的是,是否只存在双方当事人之间的利益冲突?其实,法益衡量论者在进行利益衡量时,只将利益狭隘地界定为当事双方的具体法益,而没有考虑制度利益与法治国利益。③如表1所示,在权利行使中,除了当事人具体利益存在冲突外,权利行使手段的不当还侵害到了禁止权利滥用这一制度利益与法秩序的稳定这一法治国利益,但是,这些利益并没有被纳入法益衡量说利益衡量的范畴之中。退一步而言,即使认可法益衡量说所持"维权人的利益优于相对方的利益"的结论,但法益衡量说在进行利益衡量时,因其考量因素具有单一性,对违法性的判断缺乏整体性的视野,也会导致衡量结论的失衡。通过表1可知,法益衡量说虽然保护了权利人的利益,但是其不但损害了相对方的利益,还损害了制度利益和法治国利益。可见,法益衡量说侧重保护权利人(维权人)的利益之代价是极为昂贵的。

---

① 〔德〕约翰内斯·韦塞尔斯:《德国刑法总论》,李昌珂译,法律出版社2008年版,第173页。
② 参见〔日〕加藤一郎:《民法的解释与利益衡量》,梁慧星译,载梁慧星主编:《民商法论丛》(第2卷),法律出版社1994年版,第78页。
③ 参见劳东燕:《法益衡量原理的教义学检讨》。

表 1 利益衡量表

选择保护的对象	结果				
	当事人具体利益（直接利益+间接利益）			制度利益	法治国利益
	权利人（债权请求权）	相对方（财产安全、人身安全、意思自由等利益）		禁止权利滥用等利益	公平、正义、法秩序等利益
法益衡量说侧重保护权利人的利益	√	×		×	×
法益衡量否定论不侧重保护权利人的利益	×	√		√	√

注：表格中的"√"表示得到法律保护，"×"表示没有得到法律保护。

3. 对"法秩序统一原理"作为违法阻却原理的质疑

有学者认为，"基于法秩序统一原理，民法上的规定可以成为刑法中的违法阻却事由，常见的行使民事权利行为对财产犯罪的阻却功能，例如，行使索赔权可以阻却敲诈勒索罪的成立"[①]。该观点采取了民法依存模式的立场，跳出了刑法本身的范畴，借助"法秩序统一性"的名义来寻找出罪根据。但是，当行为符合犯罪构成要件的前提下，仅凭该行为在民法中有规定便阻却违法性，是否有导致民法凌驾于刑法的正当性判断之上的嫌疑？此外，该观点认为在民法中有规定就是合法行为从而能阻却违法，由于权利行使是民法规定的法律行为，故也能阻却违法。值得商榷的是，法律行为是否一定是合法行为？法律行为是否必然具有"合法性"的属性？

其实，该观点因错误地将"合法性"作为法律行为的核心要素或本质属性，进而得出了"法律行为是合法行为"的结论。为什么会出现这种对法律行为"合法性"特征的强调？据考证，强调法律行为"合法性"的观点源自苏联民法理论，且此类观点也反映在我国《民法通则》第 54 条以及部分民法教科书对法

---

① 陈兴良：《民法对刑法的影响与刑法对民法的回应》。

律行为概念的定义之中。可见,无论是立法还是理论上,均把法律行为定义的核心要素认定为"合法性"。[1] 其实,法律行为属于法律事实之一种,是实现私法自治的工具,其强调的是意思自治,合法与否并非法律行为的必要特征。由于法律行为本身就是"私人之间的法",国家法对其所作的控制不是"合法性"控制,而是"有效性"控制。[2] 当法律行为符合法定条件时,产生约定的效果;反之,则产生无效、可撤销以及效力未定的法律后果。与其强调法律行为的"合法性",不如强调法律行为的"有效性"以更贴合实际。

"法律行为是合法行为"的观点混淆了事实性概念与效果性评价之间的界限。把合不合法这种法律效果评价用以界定法律行为的概念,并不科学。法律行为本质是"中性"的,不仅涵盖"合法行为",也涵盖"非合法行为"。[3]因此,强调"法律行为是合法行为"的观点,将导致法律行为的外延不当缩小,将本属于法律行为范畴的"非合法行为"排除在法律行为之外。基于这一不合理之处,《民法典》第133条不再将民事法律行为明文规定为合法行为,这无疑还原了法律行为的本质,合理界定了法律行为的外延。既然法律行为也涵盖"非合法行为"的部分,那么将"非合法行为"作为违法阻却事由是存在疑问的。另外,即使权利行使是民法上"允许"的法律行为,但是民法上"允许"之行为是对该行为民事效力的肯定,而非法秩序中对"合法行为"的肯定。将民法上评价为"有效"的行为通过法秩序统一原理阻却刑事违法,进而以权利的"有效性"径直否定权利行使行为在刑法上的违法性,这同样存在疑问。

三 "权利行使可罚"之证成

单纯基于民法等前置法对权利的认可,就直接在刑法上否定行为的违法性,所得出的结论有失妥当。基于民法与刑法不同的任务和目的,对行为的刑法评价也不能照搬自民法而不作任何调整,因此,本文提出"权利行使可罚"的命题。"权利行使可罚",指对于采用法所不容许的手段来实现其权利内容的

---

[1] 参见宋炳庸:《法律行为基础理论研究》,法律出版社2008年版,第256页。
[2] 参见易军:《法律行为为"合法行为"之再审思》,《环球法律评论》2019年第5期,第62页。
[3] 同上文,第52页。

行为,能以财产犯罪处罚。"权利行使可罚"的依据是违法相对论,路径是"责任减轻说","权利性"因素应在责任阶层寻求解决之道。

(一)"权利行使可罚"的依据:违法相对论

违法相对论认为,不同的法域对于违法性的评价是不同的。刑法违法性的判断是立足于自身的价值取向独立进行的,未必与其他法领域在结论上保持一致。[①] 通过违法相对论可以得出前置法上的合法行为,也可以具有刑事违法性的结论。

1. 违法相对论是从应然层面理解"法秩序统一性"

首先,应然层面的"法秩序统一性"在于化解规范矛盾。如前所述,"法秩序统一性"仅仅是解释的理想状态而非现实,是应然层面的问题。在应然层面,"法秩序统一性"并不刻意回避法领域之间的矛盾与冲突,相反,其先承认不同法领域之间在形式上会存在不一致,并力求解决冲突的对策,从而化解规范矛盾。

其次,化解规范矛盾的路径是进行合宪性解释。"解决法律内部的价值评价冲突的工具之一当属法律秩序位阶结构说,在出现价值评价矛盾时,上位阶的法优于下位阶的法。"[②]从法律效力来看,宪法具有最高的法律效力,对刑法规范进行解释时,必须遵循宪法的价值理念,促使宪法的价值理念通过合宪性解释注入部门法的实践。

最后,在合宪性解释下,同位阶法规范之间的冲突为"法秩序统一性"所容许。刑法的位阶位于宪法之下,与其他部门法是同位阶关系,刑法不从属于其他部门法,刑事违法性的判断只要不突破宪法,就不会违背"法秩序统一性"。因此,在应然层面理解"法秩序统一性",可以得出以下结论:(1) 不同位阶的法规范之间的冲突不为"法秩序统一性"所容许。(2) 同位阶的法规范之间的冲突为"法秩序统一性"所容许。刑法与民法、行政法是同位阶的法规范,同位阶的法规

[①] 参见吴加明:《违法相对论下刑民实体冲突及其调适》,《政治与法律》2017 年第 12 期,第 50 页。
[②] 〔德〕伯恩·魏德士:《法理学》,第 122—123 页。

范之间是平行关系,"在平行的法领域之间,没有哪一种违法内涵是绝对优先的"①。综上,刑事违法性判断不受制于前置法,其在不抵牾宪法的前提下,可以根据其自身规范目的的需要作独立判断。

2. 违法相对论能维护刑法的独立品格

缓和的违法一元论认为,"民法合法(R)→刑法合法(R)",而没有得出其他结论的余地。这种贬抑刑法的做法,有导致"刑法民法化"或"刑法前置化",进而使刑法沦为前置法附庸的危险。基于该结论,国民只需了解民法的规定足矣,因为遵从民法的规定,刑法必然不得认定某一权利行使为犯罪。这无形中消解了国民了解其他法规范的义务,尤其是了解刑法规范的义务,某种程度上有架空刑法的嫌疑。② 但是,刑法与民法是同位阶的法规范,二者是平行关系,民法上的评价对刑法而言并不具有"优越性"。违法相对论从刑法自身的目的出发,促使国民不仅有了解、遵从民法等规范的义务,还有了解、遵从刑法规范的义务,从而维护了刑法的独立品格。在违法相对论之下,刑事违法性立足于刑法自身的价值取向以坚持法益标准。

3. 违法相对论有利于贯彻法益保护原则与禁止权利滥用原则

(1) 违法相对论有利于贯彻法益保护原则

缓和的违法一元论认为违法相对论的结论会导致处罚范围的扩大,以此指责其不谦抑。但是,刑罚处罚的范围并非越窄越好,而是越妥当越好。"之所以科处刑罚,是因为对全体国民而言存在必要性。"③对刑法的解释不能只单纯强调限制处罚范围,而应当强调处罚范围的合理性与必要性。虽然违法相对论所得出的结论有扩大犯罪成立范围的可能,但是,刑法的任务与目的是保护法益,就应该以保护法益为出发点,对值得科处刑罚的法益侵害行为予以定罪,这并不违反刑法谦抑性,而是遵循法益保护原则的应有之义。"并不是防止处罚不该罚的行为才是正义,没有处罚该罚的行为也是一种不正义。"④

---

① 王骏:《违法性判断必须一元吗?——以刑民实体关系为视角》。
② 参见张凯:《刑民关系视野下违法一元论与相对论之对立及展开》。
③ 张明楷:《实质解释论的再提倡》,《中国法学》2010 年第 4 期,第 57 页。
④ 王骏:《不同法域之间违法性判断的关系》。

(2) 违法相对论有利于贯彻禁止权利滥用原则

为遏制权利的过度自由,法律的社会化思潮出现了,即法律由个人本位转向社会本位。以违法相对论为依据的"权利行使可罚",是以社会为本位,否定绝对的私法自治、权利的绝对化,肯定权利的相对化。权利不仅具有"私人"性质,还具有"公共"性质。[①] 违法相对论对刑事违法性的判断是相对独立于前置法的,前置法允许的行为只要符合构成要件,仍能被认定为刑事不法。刑法中的权利行使已经超出权利的"范围"与"程度",违法相对论可以将逾越权利行使相当性的权利滥用行为在刑法上予以否定评价,以贯彻禁止权利滥用原则。

4. 违法相对论与我国司法相协调

刑事违法判断的相对独立性,能惩治以"合法"民事之名实施犯罪的现象。例如,在职业索赔案件中,职业索赔人并不关注产品质量,而是利用产品瑕疵,通过威胁、恐吓等非法手段实施非法牟利。此类行为不但不能维护公平的市场竞争环境,反而有损社会秩序。因此,这种行为已不是权利行使,而是以"打假为幌子"的敲诈勒索。针对打着"合法"民事行为的幌子来变相实施犯罪的行为,违法相对论可以有效地以刑事实质的标准"刺破权利行使的面纱",将其认定为财产犯罪。刑法的目的是保护法益,刑事违法性应坚持以法益为中心。以违法相对论为依据,能肯定刑法中的权利行使行为构成财产犯罪。

(二)"权利行使可罚"的路径:责任减轻说

国内外学者热衷于在构成要件符合性和违法阻却事由中,为"权利行使不可罚"原则寻找出罪路径。刑法中的权利行使,因其手段的非法性,应肯定其构成要件符合性;权利行使因逾越了相当性而沦为权利滥用,应肯定其违法性。也就是说,权利行使与一般财产犯罪的区别仅在责任阶层,"权利性"因素的评价应在量刑时予以考虑。

1. 行为人具有责任

根据规范责任论,在不能期待行为人放弃违法行为的情况下,由于不能就该行为非难行为人,因而否认行为人之责任;反之,能期待行为人不实

[①] 参见梁上上:《利益衡量论》,北京大学出版社2021年版,第210页。

施违法行为而实施其他合法行为的情况下,行为人实施违法行为,则行为人负有责任。在权利行使的场合,法能期待行为人以合法、相当的方式行使自己的权利。"凡权利皆应受限制,无不受限制的权利。权利得以其他法所允许的方式行使之,否则为法所不许,法所不许的权利行使具有不法性。"[1]此时,行为人能够且有条件通过合法、相当的方式行使权利,在该情况下,行为人权利行使的非法手段就足以表征行为人具有与法敌对的意思而为法所不许,因而具备非难可能性。

2. 被害人过错与权利行使动机是责任减轻事由

在权利行使中,被害人往往存在一定的过错,从而诱发了权利主体实施犯罪行为的动机。例如,在"债权实现型"的场合,债务人(被害人)负有如期履行债务的义务而未履行的过错;在"所有权实现型"的场合,占有人负有如期交付财物的义务而未交付的过错。从社会危害性的角度而言,由于存在被害人不当行为的刺激,促使了行为人实施犯罪行为的动机,即被害人过错是引起行为人犯罪决意的原因之一。此时,权利行使动机值得一定程度的宽恕,行为人的非难可能性降低,权利行使行为的社会危害性减小。行为人的动机可以成为减少责任刑的情节,因而减轻行为人的刑事责任。[2] 从预防刑的角度而言,当存在被害人过错时,行为人的人身危险性会明显小于那些不存在被害人过错的犯罪,因而行为人的刑事责任也就更轻,而根据我国罪责刑相适应原则,也应当对行为人从轻或减轻处罚,[3]以实现罪刑均衡。另外,当行为人采用胁迫、恐吓等非法手段实现权利时,基于其主观上具有行使权利的动机,相较于其他财产犯罪而言,行为人的再犯可能性更小,故其可谴责程度有所降低。综上,权利行使仍构成相应的财产犯罪,基于被害人存在过错以及权利行使的动机而导致行为人的谴责性降低,需要在量刑上对之予以考量,以区别于一般财产犯罪。也就是说,不是"权利行使不可罚",而是"权利行使可罚"且减轻处罚。

---

[1] 王泽鉴:《民法总则》,北京大学出版社2009年版,第521、527页。
[2] 参见肖中华、张少林:《论刑法中的被害人行为的效力依据》,《刑法论丛》2010年第1期,第115页。
[3] 参见高铭暄、张杰:《刑法学视野中被害人问题探讨》,《中国刑事法杂志》2006年第1期,第15页。

四 结语

不能离开手段行为的非法而笼统地谈"权利行使不可罚",手段行为应当被重点纳入权利行使与财产犯罪考量的范畴之中。主张"权利行使不可罚"原则有导致"没有处罚该罚"行为的风险,乃"不正义"的体现。总而言之,对权利行使不应限制太多,但这也不等于无须限制。本文反对的是通过非法、不当的手段任意地、没有节制地行使权利,倡导的是通过合法的、相当的方式行使权利。"权利行使不可罚"是一种极端重视个人权利与自由、将个人利益凌驾于其他利益之上的体现。究其原因,是该原则只意识到权利"私人"属性的一面,而忽视了其"公共"属性的一面。权利的维护固然重要,法秩序的维护也同样重要。权利行使应秉承、弘扬"共同善"的理念。

作为法律原则的基本权规范研究

李 鑫 段聪颖

摘 要：基本权的效力问题，尤其是第三人效力问题的研究，应该首先从基本权规范的性质开始。从语义学的角度来看，所谓基本权规范就是基本权规范性陈述（规范语句）的意义。通过经验性标准和规范性标准的检验，基本权规范包括直接表述基本权内容和具有保障基本权内容的条款，以及宪法没有明文规定的衍生的基本权规范。基本权规范是具有原则性质的规范，其适用方式是衡量。个别基本权所保障者为初显性的权利，在个案中必须与其他的基本权原则进行衡量，才能得到确定的基本权保护范围。基本权原则规范的衡量模式，是通过基于原则最佳化命题的碰撞法则和衡量公式实现的，这可能存在一定的问题。

关键词：基本权第三人效力；法律原则；基本权规范；衡量公式

一 引言

近年来，学界对于宪法基本权第三人效力问题（水平效力或称私法效力）的研究越来越重视，该理论发源于德国，主要关注基本权与私法的关系。就目前通行的观点而言，主要有德国模式和美国模式：德国模式中，基本权的客观价值秩序功能将衍生出基本权的水平效力；美国模式则通过判定行为是否属于"政府行为"而将问题转换为传统基本权效力问题。[①] 基本权第三人效力理

---

* 本文系教育部人文社科专项"社会主义核心价值观融入法治建设的方法论研究"（18JD710062）的阶段性研究成果之一。

** 李鑫，法学博士，青岛科技大学法学院教授、硕士生导师；段聪颖，青岛科技大学弱势群体司法与社会保护研究基地研究人员。

① 参见连雪晴：《基本权利水平效力研究在中国》，载齐延平主编：《人权研究》（第19卷），社会科学文献出版社2018年版，第141—143页；孙艳萍：《宪法基本权利对第三人 （转下页）

论解决的是基本权是否(ob)能在私人之间产生上述对抗或主张效力,及如何(wie)产生和产生哪些(welche)效力的问题;倘若肯定基本权具有水平效力,那么其效力也可以分为直接适用(基本权规范可以直接适用于私人关系)与间接适用(基本权规范通过民法概括条款进入私人关系)。但无论是何种观点,首先应当从基本权规范的性质出发,也就是对基本权的规范类型进行确定,这是下一步研究的前提条件。在法律实证主义者看来,无论何种权利,必须载于法律文本之中,才能作为法定的权利;而其载体则是法律规范,法律规范在文本中表现为相应的规范性陈述。对于法律规范来说,其实现就是能够在个案裁判中成为有效的裁判规范,也可以称之为个别规范,亦即凯尔森所谓的"在运用一般规范(成文法)于一个具体的事实时,人们要达到的是一个相应的个别规范(一个司法判决或是一个行政法令)"[1]。那么就基本权的实现而言,从规范的角度来看,就是基本权规范能否成为裁判规范,或说是个别规范。正是基于这一点,本文试图解决下面几个问题:一是何谓基本权规范,即基本权规范的概念是什么?再就是如何确定基本权规范的范围,或者说能够成为基本权规范的判断标准是什么?二是基本权的规范模式是什么?是规则模式还是原则模式?三是基本权规范的适用方式是什么?是涵摄、衡量,抑或其他的方式?

二 基本权规范的概念及其判断标准

(一)何谓基本权规范

一条有效的基本权规范(constitutional right norm)的存在往往是基本权(constitutional right)存在的前提。[2] 因此,对于基本权的理解乃至适用与实现,

---

(接上页)效力问题研究文献综述》,《辽宁公安司法管理干部学院学报》2019 年第 6 期,第 69—70 页。

[1] Hans Kelsen, "On the Theory of Legal Interpretation," translated by Bonnie Litschwski Paulson and Stanley Paulson, *Legal Studies*, Vol. 10, 1990, p. 19.

[2] See Robert Alexy, *A Theory of Constitutional Rights*, translated by Julian Rivers, Oxford: Oxford University Press, 2002, pp. 21 – 22.

都必须首先回到宪法上相应的基本权规范上来。要想确定基本权规范的意义,首先必须对规范有一个较为清晰的认识。规范的含义,本质上就是"法律是什么"的问题,是研究法理学甚至法学的最基础的问题之一,当然也是一个没有定论的问题。不同的学者都从本身的理论角度对此作了论述。例如,在奥斯丁看来,规范仅仅是一种命令;在凯尔森看来,规范是行为的客观意义,行为包括命令(command)、禁止(permit)、授权(authority);哈特则认为它是一种社会规则(social rule)。但对它最基本的分析则是一种语义的(semantic)分析,这种模式是以规范(a norm)和规范性陈述(a normative statement)的区分为前提的。在阿列克西看来,规范就是一条规范性陈述的意义,并且进一步指出,所谓基本权规范,也就是基本权(宪法权利)规范性陈述的意义。那么规范与规范性陈述的关系就如同内容与形式的关系,也就是说,同样一个规范可以由不同的规范性陈述来表现。例如"没有德国人应被引渡到外国"(德国基本法第16条第2款第1项)。这个陈述表达的是禁止引渡德国人到外国,这也是该陈述所表达的意义。也就是说,一个规范就是一个规范性陈述的意义。而且这一陈述可以有其他的表达方式。例如:德国人禁止被引渡到外国,或者,德国人不得被引渡到外国。这两个陈述表达的是同样的意义,因此是同一个规范。我们也可以很清楚地看出这是规范性陈述,因为其包含"应""禁止""不得"等字样。即使有的陈述不包含应然助词,而是以直述句的形式出现,但其仍然是规范性陈述。例如我国宪法第37条规定:"任何公民,非经人民检察院批准或者决定或者人民法院决定,并由公安机关执行,不受逮捕。"这个直述句表达的就是,"禁止对任何非经人民检察院批准或者决定或者人民法院决定,并由公安机关执行的公民进行逮捕"这一规范。也就是说,虽然并非每个语句都是应然语句,但是都可以在应然助词的帮助下转化为应然语句的形式。但是,宪法中还有很多诸如"人民有……自由"或者"人民有……权利"的表述,这些表述是否也可以转化为应然语句的形式呢?

这种表述自由和权利的语句(陈述),也可以转化为应然语句的形式。例如我国宪法第36条规定,中华人民共和国公民有宗教信仰自由,便是上述"人民有……自由"语句的一个例子。这个表述在应然助词的帮助下,也可以转化为应然陈述的形式,①我们要进一步追问的问题并不仅仅局限于这两种语句形式的转化,更重要的是语句所表达的意义之间的关系,也就是自由与规范的关系。根据阿列克西的观点,所谓自由,可以表达为"x 得以免于 y 之限制去做 z 或不做 z"。这里的限制既可以是事实上的限制,也可以是法律上的限制。因为我们是从法律的角度来看待所谓的自由的,那么这个限制指的就是法律上的限制。法律上的限制是指,法律上对于做或不做这件事加以禁止。因此,法律上的自由就可以表述为:X 去做 Z 或不做 Z 都不受禁止。所以,"中华人民共和国公民有宗教信仰自由"即意味着"中华人民共和国公民信仰宗教或不信仰宗教都不被禁止",也就是既允许人们信仰宗教,也允许人们不信仰宗教。由此可见,"人民有……自由"此类语句是一种规范语句。

其实,"人民有……自由"或者"人民有……权利"这两种表述,都表达了权利与规范的关系,只是前者表述的是具体的自由权与规范的关系,而后者表述的则是一般性的主观权利与规范的关系。"人民有……自由"是一种法律上的地位,表达的意义是要求国家为一定行为或不为一定行为,而作为一般性的主观权利也必须符合这一结构。那么权利与规范究竟是一种什么样的关系呢?根据阿列克西的观点,权利是一种关系性的规范,表述权利的语句同时也是规范性语句。阿列克西认为,权利作为一种法律地位,其一般形式可表述为"a 对 b 有要求 G 之权利"。由权利的一般形式,我们可以看出权利是一种三元性的关系,其中包括权利主体 a、权利相对人 b 以及权利对象 G 三个要素。权利对象的内容既可以是消极的不作为,也可以是积极的作为。而且权利与义务是相对应的,即"a 对 b 有要求 G 之权利"蕴涵了"b 对 a 负有 G 之义务",此种义务可以被称为"关系性的义务"。所谓"关系性的义务",指的是具有相对人的义务,而义务的相对人即为原本的权利主体。因为此种权利是以转化为义务的形式来展现其规范的性质的,所以权利是一种关系性的规范,表述权利的语句也是规范性的语句。

---

① "中华人民共和国公民有宗教信仰自由"可以转化为:中华人民共和国公民允许信仰宗教,或者,中华人民共和国公民不禁止信仰宗教。这两种形式都是应然语句(陈述)的形式。这可以说明两个问题:一个是"人民有……自由"语句可以转化为应然语句的形式;另一个问题就是,"允许信仰宗教"与"不禁止信仰宗教"表达了同一个规范,这就进一步证明了不同规范语句可以表达相同的规范。

我们通过上面的分析可以得知,在宪法文本中,无论是直述句"任何公民,非经人民检察院批准或者决定或者人民法院决定,并由公安机关执行,不受逮捕",还是"人民有……自由"或者"人民有……权利"的表述形式,都可以转化为规范语句的陈述形式,更不用说本身就带有应然助词的表述形式了。那么,从如此多可以转化为规范性陈述的语句中,我们如何确定哪些可以归入宪法权利规范的范围之中呢?这无疑需要确定某种标准。

(二)判断标准

上文中,我们已经指出了所谓规范就是规范性陈述的意义,那么所谓基本权规范,也就是基本权(宪法权利)规范性陈述的意义。[①] 但是仅有定义还是不够的,我们需要从众多的宪法规范中找出哪些属于基本权规范,也就是基本权规范的判断标准问题。对于此问题,有实质(substantive)标准与结构(structural)标准两个传统的标准,阿列克西首先对这两个传统的标准进行了分析。他认为,这两个标准都是在保护古典自由主义权利基础上被提出来的。所谓实质标准,其实是融合了实质性要素和结构性要素的标准,其援用施密特的观点,认为只有构成国家制度基础的权利才是基本权利,而且这些权利必须在宪法中得到承认。但是这种标准存着缺陷,即一种保障基本权存在的权利,即使能够由基本权利中推导出来,因为其没有与个人自由权相一致的结构,所以也不能被称为基本权。因此,这种标准限制了基本权的范围。结构标准则是基于消除对基本权不必要的限制而提出来的。这种标准是一种纯粹结构性的标准。判断基本权规范的标准就是看宪法规定所表述的规范是不是保障了某种主观权利(subject right)。这个标准既有优点,也有缺点。优点是能够准确判断出何谓基本权规范,即基本权规范仅仅是那些适用于保护主观权利的规范。缺点是其排除了在体系和文本上与保护主观权利密切相关的那些规范。这使得纯粹的结构性的标准也是不可接受的。因此,阿列克西认为,除了对某一宪法权利进行直接表述的条款是基本权条款外,对保障和实施宪法权利进行表述的条款也是基本权条款,也就是与基本权有关联影响性的条款(associated orbiting provisions),例如德国基本法上的"任何人都有权

---

① See Robert Alexy, *A Theory of Constitutional Rights*, p. 31.

在法庭面前得到公平的庭审"(第103条,第1款),就是这样的条款。基于此,阿列克西提出了一种新的形式标准:基本权条款包括直接表述宪法权利及具有保障此权利的条款。

那么,根据这一标准,首先,所有包含在以"基本权"为标题的宪法章节内的陈述都是基本权条款,不管其内容和结构为何,如我国宪法第二章《公民的基本权利和义务》(23—56)。但这个范围仍然太窄,因为在整个宪法中有一个完整的基本权规定的体系,如第4条第4款,其表述了各民族都有使用和发展自己的语言文字的自由,都有保持或者改革自己的风俗习惯的自由。此外,第10条、第11条、第13条、第14条、第19条、第21条、第22条、第26条、第32条、第134条的相关条款都表述了相应的基本权利的陈述,基本权规范就是直接由这些陈述所表述的规范。由以上这些相关陈述所表述的规范体系,就是我国的基本权规范体系。但是我国宪法并未直接规定公民个人可以启动宪法审查的权利,这不能不说是一个很大的缺陷。此外,与德国宪法、日本宪法以及台湾地区的宪制性规定相比较,我国宪法关于基本权利的保护并没有一个核心概念。

但是基本权规范仅仅是宪法文本中所规定的那些条款吗?基本权规定在语义和结构上的开放性:语义上的开放性源于基本权所使用的法律概念具有不确定的意义、模糊性或者评价上的开放性;结构上的开放性是由于有关基本权的规定都是一些概括性条款,并没有规定具体的国家是否负有积极性还是消极性的义务,以及权利的具体范围和保障制度这部分也是由宪法本身的性质所决定。如果认为基本权规范仅指基本权规定所表述的规范,那么必然窄化了基本权规范的范围。基于此,阿列克西提出了衍生的基本权规范(derivative constitutional rights norm)。[1] 所谓衍生的基本权规范,是指一些并非宪法中的基本权规定,但其却表述了根据基本权规定所要求、准许以及规定的内容。因此,基本权规范可以分为两类:基本权规定所表述之规范(由宪法明文规定)和衍生的基本权规范。但是由于基本权规定在语义和结构上的开放性,根据其推论出的规范语句很多,却并不都是衍生的基本权规范,所以必须有某种标

---

[1] See Robert Alexy, *A Theory of Constitutional Rights*, pp. 33 – 38.

准来区分哪些衍生的规范是基本权规范。

通过上文的分析,我们基本上可以在文本的意义上建立起一个基本权规范体系。首先,是通过对宪法文本的分析,通过形式性的标准,在众多的规范性语句中区分出了基本权规范语句;其次,通过经验性标准和规范性标准,把宪法文本之外的基本权规范鉴别出来。由此,我们建立了一个较为完整的基本权规范体系,那么接下来的问题就是对于基本权规范性质的分析,即基本权规范是法律原则还是法律规则,这对其适用和实现有着极为关键的作用,因为这两种规范有着不同的适用方式与冲突解决方法。

三 基本权规范的规范模式

宪法基本权规范要么属于法律原则,要么属于法律规则。因此,要判断宪法基本权规范的性质,首先要区分法律原则与法律规则。那么,两者的区别是什么呢?

(一)原则与规则的区别

德沃金首先把法律原则与法律规则的区别问题作为一个重大的理论问题提了出来。[1] 这是一种"质"的区别而非程度或量的区别。这种区别表现在两个方面:第一,德沃金认为,法律规则具有"要么适用,要么不适用"(all-or-nothing)的特点,而原则并非如此;第二,原则具有分量(weight)的特征,而规则则没有。此外,理论上,规则可以将全部例外都列举出来,而原则不能;规则不能与例外共存,而原则却可以。因为,原则的内容如此宽泛,以至于即使将例外列举出来也不能使得对原则内容的表述更为准确。这个区别实际上表明了二者在确定性上的差别:由于能穷尽例外,规则具有绝对的确定性;由于不能穷尽例外,原则相对而言具有不确定性。

阿列克西在德沃金的道路上走得更远,在对德沃金关于原则与规则区分

---

[1] 参见〔美〕罗纳德·德沃金:《认真对待权利》,第43页。

的批判的基础上,他建立起了自己的原则理论。① 阿列克西认为,规则与原则的真正区别在于:首先,原则是最佳化命令(optimizing commands)。原则要求某事在相对于法律上与事实上的可能范围内,最大可能地被实现,并能以不同的程度被实现。法律上的最大实现可能意味着,该原则的法律效果取决于对个案中与之相冲突的其他原则的重要性程度的考量,因此原则的典型适用方式是衡量(balancing)。与原则不同,规则没有各种不同的实现程度,若一条规则有效,它就要求不多不少地实现规则所规定的内容,因此规则典型的适用方式是涵摄(subsumtion)。其次,规则与原则具有不同的初显性特征(prima facie character)。所谓"初显性特征",简单说,就是起初具有可行性,但可因其他理由,后来再推翻其可行性。初显性特征是相对于确定性特征(definite character)而言的。规则的确定性特征在于,如果一个案件满足一条规则的构成要件,那么这个案件就会承担这条规则的法律效果,并且该案件的判决保证不会被以后的其他理由所推翻。但是,有时某些规则却可能因为原则而被创设例外,这些规则实质上也是初显性的。需要强调的是,规则与原则的初显性特征是不同的,规则的初显性要比原则的初显性特征弱得多。但本质上,阿列克西认为规则与原则的区别是一种逻辑结构上的区别,二者具有质的不同。

纵观上述诸多学者对原则与规则区分的分析,可见两者最重要的一个区别在于不同的初显性特征。"初显性"并不是一个单一层次的概念,其隐含着规范适用的二个层次,即在具体情境中"是否适用"此规范,以及"适用多少"。对于规则而言,例外存在的可能危及的只是第一个层次——可能规则所规定的适用条件过宽,在这种条件的一部分情形中不能适用规则的后果(例外情形);而一旦确定在具体情境中要适用规则,那么其适用的效果就具有确定性。也就是说,规则在"是否适用"这一问题上具有初显性,而在"适用多少"这一问

---

① 阿列克西对德沃金的批判主要基于以下两点:首先,其认为规则无法以全有或全无的方式被适用。因为原则可以成为规则的例外,而且原则的反例无法被穷尽,这就使得规则的例外也无法被穷尽,进而造成德沃金建基于此之上的规则所具有的全有或全无的性质无法成立。其次,由于"绝对原则"的存在,使得德沃金关于两者的区分不能成立。因为"绝对原则"享有绝对的效力,无须与其他法律原则进行衡量,当其他法律原则与之发生冲突时,前者必须无条件退让。例如德国基本法中的"人性尊严"原则。See Robert Alexy, *A Theory of Constitutional Rights*, pp. 47–48.

题上具有确定性。这也揭示了德沃金与阿列克西分歧的根源:前者在第二个层次上谈论规则适用的"全有或全无",后者则在第一个层次上谈论规则的"不那么确定"。而原则可以说在二个层次上都具有初显性,都需要与别的原则衡量。因此,我们可以得出这样一个结论:在构成要件上,原则与规则都具有初显性;在法律效果上,规则具有确定性,而原则仍然是初显性的。所以,原则与规则的区别在于当一个案件满足其构成要件实现时,规则的法律效果是确定性的,而原则是初显性的。这也决定了法律原则是以不同的程度被实现的,是一种最佳化的命令。

因此,如果从关于原则与规则区分的这一观点来看,宪法基本权规范具有的是原则特征还是规则特征,其区别点不在于其是否为完整规范,而在于其法效果具有初显性特征还是确定性特征,亦即个别基本权所保障的为初显性的权利还是确定性的权利。具体言之,如果把基本权规范分别视为不同的规范类型,即法律原则与法律规则,假设基本权规范的构成要件被某一行为满足,那么对于规则来说,该行为会被基本权所明确保护,无须衡量,除非存在例外的情形。因为规则无论是在事实上还是法律上,都已被明确规定了可能实现的范围;对于原则来说,该行为只是被基本权所初步保护,因为原则没有确定的法律和事实上可能实现的范围。因此,基本权规范所保护的权利范围是否明确就与其规范性质有了直接的联系:如果其保护的权利范围是明确的,只要行为符合构成要件,法律效果就是明确的,那么其便是法律规则;反之,则是原则。下面我就将对基本权规范所保护的权利范围问题进行讨论。

(二)作为原则的基本权规范

在探讨基本权规范所保护的权利是否具有确定的范围之前,基本权限制的内在理论与外在理论是必须要被提到的,因为这与基本权的范围密切相关,或者说,是关于基本权范围是否确定的相互对立的观点。

让我们来看一看基本权限制的内在理论与外在理论的区分。外在理论认为,在概念上基本权与基本权之限制是两个问题,因此必须将未受限制的基本权本身和已经受到限制的权利区分清楚。前者乃是初步性的权利,其内容为对基本权的初步保障范围;而基本权受到限制后则是确定性的权利,意味着基本权的实际保障范围。内在理论则反对基本权与基本权限制的概念上的区分,认为基本权的内容自始即为确定,所以不存在基本权的限制问题,只存在基本权内容的界限问题,亦可称为基本权的内在限制。所以在外在理论看来是逾越基本权界限的行为,对内在理论而言,其一开始就被排除在基本权的保障范围之外。① 对于内在理论来说,权利并没有所谓外在的限制,对于基本权限制的争议,其实是关于基本权的真正保障范围的问题。内在理论不接受初步的权利(保障范围)与确定的权利(保障范围)的区分。"这两者的实质上的区分在于基本权是否自始就有一个确定的范围。如果有确定的范围,则只要某行为落入这个范围就有确定的法效果;反之,则没有确定的范围,也没有明确的法效果,而这也正是规则与原则的区分。"②

上述内在理论与外在理论的区分,显示两者对于基本权范围确定的不同的论证方式,不同的论证方式则显示了两者对基本权规范结构的不同看法。外在理论认为基本权的范围必须要通过对个案中相互竞争的原则的衡量而确定,所以衡量之前,基本权初步保障所有落入其保护领域的行为或状态,因此基本权规范是一种原则;相反,内在理论认为基本权的保障范围自始已确定,也就是说,基本权规范在法律上可能实现的范围业已确定,当某一基本权规范与其他规范相冲突时,其实现的先后次序已经在法律上规定好了,具有确定的法效果,这正是规则的特征。

根据外在理论的观点,某基本权保障范围的确定是一个衡量的结果,由基本权规范及限制它的规范的衡量来决定。因此,依照外在理论的建构,要确定一行为在个案中是否受到基本权的保障,必须经过两个阶段的审查:首先,要看此行为是否能够落入某基本权的保护范围,如果是,那么此行为仅被初步保护;其次,要看个案中是否有与之相竞争的原则,若有,则要对这两者进行衡量,如果前者占优则受到基本权的确定保障,反之则否。依照内在理论之建构,要审查一行为是否受基本权保障只有一个步骤,"就是审查系争行为是否落在各基本权由其内在界限所界定的保障范围之内。如果是,则该行为受到确定的保障,如果不是,则属逾越界限之行为而不受基本权保障,这种规范适

---

① 参见张翔:《公共利益限制基本权利的逻辑》,《法学论坛》2005年第1期,第24—27页。
② Robert Alexy, *A Theory of Constitutional Rights*, p. 178.

用的方式正是典型的涵摄。"①

因此,我们现在要做的就是对宪法上基本权规范的模式进行分析,看一看其符合内在理论还是外在理论的特征。以我国宪法为例,我国宪法第二章明确规定了要保障的公民基本权利(第33条到第50条),并且第51条明确规定了行使基本权利的限制。这是一种间接限制,即一个行为只要落入宪法所保障的基本权范围内,就会受到初步的保护,除非基于损害国家的、社会的、集体的利益和其他公民的合法的自由和权利的理由,才会受到限制,这正是第51条所规定的内容。不仅如此,这些理由必须不得超过必要限度,亦即必须符合比例原则的要求(虽然这在我国宪法中没有得到明文规定,但在德国基本法、台湾地区宪制性规定中都得以明确)。因此,我国宪法关于基本权的规定,符合外在理论的特征。既然我国宪法上基本权的规定符合外在理论的特征,那么自然地我们可以将个别的基本权规定以限制基本权规定的规范模式看作原则的模式。所有的行为只要落入个别基本权的保护领域,即受到初步的保护,而行为是否受到确定的保护,则要看保护该行为的基本权原则与限制该基本权的原则之间的衡量结果:如果前者优先,则该行为确定地受到基本权原则的保护;如果后者优先,则确定地不受到基本权原则的保护。

通过上文的分析,我们已经得出宪法基本权的规范模式是原则模式,也就是说宪法基本权利是以原则为载体而出现的,那么宪法基本权利的实现,也就是宪法基本权原则的适用。

四 基本权规范的适用方式

下面,我们探讨的就是基本权原则是如何适用的。其适用的过程就是成为个案中个别规范的过程,这一过程同时也是基本权的实现过程,即决定某一权利是否被确定保护的过程。

---

① 王鹏翔:《基本权的规范结构》,《台大法学论丛》2005年第2期,第34页。

（一）衡量模式

根据阿列克西的观点，其原则理论建立在三个相互联结的命题之上：一是最佳化命题；二是碰撞法则；三是衡量公式。最佳化命题涉及原则在规范结构上的特征，碰撞法则则借由规范冲突的不同解决方式来说明规则与原则的区别，而衡量公式则是对于解决原则碰撞在方法上的精确化。

首先，关于原则理论的核心主张的最佳化命题。在阿氏看来，法律原则是一种要求尽可能在法律和事实范围内最大程度地被实现的规范，在这种意义上原则是一种最佳化命令（optimizing commands）。具体来说，原则作为一种最佳化命令是因为其不是像规则一样被确定地实现，而是在某种程度上被实现。法律原则的实现依赖于事实上和法律上的可能性，即一方面法律上的实现程度取决于与之对立的法律规范的分量，另一方面事实上的实现程度则取决于个案中与之冲突的规范。只有基于对这两种可能性的充分考量，才能确定该原则的法律效果是否成立，所以原则的典型适用方式乃是衡量（balancing）。

其次，关于碰撞法则。碰撞法则是指在个案中，两个规范同时对个案具有相互冲突的法效果，那么这两个规范之间就存在着规范冲突。阿列克西认为存在两种不同的规范冲突方式，一种是规则与规则的冲突，一种是原则与原则的冲突（原则与规则的冲突可以转化为原则与原则的冲突）。这两种规范冲突的解决方式是不同的，这也是由规则与原则在规范结构上的不同所决定的。[①] 原则间冲突的基本解决模式是价值衡量。因为基本权之间的冲突主要是原则间的冲突，因此，我们着重考察一下原则间冲突的解决方式。

我们可以用符号>表示优先关系，用 C 表示优先条件，P_1 和 P_2 表示两条相互对立的原则，那么可能存在四种情况：[②]

(1) $P_1 > P_2$

(2) $P_2 > P_1$

[①] 阿列克西认为规则冲突有两种解决办法：(1)将相互冲突的规则之一作为例外嵌入另一条规则，以"规则—例外"的结构来消除矛盾。如此，所形成的新规则的确定性将更强，也更难为其创设新的例外。(2)如果规则冲突无法通过"原则—例外"结构来消除矛盾，则至少宣告其中一条规则无效。

[②] See Robert Alexy, " On the Structure of Legal Principles, " *Ratio Juris*, Vol. 9, 2000, p. 295.

(3) $(P_1 > P_2)C$

(4) $(P_2 > P_1)C$

其中,(1)和(2)是抽象或绝对的优先关系,无论什么情况下,(1)代表 P_1 绝对优于 P_2,(2)代表 P_2 绝对优于 P_1。而(3)和(4)表示一种相对的优先关系。(3)表示在优先条件 C 下 P_1 优于 P_2,(4)表示在优先条件 C 下 P_2 优于 P_1。C 表示个案中的综合情况。那么,在情况 C_1 的时候,P_1 优于 P_2,即 $(P_1 > P_2)C_1$;而在 C_2 时 P_2 又优于 P_1,也就是 $(P_1 > P_2)C_2$。这种条件式的、相对的优先关系是一种在原则之间进行过衡量而得出的结果,所以说原则冲突的解决需要通过衡量的方法,衡量的结果就会形成了一个条件式的、相对的优先关系。绝对的优先关系在实践中几乎不可能(绝对性原则如"人性尊严"例外),而条件式的、相对的优先关系是原则共处的常态。

最后,关于衡量公式。阿列克西的衡量公式包括两个重要的内容:衡量法则和衡量公式。其实这两者都是针对如何衡量相互冲突的原则而提出的,只不过衡量法则是对如何衡量提出了一个大致的方向性的指导原则,而衡量公式则是对这一方向性的指导原则的进一步具体化。

所谓的"衡量法则"就是指,(对于相互冲突的两个原则而言)若对某一原则的侵害越强,则另一个原则实现的重要性就应当越大。[①] 这个法则其实就是比例原则(principle of proportionality)的三项子原则之要求:适切性原则(principle of propriateness)、必要性原则(principle of necessity)和狭义上的比例原则(principle of proportionality in a narrow sense)。比例原则与原则的一个重要命题密切相关,即从最佳化命题可以推导出比例原则,反之,比例原则也蕴涵了原则作为最佳化命令的特性。因此,原则理论和比例原则在逻辑上是等值的。

可将衡量法则分解为三个步骤:第一步先确定某原则之不满足程度或受侵害程度;第二步再确定与此原则相冲突的彼原则之满足的重要性程度;第三步则将第一步确立的受侵害程度与第二步确立的重要性程度进行比较,确定与此原则相冲突的彼原则之满足的重要性程度是否足以证立对于此原则之受

[①] See Robert Alexy, "On the Structure of Legal Principles".

侵害程度。

　　下面让我们来考察一下所谓的"衡量公式"。衡量公式是对衡量法则的定量化分析,就是通过对衡量法则的三个步骤赋予一定的数量值,并且用算术运算的过程代替衡量的过程。让我们先看一下重力公式的基本形式,这可以说是对衡量法则过程的数字化。第一步,阿列克西运用了三种度量值来确立某原则受侵害的程度。假设有两个相互冲突的原则,其中的一个原则的重要性程度(重力程度)被分为"轻、中、重",用符号 l、m、s 来表示。那么受侵害的原则 P_1 在具体个案 C 中所受侵害的程度就可以用"IP_1C"来表示,也可用 I_1 简化表示。第二步,另一个原则的重力程度也可以被分为"轻、中、重",同样以 l、m、s 来表示。同样的"WP_2C"就可以原则 P_2 在个案 C 中被满足的重要性程度。同时,为了能够进行数学运算,必须将"WP_2C"修正为"IP_2C",因为基于能够进行衡量的事物必须是同一种类的,在数学运算上就必须是同一度量,因此必须要把"满足的重要程度"转化为"侵害的程度"。为了方便,用 I_2 来简略"IP_2C"。第三步,也就是最后一步,对 I_1 和 I_2 分别赋予一定的数值后,就可以进行数学运算了。比较两个数值的大小可以用减法和除法。在减法运算中,用算数数"1、2、3"分别对"轻、中、重"赋予数值,然后做减法,就能得到"差公式",用数学公式表示:$G_{1,2} = I_1 - I_2$。① 因为除法运算能更好地表现两个原则之间"受侵害—侵害"的程度,所以阿列克西用除法运算代替了减法运算。在除法运算中,我们可以用"2^0、2^1、2^2"这样的几何数对"轻、中、重"赋值,然后相除求其"商",这样就得到了"商公式",如下表示:$G_{1,2} = I_1 / I_2$。②

　　对上述两个公式进行赋值运算,我们发现,不管是差公式还是商公式,都能得到三种运算结果,有两种情形(六种结果)可以分出大小,也就是说可以得到两个冲突原则中哪一个相对来说更重要的结论。但是其中还有一种情形

---

① 如果依上述赋值运用此公式运算有九种结果:
　(1) s,l = 3-1 = 2;(2) s,m = 3-2 = 1;(3) m,l = 2-1 = 0;
　(4) l,s = 1-3 = -2;(5) m,s = 2-3 = -1;(6) l,m = 1-2 = -1;
　(7) l,l = 1-1 = 0;(8) m,m = 2-2 = 0;(9) s,s = 3-3 = 0。
② 如果依上述赋值运用此公式运算有九种结果:
　(1) s,l = 4／1 = 4; (2) s,m = 4／2 = 2; (3) m,l = 2／1 = 2;
　(4) l,s = 1／4 = 1/4; (5) m,s = 2／4 = 1/2; (6) l,m = 1／2 = 1/2;
　(7) l,l = 1／1 = 1; (8) m,m = 2／2 = 1; (9) s,s = 4／4 = 1。

（三种结果）（其值为 0 或 1）得出的运算结果相等，也就是说两个原则在个案中具有同等重要性。①

但是重力公式的基本形式只是一种理想情况，原则之间的衡量还有其他的因素需要被考虑。阿列克西认为还有两个变量是必须要被考虑的，一个变量是每个原则在整个的法律价值位阶中所具有的重要性程度，也就是抽象的重要性，即"抽象重力"，可以用 G 来表示。那么原则 P_1 加上这一因素在个案中受到侵害的程度，可以用乘法运算的方式表示，即"$W_1 = I_1 \cdot G_1$"；同理，原则 P_2 对原则 P_1 在个案中的侵害程度就可以表示为"$W_2 = I_2 \cdot G_2$"。基于此，用除法的算法来表示原则 P_1 与原则 P_2 之间的"受侵害—侵害"的程度就可以体现为 $G_{1,2} = I_1 \cdot G_1 / I_2 \cdot G_2 (W_1 / W_2)$ 这个商公式。但是一般情况下，原则的抽象重力是相同的，所以可以消去。因为原则之间并没有一个固定的位阶秩序，就如同没有一个固定的价值位阶是一样的，但在个案情况下，则可能有重要与相对次要之分。另一个需要增加的变量则是因原则受到侵害而采取某种措施的经验性前提的确定性程度。可以将之分为两种情况，一种是原则 P_1 被侵害的情形，另一种是原则 P_2 侵害 P_1 的情形。在这两种情形下，采取措施的经验性前提的确定性程度分别用 S_1 和 S_2 来表示。阿列克西按照确定性程度，把其分为"确定的""可成立的""非明显错误的"，用递减式几何级数"2^0、2^{-1}、2^{-2}"来为其赋值。因此，包括所有变量的完整的重力公式就可以表示为：$G_{1,2} = I_1 \cdot G_1 \cdot S_1 / I_2 \cdot G_2 \cdot S_2$。

运用重力公式的复合形式对相互冲突的原则进行衡量，仍然有三种结果：

(1) 当 $G_{1,2} = I_1 \cdot G_1 \cdot S_1 / I_2 \cdot G_2 \cdot S_2 > 1$ 时，原则 P_1 优于原则 P_2 适用，此时 P_1 是决定性原则。

(2) 当 $G_{1,2} = I_1 \cdot G_1 \cdot S_1 / I_2 \cdot G_2 \cdot S_2 < 1$ 时，原则 P_2 优于原则 P_1 适用，此时 P_2 是决定性原则。

---

① 阿列克西将这情形称作衡量模式或重力公式中的"平手情况"或"不分高下的情况"，这种平手情况的出现是衡量模式的结构性特点，所以我们也可称之为"结构性衡量空间"。阿列克西认为，若衡量模式中相冲突的二个原则重力度量值呈"对称性"的结构，即存在留待衡量者自由裁量的空间，此时选取任何一个原则都可以被看作最好的结果。参见雷磊：《法律规范的冲突与适用——以规则与原则的关系为重心》，中国政法大学硕士学位论文，2007年，第45页。

(3) $G_{1,2}=I_1 \cdot G_1 \cdot S_1/I_2 \cdot G_2 \cdot S_2 = 1$ 时,无法唯一地决定原则 P_1 和 P_2 的优先关系。

在上述三种情形中,由于前两种情形得出了明确的结果,从而无需法官的自由裁量。但第三种情形是一种平手情形,两个原则的重要性程度等值,那么就必须由法官作出裁决。但这种自由裁量是以相应的论证义务为基础的,也就是说,法官必须展现自己的衡量过程和步骤。因此,这种情形仍然是一种理性的过程的结果。由此,借助衡量公式,宪法基本权在个案中得到了确定的保护。

(二)存在的问题

然而,事实真的是如此吗?第三种情形需要依赖法官的自由裁量,其结果的获得具有不确定性,但这种不确定性也是建立在不同的结果其实是一样最优的前提之下。相反,在我看来,重力公式用于前两种情形时只是在外观上或者说逻辑上获得结果是确定的,即基本权在依赖重力公式的情况下能获得很好的实现。然而,当我们深入分析这个公式中所涉及的变量时,情况似乎就变得不那么乐观了。实际上,衡量公式只是保障冲突原则的衡量能在一种理性的框架之下进行,并不能完全决定结果的确定性。下面,我将逐一分析每个变量的具体情况,找出实现基本权的重力公式可能存在的缺陷。

首先,让我们来看一看公式中的抽象重力因素这一比较稳定的变量。阿列克西认为,一条原则的抽象重要性是在不考虑个案情形下相对于其他原则的重要性。大部分的宪法原则在抽象的重要性方面并没有差别,但也有一些原则其抽象的重要程度轻重有别,例如生命权的抽象重要程度即较一般行动自由更高。抽象重要性大略相当于一般说的基本权位阶次序。所谓基本权位阶次序,就是认为基本权本身价值有高低之别,因而各自受到的保护程度也应宽严不同,这种观点也被称为"实体价值论"观点。该观点认为,可以从"人性尊严""自由民主基本秩序"等宪法的核心价值中,推导出某些基本权利具有比较重要的价值,需要比较严密的保护。例如,就政治运作而言,选举权、被选举权与公民投票等民主基本权利和言论自由、新闻自由等沟通(交流)基本权利,就是比较重要的基本权利。在某种程度上可以说,基本权利有一个价值位阶;不同位阶的基本权利,受到保护的程度不同,因此法院的审查强度也就不同。而且这种观点也得到了审判实务的支持。德国联邦宪法法院的许多判决都体现出了基本权利是具有位阶秩序的。[①] 此外,联邦宪法法院在涉及人身自由尤其是侵害到生命权的判例中,也都强调由于这些权利较其他权利是更为重要的法益,因而应予以更严格的审查。虽然联邦宪法法院原则上并不承认在基本权或其他宪法价值之间存在一个固定的、绝对的、僵化的、既存的价值位阶秩序,但是从这些判例中,仍可以看出某些基本权利(言论自由、人身自由等)确实被法院认定为具有较高的价值位阶或抽象上较高的重要性。

另外,不仅不同基本权利具有不同的位阶,也即具有不同的重要性,而且联邦宪法法院的判例显示同一基本权利的不同领域相比另外领域具有更高的重要性,也即具有更高的价值位阶,因而应受到更加严格的保护。如在有关职业自由限制的宪法判例中,形成了职业选择自由审查密度的"三阶理论",就是把职业选择自由按照不同领域的重要程度分成三个领域,按照重要程度从弱到强具体分为:职业执行自由的限制、主观许可要件的限制和客观许可要件的限制。[②] 由此,联邦宪法法院对于不同职业自由的领域进行了类型化处理,并按照重要性程度给予不同的保护。

由上面的分析,我们似乎可以发现,通过对同类案件进行类型化处理,确实归纳出了一个基本权位阶秩序:在不同的基本权之间以及同一基本权的不同部分、领域之间都存在着某种秩序,也就是说抽象层面上的重要性确实是存在的。而且宪法法院的判例中似乎存在着一个价值的位阶:人格及人性尊严是宪法价值秩序中的最重要的价值,与人性尊严的距离越近,在抽象层面上就更重要。

[①] 例如著名判例"吕特案"(Lueth v. Veit Harlan),该案论证了言论自由的重要性。联邦宪法法院在针对该案中当事人的经济和职业利益的损害与言论自由进行衡量时,论证道:言论自由对于自由民主具有一般性意义,并对具有严肃内涵的公共政策的形成具有促成讨论的功能。当涉及对公共福祉具有重要性的议题的公共意见形成时,则私人利益与经济利益二者原则上必须退却……只有在平等自由保障下才能建立起属于个人真正的意见。参见〔德〕黄锦堂:《关于"吕特事件"之判决》,载《西德联邦宪法法院判决》,黄启祯译,台湾"司法院"1990年版,第109页。
[②] 类似地,在一般人格权领域,可以分为私密领域、私人领域和社会领域;在艺术自由领域,可以分为创作领域和散布领域。此外,按照重要程度给予不同的保护,也是一种类型化的处理。

但是这种基本权位阶秩序面临的问题是：基本权的实体价值并不是凝固不变的，它只有在具体案件中才能得以现实化和确定化，并且在这个过程中具有较大的流动性。① 单凭基本权利抽象的实体价值并不能决定基本权受保护的强度。在具体的案件中，只有将规范上抽象的价值位阶与具体的案件事实进行结合论证，才能最终形成基本权的实际价值，也就是说基本权的抽象价值必须要依赖具体案件事实才能被确定，即其在很多情况下是不确定的。在具体的案件中，具有抽象重要性的基本权在案件事实的相关考虑下，其价值可能缩减；相反，某些不具有抽象重要性的基本权在案件事实的衡量下，其价值也可能被放大，这也在联邦宪法法院的审判实践中得到支持。联邦宪法法院的判例可以佐证这一点。② 因此，具体案件事实也是决定基本权抽象重要性的重要因素，其本身很难有一个精确的基本权重要性的定位，就算依靠阿列克西的衡量公式也不能给出精确的定位，其仍需求助其他的因素才能被确定。

再来看一看公式中相冲突原则在个案中受侵害或被满足的程度 I，其本身就是需要在个案中才能被确定，即也是需要依据个案事实才能被确定。因此，仅靠公式本身亦无法给出确切的分量与定位，此处不再赘言，可详见前面的分析。

现在来看一看公式中的最后一个变量，即经验性前提的确定程度 S，其恰好与法院在实践中所采取的"三阶度审查密度"三分说相呼应。采取措施的经验性确定程度由低到高为："明显的审查"的审查标准意味着采取措施的确定性程度是"非明显错误的"，"可支持性审查"意味着采取措施的确定性程度是"合乎事理的"，"强烈的内容审查"意味着采取措施的确定性程度"确定的"。具体而言，"明显性审查"是指宪法法院在审查涉及经济、外交、社会政策之立法行为时，只有当立法决定明显抵触宪法时，宪法法院才始得加以非难。"可支持性审查"是指宪法法院在审查不涉及人身的其他基本权利（例如财产权、

---

① 参见何永红：《基本权权利限制的司法审查——以审查基准及其类型化为焦点》，法律出版社 2009 年版，第 67 页。
② 例如"刑满出狱报道案"中，犯人即将出狱时，广播电台可否重播该犯人以前犯罪的节目。这里涉及的是人格自由权与言论自由权，均属于"自由民主基本秩序"的宪法核心价值，一般而言，都属于要优先保护的基本权利；但在个案具体情形的衡量下，广播电台的言论自由权保护退居人格自由权之后。参见〔德〕黄锦堂：《关于"吕特事件"之判决》，第 204 页。

结社权等)时,系争的法律条文内容必须"合乎事理",并为一定程度上的立法事实所支持,达到联邦宪法法院所能理解并加以支持的合理性程度。"强烈的内容审查"是指宪法法院在审查涉及人身的基本权利(例如生命权、人身自由等)以及民主自由制度的法律时,立法者必须在立法事实的认定、预测与评估等方面达到"充分的真实性"或"相当的可靠性"的程度,如果存在合理的怀疑和不确定的情况,就会被宣布违宪。[①] 这种三阶度审查密度不是依赖衡量公式确立的,而是联邦宪法法院在一系列的宪法判例中通过对同类案件进行类型化而确立的,是一种经验性的总结。这可以通过不同的审查密度适用于不同的范围而得知,因为其适用的范围只是大致确定的,而且会随着具体案件而变化,而这个范围只是一个初步的指导方向,是一种类型化的结果。

　　由上面的分析,我们可以清楚地看出,阿列克西的重力公式只是给我们为基本权利的实现提供了一个理性的、限制任意与恣意的框架,并不能完全解决基本权原则相互冲突的问题。公式中每一个变量的确定,无论是基本权的抽象重要性、受侵害程度,还是经验性前提的确定程度,都与事实性因素相关,也就是说是一种规范性因素和事实性因素的结合,而这正是类型化思维的本质要求。不仅如此,类型化与法律原则的实现有着密切的联系,是法律原则实现的重要方法,甚至可以说,具体的法律原则本身就是一个个类型。类型化思维有两个重要的特征:一是类型相对于概念而言是开放的,两个类型只要主要特征相同就是同一个类型,而不像概念那样必须所有的特征都相同,才能涵盖于这个概念之下。二是类型的实现需要规范与事实不断融合,从而产生具体的、真正的规范,而不像概念那样是一成不变的。类型是不断吸取新的事实性要素,从而不断变化的,可以说类型化是规范与事实之间的桥梁。正因具有这样的特征,类型化思维贯穿了基本权原则的实现全过程,一如我们在上文中已经提到的职业选择自由权原则、一般人格权原则以及艺术自由原则。这些原则都通过与案件事实的交融形成了各自不同的具体类型,如职业选择自由权原则的职业执行自由限制、主观许可要件的限制以及客观许可要件的限制类型,一般人格权的私密领域、私人领域和社会领

[①] 参见欧爱民:《论宪法实施的统一技术方案——以德国、美国为分析样本》,《中国法学》2008年第3期,第118页。

域类型等。这都是通过对具体案件进行归纳,也就是类型化而得出的。对这些具体的基本权原则类型,会有不同的保护强度和措施。同样地,"三阶度审查密度"也是经由类型化而得以形成,是类型化的基准。所以说,类型化方法对于基本权原则的实现有着非常重要的作用。联邦宪法法院总是以基本法规范或宪法规范理论为切入点,进入案件的事实因素分析。同时,这种分析也始终围绕所涉及的规范性命题,借助于事实因素的桥梁,最终将基本权利价值从规范上的应然状态演绎推导出实际案件中的类型化控制基准。

但是,我们应当清醒地认识到,类型化基准并不能为具体案件审理提供终局性的判断依据,在个案审查中,还得从规范与事实的对照以及对案件各种事实因素的衡量中对抽象的类型化基准进行调节。类型化思维方法仅指示基本权价值判断的初步方向,在这一指引之下,具体案件的宪法评价还需进行综合的利益衡量,而这一衡量框架就是阿列克西的衡量公式——这一公式包含了各种需要衡量的因素,并且使衡量的过程能够在一种理性的过程中进行。所以,需要综合运用类型化方法和衡量公式,才能够较好地实现基本权(原则)。

律师庭外言论的监管模式[*]

张 培[**]

摘 要：律师庭外言论是指诉讼案件的辩护人或者代理人向不特定的社会公众在法庭外发表与其辩护或者代理的案件有关、与律师业务有关以及与其职业身份相关的言论。国际准则规定了律师庭外言论的基本要求，但并没有规定律师庭外言论的监管方式。从各国法律来看，域外国家规定了两种律师庭外言论的监管方式：英美法系国家的事前缄口令+事后处罚模式，大陆法系及混合法系国家的事后惩罚模式。我国对律师庭外言论采用了全面监管的综合治理模式，监管措施包括事前制止措施、事中"停止传输"措施、事后删除与责任追究措施。完善我国律师言论监管方式，需要进一步明确律师言论边界，事前制止措施应遵循"法无授权不可为"原则，应当为过滤或者删除律师言论措施提供救济手段，允许对律师行业纪律处分进行司法审查。

关键词：律师庭外言论；监管模式；事前制止措施；停止传输措施；责任追究措施

律师庭外言论是指诉讼案件的辩护人或者代理人向不特定的社会公众在法庭外发表与其辩护或者代理的案件有关、与律师业务有关以及与其职业身份相关的言论。2021年10月15日，《中华全国律师协会关于禁止违规炒作案件的规则（试行）》（以下简称《关于禁止违规炒作案件的规则（试行）》）第5条规定："案件承办律师不得通过当事人、他人变相披露上述信息、材料。案件承办律师所在律师事务所以及其他知晓案情的律师参照执行。"它将律师的言论分为违规炒作案件、不当披露案情、对公共事务发表不当评论、在公共平台发

---

[*] 本文系国家社科基金项目"类案同判机制研究"（20XFX001）的阶段性成果之一。
[**] 张培，法学博士，广西中医药大学讲师，英国牛津大学、剑桥大学访问学者。

表影响律师形象的评论四种情形,没有将言论限于对自己代理和辩护的案件的言论。因此,律师庭外言论可以与代理的具体案件相关,也可以是与具体案件无关的、对自己的业务进行宣传广告的言论,或者是以律师职业身份发表的对公共事务的评论。因此,本文中所指的"律师庭外言论"的主体既包括了案件承办律师,也包括了当事人、律师助理等案件承办律师的代言人,还包括了案件承办律师所在律师事务所以及其他知晓案情的律师的言论;言论的范围包括了在法庭外发表的与其辩护或者代理的案件有关、与其他律师业务有关以及与其职业身份相关的言论。

言论自由是一项被国际规则与各国立法普遍确立的权利。律师作为公民,依法享有宪法规定的公民权利,自然也享有言论自由。同时,通过媒体影响审判也是一种律师权利。律师庭外言论是一把"双刃剑",律师不当的庭外言论可能导致舆论审判,进而影响司法权威。习近平总书记指出:"对司法机关尚未或正在办理的案件,媒体可以报道,但不要连篇累牍发表应该怎么判,判多少年等评论,防止形成'舆论审判',以便为执法司法机关行使职权营造良好舆论环境。"[1]律师发表不当庭外言论,再经过媒体炒作性地报道,不仅不能帮助公众监督司法系统,反而加重了公众的情绪化,导致其对司法正义的误解,[2]对司法权威造成严重的冲击。另外,律师不当言论还可能存在泄露国家秘密和个人隐私、损害未成年人利益等负面影响。

正因为律师庭外言论存在利弊共存的问题,国际准则和各国规则对律师庭外言论都有规范,以防止律师发表影响司法公正和违背职业伦理的不当言论。规范律师庭外言论涉及两个方面的问题:一是律师能说什么,即确立律师庭外言论的边界;二是采用什么方法进行监管,即律师言论的监管手段。国内对前者的研究已经很多,对后者还缺乏专门讨论。因此,本文专门对律师庭外言论的监管手段即监管模式展开研究。

---

[1] 习近平:《十八大以来重要文献选编》(上册),中央文献出版社2014年版,第723—724页。
[2] 参见刘武俊:《构建司法与媒体的良性互动关系》,《人民法院报》2016年10月30日,第2版。

一 律师庭外言论的域外监管方式

国际规则规定了律师庭外言论的边界。1990年联合国预防犯罪和罪犯待遇大会通过的《关于律师作用的基本原则》第23条指出："与其他公民一样,律师也享有言论、信仰、结社和集会的自由。"所以,他们有权参与关于法律、司法、保护人权等问题的讨论并参加会议。但律师在行使这些权利时"应始终遵照法律和公认准则以及按照律师的职业道德行事"。《欧洲法律职业核心原则宪章和欧洲律师行为准则》第2.6.1条规定:"律师有权将其所提供的服务信息告知公众,前提是该信息准确、无误导性,并符合保密义务和其他职业核心价值的要求。"第2.6.2条规定:"在符合前款法条要求的情况下,律师可以在任何媒体进行个人宣传,例如报刊、广播、电视、电子商业信息等。"[①]可见,欧洲标准对律师庭外言论并不禁止,但不得违背"职业核心价值"。和国际规则的通常规范模式一样,上述国际规则只是通过义务性规范、禁止性规范和授权性规范为各国制订国内立法提供了指引,但对于律师言论的监管模式没有进行规定。从世界各国的情况来看,域外存在两种监管模式。

(一) 英美法系国家的事前缄口令+事后处罚模式

英美法系国家的法院常常采取司法缄口令的形式对律师庭外言论进行限制。缄口令又称为限制令、禁言令,是指由法院颁布的要求被限制对象不发表言论的命令,具体类型包括针对被告、媒体和律师的缄口令。对于违背事前缄口令的,要对违法行为进行事后处罚。

英国1981年的《藐视法庭法》第4节第2款规定:当法院在有必要采取措施或防止对司法程序产生损害时,有权发布缄口令要求媒体推迟对某些案件的报道。[②] 这一规定同样适用于律师向媒体发表言论或者直接发表自媒体言

---

① Charter of Core Principles of the European Legal Profession and Code of Conduct for European Lawyers, 2019.
② 英国《藐视法庭法》(1981)第4节第2款:"关于正在进行的诉讼程序或任何其他处于未决或迫近状态下的诉讼程序,当似乎有必要采取措施以避免对相关司法程序造成损害的时候,法院可以命令,在其认为有必要的一段时间之内,推迟对相关诉讼程序或诉讼程序的某一部分所作的报道。"

论。当然,法院发布缄口令也必须满足一定的条件,这些条件包括发布的形式是法院令,必须满足发布的紧迫性与必要性,以及推迟报道的期限具有有限性,等等。

在事后处罚来看,英国法院曾经享有对律师的处罚权,但随着律师自治的发展,法院逐渐放弃了对律师个人的处罚权,只保留对律师协会处罚权的监督权。①《藐视法庭法》规定了律师藐视法庭的严格责任,"严格责任原则"指律师庭外言论行为虽无主观意图,但有干扰了法律程序的后果,也可被认定为藐视法庭。② 同时,《藐视法庭法》第 49 章第 5—17 条规定了可以对媒体、律师和其他公民违法发表庭外言论、干扰法律程序的行为处以监禁、罚金;以上处罚既可以是民事处罚,也可以是刑事处罚。

美国也通过法院发布缄口令的方式限制媒体报道。虽然这种做法在美国普通法中早已存在,但真正被法官广泛采用并在宪法上确立其合法性,是在 1966 年的"谢泼德诉马克思威尔案"(Sheppard v. Maxwell)③之后。该案为限制律师庭外言论提供了宪法依据。④ 但是,在 1976 年的"内布拉斯加新闻协会诉斯图尔特案"(Nebraska Press Association v. Stuart)⑤之后,实际上废除了针对新闻媒体的缄口令,但仍然保留了针对律师的司法"缄口令"。

最近几年,美国刑事被告人在案件调查和审判期间选择以鲜明的姿态发动媒体宣传活动的案子多了起来,律师在其中也起到了非常重要的作用。缄口令受到越来越多的质疑,因为针对律师和检察官的缄口令在执行上的区别对待,容易导致司法不公。在美国,司法缄口令的约束对象既包括律师也包括检察官;但在实践中,难以在控方检察官和辩方律师之间平等地执行缄口令。例如在"金泰尔案"中,辩护律师金泰尔因召开新闻会议而受制裁,但是检察官却不会因召开自己的新闻会议而被指责。⑥ 由于法官在司法实践中很少颁发针对检察官的缄口令,这违背了控辩平等对抗的原则,造成了控辩双方实际上

---

① 参见张迎涛:《律师协会惩戒权比较研究》,《公法研究》2009 年辑刊,第 449 页。
② 参见英国《藐视法庭法》(1981)第 49 章第 1 条。
③ See Sheppard v. Maxwell, 231 F. Supp. 37 (S. D. Ohio 1964).
④ 参见高一飞:《美国的司法缄口令》,《福建论坛》(人文社会科学版)2010 年第 8 期,第 152 页。
⑤ See Nebraska Press Association v. Stuart, 427 U. S. 539 (1976).
⑥ See Gentile, 501 U. S. at 1051.

的地位不平等。

由于检察官的起诉书具有指控犯罪嫌疑人犯罪行为的性质,并且起诉书向社会公布是司法信息公开的最低要求,因此当公众接触到起诉书的内容时,往往已经产生了这样的认知:起诉书是说明犯罪嫌疑人有罪的强有力证明。当起诉书公之于众时却要求辩护律师保持沉默,这是不公平的。[①] 所以,辩护律师应该有向媒体表达有利于其委托人的言论的机会。缄口令在未来是否还有存在的必要,值得反思。

同样,美国对律师违反缄口令的处罚,既有行业处罚,也有民事处罚和刑事处罚。

首先,关于违背缄口令的纪律处罚。对违背缄口令的纪律处罚是指律师协会内部的职业纪律处罚,具有行业自律的性质。在美国,一般由州最高法院或议会授权成立一个独立的机构,该机构的经费来源是各州收取的律师年费、营业税或职业税,职责范围是对公众提出的关于律师或检察官不良职业行为的申诉或指控进行调查和处罚。具体的处罚方式从程度上由轻到重分为公开批评、吊销律师执业资格和永久取消职业资格三种。其中,律师执业资格既可以在固定的一段时间内吊销,也可能无期限吊销。卡特尔是美国因与媒体交流而面临刑事指控的第一位律师。[②] 1993 年,当公众对案件的兴趣最为高涨的时候,尽管法官无数次地警告,他却反复地与媒体对话。后来卡特尔被判处 90 天的软禁和 600 个小时的非法律社区服务,并且被纽约东区吊销 180 天的从业资格。[③] 美国各州律师协会纪律委员会或各州最高法院还可以永久取消违反缄口令的律师的执业资格。一旦被处罚,即使这位律师后来改正了他的行为,也将失去重新执业的机会。

其次,关于违背缄口令的法律处罚。美国法律规定了民事藐视和刑事藐视这两种藐视法庭的行为。在实践中,审判法院是联邦法院还是州法院,案件是民事案件还是刑事案件,以及案件具体发生在哪个州,所适用的惩罚规则也

---

① See Loretta S. Yuan, "Gag Orders And The Ultimate Sanction, Loyola of Los Angeles," *Entertainment Law Journal*, 1998, Vol. 18, p. 643.
② See Andrew Blum, Left Speechless: Out of Court, Defense Lawyers Feel a Chilling Breeze, (Nat'l L. J., and Jan. 18, 1993), p. 1.
③ See United States v. Cutler, 58 F. 3d 825 (2d Cir. 1995).

各不相同。对于律师的不当庭外言论,法官会按照藐视法庭处罚,处罚措施包括罚款、谴责、停止侵害,取消律师资格和监禁。① 刑事藐视往往会招致更严厉的处罚,辩护律师如果违反了与媒体之间的言论规则,则有可能被处以藐视法庭罪,最终面临监禁的处罚。② 这种处罚会对律师的执业行为产生影响,从而促使律师时刻警惕自己的行为是否失范或越界。

(二)大陆法系及混合法系国家的事后惩罚模式

大陆法系及混合法系国家在处理司法与媒体之间的关系问题上采取比较宽松的做法,一般不会对新闻媒体进行预先限制,采取了"事后惩罚模式"。

法国对律师庭外言论采用原则性保护的模式,但并不提倡律师发表庭外言论。在律师广告方面,根据法国《国家律师职业内部规定》第10.2条规定,"律师的交流包括个人宣传和专业信息"③,可以在交流中提及他所受托的任务和提供的服务,前提是这些信息的真实、无误导、不含贬低或比较、不会造成公众产生对不存在的执业机构的认识。④ 这一规定主要针对的是律师的广告行为。

虽然法国国家法律并未对律师庭外言论作出原则性的规定,但地方性规则对其进行了细化。根据《巴黎律师内部规则》第10.0.1条,"律师可以在他选择的领域并根据他认为适当的方式自由表达自己的意见","如果律师就当前案件或与专业活动有关的一般问题发表声明,他必须表明他以何种身份发言并保持特别警惕"。⑤《巴黎律师公会规程》第10.2条规定的禁止事项指出,"所有欺诈性广告或含有不准确的或虚假信息的广告"都是被禁止的。第21.2.6.1条规定:"律师可以向公众告知其所提供的服务,但前提是所提供的信息必须真实,并严格遵循职业保密原则和其他律师职业的基本原则。"为防止律师被追责,法国大多数地方律师协会内部章程都规定,当律师在媒体上发表意见时,必须严格做到其言论只能包括理论性的判断,而不含有对案件专门

---

① See H. Morley Swingle, Warning: Pretrial Publicity May Be Hazardous to Your Bar License, (50 J. Mo. B., 1994), pp. 335, 337-338.
② See Loretta S. Yuan, "Gag Orders And The Ultimate Sanction, Loyola of Los Angeles".
③ CNB Règlement Intérieur National de la profession d'avocat (RIN) (Version consolidée au 18 janvier 2021), 10.2.
④ Ibid.
⑤ Règlement Intérieur du Barreau de Paris (Date de notre dernière mise à jour 26 juillet 2021).

问题的回答。[1] 由此可见，虽然法国并不禁止律师发表庭外言论，但要求其"只能包括理论性的判断"。

德国对律师庭外言论持原则性保护的立场。德国《联邦律师法》对律师庭外言论的规定较少，只针对律师的保密义务[2]、言论真实义务[3]、广告行为[4]有明文规定。《德国联邦律师条例》第 43a 条第 2 款规定了律师有保持沉默的义务和在诉讼中不发表有违客观言论的义务。德国律师委员会制定的《律师职业守则》中关于律师言论的描述也较为简略，第 2.2 条规定了律师应当避免在媒体面前表现出意图耸人听闻地宣扬本人或其处理的案件。[5] 这一条款主要针对的是律师的广告宣传行为。第 6.1 条规定："律师可以提供个人信息和有关其服务的信息，前提是所提供的信息是客观的并与其专业活动相关。"[6]因此，虽然德国法律规范并不禁止律师发表庭外言论，但有"客观"发表言论的义务。

日本《律师法》[7]和日本律师联合会制定的《律师基本职责规定》[8]、《律师职业道德》[9]均未提及律师庭外言论，只是针对律师的保密、广告等行为进行了具体规定。例如，日本的《日本律师职务基本准则》第 9 条规定："律师进行广告或宣传时，不得提供涉及虚假或误导的信息。"[10]这实际上是律师庭外言论必须遵循真实性规则和合法广告规则的体现。

意大利对律师庭外言论持原则性保护态度，并对其进行了明文规定。意大利《法律职业新规》第 10 条规定："律师可以发布关于其专业活动、公司组织

---

[1] 参见吴晨：《监管庭外言论和司法评论的域外范例》，《中国律师》2017 年第 9 期，第 56 页。
[2] Bundes rechts anwalts ordnung（BRAO），§43a(2).
[3] Ibid，§43a(3).
[4] Ibid，§43b.
[5] 德国《律师守则》第 2 条第 2 款："律师在出席法庭时在与报刊、广播及电视的关系中，应避免表现出意图耸人听闻地宣扬本人或其处理的案件。"
[6] Berufs ordnung（BORA）in der Fassung vom 01.01.20201, §6 (1).
[7] 参见《弁护士法》（昭和二十四年法律第二百五号，令和二年法律第三十三号による改正）。
[8] 参见《弁护士职务基本规程》（平成十六年十一月十日会规第七十号，改正平成二十六年十二月五日）。
[9] 参见《弁护士伦理》（平成二年三月二日临时总会决议，改正平成六年十一月二十二日）。
[10] 北京市律师协会组编：《境外律师行业规范汇编》，中国政法大学出版社 2012 年版，第 785 页。

结构、任何专业以及所持有的科学和专业资格的信息。"①意大利《律师行为准则》第 18 条规定了律师与媒体的关系:"律师需要遵守自由裁量权的原则和保密义务;经委托人的同意并且为了维护委托人的利益,只要不违反保密义务,律师可以向媒体提供信息。"②但在任何情况下,律师都得确保未成年人的匿名。③ 可见意大利对于律师庭外言论也并不限制,但其言论不得违反保密义务,不得侵犯未成年人的合法权益。

　　大陆法系及混合法系各国对律师的庭外言论采用的是事后规范的模式,即律师不会接到发表言论的事前禁令,而是采用一般法律规范模式:在规范上确定行为指引,授权(可以)或者禁止(不得)律师发表特定言论,对于违背禁止性条款的,事后根据律师法或律师行业守则对该律师进行处罚。如日本律师协会对律师的处罚具体包括四种,即警告、两年以内的停止执业、退会命令、除名;对律师事务所的处罚也有四种,包括警告、律师事务所停业或者律师事务所两年内停业、退会命令、除名。④ 法国、德国、意大利的律师管理规范都作了类似的规定。

(三) 域外律师言论监管模式的比较

　　在英国和美国,对于律师的庭外言论监管采用的是事前缄口令+事后处罚的模式。应当指出的是,事后惩罚并不以违背缄口令为前提,即违背缄口令的言论行为固然可以被处罚,但在没有发布事前缄口令的前提下,如果法官发现律师的言论是扰乱法庭秩序的,则同样可以对言论发布者进行处罚。

　　大陆法系国家与英美法系国家具有不同的诉讼传统文化。由于没有陪审团,大陆法系国家和部分混合法系国家采用专业法官审判的审判模式,审判案件的工作通常由专业法官完成,或者由专业法官和陪审员混合组成的合议庭完成,公众舆论对理性的专业法官影响较小,律师庭外言论对司法公正影响的

---

① LEGGE 31 dicembre 2012, n. 247 1 Nuova disciplina dell'ordinamento della professione forense (aggiornato al 18 luglio 2020), Art. 11. 1.
② CODICE DEONTOLOGICO FORENSE (approvato dal Consiglio nazionale forense nella seduta del 31 gennaio 2014 e pubblicato nella Gazzetta Ufficiale Serie Generale n. 241 del 16 ottobre 2014), Art. 18. 1.
③ Ibid., Art. 18. 2.
④ 参见《弁护士法》(昭和二十四年法律第二百五号,令和二年法律第三十三号による改正),第五十七条(2)。

程度也很有限。因此,上述国家没有采用缄口令模式,而是仅仅采用事后惩罚模式。

二 我国对律师庭外言论的综合治理模式

随着现代国家的管理模式逐渐从"监管"变为"治理",我国对网络有害信息的治理采用了综合治理模式。[①] 律师言论规则的本质是律师与媒体关系,是媒体与司法关系的一部分。学者高一飞首次提出,我国的媒体与司法关系规则采纳了综合治理模式,[②] 即不同于英美法系的"事前缄口令+事后处罚的模式"和大陆法系的"事后惩罚"模式,而是采取了"事前告诫+事中制止+事后删除与责任追究"相结合的方式监管律师不当言论。

(一) 事前告诫措施

事前制止措施可以通过司法行政机关或者行业协会责令律师事务所根据《律师事务所管理办法》来完成,根据其第50条:"律师事务所应当依法履行管理职责,教育管理本所律师依法、规范承办业务,加强对本所律师执业活动的监督管理,不得放任、纵容本所律师有下列行为……"该条之(一)(二)(三)(六)列举了四种与律师言论有关的情况。根据律师正在办理的案件可能出现违法言论的具体情况,律师事务所可以通过监督管理进行事前警告、制止。《关于禁止违规炒作案件的规则(试行)》第10条规定:"律师事务所应当严格履行管理职责,建立健全内部管理制度,禁止本所律师违规炒作案件,发现问题及时予以纠正。"要求事前通过管理制度禁止律师发表违规言论、教育律师遵守这一规则。这一做法类似于英美法系国家的缄口令制度,但英美两国的缄口令在程序上通过法院的司法命令来完成,而我国的事前制止措施是中国特色的缄口令制度,实践中,大部分律师能够遵守管理制度。违背律师内部管理制度的,有关机构通过事后的行政处罚、纪律处分、律师事务所解聘涉事律师等方式,对律师进行行政处罚、纪律处分、内部处理,以此倒逼事前制止

[①] 参见张新宝:《互联网有害信息的依法综合治理》,《现代法学》2015年第2期,第53—66页。
[②] 参见高一飞:《互联网时代的媒体与司法关系》,《中外法学》2016年第2期,第486—517页。

措施的有效实施。

（二）事中制止措施

事中"停止传输"措施，即通过媒体管理对律师违法违规言论采取"停止传输"措施。有害信息治理技术的核心是有害信息的发现技术。[1] 目前，许多国家均实施了内容过滤政策，例如：欧盟采取技术措施处理有害内容；日本总务省通过过滤系统防堵犯罪、色情与暴力的网站；美国的中小学电脑对违法网站进行屏蔽；新加坡"严格限制媒体"，要求网络服务提供商封堵关键词。[2]

我国法律也规定了对违法违规言论的事中"停止传输"措施。《关于禁止违规炒作案件的规则（试行）》第10条规定了律师事务所、律师协会的及时纠正义务，实际上就是"发现即制止"的事中停止传输措施。另外，我们可以通过网络运营者、国家网信部门和网络警察执法直接查禁有害言论。1995年八届全国人大常委会第十二次会议通过的《中华人民共和国人民警察法》第6条第12项规定，公安机关人民警察依法履行监督管理计算机信息系统的安全保护工作的职责。1997年12月11日国务院批准的《计算机信息网络国际联网安全保护管理办法》第10、15、18条规定，公安机关计算机管理监察机构有直接或者通知有关单位关闭服务器和删除相关内容的权力。2017年6月1日生效实施的《中华人民共和国网络安全法》第47、50条规定了网络运营者和行政机关具有采取停止传输违法言论、消除信息、阻断传播境外信息等措施的权力。

在司法实践中，司法行政机关、办理案件的司法机关会根据以上法律法规，及时要求网络管理部门、公安机关网络监督警察、网络运营者对律师的不当言论采取停止传输措施。

（三）事后删除与责任追究措施

《中华人民共和国网络安全法》第47条规定，对不良信息可以"采取消除等处置措施"，《关于禁止违规炒作案件的规则（试行）》第11条也规定了律师

---

[1] 参见高一飞：《互联网时代的媒体与司法关系》。
[2] 参见张新宝：《互联网有害信息的依法综合治理》。

违规炒作的事后删除与责任追究措施。① 另外,2021年11月1日起施行的《个人信息保护法》第4条规定:"个人信息的处理包括个人信息的收集、存储、使用、加工、传输、提供、公开、删除等。"第13条规定:个人信息处理者可以"为公共利益实施新闻报道、舆论监督等行为,在合理的范围内处理个人信息"。以上规定表明,有关部门对律师不当言论可以采取事后删除措施。

此外,我国法律与律师行业规则还规定了对律师不当言论的刑事、行政和纪律责任。通过刑法规定律师言论的犯罪行为与刑事责任:《中华人民共和国律师法》(以下简称《律师法》)②第49条规定,律师在九项违法行为中构成犯罪的,应当追究刑事责任。通过行政法规定律师的言论违法行为与行政处罚:《律师法》第48、49条规定了对律师发表违法言论的处罚。通过行业规范规定律师违纪行为与纪律责任:《律师法》第46条第1款第6项规定,律师协会应当履行对律师、律师事务所奖励和惩戒的职责。律师协会依据《中华全国律师协会会员违规行为处分规则(试行)》(以下简称《律师协会会员违规行为处分规则(试行)》)③对于发表违规言论的律师可以采取六类处罚措施。

---

① 《中华全国律师协会关于禁止违规炒作案件的规则(试行)》第11条规定:"律师、律师事务所违反本规则规定的,律师协会应当通知律师和律师事务所限期改正,并根据《律师执业行为规范》《律师协会会员违规行为处分规则(试行)》等行业规范给予相应的纪律处分。律师、律师事务所有相关违法行为应当予以行政处罚的,律师协会应当书面建议司法行政机关作出相应行政处罚,并移交相关证据材料。"

② 该规则的制订修订情况如下:1996年5月15日,第八届全国人民代表大会常务委员会第十九次会议通过;根据2007年10月28日第十届全国人民代表大会常务委员会第三十次会议修订第一次修正;根据2012年10月26日第十一届全国人民代表大会常务委员会第二十九次会议《关于修改〈中华人民共和国律师法〉的决定》第二次修正;根据2017年9月1日第十二届全国人民代表大会常务委员会第二十九次会议《关于修改〈中华人民共和国法官法〉等八部法律的决定》第三次修正。

③ 该规则的制订修订情况如下:1999年12月18日第四届全国律协常务理事会第五次会议审议通过;2004年3月20日第五届全国律协常务理事会第九次会议修订;2017年1月8日第九届全国律协常务理事会第二次会议修订。

三 完善我国律师言论监管方式的建议

(一) 事前制止措施应遵循"法无授权不可为"原则

"法无授权不可为"是现代宪法的一条基本原则。在我国,"法无授权不可为"这一重要原则的完备、明确表达,最早来自党和国家领导人的倡导。

党和国家领导人也在多次会议中提出和倡导"法无授权不可为"这一重要原则。2014年2月11日,李克强总理提出:"对市场主体,是'法无禁止即可为';而对政府,则是'法无授权不可为'。"[1] 2014年9月5日,习近平总书记指出:"各级行政机关必须依法履行职责,坚持法定职责必须为、法无授权不可为。"[2] 2014年10月23日,习近平总书记又指出:"各级政府必须依法全面履行职能,坚持法定职责必须为、法无授权不可为……"[3] 2015年2月2日,习近平总书记要求领导干部"明白权力来自哪里、界线划在哪里,做到法定职责必须为、法无授权不可为"[4]。习近平总书记的一系列论述,体现了共产党人以人民为中心的执政理念。

我国目前对律师言论的事前制止行为,往往动员司法行政机关、律师协会、律师事务所、兼职律师的所在单位全体出动,给律师施加压力,要求律师签订保证书,保证在敏感案件中保持沉默,这样的做法没有法律依据,超越了公职机关和公职人员的权限;在禁言的内容上,不顾律师言论自由和发表言论的安全范围(如律师当然有权发表已经被司法机关公开的信息、诉讼流程信息),采取了一概禁言的极端措施。因此,将来的立法应当完善这一具有中国特色的事前制止措施。我们应当通过立法进行授权,明确要求律师禁言的主体、范围和规范程序。

---

[1] 李克强:《让市场"法无禁止即可为"让政府"法无授权不可为"》,http://bj.people.com.cn/n/2014/0313/c233086-20767326.html,2022年7月10日访问。
[2] 中共中央文献研究室编:《十八大以来重要文献选编》(中册),中央文献出版社2016年版,第57页。
[3] 同上书,第188页。
[4] 习近平:《论坚持全面依法治国》,中央文献出版社2020年版,第141页。

（二）为过滤或者删除律师言论措施提供救济手段

在过滤或者删除律师言论时也应当保护律师的言论自由权。律师的庭外言论并非全部是违法的，即使是在案件辩护或者代理过程中也有发表言论的权利。这一原则被称为安全港规则。

安全港规则起源于美国，至今为止，美国也是唯一明确规定这一规则的国家。美国律师协会制定的《职业行为示范规则》除在第3.4条中，对涉及未成年人、家庭关系、精神上无行为能力等特殊的诉讼中应当适用特殊的保密规则作出规定外，①用第3.6条整个条文专门规范律师发表的庭外言论。如果说第3.6条(a)是有害性规则条款，②那么《职业行为示范规则》第3.6条(b)中规定的内容则是律师可以进行媒体宣传的、是安全的。③ 由于该条款为律师划定了一个相对确定的可以进行媒体宣传的安全范围，因此它被称为"安全港规则"或"避风港规则"。安全港规则的本质是一个特定情形下的豁免条款，其目的是为相关法律主体或者某一个领域提供一种保护措施。

警方在行使合法权力时不能滥用国家权力，违规"停止传输"律师的合法言论，如果网络警察的行政执法行为违法，则可以依法对之提起行政诉讼。经过查询案例，我们发现我国没有因删除网络文章、文字而引起的行政诉讼。律师是一个为他人维护权利的职业群体，本应当对自己权利被侵犯更加具有维权意识，但律师因自己发表的文章、文字而提起行政诉讼的案例还没有发生。之所以出现这样的情况，主要原因在于过滤或者删除言论的行政行为证据被保存在过滤或者删除的一方，收集过滤或者删除信息行为的证据十分困难。另外，关于网络运营者的过滤或者删除行为的抗辩与救济制度不健全，实际上，网络运营者过滤或者删除言论完全变成了一种没有制约的企业权力，可能侵犯网络使用者的言论自由。对于网络运营者的过滤或者删除行为，完全没有法律加以规制。

---

① 参见北京市律师协会组编：《境外律师行业规范汇编》，第223—224页。
② 参见美国《职业行为示范规则》第3.6(a)条："律师参与或者已经参与调查、诉讼的，不得作出其知道或者理应知道将通过公开传播，并极有可能对本案的审判程序造成重大损害的庭外言论。"
③ 参见高一飞：《美国的司法缄口令》。

为此,我国应当通过专门的立法,对网络信息的过滤或者删除行为进行监督,为被过滤或者删除信息的信息发布者提供救济手段。

(三)允许对律师行业纪律处分进行司法审查

律师因庭外言论可能受到的处罚总体上可分为四类:一是刑事处罚;二是民事责任;三是行政处罚;四是执业纪律处分。所受处罚不同,权利救济的方式也略有差异,因而权利的救济机关也不同。对于前面三种情况,我们有完备的刑事诉讼法、民事诉讼法、行政诉讼法规定了的救济机制,但是我国律师行业处分的救济机制不够健全,需要完善。

对于律师违规的处分,国际上大致形成了律师协会单独行使、律师协会和法院共同行使两种模式。

一种是处罚权由律师协会单独行使,事后可以接受司法审查。绝大多数国家都采用这一模式。在德国,律师协会作出处罚后,若律师对该结果不服,则可以向法院提起诉讼。德国属于律师协会与法院共同协作管理的模式。[1] 英国出庭律师受到律师协会的惩戒后,可以向大法官提出申诉,大法官将指定特定的法官作为"巡视员"到该出庭律师所在的律师学院处理申诉。[2] 律师受到停止执业处分时,可向高等法院上诉;对停止执业之外的其他处分,可向高等法院上诉,对高等法院的决定可以向上诉法院或贵族法院上诉。[3] 日本受惩戒的律师对地方律师惩戒委员会的决定不服的,可向日本辩护律师联合会下设的惩戒委员会提出审查请求,惩戒委员会经审查后作出最终决议。律师可以就该决议结果向东京高等裁判所提起撤销之诉,对东京高等裁判所结果不服的,还可向最高裁判所上诉。[4] 在法国,其原有的模式与日本相似,即先由律师协会审查处罚,事后可以提起司法诉讼。在上诉法院设立专门的律师处罚法庭,该法庭的法官由律师和法官共同组成。[5] 现在,改革后的

---

[1] 参见北京律师协会组编:《境外律师行业规范汇编》,第557页。
[2] 参见陶髦、宋英辉、肖胜喜:《律师制度比较研究》,中国政法大学出版社1995年版,第207页。
[3] 参见北京律师协会组编:《境外律师行业规范汇编》,第30页。
[4] 参见日本辩护律师联合会:《对律师的惩戒》,https://www.nichibenren.or.jp/cn/barrister.html,2022年7月10日访问。
[5] 参见张迎涛:《律师协会惩戒权比较研究》。

律师违规行为通过司法审查一次性完成。

另一种是美国模式,处罚权由律师协会和法院共同行使,由法院最终决定。在美国,律师协会向州最高法院提出惩戒建议,法院根据该建议采取准司法程序进行审理,其法律依据为美国律师协会制定的律师行为示范规则,最后由法院作出处罚决定,签署后即生效。[①]

纵观域外律师惩戒权的行使,可以发现,律师协会的惩戒权普遍会受到司法审查的监督和制约,律师可以寻求司法救济。

在我国,根据《中华全国律师协会章程》第30条:"律师协会作出处分决定前,应认真听取当事人的申辩。作出暂停会员资格、取消会员资格的处分决定前,当事人有要求听证的权利。当事人要求听证的,律师协会应当组织听证。"但在当前的律师协会处罚机制下,如果受到惩戒的律师对惩戒决定不服的,只能通过行业内部的复查程序进行救济,无法向法院请求司法救济,外部的司法监督与纠偏程序被阻断。根据我国《行政诉讼法》,律师协会并不具有行政主体的资格,学界对律师协会作出的处分是否属于行政行为争议不休。[②] 笔者建议,可以引入司法审查以保障律师的救济权。具体而言,受到惩戒的律师不服律师协会作出的复审决定的,可以向作出惩戒决定的律师协会所在地的中级人民法院提起撤销该处分的行政诉讼。这一司法监督的方式可以保障律师救济权,对律师协会行使惩戒权的活动进行有效监督,实现行业处罚机制同司法审查的有机融合,促使律师自治制度朝着更为规范的方向运行。

四　结语

从世界各国的情况来看,我国律师言论监管的方式是最全面的,从事前、事中、事后对律师言论进行了全面监管,因而也取得了良好的效果。在一些著名的大案中,我们可以看到,案件从侦查到判决虽然都有律师的介入,但没有任何律师发声,避免了舆论炒作,保障了司法机关独立执法司法。

[①] 参见石毅:《中外律师制度综观》,群言出版社2000年版,第328页。
[②] 参见赵龙、杨林法:《律师协会处分行为之司法救济策论——以法律职业共同体之行政诉讼化解法律服务风险为视角》,《法律适用》2019年第23期,第12页。

但也要看到的是,对著名案件,人民有知情权,律师的一片沉默也不是正常现象。只有划定律师言论边界,律师才有规矩可循。在针对律师言论的执法执纪中,管理机构应当坚持"法无授权不可为、法有授权不乱为",严格按照法定的职权和程序执法执纪,才能让律师既享有应有的言论自由权,又能避免其不当言论,使律师庭外言论监管保持在合法有序的范围和方式之下。将来的立法应当将 2021 年 10 月 15 日《关于禁止违规炒作案件的规则(试行)》第 10 条、第 11 条的内容扩大到所有律师不当言论的规制方式中,将其中的"违规炒作"改为"违规发表言论",并增加要求及时删除的规则,建议条文内容如下:

第十条 律师事务所应当严格履行管理职责,建立健全内部管理制度,禁止本所律师违规发表言论,发现问题及时予以纠正。

律师协会应当加强律师职业道德和执业纪律培训,教育引导律师明晰执业底线和红线,依法依规诚信执业,自觉抵制违规发表言论行为。

律师、律师事务所违反本规则的,由其所属的地方律师协会通过主动调查或根据投诉进行调查处理等方式进行监督管理。

律师协会收到人民法院、人民检察院、公安机关等办案机关告知律师存在违规发表言论行为的,应当开展调查,并及时反馈结果。

第十一条 律师、律师事务所违反本规则规定的,律师协会应当通知律师和律师事务所限期改正,及时通知网监部门进行过滤和删除,并根据《律师执业行为规范》《律师协会会员违规行为处分规则(试行)》等行业规范给予相应的纪律处分。

律师、律师事务所有相关违法行为应当予以行政处罚的,律师协会应当书面建议司法行政机关作出相应行政处罚,并移交相关证据材料。

人类的脆弱性与社会正义*

〔美〕玛萨·艾伯森·法曼 著 李 霞 左君超 编译**

摘 要：通过论述社会正义术语的产生及演变,本文阐释了它的两个重要内涵——人权和自由主义。在对当代社会正义的含义进行反思后发现,自治、独立和个人责任之间是存在悖论的,这些悖论一直妨碍了对社会正义的理解。由此,应以脆弱性理论来界定社会正义的轮廓。脆弱性理论认为,人类所固有的、普遍的和基本的属性,是脆弱性,而不是理性。用脆弱主体取代理性人后,就需要发展出一套新的国家或集体责任话语体系,它所认可的社会正义是通过法律创制的,是通过维护公平的社会制度及社会关系来实现的。

关键词：社会正义；人权；自由主义；脆弱性；集体责任

一 引言

当正义的理想被冠以"社会"之名时将如何？[①]"社会正义"一词是进步群体的战斗口号,或许是因为正义不被修订的话,将无法传达潜在变革需求的重要性。[②] 然而,该术语不仅缺乏明确的含义,也没有规范一致的使用方式。

本文简要论述了社会正义术语的产生及演变,阐释了它的两个重要内

---

* 本文原载于《瓦尔帕莱索大学法律评论》(*Valparaiso University Law Review*)2019年第2期(总第53卷)。

** 玛萨·艾伯森·法曼(Martha Albertson Fineman),美国埃默里大学法学院罗伯特·伍德拉夫教授,英国利兹大学教授,脆弱性理论研究中心创始人。李霞,法学博士,华东政法大学法律学院教授；左君超,法学博士,国投泰康信托有限公司、南开大学博士后。

① 其他涉及社会和正义关系的概念,如经济正义、环境正义、种族正义和性别正义等,也存在着一些问题。See Pachamama Alliance, "What Is Social Justice?" https://www.pachamama.org/social-justice/what-is-social-justice. 这些正义观究竟是相互融合的,还是彼此独立的？其他概念聚焦于特定群体和特定问题,而"社会"一词则意味着对社会整体和社会结构的关注。

② "美国是收入不平等率最高的西方国家","大约有4000万人处于贫困,1850万人（转下页）

涵——人权和自由主义。在对当代社会正义的含义进行反思后，本文认为，应该使用脆弱性来界定社会正义的轮廓，而脆弱性主张以脆弱主体取代自由法律思想中的理性人。对基本的、普遍的和永恒的人类脆弱性的认识，揭示了自治、独立和个人责任之理想中的固有悖论，这些悖论先前已经取代了对社会的理解。本文认为，我们需要发展出一种强有力的国家或集体责任话语体系，它认可社会正义是通过法律创制，通过维护公平的社会制度及社会关系来实现的。

脆弱性的路径不以特定的个人或群体为中心，也不以人权和公民权利为中心。它不是内在劣势或外在不利的替代术语，也不是禁止歧视的另一种表述；更确切地说，解决人类脆弱性需要聚焦人类的共通之处、人类对法律的期望、潜在的社会结构以及形成社会和影响社会个体生活的关系。[①]这些制度和关系也反映了我们的价值观和行为规范，并定义了个人之间相互交往的期待，同时也定义了对国家和国家治理者的合法期待。[②] 虽然脆弱性理论没有规定国家组织的具体形式，但它要求国家对人普遍的需求作出回应，并对许多现有的体系进行重组——当前这些体系是基于对法律秩序的构想，但这种法律秩序过分地重视个人自由和个人选择，忽视了人类的依赖性和脆弱性这一现实。

（接上页）陷入赤贫，530万人生活在绝对贫困中。美国是经济合作与发展组织（OECD）中青年贫困率最高和婴儿死亡率最高的国家"。See U. N. Human Rights Council Secretariat, "Report of the Special Rapporteur on Extreme Poverty and Human Rights on His Mission to the United States of America," *U. N. Doc. A/HRC/38/33/Add.* 1, 2018, p. 5. 此外，根据《纽约时报》报道："2013年，全球7.69亿人日均生活费不足1.90美元，其中320万人在美国，而其他高收入国家合计为330万人。"See Angus Eaton,"The U. S. Can No Longer Hide from Its Deep Poverty Problem, " *N. Y. TIMES*, 2018.01.24, https://www.nytimes.com/2018/01/24/opinion/poverty-united-states.html.

① 脆弱性理论始初并不涉及排斥和不平等，而是关于社会组织的性质、职能及其内部关系，由于这影响嵌入社会的每个个体，因而它为反歧视提供了一种方法论。See M. A. Fineman, "The Vulnerable Subject：Anchoring Equality in the Human Condition," *Yale Journal of Law and Feminism*, Vol. 20, No. 1, 2008, pp. 18 – 19.

② See M. A. Fineman, "The Vulnerable Subject and the Responsive State," *Emory Law Journal*, Vol. 60, 2010, pp. 251, 255 – 256.

二 社会正义的嬗变：制度、观念和法律

历史上，社会正义被认为应当具有解放的潜力。① 这个词被进步的思想家和活动家用于号召"公平和富有同情心地分配经济增长成果"，尤其用于为工人阶级呐喊。2006年，联合国经济和社会事务部发布的报告（以下简称"联合国报告"）认为，"开放世界中的社会正义"这一术语起源于工业和城市资本主义的崛起过程，并在第二次世界大战和社会民主制度出现后的几年中得到巩固。"不同于广义上的正义，社会正义是一个相对较新的概念，诞生于围绕工业革命的斗争和社会主义观产生之时（之后，在某些国家和地区出现了社会民主和基督教民主）。"② 伴随着工业革命的觉醒，大规模生产逐步扩张，市场逐渐增长，这成为新的生产和分配模式，大大增强了商品和服务的可获得性。虽然这使我们的集体生活更容易、更舒适，但也导致了失衡的优势，即有些人物质上富裕，但其他人却物质窘困、被排斥和精神匮乏。卡尔·波兰尼将这个时代的社会和政治混乱称为大变革，他描述了市场动力和市场逻辑的扩张对社会结构的破坏。③ 在这种混乱的社会背景下，社会正义成为体现进步和博爱理想的革命口号。

（一）社会正义的成功

美国通过累进所得税、反垄断法和工作场所条例等行动，最终在联邦层面贯彻了社会正义理念。进步政治所制定的政策促进了公共产品和服务的公平

---

① 社会正义是一个充满争议的概念，具有特定的历史和意识形态背景。See W. B. Gallie, "Essentially Contested Concepts," *Proceedings of the Aristotelian Society*, Vol. 56, No. 1, 1955, pp. 167-198. 关于社会正义的起源，参见 Samuel Moyn, *Not Enough: Human Rights in an Unequal World*, Cambridge, Mass.: Harvard University Press, 2018, p. 12.
② 早期的社会正义倡导者关注与提高生产力相关的经济收益的原始分配。矛盾不是再分配的理由，而是原始分配的依据。See U. N. Department of Economics and Social Affairs, *Social Justice in an Open World: The Role of the United Nations*, United Nations Publication, 2006, pp. 2, 7.
③ See K. Polanyi, *The Great Transformation*, Boston: Beacon Press, 2001, p. 42. 他还指出了诸如劳动力和自然资源等社会要素，如何转化为商品并进行交易。"工业革命只是一场极端和激进革命的开始，这场革命点燃了宗派主义者的思想；但新信条走向了完全唯物主义，认为无限数量的物质供应可以解决人类所有问题。"

分配,促进了公民意识、社会权利和福利国家的发展,以及推进了教育和就业的改革。

社会正义应通过社会手段来实现。富兰克林·德拉诺·罗斯福在"第二权利法案"中描述了社会公民身份享受公平待遇的愿景,指出政府权力应确保公民不受市场残酷性的影响。① 尤其是,实现公平待遇并非主要或首要依靠个人责任。国家和公共机构被视为稳健与连贯分配政策的合法来源。法案列举了几项具体权利,如:(1) 工作;(2) 体面的工资;(3) 富足的家庭;(4) 充分的医疗保健;(5) 在因病致贫、意外事故及失业中得到保障。

虽然罗斯福的社会正义理想只实现了一部分,但政府应在经济错位的情况下施加干预,为有需求的人提供一定程度的经济和社会保护,这在当时已经从原则转变为了制度。② 直到里根时代,人们对大政府的罪恶产生了广泛的怀疑,才承认和接受了政府积极主动提供社会福利的角色。③

当今,我们再次面临工业革命后广泛的不平等和财富固化。然而,不论是保守派还是自由派,都没有证据表明通过集体主义可以实现社会正义。④ 事实上,在越发个人主义的社会中,对集体或社会正义进行评价的投入,已经从根

---

① 罗斯福说:"我们的国家在规模和地位上进步了,尽管工业经济增长了,但现实中的政治权利并不能充分地保障我们平等地追求幸福。我们已深刻地认识到,没有经济保障和自主性,真正的个人自由就不可能实现。"穷困潦倒的人不是自由的人,"饥饿、失业是独裁统治的产物。现在,这些经济学真理已不言而喻。可以说,一旦第二权利法案通过,它将不分地位、种族或信仰地为所有人建立全新的保障和繁荣的基础"。President Franklin D. Roosevelt, "State of the Union Message to Congress," 1944.01.11, http://www.presidency.ucsb.edu/ws/index.php?pid=16518. 此处的自由被认为取决于经济保障,而非仅提供机会,现在已然不同。
② 尤为重要的是,社会正义并不被种族、性别或残障等传统反歧视分类所界定或限制。相反,社会正义的类别是基于公民身份或诸如工人、户主等社会身份,这是一种更为融合的非歧视性的主张。
③ 美国发展出了自由福利国家模式,它将去商品化的影响最小化,包括社会权利领域,并建立了一个阶划分秩序,把国家福利接受者的贫困相对均等化,多数人福利之间的差异市场化,并以阶级政治的二元结构将两者融合。See G. Esping-Andersen, *The Three Worlds of Welfare Capitalism*, Cambridge:Polity Press,1990, p.27. 然而关于政府的言论在 70 年代以后发生了变化,卡特当选总统时承诺建立一个"和人民一样优秀"的政府;而里根以反政府计划竞选总统,"政府是人民的天敌,它是人民无限性的限制者"。
④ 部分原因在于,20 世纪一系列民权运动后,社会正义运动都围绕着群体身份进行。See D. Dinner, "Beyond Best Practices:Employment-Discrimination Law in the Neoliberal Era," *Indiana Law Journal*(Indianapolis,Ind., 1926), Vol. 92, No. 3, 2017, pp.1059 – 1118.

源上被破坏了。① 相比集体的,人们更可能具有一种特殊的、支离破碎的正义观。

(二) 社会正义的弱化

正如联合国报告中所说,社会正义的含义随政治、经济和社会环境而变化,并随时间而变化。事实上,社会正义的概念已经失去了许多本属于它的焦点。近年来,国际话语呈现出一种明显的趋势,即不仅社会正义这一概念被弱化,与之相关的社会发展和社会政策概念也被弱化。在许多方面,社会领域都被边缘化了。

当今,社会正义似乎与特定的个人或群体相关联,并与歧视、排斥和经济不平等联结。在评估社会衰落的原因时,联合国报告特别指出了"以个人为核心,强调形式平等、宣扬个人自由和选择"这一人权议题的侵蚀效应。

有趣的是,国家可以采取积极行动以实现社会正义或集体正义,这一想法也因对人权的不同理解而变得复杂化。相反,正义被用于保护个人不受歧视,防止国家越权和公权力干涉。正义不再是建立广泛的社会福利项目的基础,除非这些项目的目标是穷人或弱势群体,或是致力于增加商业和创业机会,且这些机会有可能促进经济增长并渗透到大众。② 事实上,个人平等和自由常被视为与国家行动对抗的阻碍,与此同时,国家行动也被视为对个人选择和自治的干扰。③

1. 新自由主义

新自由主义学说形成和完善于 20 世纪,反映了对个人主义的重构和重新定位。新自由主义学说被认为占据了人权政治派系的另一端,它推动了正义观念转向个人而非集体。

---

① See P. J. Deneen, *Why Liberalism Failed*, New Haven: Yale University Press, 2018. 该书对自由主义在个人行为和自治方面的基础提出了批判。
② 尽管家庭仍被视为个人所依赖的首要社会组织,但就个人或群体而言,社会歧视或自身的严重劣势为社会政策提供了基础论证理由。企业的实质是处于国家与公民之间的中间经济组织,为了繁荣社会经济,它被建构成了政府提供优惠政策和补贴的辩解理由。
③ See M. A. Fineman, *The Autonomy Myth: A Theory of Dependence*, New York: New Press, 2004, pp. 18-19.(进一步发展了上述观点,并提出个人平等和自由与政府目标相悖的观点。)

新自由主义仍属于政治经济学理论,它的建立原则是:以保护私有财产和契约自由,促进开放市场和自由贸易制度为手段,使自由、正义和社会福祉被最大程度地保障。[1] 然而,相区别于传统自由主义,新自由主义制度不会为了个人自由而限制国家权力,因为市场被视为确保个人自由和选择、保障经济成功和减贫的必要手段,因而会释放国家权力以保护市场。[2]

与那些将新自由主义归于20世纪90年代保守法律运动的人不同,我认为这是一个激进的理论,并非进步的社会福利政策。在此一理论下,市场为社会秩序、利益和负担的分配提供了逻辑依据。在许多新自由主义的论述中,市场被定位于国家公权力的对立面,而非国家公权力的受益者。事实上,国家在支持市场及市场制度方面发挥着非常积极的作用。以上对国家的局限的论调遵循了被广泛接受的公私二元划分,这种划分通常出现在政治和公共政策语境中。[3] 从私角度看,市场被视为自由和不受干涉的领域,而公共领域则被视为消极遵从监管、等级和约束的领域。[4]

尽管新自由主义学说认为市场是自由的,但这绝不等同于无政府主义。市场有其特定的、天然的秩序,由个人行为构成,受自身利益控制,并受市场竞争制度的约束。[5] 新自由主义学说的支持者米尔顿·弗里德曼曾说:"新自由

---

[1] See W. Brown, *Undoing the Demos: Neoliberalism's Stealth Revolution*, New York: Zone Books, 2015, p. 28.

[2] See D. Plehwe, "The Origins of the Neoliberal Economic Development Discourse," in *The Road From Mont Pelerin: The Making of The Neoliberal Thought Collective*, Cambridge, Mass.: Harvard University Press, 2015, pp. 238 - 240. 其中讨论新自由主义的经济发展话语。联合国报告指出,坚信新自由主义的理由在于,消除政府和陈旧的社会结构所施加的限制将使人们能够释放被长期压抑的诉求、雄心和生产能力,从而增加就业机会,减少贫困。

[3] 区分公和私是18世纪自由主义政治理论的基础。J. Locke, *Two Treatises of Government* (*1689*), New Haven: Yale University Press, 2003 (Ian Shapiro ed.), p. 287. 如我先前的观点:美国社会契约的主要排序机制之一是创建公共和私人类别,这对社会组织、公民和社会问题的分布产生了重大的政策影响。具体而言,公私二分法一方面建构了国家和市场的关系(公共类别),另一方面建构了国家和家庭的关系(私人类别)。See M. A. Fineman, "The Social Foundations of Law," *Emory Law Journal*, Vol. 54, 2005, pp. 201, 206 - 207.

[4] See F. A. Hayek, *The Constitution of Liberty* (1960 ed.), Chicago: The University of Chicago Press, 2011, p. 4. (论述政府对自由社会的参与。)

[5] See F. A. Hayek & M. S. Snow (Translator), "Competition as a Discovery Procedure," *The Quarterly Journal of Austrian Economics*, Vol. 5, No. 3, 2002, pp. 9, 17 - 18. (论述了微观经济过程如何汇集和形成宏观经济数据。)

主义者提出'竞争将引领道路'。"①值得注意的是,即使是弗里德曼也承认国家必须扮演积极的角色,即国家应对市场进行监管,并创造有利于竞争的条件。他形象地描述了国家和市场职能的区别:国家将作为市场的女仆,奉市场(而非社会)导向的正义为神圣之事,同时市场正义也无情地指向个人。

新自由主义者常常质疑对社会正义的单独考量,认为此举干涉自由市场,因而有害且无必要。另一位新自由主义意识形态的缔造者——弗里德里希·哈耶克,曾直言不讳地说"人可以将其知识自由地服务于自我之目的","社会"一词对于"正义"来说是多余的,正义是自由社会通过市场和公开竞争所产生的。他还指出,他所能提供的"最大服务"将是"使人们彻底羞愧地使用社会正义"。对哈耶克而言,社会正义是海市蜃楼,代表着"对自由文明及其价值观的最严重威胁"。②

虽然哈耶克主张废除这一术语,但他并不反对当下对社会正义的理解,正因为这符合了新自由主义的目标。哈耶克本人并非不同情他眼中的社会失败者,他曾明确支持政府采取提供基本保障的行动,尤其是促进参与劳动:

> 当社会平均财富水平能够满足基本保障时,人们就应该得到除危害基本自由之外的全部基本保障。每个人都应得到最低限度的食物、住所和衣服,确保健康,具有持续工作的能力。③

2. 进步个人自由主义

20世纪以来,正义越发被经济学所阐明,这促进了对当代社会正义含义的理解。个人经济福利和市场的关系已经处于界定国家角色的中心。

菲利普·范·帕里斯是一位坚定的保障基本收入的支持者,他将个人而

---

① J. Peck, *Constructions of Neoliberal Reason*, New York: Oxford University Press, 2010. (评述了弗里德曼关于新自由主义和竞争的观点。)
② See F. A. Hayek, *Law, Legislation And Liberty* II: *The Mirage of Social Justice*, Chicago: University of Chicago Press, 1976, pp. 67, 74, 96–97.
③ F. A. Hayek, *Road to Serfdom*, Chicago: University of Chicago Press, 1944, p. 120. 这种以生成劳动力为目的的社会福利也体现为新自由主义的其他术语,如"福利依赖"和"道德风险"等,它们侵蚀了福利政策扩展适用的渠道。

非社会作为中心,详细阐述了对社会正义的理解,并首先告诫我们:"当今任何对社会正义的理解,都必须阐明我们对平等、自由和效率的重视。"①

就正义而言,帕里斯认为,任何合乎情理的正义概念都必须是自由和平等的,认为哲学意义上的自由主义等同于多元社会中美好生活的多样性。社会正义这一概念植根于经济,围绕个人而建立。然而,当社会正义完全忽略了社会的需要、功能和性质,并将个人作为衡量正义与否的唯一尺度时,这就成为一个理论和政治难题,此时,将之称为"个人经济正义"更为合适。

就平等而言,帕里斯认为,不论是幸福、收入、财富、健康,还是权力的分配,平等都不应被解释为结果上的对等。在他看来,分配结果的不平等有两种解释路径:一是个人责任原则,即如果存在并追求"真正自由",由此产生的结果不平等属于追求个人行为的副产品,此类不平等并不违反平等主义。尽管帕里斯没有在其作品中详尽地阐述真正自由的内涵,但他把真正自由作为中心主题之一。"平等并非结果均等,而是机会和可能性均等,以及真正自由",他认为真正自由和机会一样,是被公平分配的。或许有人会认为,构成真正自由的机会均等在分配时将会和国家行动产生关联,但目前仍不清楚究竟是何种行动。

然而,确实可以看出,帕里斯对国家角色的定位很单薄,仅限于提供机会和对歧视与排斥的监督。他认为,国家对结果施加任何干涉都会损害获得真正自由的途径。他对效率的论述支持了以上观点:"不应不惜一切代价以试图实现平等……正义不是绝对平等或潜在的绝对平等,而是可持续地将最小限度最大化,即让那些拥有真正自由最少的人尽可能持续地获得更大的自由。"②帕里斯论证了在正义概念上,个人之于社会的优位。

帕里斯对社会正义的观点可归结为两个命题。第一,社会的首要责任是确保个人有足够的机会从事所选择的经济生产活动。言即,社会正义使个人选择、摆脱专制或真正自由最大化。第二,若存在真正自由,则要通过发挥个人

---

① P. V. Parijs, "Social Justice and the Future of the Social Economy," *Annals of Public and Cooperative Economics*, Vol. 86, No. 2, 2015, pp. 191-197. 如前所述,哈耶克在某种程度上也认同这种进步立场。下文可知这两位理论家之间还有其他共同观点。

② Ibid., p. 192.

才能、主观能动和努力,来实现社会利益及福利的公正分配,即最终结果归咎于个人责任。而那些超出以上命题范畴但却对个人产生影响的基本社会安排并未被考虑。

什么是美好生活?这因人而异,并与社会的关联逐渐弱化。帕里斯反对社会决定、集体强制的正义概念,主张在谈及自由和正义时,应区别于源自"特定的美好生活"的传统正义观念。他将社会正义等同于个人经济选择,特别说明了真正自由的一个重要面向是消费自由。此外,他还论述了个人有决定自己生活的自由。但他没有考虑个人对公共物品的责任。因此,他所言的真正自由实则为一种呼吁,即允许个人如其所定义般,最大限度地发挥个人的经济潜力和社会地位。

帕里斯将人定义为自由无特定使命的个体,而非不可避免地存在于社会中或受社会(一旦社会提供了所需的机会或真正自由)、成长史及经验约束的人。① 国家通常不负有直接提供公共产品和服务的责任(也许在建立象征性的保障系统方面除外),也不应干预最终的利害。然而,国家有责任确保市场的正常运作(从而提供机会平等或真正自由)。讽刺的是,这种有关社会正义的进步个人主义观点与新自由主义得出了同样的结论:市场是个人获得自由的社会制度。进一步,为实现正义而推动的社会秩序,必须首要依靠反歧视的法律(提供机会的观念非常薄弱),②并以保障个人尊严、自治、责任等政治权利和公民权利辅之。

在帕里斯(和哈耶克)的论证策略下,基于正义的再分配政策所涉及的道德争论被简单处理了。首先,他采用了相对主义和文化多元主义的概念,强调个人选择,并将社会正义界定为个人问题。他还将最终责任归咎于个人,个人必须作出对自己最有利的选择,并决定如何实现。其次,他呼吁经济效益,并将成本效益分析作为评判公共政策的最终标准。尽管社会正义有时将不可避免地导致效率低下,但这种转向市场效率的做法是不恰当的。

---

① 这一立场让人想起哈耶克,尽管帕里斯声称他在定义社会正义,而哈耶克反对这一术语。相较于哈耶克认为将社会正义作为社会维度之一是多余的,帕里斯认为社会正义是人人的真正自由,或是一种对责任和效率敏感的自由平等正义观。
② 国家只监管进入某个经济领域的起点,而非该领域的最终运行状态。

社会正义的倡导者需要一个阐述社会正义的逻辑,一个能够找回集体决定和实现共同善的概念,它既界定国家或政府的责任,又兼顾目的和手段;这一概念不仅对个人利益予以补充,更超越个人利益。[1]这要求我们必须认识到,人的一生中都不可避免地依赖于各种社会组织和关系。人类的脆弱性,正揭示了作为新自由主义核心的个人自由和自治概念的谬误。

三 社会正义、脆弱性理论和法律

法律既有其内在追求,也是实现社会正义的主要途径。法律确立和规范了适用于所有社会成员的责任、义务、权利和特权,并界定了人与人、人与国家及国家制度之间的关系。即使政治家和哲学家对治理理论的认识在应然和实然层面都有所不同,但他们对人的意义有共同的认知。法律是以一个被创造的主体为基础而制定的,这个主体是想象的一般人,是法律中的抽象主体。[2] 人的意义是什么,应如何构建国家与集体?这直接影响如何塑造法律关系和社会制度,也昭示着人们在此种制度安排下的正义观。这种经验和理想之间的辩证关系不仅是社会的反映,也是理解法律的起点;人类的基本属性不仅构成人本身,也将引导人的社会性再生。[3]

当代法律主体被设定为一个独立自主的人,其基本要求是自由或不受国家干涉。他享有自主决定生活的权利,同时声称其他人同样应独立自主,因而没有回应他人需求的义务。[4] 以上对法律主体性的启蒙视野,赋予了我们"理

---

[1] See Duncan Kennedy, "The Social Justice Element in Legal Education in the United States," *Unbound: Harvard Journal of the Legal Left*, Vol. 1, 2005, pp. 93, 96–97.(以更宏观的社会视角来透视社会,调和个人利益,定义更为广义的"社会正义"术语。)

[2] "什么是人的基本属性"是这一问题的核心,而后以人的基本属性来确定法律对人的切合现实的期待。

[3] 默顿的"中程理论"分析框架启示了这一思辨过程,从此意义上讲,"中程理论是那些距离特定社会行为和组织遥远的社会一般理论的中间产物,并转向解释所观察到的现象和对有序描述的细节之概括"。See R. K. Merton, "On Sociological Theories of the Middle Range(1949)," *On Theoretical Sociology: Five Essays-Old and New*, New York:The Free Press, 1967, p. 39.

[4] 笔者特意使用了男性代词,盖因我们对政治主体习以为常的想象是基于人的刻板观念,即男性、白人、有产者或纳税人、特定年龄或宗教以及制宪代表。See M. A. Fineman,(转下页)

性人"等一系列的法律概念,并成为理性、自利主体的理论基础。① 自由法律主体蕴含了抽象平等或根本上趋同的理想,认为人与人之间的任何差异在法律或政治上都无关紧要。

自由主义法律主体是完全行为能力人,能够自我掌控和作出选择,他将不受国家的约束,并因个人的特殊才能和效率得到回馈。他的社会关系由同意等概念界定,并得到契约、财产等法律学说的支持。就业机会创造者、企业家、纳税人以及消费者等经济活动参与者明确了这种愿望,并被确定为法律主体的价值。面对人类脆弱性和依赖性的客观现实,身而为人所伴随的弊端将更为凸显,成为难题;但这些弊端被严格地归咎于个人,而非社会,由此产生了个人责任,而非公共责任。

脆弱性理论对片面失真的法律主体发起了挑战,提出定义法律主体时,应首先考虑人类的脆弱性和依赖需求,而不是仅以理性和自由来界定,这能更充分地反映人类的现实状况。② 个人责任和自由的逻辑建立在独立自主的自由主义刻板印象基础上,脆弱性理论具备打破这种逻辑的能力。承认人类的脆弱性,则要求以脆弱的法律主体取代新自由主义法律主体,甚至以回应型国家取代自由想象下的管制型国家。

对法律主体性和国家责任的重新思考是社会正义的一项重要使命。当脆弱的法律主体被置于理论中心时,显而易见,由于国家缺乏对普遍和持续的人类脆弱及依赖状态予以回应,不可避免地对人产生了一种集体性或社会性伤害。③ 这种伤害源于国家在建立其制度和界定统治社会的社会关系时,对人类脆弱性的严重疏漏。这是法律的使命之一,不局限于关注公民权利的领域,它

(接上页)"Vulnerability Theory and the Role of Government," *Yale Journal of Law and Feminism*, Vol. 26, 2014, pp. 1 - 19. 19 世纪至 20 世纪间,某些限定被取消,政治主体扩展至涵盖先前被排除的群体。然而,18 世纪的政治主体依然对现代法律主体产生着影响。现代法律主体保留了许多次要特征,进而形成了刻板观念,如 18 世纪受父权制家庭及主仆制观念影响的男性公民般的政治敏感。

① 自由的法律主体以洛克的平等且不可剥夺的自然权利观念为基础。
② See M. A. Fineman, "Vulnerability and Inevitable Inequality," *Oslo Law Review*, Vol. 4, 2017, pp. 133 - 149.
③ See M. A. Fineman, "The Vulnerable Subject and the Responsive State," *Emory Law Journal*, Vol. 60, 2010, pp. 251, 255 - 256. 主张应以具体的人而非抽象主体来定义法律上的人,这是脆弱性理论拓展至国家责任的重要一步。

将把所有的法律领域都置于社会正义的审视之下。

（一）脆弱性理论

脆弱性理论始于一个基本问题，即人的基本属性是什么？[1] 欲回答此问题，我们必须定义人类普遍存在的特征、经验及境遇等基本面，并界定人的境况。[2] 脆弱性理论给出的答案是人类的脆弱性，原因在于我们是具体的人。在生命历程中，我们的身体不断且不可避免地发生着变化，无论这种变化带来的影响是积极的或消极的，发展的还是阶段的，都对我们的社会利益产生了作用。需要指出的是，人类的脆弱性并非作为规范性概念而提出的；它是描述性概念，代表经验观察。

随着时间的推移，每个人都不断经历着变化，这种变化不仅包括身体损害、受伤或衰退，也可能包括积极生成的方面，例如，变化也会引起力量、智慧和心智的增加，进而激发创造力，带来更多满足感和成就感。随着时间的推移，我们对身体变化越发敏感，也驱动并创造了由快乐、爱、包容和共情等塑造的照护关系。

脆弱性理论始于人类的脆弱性，但并不终于此。事实上，人类的脆弱性所产生的影响是法律和政治理论的重要组成部分。因为我们是具体的人，对社会组织和关系的依赖贯穿于整个生命过程。

---

[1] M. A. Fineman, "Beyond Identities: The Limits of an Anti-Discrimination Approach to Equality," *Boston University Law Review*, Vol. 92, 2012, pp. 1713, 1752-1753. 脆弱性理论将人类境况的本质（反映生物性和发展变化的事实）和我们如何理解人性（很大程度上是历史、地缘和文化的产物，或者说它是随时间和地点而变化的社会性产物）进行了区分。

[2] M. A. Fineman, "Beyond Identities: The Limits of an Anti-Discrimination Approach to Equality," *Boston University Law Review*, Vol. 92, 2012, pp. 1713, 1752-1753. 脆弱性理论认为人类的脆弱性是普遍和持续的，同时承认个体差异。以特定时间的某个社会切面（如种族、性别、个人能力、社会地位和身份等）为对象进行观察，就会看到人之间的横向差异。这些差异都没有改变人根本的脆弱性，但必然引起人在社会优势或劣势方面发生深刻的分化。因此，这些差异始终是反歧视法的主题。另一种差异是个体内部的纵向差异，贯穿于从婴幼期到老年期的生命过程。以上差异都未在法律和理论层面被妥善解决。通常儿童、老年人和残疾人被归入弱势群体，被污名化为缺乏能力或需要保护者，从而为部分人创造了一种特殊的法律身份。其他弱势群体，如处于危险中的青年，可能会受到管制或惩罚。本文不探讨主体普遍脆弱与个体特殊性之"悖论"的调和。

（二）脆弱性的内在含义[①]

相比对脆弱性进行描述,关于它的拓展延伸最终成为更具有意义的第二个理论问题。如果作为人即意味着普遍和持续的脆弱,那么这种认知怎样才能对社会及社会组织的结构和运作产生影响？对社会整体观念进行反思将有助于得到答案。在1987年《女性杂志》的采访中,玛格丽特·撒切尔曾表示：

> 他们把难题抛给社会。且如你所知,社会是独一无二的。社会中有独立的男人、独立的女人和家庭。不依靠人民,政府将无所作为,因此人民首先必须照顾自己。我们有责任照顾自己,之后也要照顾友邻。[②]

这份政治性而非社会性的声明,反映了她对国家责任（或缺乏国家责任）的看法。然而,社会的概念及其在批判理论中的作用并非显而易见；因此,必须明确地揭示给社会下定义的前提。我们知道,社会形态不尽相同,但它们都具有普遍的共同特征。首先,任何社会要想可持续发展,必然需要代际传承。每个社会都需要一种自我组织的方法,建立指导人际互动的规则,以及建立个人与国家之间适当的关系。其次,每个社会都必然会产生社会组织和社会关系,以应对人类的现实状况,即应对人类的脆弱性和依赖性。[③]

上述两点关于社会的论断是脆弱性理论的核心。一个社会形成的组织和关系,不仅要超越特定个人和群体的利益,还要关注社会代际传承的需要。以上对社会的透视形成了空前的社会正义挑战。脆弱性理论表明,人类的整个生命历程都不可避免地被嵌入社会,尤其体现在各类社会组织体系中。这些组织和关系的社会属性构成了国家或集体责任的基础。这种责任不能单从个人幸福的角度来理解。社会正义责任必须是代际传承的,并指向社会所孕育的组织、制度和关系体系,以维持人类的普遍幸福和繁荣。如果不考虑基本社

[①] 脆弱性和依赖性反映了人类的共同境况,即人的社会性。这些术语并非意在说明个体的异常或缺陷,反而是人类共同状况的例证。
[②] "M. Thatcher: A Life in Quotes," The Guardian, https://www.theguardian.com/politics/2013/apr/08/margaret-thatcher-quotes.
[③] 当代政治将市场及市场组织作为满足人类需求和维护个人自由的机制。

会秩序的正义，我们就无法仅基于个体或群体的情况进行充分评估。关于社会组织、制度和关系的难题，我们必须首先界定国家或集体责任。

在界定国家或集体责任时，关注的中心是人类的脆弱性，以及由脆弱性所带来的依赖，既包括人对物质的依赖，也包括人对社会的依赖。当我们还年幼时，依赖性最为明显；此后的生命阶段，只要或多或少地依赖于他人照护，依赖性就以不同形式和程度体现于生命中。①

（三）必然依赖和衍生依赖

与脆弱性理论相关的依赖分为两种：必然依赖和衍生依赖。必然依赖源于身体。每个人都不可避免地依赖于他人提供的物质和情感关怀。这种依赖是客观的和发展的，不同生命阶段的依赖需求及程度不同。婴幼阶段，我们必须依赖于照顾才得以生存。当我们生理和情感成熟时，依赖可能会减少或改变形式。但当我们年老、生病或经历残障时，我们中的许多人会再依赖于他人的照护。

由于婴儿不可避免的依赖性，承担照护职责的人产生了另一种形式的社会依赖。"衍生依赖"反映了一个简单却易被忽视的事实，即为了完成照护职责，承担照护的人须依赖于物资、制度和身体资源。

区别于必然依赖，衍生依赖在照护中并非普遍存在。照护虽不是人类的普遍经验，但通常会分配给由历史、意识形态和文化所建构的社会组织，比如家庭。② 组建家庭是我们将必然依赖和衍生依赖私有化的方式，但主张为家庭

---

① 依赖性是人类脆弱性的体现，可以是经济、生理、心理或其他制度化的形式。依赖性曾被作为一个典型的污名化术语，尤其是在福利改革的背景下。依赖和代际依赖曾被用于支持美国被严重削减保障福利的贫困妇女和儿童。然而，离婚后的单亲母亲可以通过前夫获得资源，依赖前夫而非国家。尽管如此，当女性独立于家庭或母亲身份之外时，家庭中的社会性别角色和期待依然影响着她们被看待和接受的方式。如单身母亲和离异母亲欲履行其身份义务，则必须牺牲事业。

② 脆弱性理论认为，照护是每个人生命周期发展阶段中的一部分。相较其他生命体验，照护典型地反映了情感和生殖，是人类共有的对亲密关系和家庭需求的自然表达。事实上，从事照护是人类对生命周期中不断变化的生理和情感需求所作的一种反应。尽管我们可以将照护视为一种选择，但它涉及人口更迭与再生产这一至关重要的过程。无论是国家还是市场，缺乏家庭照护时都无法运行，但当下的社会现实是将必然依赖和衍生依赖都主要定位于家庭制度。

提供更多社会支持的论点通常被驳回或忽视,比如儿童保育补贴和更多的带薪育儿假等。尽管如此,衍生依赖这一概念却揭示了社会组织是依赖性的必要组成部分。但必要并不意味着对现状的屈从。

在不同文化环境和历史阶段下,社会组织和社会制度在应对人类的脆弱性和依赖性时存在显著差异。在将责任归于个人或集体、私人或公共的程度上,也存在显著差异。这些差异既反映了政治意识形态的不同,又反映了个人、国家及其制度之间责任分配的价值观和行为准则差异。

即使在某个特定时期,社会内部就基本政治价值形成了共识,有关平等、自治、自由和正义等一般问题的立场也可能因不同派别的价值或行为偏好而不同。正因如此,法律背后的分歧引出了正义的规范性这一问题,以及如何更合理地构建个人与国家、社会组织和制度之间关系的争论。在解决正义的规范性问题时,我们必须对所依赖的基础有信心。不同于自由主义理论,脆弱性理论主张在解决有关国家责任的规范性问题时,把人类的脆弱性和依赖性置于基础地位。

(四) 社会组织和复原力

人们组建各类社会组织,以对抗客观存在的个体脆弱性和依赖性,然而幸运的是存在复原力。复原力在脆弱性理论的分析中尤为重要。复原力不是个人的天然属性或可变特征,也不只依靠个人成就或努力就能实现。复原力是社会关系和社会组织的产物。个人的复原性不是与生俱来的,而是随时间推移,通过社会结构和外在社会条件而产生的。

复原力存在于物质、文化、社会和生存资源中,个人依赖这些资源对其脆弱性作出反应。在消极方面,当个人遭受伤害、挫折或衰退时,个体维系生存或恢复的能力就是复原力。在积极方面,复原力使人建立关系、进行交易和抓住机会,或使人更愿意在生活中冒险,因为他们自信如果挑战失败或遭遇意料外的障碍,仍具有恢复的途径和能力。换言之,复原力让我们对复杂的生活作出反应,不仅能生存,还能在发现自我后蓬勃发展。

1. 获取复原力的途径

各类组织是个人积累所需资源以获得复原力的机制。赋予个人复原力的各个组织在社会中互相关联,并有序运行。互相关联尤为值得注意,脆弱性关注个体的生命过程,而互相关联则揭示了若一个人在某个阶段中未能成功获得资源或复原力,将如何从根本上影响他在另一个阶段取得成功的能力。不充分的教育将削弱获得就业和积累物质财富的能力,这也将在健康、建立家庭和老年生活等情景下,对生活幸福产生后续影响。新阶段的行动取决于是否成功完成了先前阶段所设定的任务,若未成功完成,则可能很难恢复。①

各类组织关联运行的事实对于复原力的思考相当重要。家庭、市场、金融和教育系统以及其他社会组织是相互交叉的,这些交叉的组织正是我们积累物质、文化、社会和资源的渠道。因此,在某类组织中获得的复原力可以抵消或减轻其他方面的不足(反之亦然)。例如,一个幸福稳定的家庭弥补了教育的不足,而一个暴力或虐待的家庭则抵消了良好教育的优势。

2. 社会组织和复原力

尽管当下的政治秩序没有明确关注人类的脆弱性,但并未轻视对社会组织的需求。② 政策声明、立法历史、政党纲领和政治辞令已经毫不例外地承认和赞颂了各类组织在社会中的重要地位与作用。③ 经济和市场组织因其创造社会经济利益而被赞扬,控制它们的个人被称为企业家,被视为财富和就业机会的创造者,为整个国家的经济增长和繁荣铺平道路。④ 家庭因其在养育下一代公民和照护临终者方面的作用而受到赞扬。父母因其自我牺牲的行为而受到赞扬,自给自足的婚姻家庭被视为道德和经济的理想模型,并被认为是唯一具备资格满足家庭成员依赖性和被照护需求的主体。

---

① See M. A. Fineman, G. Shepherd, "Homeschooling: Choosing Parental Rights Over Children's Interests," *University of Baltimore Law Review*, Vol. 46, 2016, pp. 57–83.
② 相比保守派,自由主义政治辞令反映出一种更深刻的认识,即政府援助对提供基本需求(如医疗保健和教育)而言是必要的。然而,双方都是公私之鸿沟的捍卫和维护者。
③ See J. Halley, "What is Family Law? A Genealogy Part Ⅰ," *Yale Journal of Law and Humanities*, Vol. 23, No. 1, 2013, pp. 1–6; "What Is Family Law? A Genealogy Part Ⅱ," *Yale Journal of Law and Humanities*, Vol. 23, No. 2, 2013, pp. 189–195.(讨论政治制度与不平等及财富固化的关系。)
④ 尤其在现代资本主义社会,私营企业是决定何种产品、何时生产、生产量多少的主要行动者,也是主要的雇主和纳税人。"从某种意义上说,他们是一类'公职人员','工作、物价、产量、增长等,每个人的生活水平和经济保障都掌握在他们手中'。"See C. E. Lindblom, *Politics And Markets: The World's Political-Economic Systems*, New York: Basic Books, 1978, p. 172.

政治和政策观念认为,上述组织在构建和再造社会,在为个人提供福利方面具有核心和基础作用,这是保护他们免受国家干预的根本理由。虽然"组织是必要的"这一看法具有正当性,但我们必须修改现行的政治教条,这些教条将以上组织归于"私人领域",与以国家行为和责任为规范的公共领域区分开来。不承认这些组织的公共目的及相应的公共责任不仅是错误的,而且不利于社会运行和大众福祉。

一方面,我们通过制定法律来规定它们的创建,确定它们的形态、条件和责任,规范它们的运作;另一方面,这些实体组织被认为是私人的。这成为一个悖论。① 它们是法律的产物,依据公司、家庭、财产、就业、税收、贸易和福利等法律产生。法律确定了基本社会组织中个人关系的性质,如父母和子女、雇主和雇员、股东和消费者等。②

建立社会组织还涉及界定与国家、依法设立的其他组织和个人三者之间的关系。法律一旦颁布,就框定了国家在社会组织的存在形式和范围上的责任。在美国,一旦涉及社会组织,特别是市场或家庭时,持续的国家责任就被视为例外。例如,在商业领域,自由市场和竞争效率一直被作为国家规制和监督的障碍。③ 当下已经形成了"家庭隐私"和"父母权利"理论,这些理论阻止了政府参与直接影响儿童发展的后果性决定。只有通过认识到对基本社会组织进行持续公共追踪和监督的必要性,才能调整这些组织在私人体系中的默认地位。对所需的调整进行倡导和处理,应是社会正义研究的重点。

法律通过塑造基本的社会组织及其内部的关系,规定了社会的基本制度,即如何分配权力和福利,作为确定个人和社会福利的手段。个人和社会最终

---

① 公私合作框架下的市场特征十分有趣。对家庭而言是公共的,而对国家而言却又是私人的,它分别获得了公私两类的益处。对比家庭和市场,家庭的私人领域受到严格的公共规制,因家庭保留了各方面的社会特征,且不受契约约束。相反,市场活跃在公共领域,却由私法管辖。这些相反的特征在意识形态上具有细微差别。

② 因此,所列法律关系应以社会正义原则为指导,进行始终如一的严格审查。脆弱性理论将以上关系称为社会身份。同等重要的是察觉到社会身份如何以不正义的方式相互交叉。比如,作为员工的社会身份与作为父母的社会身份产生了怎样的冲突? 这并非传统的基于身份的分析,其中,性别并非相关因素,而是与社会身份所关联的职责(例如女性同时作为家庭照护者与企业员工)。

③ 政客们将自由、平等和契约等作为起草劳工法条款和制定法律后果的首要关注。同样的原则也被用于支持商业组织,进而阻碍规制与监管。

都依赖于社会组织的成功和公平运作。个人与社会是共生的、相互依存的关系。因而，衍生依赖的概念尤为重要。如果我们要履行在社会中所扮演角色的职责，则必须有可共依赖的社会组织。社会的繁荣必须依靠组成社会的各类组织有效运作，依靠以此为基础的个人成功。个人对社会关系和组织具有依赖性，这要求国家监督这些社会安排，并在其陷入不正义运行状态时进行调整。这既包括现在被归类为私人的组织，也包括被视为公共的组织。

四 结语

脆弱性理论建立在对人类共同的脆弱性和依赖性的认识之上，阐明了为什么我们在确定何为社会正义时，首要考虑的是合法组织和关系。通过将脆弱的主体置于中心，脆弱性理论要求：进行批判性的反思，首先要考虑社会如何通过法律和政策来构建其组织与关系。在尚未关注这些社会安排、具体的个人或群体情况如何之前，提醒我们做如上的观察和思考。该理论试图界定和适用一套立法或行政决策道德，而不仅仅主张个人享有的一系列权利。[①] 脆弱性理论更侧重于建立国家对社会组织和关系的责任范围，而不是设定国家干预的界限。

当这种思考用于国家责任时，脆弱性理论扩展了我们对"宪法意义上的损害"这一概念的理解，包括对公民在某些境况下被严重忽视或故意漠视，如部分公民未被满足甚至极度缺乏的需求。如果社会组织和关系是为了应对人类的脆弱性和依赖性，那么人类的脆弱性和依赖性就应成为社会契约的基础。这与传统的社会契约理论在界定国家责任方面的观点截然不同。传统的社会契约理论认为，理性自治的个体同意将部分与生俱来的自由受约束于国家，以得到霍布斯主义世界中的保护。[②] 相比之下，脆弱性理论认为国家责任是人天然产生的需求，内嵌于人类普遍的脆弱性和依赖性。如果欲使社会组织能够

[①] 这并非意味着反歧视分析不恰当。此处仅涉及融合性和定位。若起点是歧视，则解决途径是将被排斥的群体或个人融合在内。社会组织的性质和功能及内在关系可能会在就业方面被忽略。
[②] 现实中，有些人会在这种霍布斯式的世界里茁壮成长，取得成功。这并不奇怪，因为他们通过剥削和支配他人，包括控制组织结构以达成目的。

成功地符合社会正义原则，国家就必须承担继续监督和改革它们的责任。

重要的是，当运用脆弱性理论审视社会正义时，很明显，个人与社会之间的关系是协同的。如上文所述，组织在社会中协调有序地发挥作用，组织成功地协同运作，将成为个人成功的依赖。在衡量社会组织对复原力生成的作用时，该理论也通过个人的成功阐明了复原力生成最终依赖于社会。正如没有人能够成功地脱离国家及社会组织，国家的命运最终也依赖于个人的行为。社会正义范式应该包括社会的各部分，而不仅仅是社会中的个人。这种协同的视角可能要求在某些情况下，特定利益或个人利益必须为社会福祉作出调整。但这应该是一个平衡的过程，而不能在某些情况下忽视部分人的立场。

法律是我们治理社会和构建协同关系的基本方式。它提供了规范人与人之间相互交往的规则，同时也定义了个人与国家之间的关系，包括国家对个人的责任和个人对国家的责任。法律和政策必须建立和维持一个充分回应的国家，即一个以脆弱性为基础的国家，解决附随于个体整个生命历程中不断变化的依赖性，并关注个体的生命阶段和不同形式的需求，通过这条道路来实现强大而全面的社会正义。

环境权利研究

程序性环境权视角下的气候诉讼[*]

龚 微[**]

摘 要:气候诉讼已经成为应对气候变化这一目前人类面临的最大威胁的新的方式。气候诉讼数量的骤然增加伴随着持续的争议,但争议主要集中在实体性权利方面,基于程序性权利的气候诉讼广泛展开。程序性环境权的法律渊源丰富,已经渐成体系。程序性环境权与实体性环境权一样具有请求权权能,并无主从、先后关系。程序性环境权可独立于实体性环境权,甚至可以优先于实体性环境权而出现。现阶段的应对气候变化国际法对程序义务的重视优于实体。基于程序性权利的气候诉讼在国外出现了大量代表性诉讼,从获取信息权、参与决策权、诉诸司法权三方面全面展开。我国尚未出现直接与气候变化有关的诉讼,现行生态环境立法和司法足以保障基于程序性环境权的气候诉讼。我国应当率先开展基于程序性环境权的气候诉讼,在碳达峰目标实现之后再推动基于实体性环境权的气候诉讼。

关键词:气候诉讼;程序性环境权;实体性环境权;双碳目标

《国家人权行动计划(2021—2025年)》首次在"环境权利"部分中规定"应对气候变化"。2021年5月最高人民法院与联合国环境规划署共同举办世界环境司法大会,其所通过的《昆明宣言》第1条就针对气候变化明确提出,依据各国国内法及其参加或缔结的国际条约依法审理气候相关案件,通过诉讼应对气候变化。上述规定表明,气候诉讼与环境权利保护将愈发紧密地结合在

---

[*] 本文系教育部人文社科研究一般项目(21YJA820010)的阶段性成果。
[**] 龚微,法学博士,西南大学法学院教授。

一起。"应当高度关注在司法过程中如何保护公民的新兴权利问题"。[1] 虽然目前我国气候变化立法进展有限,但是通过气候诉讼推动气候变化应对已经成为理论界和实务部门的关注热点。基于环境权利保护的气候诉讼在中国将有望迎来全新的发展。

一　气候诉讼与程序性环境权

（一）气候诉讼引发各国的关注

自 2015 年《巴黎协定》通过以来,气候诉讼已进入数量爆炸的时代。[2] 气候变化问题的相关诉讼已经越来越多地在不同的国家和国际层面的司法机关中出现。联合国环境规划署和哥伦比亚大学法学院联合提交的《全球气候诉讼报告:2020 状况评估》指出,截至 2020 年 7 月 1 日,38 个国家和地区共提起了至少 1550 起气候变化诉讼案件。[3] 气候诉讼的数量比起 2017 年上份报告发布时几乎翻了一番。

美国学者 Markell 和 Ruhl 研究了美国的气候变化诉讼,认为在任何涉及联邦、州、部落或地方行政或司法诉讼中,其中一方提交的文件或法庭的决定直接并明确提出了与气候变化问题或政策、其原因或影响有关的事实或法律问题都是气候诉讼。[4] 澳大利亚学者 Jacqueline Peel 则认为,气候诉讼是涉及以气候变化问题为核心、通常针对气候变化提出具体论据或进行司法分析的案件。[5] 所谓气候变化诉讼,简而言之就是在事实和法律问题上与气候变化直接相关的诉讼。

---

[1] 侯学宾、郑智航:《新兴权利研究的理论提升与未来关注》,《求是学刊》2018 年第 3 期,第 96 页。

[2] See J. Peel, H. M. Osofsky, *Climate Change Litigation: Regulatory Pathways to Cleaner Energy*, Cambridge: Cambridge University Press, 2015, p. xi.

[3] See UNEP & Columbia Law School, *Global Climate Litigation Report: 2020 Status Review*, 2020, p. 9.

[4] See D. Markell, J. B. Ruhl, "An Empirical Assessment of Climate Change in the Courts: A New Jurisprudence or Business as Usual?" *Florida Law Review*, Vol. 64, 2012, p. 21.

[5] See J. Peel, H. M. Osofsky, opcit, pp. 9 – 25.

在我国,最高人民法院发布的《中国环境资源审判(2019)》白皮书中,将气候变化案件界定为"因排放温室气体、臭氧层损耗物质等直接或间接影响气候变化过程中产生的案件"。在《中国环境资源审判(2019)》《中国环境资源审判(2020)》白皮书中连续出现的典型性气候变化案例,主要是涉及消耗臭氧层物质的违法生产使用和新能源入电网纠纷的案例。其中所涉的消耗臭氧层物质三氯一氟甲烷并未被列入气候变化国际法认可的温室气体名录,部分地区风能和光能发电未能进入国家电网而间接涉及气候变化。目前我国的气候诉讼案例对气候变化应对的影响有限。

我国司法部门中所涉气候诉讼案例的特点是间接涉及气候变化,与联合国环境规划署采用的直接标准尚存差距。我国的这些气候诉讼案例均未被统计进入联合国环境规划署的《全球气候诉讼报告:2020状况评估》之中。世界环境司法大会所通过的《昆明宣言》在第1条提出了对气候诉讼的新表述。该表述正式将《中国环境资源审判》中对气候诉讼进行界定时所包括的臭氧层损耗物质和间接影响气候变化过程的表述去除,明确了与气候变化应对直接相关的标准。宣言的表述有利于我国的气候诉讼与国际标准接轨,我国气候诉讼也有望迎来大突破。

(二)纷争中的气候变化诉讼

各方围绕气候变化诉讼的争论自其诞生之日起就一直没有平息。世界首例胜诉的非政府组织起诉国家温室气体减排目标的案例为"乌尔根达基金会诉荷兰案"(Urgenda Foundation v. Neterhland)。[1] 荷兰的地方法院、上诉法院和最高法院均支持一审原告基金会,要求荷兰政府加大温室气体减排力度。该案的胜诉影响颇大,被誉为"最强气候诉讼""里程碑式胜诉"。气候变化诉讼一直面临所谓的"政治问题理论"的困扰。[2] 认为气候变化是政治问题的争议即使在一些重大的气候诉讼胜诉判决作出之后依然没有平息。针对荷兰法院

---

[1] 参见张忠利:《应对气候变化诉讼中国家注意义务的司法认定——以"Urgenda Foundation 诉荷兰"案为例》,《法律适用》2019年第18期,第99页。

[2] 根据美国最高法院判例,政治性的问题或者那些被宪法和法律授予行政部门负责的问题,决不能由法院来处理。参见杜涛:《在政治与法律之间——气候变化诉讼中的政治问题理论》,《北方法学》2013年第5期。

的胜诉判决,许多观点认为司法机构越权。[1] 一些批评者甚至认为,气候诉讼是"法官造法",作为"出于政治动机的诉讼滥用了法律体系"。[2] 这些气候诉讼案例中援引国际人权法或国内宪法中的权利条款向国家、排放主体主张权利的做法是基于推论。现行国际人权法和国家宪法中关于生命权、健康权、尊严权、家庭权等实体性权利条款只是隐含了应对气候变化的法律义务。所谓的"气候权利"至多属于国际人权法和宪法中未列举而暗含的权利。由于人权气候诉讼所依据权利的间接性,许多国家和研究者往往将气候变化视作应当由人民的权力决定的政治问题,而非可由法院裁判的法律问题。在被称为"世纪诉讼"的"朱莉安娜诉美国案"中,原告的诉讼请求曾获得美国俄勒冈地区法院的支持,法官艾肯在判决中指出:"我毫不怀疑,拥有能够维持人类生命的气候系统的权利对于自由有序的社会至关重要。"[3]然而,2020年1月美国第九巡回上诉法院推翻了地区法院的判决。气候变化是政治问题的观点在美国司法系统中仍得以继续维持。

大气环境是公众共用物,能否作为个人私权利的客体?西方国家的权利研究中存在着以麦考密克和拉兹两位学者为代表的长期争论。[4] 在气候诉讼司法实践中还体现为公众权利受损与排放行为之间的直接因果关系、具体排放造成的权利受损的范围确定等问题,纷争不断。澳大利亚新南威尔士州土地与环境法院首席法官布赖恩·普雷斯顿,在对大量气候诉讼案例进行分析后明确指出:"在被告排放温室气体的行为或不减排温室气体的不作为与极端天气事件之间建立因果关系仍然很困难。"[5]虽然《巴黎协定》迅速生效并实施,

---

[1] See K. de Graaf, J. Jans, "The Urgenda Decision: Netherlands Liable for Role in Causing Dangerous Global Climate Change," *Journal of Environmental Law*, Vol. 27, No. 3, 2015, pp. 517 – 527.

[2] See Laura Burgers, "Should Judges Make Climate Change Law?" *Transnational Environmental Law*, Vol. 9, No. 1, 2020, pp. 55 – 58.

[3] Juliana v. USA, 217 F Supp 3d 1224 (2016).

[4] 麦考密克认为,"权利关心的是由个人单独享有产品,而不是简单地作为集体的成员享受混同了的共同利益,这一共同利益由所有成员按不可区分、不可分配的份额享有"。N. MacCormick, *Rights in Legislation, Hacker Raz, Law, Morality, and Society: Essays in Honour of H. L. A. Hart*, Oxford: Clarendon Press, 1977, p. 284.

[5] Brian J. Preston, "The Influence of the Paris Agreement on Climate Litigation: Part Ⅱ," *Journal of Environmental Law*, Vol. 33, No. 2, 2021, p. 238.

相关的科学研究不断取得进展，但是目前在温室气体排放与公众权利遭受的气候变化不利影响之间建立法律上的因果关系仍然是困难的。这些困难具体表现为，公众的生命权、财产权、人身权、家庭权等实体性权利受到气候变化的不利影响存在较大的不确定性。

（三）基于程序性环境权的气候诉讼未见显著争议

与气候环境有关的实体性存在争议，而程序性环境权的内涵与外延是确定的，在理论和实践中均得到广泛认可。[①] 20 世纪 90 年代后，程序性环境权在国际环境法律文件中得到广泛认可。1992 年联合国环境与发展大会通过的《关于环境与发展的里约热内卢宣言》具有里程碑意义，其中原则十指出："每个人应有适当的途径获得有关公共机构掌握的环境问题的信息，其中包括关于他们的社区内有害物质和活动的信息，而且每个人应有机会参加决策过程。"随后，该原则强调"应提供采用司法和行政程序的有效途径"。

为落实被称为"软法"的里约宣言，实现该项原则规定的内涵，由联合国欧洲委员会制定的《在环境问题上获得信息、公众参与和诉诸法律的公约》（简称《奥胡斯公约》）进行了专门阐释。《奥胡斯公约》率先以区域性的多边公约形式出现，被誉为"第一个试图全面且专门地解决公民环境权利问题、具有约束力的国际文书"[②]。大多数的多边环境协定规定了缔约方之间的相互义务，而《奥胡斯公约》规定的则是各缔约方对于公众所负有的义务。该公约第 1 条要求缔约方保障公众在环境问题上获得信息、公众参与环境决策和诉诸法律的权利，以此作为贯彻整个公约的目标和方向。正如其条约名称与目标的规定，《奥胡斯公约》有三大支柱——获得环境信息、公众参与环境决策和诉诸法律，公约的第 4 条至第 9 条分别对此作出了规定。《奥胡斯公约》被誉为"对程序性环境权进行了集中阐释"[③]。"参与性、公开性、可救济性成为公众程序性

[①] 所谓程序性环境权是指"公众通过正当法律程序充分参与环境立法、环境行政、环境司法等活动，深刻影响决策结果，提升决策合理性，有效监督公权力的行使，并能获得相应法律救济的权利"。汪劲：《类型化视角下环境权利研究》，北京大学出版社 2020 年版，第 86—87 页。

[②] J. Jendroska, S. Stec, "The Aarhus Convention: Towards a New Era in Environmental Democracy," *Environmental Liability*, Vol. 9, No. 3, 2001, p. 148.

[③] 陈海嵩：《论程序性环境权》，《华东政法大学学报》2015 年第 1 期，第 106 页。

环境权利的三大重要属性。"[1]三大属性体现为获得信息、参与决策和诉诸法律三大支柱。

与实体性权利面临的大量争议不同,程序性环境权渐受重视。有学者明确提出,由于对环境质量的认定涉及主观的价值判断,实体性环境权必然面临着诸多困难。为了有效地实现环境保护,应该将精力放在程序性或者说参与性权利的建构上。[2]

二 程序性环境权指引气候诉讼的理论分析

(一) 以请求权权能指引气候诉讼

请求权可以说是实现权利保护的最重要方式。请求权虽然也可以通过当事人自主履行债务而实现,但更重要的意义是可以通过法院裁判而得以强制履行。[3]"法院一旦受理气候诉讼案件,进入实质性审理阶段,请求权即无可避免地成为核心法律问题。"[4]在传统法学理论中,法律程序与请求权无关。"程序性权利是基于社会关系的平衡被打破,因出现纠纷和权利受侵犯之事实而衍生的权利。"[5]程序性环境权本身没有环境利益,被认为只是保障环境权实现的手段性权利等。[6] 随着生态环境保护重要性凸显,程序性环境权具有请求权功能,可以与实体性权利一样具有独立价值而受到广泛认可。

"通过请求权的概念装置,当事人的权利得以实现,所以请求权被称为权

---

[1] 汪劲:《类型化视角下环境权利研究》,第87页。
[2] See S. Douglas, "Environmental Rights in the European Union," in Alan Boyle, Michael Anderson (eds.), *Human Rights Approaches to Environmental Protection*, Oxford: Clarendon Press, 1996, p.112.
[3] 参见陈永强、陈晶玮:《论请求权与诉的关系》,《民主与法制时报》2021年5月13日,第6版。
[4] 高利红:《气候诉讼的权利基础》,《法律科学》(西北政法大学学报)2022年第2期,第113页。
[5] 孙祥生:《论公民程序性权利的性质与特征》,《理论导刊》2007年第2期,第39页。
[6] 参见代杰:《环境法理学》,天津大学出版社2020年版,第211页。

利作用的枢纽。"①随着请求权理论发展,"请求权的意义并不局限于私法,在公法中也具有重要的理论和实践意义"②。在早期阶段,请求权只认可实体性权利而否认程序性权利可以主张请求权。卡尔·拉伦茨发展了请求权概念,认为请求权功能除了表明实体法地位,也包括程序法功能。③ 我国法学理论研究的主流观点也认可请求权包括程序法上的功能。④"请求权兼具实体法上的关系和程序法上的诉权的内涵。"⑤请求权也逐渐进入环境保护领域,程序性环境权赋予公众一种与环境相关的程序的请求权。

程序性环境权作为请求权,其请求结果是中性,并非能够确保受益。程序性环境权的请求权具有功能结构上的不可或缺性,其功能的发挥可以减少对国家保障的过度依赖,从而更有利于环境权的保障和生态环境保护目标的实现。针对国家立法、行政和司法权形成特定的内涵,环境权对于环境保护条款、环境知情条款、环境参与条款以及环境公益诉讼和生态环境损害赔偿诉讼等,均具有直接的制度实践意义。

程序性环境权与实体性环境权皆有请求权权能,二者并无主从、先后关系。程序性环境权独立于实体性环境权,甚至可以先于实体性环境权出现。请求权在气候变化应对方面可以面对广泛的主体行使,包括排放主体、监管主体、监测主体以及司法机关等等。

(二)程序性环境权足以指引现阶段的气候诉讼

程序性环境权的产生是正当程序的基本要求。程序性权利将程序本身作为权利追求的目标,具有自身的独立的内在价值,并逐渐形成了内涵丰富的完整体系。学界对程序性环境权的构成体系主要有两种观点。陈海嵩认为《奥胡斯公约》对程序性环境权进行了集中阐释,主张程序性环境权具体包括环境

---

① 王泽鉴:《法律思维与民法实例——请求权基础理论体系》,中国政法大学出版社 2001 年版,第 68 页。
② 徐以祥:《行政法上请求权的理论构造》,《法学研究》2010 年第 6 期,第 29 页。
③ 参见〔德〕卡尔·拉伦茨:《德国民法通论》(上册),王晓晔等译,法律出版社 2003 年版,第 323 页。
④ 参见王利明:《民法总则研究》,中国人民大学出版社 2003 年版,第 215 页。
⑤ 王锴:《论宪法上的程序权》,《比较法研究》2009 年第 3 期,第 64 页。

知情权、环境公众参与权、环境司法救济权三种。汪劲则认为,关于程序性权利的理论可以追溯到早期的"自然正义"和"正当法律程序"等理论,在这些理论基础上,程序性环境权体系形成了四种具体权利,分别是环境信息知情权、环境决策参与权、环境行政和司法救济权、环境监督权等具体权利。[①] "三种具体权利说"与"四种具体权利说"实质上区别不大,主要差异表现在环境监督权是否该被单独列为一种权利。监督的主要含义为"查看并督促"[②]。其权能基本上分散体现在环境知情权、环境公众参与权、环境司法救济权这三种具体权利之中。监督与获得信息、参与决策、诉诸法律等方式是目的与手段的关系。通过对三种具体程序性环境权的行使,完全可以实现环境监督权的权能。

可以说,程序性环境权已经渐成体系。程序性权利中的环境知情权、环境公众参与权与环境司法救济权相辅相成、相互支撑,已经初步形成了体系。基于程序性权利提起的气候诉讼有利于推动国家履行相应的气候应对义务。通过及时、可靠、充分的信息获取,能够保障公众有效地参与气候变化应对活动;公众的有效参与才能实现制度化的社会对话和沟通,让应对气候变化的决策更为公开和公正;司法救济则是公众获取信息和公众参与决策权利的司法保障,这些权利使程序性权利保护构成了一个整体,其亦被称为程序性权利的三大属性。环境司法救济权也是广义上对于包括实体性权利纠纷在内的其他气候相关纠纷的司法救济方式和途径。

程序性权利的体系已经初步形成并能全面适用于各种纠纷。"程序正义还内蕴了沟通理性的要求。"[③]现代程序被认为具有独立价值在于它可以为冲突各方提供一个理性对话、平等协商和博弈的交涉平台。国家应对气候变化的实体义务作为法律规定是描述性而非规范性的,其内涵和外延会随着气候升温的形势变幻和国家的国情发展而不断变化。我国是最大的发展中国家,人口众多、经济社会发展不均衡的特殊国情要求我国不能简单借鉴发达国家。正在进行的工业化、城市化进程决定了我国目前在碳达峰阶段中,温室气体的

---

① 参见汪劲:《类型化视角下环境权利研究》,第84页。
② 中国社会科学院语言研究所词典编辑室编:《现代汉语词典》(第7版),商务印书馆2016年版,第633页。
③ 王锡锌:《国家保护视野中的个人信息权利束》,《中国社会科学》2021年第11期,第130页。

排放量还可以增加。因此,如果直接进行基于实体性排放权的气候诉讼,不仅与国家的"碳达峰目标"承诺不符,而且恐将引发严重的经济社会矛盾,甚至可能阻碍我国现阶段的正常发展。而基于程序性权利的气候变化诉讼的法律关系清晰,并未涉及具体的温室气体减排义务,也因此回避了实体性权利在气候诉讼中面临的争议。基于程序性环境权的气候变化诉讼能够避免国外气候变化应对中出现的争议,增强应对过程中的信息透明度,有利于公众参与到应对气候变化的决策、执行和落实中来。通过理性沟通和协商,增强公众对应对举措的信任,提高自身参与实施程度,从而更符合现阶段我国气候变化应对的特点。

(三) 基于程序性环境权的气候诉讼符合气候变化国际法

我国的气候立法尚未出台,但我国是《联合国气候变化框架公约》(以下简称《气候公约》)和《巴黎协定》的缔约国。率先进行基于程序性环境权的气候诉讼符合气候变化国际法。《气候公约》对公众的程序性权利有所涉及,如在第4条关于各缔约方的承诺中,要求"促进和合作进行与气候变化有关的教育、培训和提高公众意识的工作,并鼓励人们对这个过程最广泛参与,包括鼓励各种非政府组织的参与",随后在关于"教育、培训和公众意识"的第6条进一步明确规定,"公众获取有关气候变化及其影响的信息"和"公众参与应付气候变化及其影响和拟订适当的对策"。《气候公约》明确涉及公众的程序性环境权。随后诞生的《京都议定书》沿袭了《气候公约》的处理方式。

取代《京都议定书》的《巴黎协定》对国家应对气候变化的程序性义务非常重视,在《气候公约》基础上进行了详细的规定。虽然关于气候变化的国际法制度和规则概述了气候变化应对的实质性义务,但它更多且更为清晰地提到了各国相应的程序性义务。在一个条约制度内,程序法和实体法的发展速度也可能差异巨大。《巴黎协定》所建立的法律制度的特点是类似"焦糖蛋奶冻"(crème brûlée),即在更软的实质性规范的基础上,有一层硬性的程序性义务。[1] 相对于

---

[1] See Jonathan Pickering et al., "Global Climate Governance Between Hard and Soft Law: Can the Paris Agreement's 'Crème Brûlée' Approach enhance Ecological Reflexivity?" *Journal of Environmental Law*, Vol. 31, No. 1, 2019, p. 2.

实体规则的弹性和国家自主性,程序规则的刚性特征更为显著。《巴黎协定》程序性的制度设定被称为"只进不退的棘轮机制"(Ratcheting Mechanism)。试图通过条约规定的严格的程序性制度设计,来推动国家自主决定的实体上权利义务的落实。依据《巴黎协定》中国家程序性义务优于实体性义务的特征,在国内气候诉讼中,公众的程序性环境权也可以优于实体性环境权。

三　程序性环境权视角下气候诉讼代表性案例分析

在国外的代表性气候变化诉讼中,程序性环境权有大量体现。尽管《奥胡斯公约》并未提及气候变化,但国外的理论研究和司法实践均认为,获得信息、公众参与和诉诸法律作为程序性环境权可以适用于气候变化应对。[①] 我们可以从国际和国内司法机关两个层面进行分析。

(一)国际法上基于程序性环境权的代表性气候诉讼

《气候公约》设置了争端解决程序,规定各缔约方通过谈判、国际法院或国际仲裁解决争端,但其启动难度大,实践中尚未出现适用该条款的气候争端。一些国家、组织和个人开始试图利用国际人权法设置的保护机制诉诸法律,获得救济。2005年12月,环极地因纽特人委员会主席代表北极圈生活的因纽特人,向美洲人权委员会提起申诉,指控美国的消极气候变化政策侵犯了因纽特人包括生命权、健康权、财产权等多项人权,"开创了通过国际人权法机制追究气候变化损害责任的先河"[②]。这一申诉后来因为美国未签署批准《美洲人权公约》而未能进入实体审查程序。2013年,北极阿萨巴斯坎人向美洲人权委员会提出类似诉求。

2016年3月14日,哥伦比亚共和国根据《美洲人权公约》相关条款,要求美洲人权法院就"国家在保护、保障生命权(the rights to life)和人身完整权(the

---

[①] See Marjan Peeters, Sandra Nóbrega, "Climate Change-Related Aarhus Conflicts: How Successful Are Procedural Rights in EU Climate Law?" *Review of European Community and International Environmental Law*, Vol. 23, No. 3, 2014, p. 355.

[②] 参见龚宇:《人权法语境下的气候变化损害责任:虚幻或现实》,《法律科学》(西北政法大学学报)2013年第1期,第76页。

rights to personal integrity)方面与环境有关的义务"发表咨询意见。2017年美洲人权法院发布了《关于环境与人权的咨询意见》(OC23/17),从国际人权保护的视角对气候变化与人权保护的关系正式进行了明确的阐释,其中也包括程序性权利。该案在通过国际人权法保护机制保护个人气候权利方面具有里程碑意义。

美洲人权法院咨询意见明确指出,各缔约方有合作义务、预防义务,还包括确保公众获取信息、参与决策和诉诸司法的义务。国际司法机构的咨询职能的主要功能在于解答咨询主体提出的法律问题并提供法律建议。通过行使咨询管辖权,国际司法机构对有关法律问题作出权威性的解答,澄清和消除疑义。"回顾国际法庭咨询实践的历史,咨询意见在指导和调整国际法主体的行为、预防和解决国际争端方面发挥了巨大作用。"[①]要求咨询管辖属于程序性权利中的诉诸法律权。

(二)国内法上基于程序性环境权的代表性气候诉讼

1. 获得信息权的气候诉讼

应对气候变化的具体项目的信息、资料、数据等往往由国家政府及其授权的机构掌握,普通民众和社会组织难以通过公开途径获取这些材料。通过宪法法律赋予的信息获取权,提出申请或提起诉讼是"被动"获取这些材料的有效手段。美国特朗普政府的环保署署长安德鲁·惠勒2019年3月在一次电视采访中宣称,"大部分来自气候变化的威胁是50年到75年之后的事情"。塞拉俱乐部认为惠勒的断言"直接违背了科学界的明确共识,包括美国《第四次国家气候评估报告》"。这部具有里程碑意义的报告由包括美国环境保护署在内的13个联邦机构的科学家参与撰写,并在署长接受采访前几个月发表。美国环保署最初表示将遵守《信息自由法》的规定进行披露,但后来断然拒绝了原告的要求。随后,塞拉俱乐部向哥伦比亚特区地方法院提起诉讼。2020年1月,美国环保署表示依据《信息自由法》的规定,已经在一份提交给法院的报告中完成了关于塞拉俱乐部要求对惠勒署长判断而提供的材料的收集。

[①] 罗国强、于敏娜:《国际法庭咨询管辖权的扩张倾向与中国策略》,《学术界》2019年第10期,第134页。

塞拉俱乐部指出,美国环保署所提供的文件信息显示,署长安德鲁·惠勒的断言"大多数的气候变化威胁是 50 年到 75 年之后的事情"是"没有事实依据的"。

2. 参与决策权的气候诉讼

在参与决策权的司法救济方面,代表性案例是"肯尼亚拯救拉穆组织诉国家环境管理局案"(Save Lamu and Others v. National Environment Management Authority)。肯尼亚政府计划在拉穆(Lamu)地区修建一座燃煤发电厂。拟建电厂的位置不仅靠近生态敏感区,而且距离联合国教科文组织世界遗产拉穆古城约 21 公里。2016 年 9 月,该电厂建设项目获得肯尼亚国家环境管理局的建设许可。10 月,肯尼亚社区环境保护组织"拯救拉穆"(Save Lamu)就许可发放一事提出反对,有关机关于同年 12 月举行听证。环境保护组织认为该项目可能对其产生的不利影响缺乏应对能力,并对公众在肯尼亚环境监管机构授予环境影响评价许可证的整个过程中参与不足而感到不满。该组织遂向国家环境法庭(the National Environment Tribunal)提出气候讼诉,寻求推翻国家环境管理局的决定。2019 年 6 月 26 日,国家环境法庭作出了支持原告的判决,取消了拉穆燃煤发电厂建设项目环境影响评价许可证。判决认为,该环境影响评价未能让受影响社区进行有效的公众参与,未能开展气候变化影响评估和战略环境评估等。① 公众通过程序性环境权可以参与有关具体项目的影响评估,还可以全面参与气候的计划、方案、政策和相关法律的制定,有利于对政府应对气候变化的活动进行全面、有效的监督和推动。

3. 诉诸法律权的气候诉讼

上述两类案例是关于信息获取权和参与决策权受到侵犯时,公众可以通过司法机构获得救济。司法救济权还可以被解读为一般性的气候损害问题发生时获得法律救济的权利。美国是目前气候变化侵权诉讼数量最多的国家,鉴于美国的行政部门在气候变化问题上的政策举措,大量诉讼除了基于诉诸普通法上的侵权责任,或关注《清洁空气法》《综合环境反应法》《国家环境保护

---

① See Tribunal Appeal 196/2016 Save Lamu and Others v. National Environment Management Authority (NEMA) and Amu Power Company Ltd.

法》等联邦法规下的与气候变化有关的违法行为而寻求救济之外，一些环境保护团体和个人也基于程序性权利提起气候诉讼。这些案例当中具有代表性的是"美国马萨诸塞州等诉环境保护署案"（Massachusetts et al. v. EPA）。美国最高法院的终审判决支持了原告的诉求。判决指出，为了减缓或者降低全球气候变暖，对来自交通部门的温室气体进行监管是环保部门的职责。[1]

在如何监管问题上，"朱莉安娜诉美国案"（Juliana v. United States）具有一定代表性。2015年9月，朱莉安娜等21名儿童和青年与环境保护组织共同向美国俄勒冈州地方法院提起诉讼，指控"联邦政府允许化石燃料的生产、消费和燃烧达到危险水平"[2]，要求法院迫使政府制定减少二氧化碳排放的计划。美国俄勒冈州法院的判决支持了原告的诉求。然而，2020年1月17日第九巡回上诉法院推翻了地区法院的判决。上诉法院认为，气候政策必须来自立法部门，原告的诉求必须诉诸行政部门或通过立法解决。

荷兰、法国、德国、英国等国家晚近均出现对政府应对气候变化法律政策的不满而提起诉讼并获得支持的判决。如在被誉为法国"世纪审判"的"乐施会诉法国案"（Oxfam France v. France）中，巴黎行政法院判决政府支付1欧元原告赔偿金。与对实体性权利损害赔偿的"象征性的"不同，该案在作为程序性的诉诸法律权上意义重大。公众针对政府在气候变化应对上的不作为可以诉诸司法寻求救济的权利得以确认。

（三）案例小结

通过对上述涉及程序性环境权的气候诉讼代表性案例的分析，我们可以得出如下概括性的认识。

1. 程序性环境权指引下的气候诉讼全面展开

气候诉讼已经在世界范围内全面展开，从内容上看，与信息获取权、参与决策权、诉诸法律权相关的纠纷都可以在气候变化诉讼中找到大量代表性案例。从层次上看，基于程序性环境权引领的气候诉讼涉及国际层面和国内层面。国内层面的气候诉讼既有发达国家也包括了发展中国家。发达国家如欧

---

[1] See Massachusetts v. EPA, 549 U.S. 497 (2007).

[2] Juliana v. United States, 217 F Supp 3d 1224 (D. Or. 2016).

洲国家、美国、澳大利亚等国的气候诉讼,在数量上和影响上远超发展中国家,既有程序性环境权案例也有大量实体性环境权案例。发展中国家环境司法救济权指引下的气候诉讼也获得长足发展,数量逐渐增多,影响力日益增强,但主要集中于狭义的司法救济权。发展中国家的气候诉讼,主要集中在对一些项目的环境影响评价、公众参与、信息获得权利的司法审查上。公众可以参与有关具体项目评估的决策,也可以全面监督气候的计划、方案、政策和相关法律的制定,对国家应对气候变化的活动进行全面、有效的监督和推动。

2. 气候诉讼中程序性环境权的法律渊源众多

程序性环境权的法律渊源是多样的,既有国际条约,也有国内宪法、法律。一些欧洲国家还可以在气候诉讼中直接适用《奥胡斯公约》,也包括《气候公约》《巴黎协定》的相关条款。在国家宪法中将应对气候变化写入的国家有7个,分别是多米尼加、委内瑞拉、厄瓜多尔、越南、突尼斯、科特迪瓦、泰国。[1] 其中突尼斯2014年《宪法》规定,国家保障享有健康和平衡环境的权利以及参与保护气候的权利。[2]

一些国家在国内推动气候变化立法,如英国、德国、爱尔兰等国家。另一些国家的气候诉讼则基于环境法规进行。如"肯尼亚的拯救拉穆组织诉国家环境管理局案""塞拉俱乐部诉美国环境署案"等。基于程序性环境权的气候诉讼的法律渊源具有多样性。

3. 气候诉讼中程序性权利与实体性权利交织

随着气候诉讼的发展,在一些发达国家,特别是欧洲国家的气候诉讼中,基于程序性权利的气候诉讼与实体性权利的气候诉讼二分的状况已经逐渐被打破,许多气候诉讼中呈现出程序性权利与实体性权利的交织。这也是应对气候变化进入高阶状态、气候诉讼日趋复杂的体现。既有单独的基于程序性权利的气候诉讼,也有程序性权利与实体性权利同时涉及的气候诉讼。

在许多涉及权利纠纷的气候变化诉讼中,不同国家对程序性权利与实体

---

[1] See James R. May, Erin Daly, "Global Climate Constitutionalism and Justice in the Courts," in Jordi Jaria-Manzano (ed.), *Research Handbook on Global Climate Constitutionalism*, London and Massachusetts: Edwars Elgar Publishing Limited, 2019, pp. 235-245.

[2] See Constion of Tunisia (2014), Tit. 2, Art. 45.

性权利的保障存在明显的偏差。如在"莱加里诉巴基斯坦案",原告莱加里向巴基斯坦拉合尔高等法院提起诉讼,状告政府应对气候变化的举措不力,严重影响了知情权,违反了民主、平等、社会经济和政治正义的宪法原则,也侵犯了原告受《巴基斯坦宪法》保护的生命权、财产权等权利。[1] 拉合尔高等法院的判决认为,政府的气候变化政策既侵害了原告的程序性权利也侵害了生命权、人身尊严权和家庭隐私权、财产权等实体性权利,但其判决要求建立气候变化委员会,通过保障公众参与权这一程序性权利促进政府的气候变化应对。在美国的大量气候诉讼中,也同样存在程序性权利与实体性权利交织的现象。目前多数发展中国家和美国,气候诉讼的胜诉案件还是集中于程序性权利的气候诉讼方面。程序性权利是实体性权利的基础和保障,与实体性权利密不可分,通过程序性权利的落实,有助于实体性权利的后续实现。

四 "双碳"目标下基于程序性环境权推动我国气候变化司法

我国对气候变化应对非常重视,自 2019 年载入气候变化审判和相关案例以来,《中国环境资源审判》每年都对此类审判和典型性案例进行介绍。如前所述,《中国环境资源审判》对气候诉讼的认定标准比联合国环境规划署的全球气候诉讼报告更为宽泛,并非直接与气候变化相关。因此,《中国环境资源审判(2019)》所载的两起"弃风弃光"环境民事公益诉讼案件、生产消耗臭氧层物质行政处罚案等,均未被统计进入联合国环境规划署的《全球气候诉讼报告:2020 状况评估》之中。

随着我国应对气候变化举措的推进,特别是"双碳"目标的提出和全国碳排放权交易市场的正式上线,笔者认为,我国法院应当受理直接涉及气候变化的诉讼,在"碳达峰"阶段基于程序性环境权的气候诉讼是完全可行的。

---

[1] See Ashgar Leghari v. Federation of Pakistan (W. P. No. 25501/2015), Lahore High Court Green Bench, Orders of 4 Sept. and 14 Sept. 2015, https://elaw.org/pk_Leghari (Leghari).

（一）现行生态环境立法足以推动基于程序性环境权的气候诉讼

我国的环境法治对程序性环境权一直比较重视。早在 1979 年通过的《环境保护法（试行）》就规定了"公民对污染和破坏环境的单位和个人，有权监督、检举和控告"。1989 年的《环境保护法》沿袭了此前的规定。2014 年的《环境保护法》修订则专门设立名为"信息公开和公众参与"的第 5 章，并在第 53 条 1 款规定了"公民、法人和其他组织依法享有获取环境信息、参与和监督环境保护的权利"。该规定丰富了环境保护的程序性权利，被称为"公众环境权益的重大进展"[①]。

我国在程序性环境权，特别是在公众环境信息获取权和参与环境决策权的法治建设方面取得了长足进展。在环境信息公开方面，我国已经建立了较为完整的制度体系。自 2008 年国务院《政府信息公开条例》和环保部《环境信息公开办法（试行）》实施以来，我国环境信息公开工作不断稳步向前推进。理论研究和治理实践表明，环境信息公开作为信息化时代环境治理的新型武器，有助于防治污染，改善环境质量。[②] 环境信息公开在总体上显示出对环境治理的正向净效应。随着《环境信息公开办法（试行）》失效，新的《环境信息公开条例》正在制定出台过程中。[③] "着力打造信息共建、信息共享、信息共治三目标相互吻合的环境信息治理格局"[④]，将使得公众环境信息权得到更为全面、有力的保障。在公众参与决策权方面，2014 年《环境保护法》修订后，新制定的《环境保护公众参与办法》于 2015 年 9 月 1 日正式实施。为贯彻执行环境基本法规定的公众参与原则，在参与主体、参与程序、行政机关职责等方面，该办法对公众参与环境保护事项作出了具体规定，充分保障了公众参与、监督的权利。在大数据、人工智能、区块链等现代化信息技术日益发达的时代

---

① 信春鹰主编：《中华人民共和国环境保护法释义》，法律出版社 2014 年版，第 186 页。
② 参见李永盛、张祥建：《环境信息公开有助于我国的污染防治攻坚战吗？》，《中国环境管理》2020 年第 1 期，第 87 页。
③ 参见王华、郭红燕、黄德生：《我国环境信息公开现状、问题与对策》，《中国环境管理》2016 年第 1 期，第 89 页。
④ 方印：《从"旧三角"到"新三角"：环境信息法权结构变塑论》，《法学论坛》2020 年第 5 期，第 18 页。

背景下,环境信息公开和公众参与愈发被认为将会成为决胜污染防治攻坚战的关键所在。

自中国共产党十八大报告提出生态文明思想以后,我国的生态环境法治建设取得的长足进步。2017年召开的党的十九大又加快了生态文明建设。十九届四中全会明确提出"实行最严格的生态环境保护制度"。2018年的全国生态环境保护大会进一步提出"用最严格制度最严密法治保护生态环境"。这种"严格严密"生态法治观,既表明了中国推进生态文明建设的坚定决心,也说明中国找到了运用法治思维和制度建设等有力武器来推进生态文明建设的具体方法。

"中国环境法治建设从无到有,从紧跟世界环境法前行的步伐到引领世界环境法治建设实践,已探索出一条适合中国国情的环境法治道路,取得了巨大的成就。"[①]我国尚未正式进行应对气候变化立法,但是全国人大通过了应对气候变化决议,多个研究机构已经提出了气候变化立法的示范法。作为发展中大国,我国国内气候变化正式立法仍在探索评估之中。国外的气候诉讼案例表明,缺乏气候变化立法和实体性环境权规定,在既有生态环境立法的基础上,选择性地推进气候诉讼是可行的。

(二) 率先开展基于程序性环境权的气候诉讼

在《巴黎协定》之下,我国首次承担具有法律约束力的温室气体减排义务,并提出了"碳达峰"和"碳中和"目标。以《巴黎协定》为代表的气候变化国际法对程序义务的体现优于实体性义务,因此,我国应当重视对公众的程序性气候权的保障,基于程序性环境权进行气候诉讼。我国的理论和实务部门也对开展气候诉讼进行了很好的讨论,出现了大量研究成果和实践努力。虽然实体性环境权入宪和气候变化立法近期之内在我国尚无可能,但是基于程序性权利进行气候诉讼,对我国公民的气候信息获取权、气候决策参与权率先进行司法保障,已具备坚实的基础。

我国可以在碳达峰之前,基于狭义程序性环境推动气候诉讼。一些发达

---

① 吕忠梅、吴一冉:《中国环境法治七十年:从历史走向未来》,《中国法律评论》2019年第5期,第102页。

国家和放弃工业化道路的发展中小国已经实现了碳达峰,而作为最大的发展中国家,中国的应对气候变化之路不同于这些国家。中国还处于工业化和城镇化进程中,刚刚摆脱贫困的国情决定了中国的经济社会发展在温室气体排放上还需要上升空间。依据应对气候变化国际法的"共同但有区别责任原则"的精神,中国作为发展中国家采取的温室气体减排方式是相对减排。① 与发达国家承担的绝对减排义务不同,在碳达峰之前,中国的温室气体排放总量还可以上升。这种温室气体排放总量的上升不同于《巴黎协定》之前的上升,需要履行协定所规定的定期报告、外部评估、透明度等各项义务。如前所述,这些义务主要体现为程序性。基于狭义程序性环境权推动气候诉讼,符合这个阶段我国气候变化应对义务的基本特征。

最高人民法院与联合国环境规划署共同举办的世界环境司法大会通过了《昆明宣言》,在第 1 条就针对气候变化明确提出:"依据各国国内法及其参加或缔结的国际条约依法审理节能减排、碳交易、低碳技术、绿色金融等相关案件。"该条规定为我们指明了狭义程序性气候诉讼的具体领域。在这个阶段,我国的气候诉讼可以针对节能减排、碳交易、低碳技术、绿色金融等相关案件中的气候信息和公众参与问题进行司法审查。通过对上述范围内对公众程序性气候权进行优先保障,推动我国应对气候变化义务的履行。

(三)碳达峰之后的气候诉讼展望

在碳达峰的基础上进一步实现碳中和,则需要尽量减少碳排放,使碳排放与碳汇持平。② 碳中和是对碳达峰的约束,碳达峰则构成了碳中和的基础和前提。我国在碳达峰阶段之前所承诺的温室气体减排是相对减排,而实现碳达峰之后再实现碳中和,则需要从相对减排转型为绝对减排。这种绝对减排在

---

① 2009 年 9 月,中国首次提出相对减排目标。时任国家主席胡锦涛在出席联合国气候变化峰会时提出,争取到 2020 年单位国内生产总值二氧化碳排放比 2005 年下降 40%—45%。2015 年 11 月,习近平主席在第二十一届联合国气候变化大会(COP21)的首脑峰会上,代表中国第二次提出 2030 年相对减排行动目标,即二氧化碳排放 2030 年左右达到峰值并争取尽早达峰,单位国内生产总值二氧化碳排放比 2005 年下降 60%—65%。
② 碳中和是指某个地区在一定时间内(一般指一年)人为活动直接和间接排放的二氧化碳,与其通过植树造林等吸收的二氧化碳相互抵消,实现二氧化碳"净零排放"。参见王经南、李严:《加快实现碳排放达峰 推动经济高质量发展》,《经济日报》2021 年 1 月 4 日,第 1 版。

性质和内涵上类似于目前已经实现碳达峰的发达国家所承诺的绝对量化减排。我国从碳达峰到碳中和的时间短,面临的减排压力远大于目前承担绝对量化减排义务的发达国家。

实现碳达峰之后的碳中和目标,需要对与气候变化应对相关的法律纠纷,特别是温室气体"净零排放"进行全面司法审查,为碳中和的实现提供司法保障。气候诉讼将不再限于依据程序性环境权展开,而是广泛解决包括碳排放实体性环境权纠纷在内的所有纠纷。

在国内进行的气候诉讼,可以通过气候行政公益诉讼和气候民事公益诉讼的形式进行。司法机关在气候变化的应对中,应充分发挥各项审判和执行的能动作用。[①] 对排放主体、交易主体、监测主体、监管主体等主体的气候变化程序性义务率先进行司法审查,并通过发布司法解释、制定司法政策、提出司法建议等方式,要求相关国家机构的职权活动与企事业单位和个人的排放行为符合对生态环境保护的要求。在争取实现碳中和目标过程中,我们所面对的状况应是《中华人民共和国国民经济和社会发展第十四个五年规划和2035年远景目标纲要》所描绘的愿景:"碳排放达峰后稳中有降,生态环境根本好转,美丽中国建设基本实现。"

---

① 参见孙佑海:《为实现"双碳"目标提供有力司法保障》,《人民法院报》2021年6月11日,第2版。

论生态文明视域下牧民环境权实现路径的理论反思与重构[*]

杜建明[**]

摘　要：牧民环境权是我国环境权理论对草原牧民及其牧区环境治理的一种独特的法律呵护和权利关照。我国环境权理论主张环境权的"实体化"和"司法化"应用于草原生态保护，衍生了以草原环境公益诉讼为主导的权利保护模式。这一模式的典型特征为浓厚的"国家权力中心主义"和司法的"对抗主义"，易造成草原治理过程中牧民失语、合作消解。这不仅遮蔽了本土生态知识的积极作用，也抑制了草原互助合作传统的传承与发展，从而在根本上使草原生态治理失去了动力和活力。基于草原生态的可持续发展，有必要以程序性环境权为中心，为牧民环境权的实现另辟路径。

关键词：草原；牧民；程序性环境权；实体性环境权

一　牧民环境权的提出及其意义

草原是我国面积最大的陆地生态系统，也是一种重要的生态资源。但随着现代工业文明的不断扩张，绿色草原也难以置身事外。20世纪80年代以来，草原、牧区、牧民纷纷卷入市场化的现代体制之中，草原生态不断恶化，水土流失、荒漠化和沙尘暴的不断加剧，已经成为影响草原可持续发展的关键所在。面对草原生态恶化的残酷事实，身处法治时代的人们习惯性地选择以法律的方式解决当下的生态危机。在环境法律制度建构的过程中，作为环境权

---

[*] 本文系国家社科基金项目"国家治理背景下内蒙古草原牧区项目化治理的转型研究"（21BMZ076）的阶段性成果。

[**] 杜建明，法学博士，内蒙古大学法学院副教授、硕士生导师。

理论对我国牧民及其生态治理的一种独特的法律关照，以牧民为主体的牧民环境权应运而生。

回首我国的环境权研究，自 1982 年蔡守秋教授在《中国社会科学》发表了《环境权初探》一文，将作为舶来品的环境权引入我国以来，我国的环境权研究围绕着城市的生活环境，特别是在城市污染和工业污染防治方面取得了丰硕的成果。不仅如此，我国的环境法学者还大力倡导环境权的"司法化"。蔡守秋早在我国环境公益诉讼建立之前就明确指出："环境权是环境法的一个核心概念，是环境诉讼的基础。"其后，吕忠梅教授借鉴了日本学者富井利安的观点，也积极主张环境权的实体化，并进一步将环境权分为环境私权和环境公权，而环境私益诉讼和环境公益诉讼便分别是与上述两类权利对应的司法救济途径。在现代法治社会，倡导法治与人权，通过法律实现国家治理已经成为文明发展的基本共识。但具体到我国牧民环境权的保障与实现问题，我国环境权理论是否能够将其涵盖并提供行之有效的解决方案呢？从我国现有的理论成果来看，这些理论成果主要针对城市的污染问题，有着浓厚的"城市中心主义"色彩，都忽视了草原牧区的环境问题，从而使牧民环境权的保障问题成为我国现有研究的理论盲区。在此背景下，我们进一步追问，强调权利的可诉性并积极通过司法救济实现权利保障的现代法治逻辑是否适用于草原，是否与"半封闭"的草原牧区的生产生活逻辑相契合？同时，将司法程序引入草原生态治理过程中，在草原生态治理结构中借助司法的对抗性和事后性是否有利于牧民环境权的实现？在"权利的时代"，环境权理论为人类环境利益的保护献计献策，但缺乏现实观照又无法回应草原生态治理实际诉求的理论研究又有多少现实价值和实践意义。上述疑问引起了本文对我国公民环境权的理论反思，也促使笔者对我国牧民环境权的实现路径进行思考和探讨。

二 以牧民为主体的环境权

环境权是环境法学的核心范畴，这一概念最早可以追溯到 20 世纪 70 年代。1972 年联合国在瑞典斯德哥尔摩召开人类环境会议，会议将环境问题与人权联系起来并通过了《人类环境宣言》,明确指出:"人类享有在一种确保有尊严和舒适的环境中,获得自由、平等和充足的生活条件的基本权利,而且承担着为当代人和后代子孙保护和改善环境的神圣职责。"由此将环境权确立为基本人权。1966年联合国《经济、社会及文化权利国际公约》是国际人权领域重要的人权公约,其第11条就规定:"本缔约国确认人人有权享有其本人及家属所需之适当生活程度,包括适当之食物住及不断改善之生活环境。"伴随着生态危机的全球化趋势,环境权作为一项新型人权得到了国际社会的普遍认可,与此同时,越来越多的国家将环境权写入宪法,"环境保护入宪"逐渐成为各国宪法发展的基本趋势。环境权是人们享受良好适宜自然环境的权利,公民是其权利享有的基本主体。然而,公民是一个抽象的法律概念,这一概念浓缩了社会分层体系中分布于不同职业、阶层、民族、种族的个体和群体,而社会成员的不同个体在抵御环境风险时的能力和水平是不尽相同的,于是就产生了"环境正义"的主题。所谓"环境正义是环境事务上的正义,是不同人群在环境资源使用权益上的平等享有和在环境保护义务上的公平负担"[①]。牧民环境权是实践草原生态法律治理的基本前提,更是实现环境正义的题中应有之义。作为公民一员的牧民,不仅是牧业生产的直接参与者,更是绿色世界的创造者。人草之间的亲密关系不仅生成了广大牧民独特的生活方式和存在样态,也使他们天然地拥有在不被污染的草原上生存并利用草地资源繁衍生息的自然权利。与环境权的其他主体相比,牧民环境权的提出具有独特的价值和意义。首先,牧民环境权面临的形势十分严峻。草原是牧民的衣食之源、生存之本,牧民生计对草地资源的依赖性很强,但草原环境却有着极强的脆弱性。根据中国科学院遥感监测显示,近年来,我国草原面积平均每年减少150万公顷,全国90%可利用的天然草原出现不同程度地退化,覆盖率降低,沙化、盐碱化等中度以上明显退化的草原面积占到半数。[②] 草原生态的严重恶化已经严重影响了牧民、牧业和牧区的可持续发展。其次,牧民环境权的主体弱势地位十分明显。牧民是以草地资源为

[①] 龚天平、刘潜:《我国生态治理中的国内环境正义问题》,《湖北大学学报》2019年第6期。
[②] 参见刘晓莉、贾国发:《在草原牧区践行科学发展观的法律思考》,《东北师范大学学报》2010年第4期。

主要生产生活资料,在牧区以养殖牲畜为主的职业群体。他们对草地资源和草原环境有着高度的依赖性,面对现代化与市场化的强劲势头,他们的生产生活都发生了改变。传统的游牧生活变为定居,定居之后家庭占有的草场面积逐渐减少,单位面积上的生态压力逐渐增强,草原的实际负载逐渐超出其承载能力,人、畜、草之间的冲突进一步凸显。面对这一切,广大牧民被现代化裹挟却无能为力,市场机制背后的生存压力往往迫使他们被动地接受规训和惩罚。最后,牧民环境权有着强烈的溢出效应。我国草原牧区大多地处祖国边陲,居住人口以少数民族为主,长期的游牧生计形成了"人—畜—草"共生互利的游牧文化。与农耕文化和工商文化相比,游牧文化视野中的草原不仅仅是具有生产价值的自然资源和物质资料,更是民族文化时代传承的文化沃土。草原生态的日益恶化不仅破坏了牧民的生活空间,更摧毁了广大牧民的精神家园。因此,草原生态的改善不仅与牧民的民生密不可分,更与民族团结和边疆稳定等政治主题休戚相关。

三 我国牧民环境权的制度实践与特征

为了实现环境正义这一宏大的社会政治主题,中国环境法学者始终致力于以环境权为核心概念的实体化建构。在他们看来,"从权利源进行分析,传统诉讼解决环境纠纷的不足在于实体权利与应有权利的矛盾或者说在于环境权与传统权利的矛盾"[①]。就此,以环境领域国际人权公约的原则和内容为基础,通过正当性阐释和论证,环境权被构造为一项独立的、可以诉诸法律的实体性权利。同时,环境权的实体化还将环境污染问题的治理引入司法,使其成为公民可以切实获得的司法救济,最终实现了环境权的司法化。在我国环境法学者的积极努力下,我国环境法律制度虽然并未明确规定环境权这一实体权利,但却以环境公益诉讼的制度建构实现了环境权的司法化。2012年修订的《民事诉讼法》新增第55条规定:"对于环境污染、侵害众多消费者合法权益等损害公共利益的行为,可以由法律规定的机关和有关组织向

[①] 吴勇:《专门环境诉讼——环境纠纷解决的法律机制》,法律出版社2009年版,第36页。

人民法院提起诉讼。"就此,我国诉讼法律制度正确确认了环境民事公益诉讼制度。经过两年的试点工作,2016年全国人大常委会对《民事诉讼法》和《行政诉讼法》进行了修改,将环境民事公益诉讼的原告范围进行了扩展,并正式授权检察机关提起环境民事公益诉讼。同时,我国《行政诉讼法》第25条也增加了检察机关的原告身份,使其具备了提起行政公益诉讼的法定资格。2018年最高人民法院和最高人民检察院联合发布了《关于检察公益诉讼案件适用法律若干问题的解释》,对检察院与人民法院的公益诉讼活动做了进一步的规定。

环境公益诉讼制度的建立为环境权的司法化提供了救济渠道,也为草原生态环境的保护提供了法律保障。进入21世纪以来,草原的生态问题引起党和政府的高度关注,一系列草原保护的政策法规相继出台,一系列草原治理的项目举措陆续实施。作为保护草原生态的最后一道防线,草原环境公益诉讼如火如荼开展以来,各地各级检察院充分利用这一制度平台,通过支持起诉、督促起诉、诉前建议、提起诉讼等多种手段,开展环境公益诉讼,助力草原生态的保护活动。以内蒙古自治区为例,2021年内蒙古检察机关开展了"守护北疆草原林地"公益诉讼专项监督活动。当年检察机关共受理公益诉讼线索1578件,立案1215件,提出诉前检察建议980件,提起公益诉讼65件,保护草原3.88万亩、林地3.16万亩。[①] 随着草原环境公益诉讼的有序开展,司法在生态保护方面的功能不断增强,司法制度的逻辑构造也逐步嵌入草原生态治理的结构之中,从而使我国牧民环境权的实现凸显其结构特征。

(一)牧民环境权保护的"国家中心主义"

众所周知,草地是一种重要的生产资料,也是一种稀缺的生态资源,在经济学领域被视为准公共物品。公共物品是一个经济学概念,最早由美国著名经济学家萨缪尔森提出。所谓公共物品,是指可以供全体社会成员共同享有使用的物品,具有消费的非竞争性和非排他性特点。在斯蒂格利茨看来,公

[①] 参见《内蒙古检察机关开展"守护北疆草原林地"公益诉讼专项监督》,https://news.sina.com.cn/o/2021-12-28/doc-ikyakumx6912337.shtml,2021年11月5日访问。

共物品的消费非竞争性是指一个人消费这种物品并不会减少或阻止其他人对这种物品的消费。这就是说,增加一个人消费并不需要支付更多的成本。而消费的非排他性则指在某种物品的消费上不可能将任何人排除在外,这意味着无法刺激消费者为其消费支付成本。草地资源既可以给个人创造直接的经济效益,也可以为社会公众带来环境福祉,因此,它介乎于公共物品和私人物品之间,是一种典型的准公共物品。作为准公共物品,草地资源具有强烈的正外部性特征。具体来讲,草原牧区是我国重要的陆地生态系统,具有涵养水源、调节气候、防风固沙、净化空气等多重作用。草原也是各类野生动物的栖息之地,是生物多样性保持的重要依托,因此,草原牧区具有重要的生态功能。草原还是畜牧业生产的重要基地:草原畜牧业往往是西部地区的支柱性产业,草原的生态发展关系着西部地区的经济发展和社会稳定。因此,草原牧区具有重要的经济功能。此外,草原牧区维系着广大牧民的基本生计,与牧民的就业、医疗、养老等基本生存和发展需求联系紧密,有着明显的社会保障作用。除此之外,草原牧区是少数民族聚居区,也是贫困人口集中区,所以草原牧区的可持续发展,对于促进民族地区民族团结、维护祖国边疆生态安全和社会稳定具有重要的政治价值。

  草原牧区的正外部性特点,加上环保主义意识形态的正当性加持,使草原牧区的生态问题逐渐引起国家权力的高度重视,也使国家权力的触角逐渐延伸至草原治理的内部结构之中,从而使牧民环境权的法律实践体现了浓厚的国家中心主义色彩。2000年泛起的沙尘暴席卷了京津乃至北方大部分地区,草原生态逐渐成为公共舆论的关注中心。而2008年北京奥运会之际的沙尘肆掠更是将草原"生态"与国家利益紧密的联系在一起。进入21世纪,国家全面启动了一系列恢复草原生态的治理项目,如禁牧休牧、退牧还草、生态移民等等,草原保护就此走上了一条国家主导、自上而下的环境治理之路。"从国家层面来看,草原不再只是作为喂养牲畜的原料出现,草原的生态价值和符号价值获得了权力和资本前所未有的注意,保障生态安全、塑造国家形象和发展文化经济方面的考虑被放到了优先的位置,我们开始进入一个'生态'时代。我们发现在这个时代,国家环境保护话语获得了巨大的权威,并以其特殊的提出、分析和解决问题的论辩方式与权力的社会运作相结合,共同建构着世界的秩序,推动着社会的变迁。"①

在此背景下,环境公益诉讼作为国家权力的延伸和扩展,已经被充分地应用于草原生态的保护之中,并成为国家环保运动的重要组成部分。特别是近年来,司法机关通过环境公益诉讼承担的环保职责愈加增重。2014年党的十八届四中全会提出"探索建立检察机关提起公益诉讼制度"的改革要求并展开试点工作。2015年新《环境保护法》开始施行,明确规定了公益诉讼的主体资格。2017年新修订的《民事诉讼法》《行政诉讼法》将行政公益诉讼涵盖到公益诉讼的范畴之中,系统地确立了我国检察公益诉讼制度,并于2018年开始全面实施。2019年最高人民检察院专门成立了第八检察厅,该机构同时负责涉及生态环境和资源保护的民事公益诉讼和行政公益诉讼。截至2019年,我国共建立了1353个专门性的环境资源审判机构,25个省级人大常委会出台加强检察机关公益诉讼工作或法律监督工作的专项决定,同时25个省级检察院设立了公益诉讼检察机构,检察机关逐步成为环境公益诉讼的重要力量。与此同时,为了满足环境治理的专业性要求,司法组织的专业化程度也不断加强。《最高人民法院关于审理环境民事公益诉讼案件适用法律若干问题的解释》《关于检察公益诉讼案件适用法律若干问题的解释》《最高人民法院关于审理生态环境损害赔偿案件的若干规定(试行)》等司法解释相继制定颁布,司法机关积极探索"二审或三审合一""审执合一"等审判模式,环境侵权责任承担方式、司法适度介入等绿色的司法制度,逐渐形成了绿色职权主义的审判机制。

(二) 牧民环境权实现中的对抗主义

环境公益诉讼制度的确立,不仅将国家权力引入草原生态的保护中,也将司法诉讼的对抗模式引入草原环境问题的解决中。司法中的对抗本质上是一种利益的对立和抗争。为了将牧民环境权置于这种对抗结构中并通过对抗实现环境利益的保护,中国环境法学者首先致力于环境利益的权利化,通过权利化为法律诉讼的展开奠定理论基础。在这一过程中,我国环境法学

---

① 王晓毅:《制度变迁背景下的草原干旱——牧民定居、草原碎片与牧民市场化的影响》,《中国农业大学学报》2013年第2期。

者将古典自然权利理论与环境利益的正当性论证联系起来,充分彰显了环境权的自然权利色彩。正如伦理学家纳什在《自然的权利》一书中写到的那样:"人类利益与生态系统的利益是同一的……判断善恶的标准不在乎于个体,而在乎于整个生命共同体。"[1]正是基于人类"生态人"的社会角色及其与生态环境的依赖联系,我国环境法学者认为环境权就是人类一种与生俱来的"自然权利","环境权利是自然权利(natural right),它以形而上学的人类的人性规定为依据,而不是以国家法律规定为存在的条件。因而,环境权利的伦理依据来自超验的人类本性的规定性,从而表明环境权利是表现人的尊严的东西,是一种具有精神性的抽象权利"[2]。在这种理论氛围中,环境利益借助"超验的"自然法道德原则升华为环境权利,并具有了无可置疑的正当性。而在草原生态环境的保护中,广大牧民的生活经历和群体记忆使环境权的"自然权利"色彩得到了进一步印证和强化。对于牧民而言,草原养育了牲畜,牲畜维系了牧民的生活,广袤草原不仅承载着牧民"游而牧之"的生活方式和"逐水草而居"的生存方式,还滋养了游牧文化这一独特的文化样态。游牧文化以草原为中心,形成了草原—牲畜—人的多向互动,形成了游牧民族独特的生活准则和价值观念。在牧民传统的生活经验中,草原是其生命之源,带给其无限的恩惠和福祉,是"母亲"的化身和"天堂"的代名词,因此,素有"肉体来自青草"[3]的说法。也正因如此,任何对草原的污染和破坏,侵害的不仅仅是草原本身,更是牧民群体的衣食之源、生存之本。这样,牧民环境权等于提前预设了一个来自外界与草原无涉的"外来者",他们与草原的市场化"入侵"相伴而来,娴熟地利用现代生产技术开始了对草原的开发和利用,成为草地资源的新的摄取者和分享者。但与此同时,"外来者"的到来也扰乱了草原的宁静,破坏了草原原有的分配结构和利益格局。牧民环境权的初始设置就创设了一个施害者—受害者的二元结构,这个结构中有限的环境利益在二者之间此消彼长,最终的结果便是通过你死我活的利益对抗,实现利益的保有和存续,特定的草原

---

[1] 转引自汪劲:《环境法律的理念与价值追求》,法律出版社2000年版,第209页。
[2] 孟庆涛:《环境权及其诉讼救济》,法律出版社2014年版,第77—80页。
[3] 〔美〕赫尔曼·E. 戴利等:《珍惜地球:经济学、生态学、伦理学》,马杰等译,商务印书馆2001年版,第61页。

空间弥漫着紧张和对立。

此外,环境法学者还将环境权定位于请求权,正如日本学者大须贺明指出的:"国民对国家可以请求其保护良好环境的权利。不管公私之性质,国家和地方公共团体对于企业所造成的环境破坏所实施的公法型规制,或者为改善已经恶化的环境所采取的积极性措施,都是基于国家的环境保护义务。"[1]所谓请求权就是主体依据国家法律向特定主体提出的一种主张,在我国,牧民环境权就是牧民向检察机关提出的保护草原的请求和主张。受领了这一主张,国家检察机关借助环境公益诉讼的平台,开展维护草原生态环境的活动。在环境民事公益诉讼中,考虑到环境利益与人类生存权、健康权的紧密联系,牧民的环境利益获得了扩展和升华,其资源的公共利益属性使牧民的维权活动得到了司法机关的助力和支持,检察机关以维护公共利益之名加入了私人侵权的对立格局,最终改变了对抗的性质,并实现了治理草原的目标和绩效。在环境行政公益诉讼中,为了减少国家机关不作为、乱作为对草原生态的侵害,检察机关直接将其监督权力指向行政权力,通过权力制约以督促行政机关履行法定职责,采取有效措施维护草原环境。

四 牧民环境权保障路径的理论反思

(一)牧民环境权实现中的权力扩张与主体失语

随着现代民族国家的兴起,草原牧区的成长依赖的就不再是自生自发的秩序,而是国家权力凭借技术和资本对自然的支配和影响。这种影响最早可以追溯到20世纪80年代,那时草原的退化便已初见端倪。为了避免出现草原"公地悲剧"的局面,国家结束了草原的社区化管理模式,解散了人民公社,与农区同步实行家庭承包责任制。为了遏制草原生态的持续退化,国家在强化监管权力的同时,逐渐将权力的触角延伸到地方。国家增强了林业部门的管理职能,建立了垂直性的草原监管机构,草原监管所的建立便可见一

---

[1] 〔日〕大须贺明:《生存权论》,林浩译,法律出版社2001年版,第199页。

斑。随着生态治理逐渐成为国家政治生活的主题,特别是2008年奥运会的绿色催化,国家持续加大了对草原治理的资金和技术投入,并开始以各种政策及其项目举措介入草原生态环境的治理之中。2002年9月,国务院颁布了《关于加强草原保护与建设的若干意见》,指出要充分认识草原生态保护的重要性和紧迫性,并提出要实行基本草地保护制度、草畜平衡制度、轮牧休牧禁牧制度。随后,一系列大型的草原生态治理项目开始推行,如"京津风沙源治理工程""退耕还林、退牧还草工程""生态移民工程"等等。

改革开放四十余年的草原发展和牧区变迁,有两条隐而不彰的线索始终隐藏在草原生态环境的治理之中:一条是国家权力的不断强化,这就使牧民环境权利的实现与国家生态治理的有效性形成高度紧密的依存关系。在草原生态治理的过程中,国家依据自身的逻辑在规划和利用自然,这一逻辑就是现代生产主义所代表的"建设逻辑"。"所谓'建设逻辑',一方面过分注重人类支配自然并不断扩大产出的能力,另一方面则单一强调外部干预以及资本与技术的投入和产出。这是一个由国家、技术专家、规划者、消费市场、税收体系等构成的权力的资本技术网络。"[①]借助现代技术网络,先进的科学技术被大量应用于草畜平衡的生态实践中。与此同时,国家监管机构不断膨胀,其生态保护职能也不断扩张,最终使草原生态的改善高度依赖这种外在的规划与强制。就此看来,环境公益诉讼的制度设计也属于这一技术网络的一环,它体现国家权力,也依赖国家权力。所以,无论是以规制为核心的行政权力,还是以补救为特点的司法权力,都自始至终强化了国家自上而下的治理手段和策略。借助资本运作,草原密集化的开发利用使其卷入市场运作的链条之中,成为全球化的消费市场和原料产地。权力的资本—技术网络深入牧区基层,将草地资源的地方属性并入了国家的发展体制,实现了国家对草原的绝对支配,使国家的控制能力得以增强。但国家的治理能力是否也得到同步增强,这是值得怀疑的。草原牧区是一个庞大的生态系统,系统内部由地形、气候、土壤、水、植被、动物等诸多自然要素构成,系统安全具有极强的不确定性,特别是干旱区、半干旱区的草原牧区气候变异率极高,是自然资源极不确定的非平衡生态系统。

---

① 荀丽丽:《再造"自然":国家政权建设的环境视角》,《开放时代》2016年第6期。

对此,权力的资本—技术网络的标准化、普适性的治理方法与手段根本无法应对草原牧区的"不确定性",更无法形成一劳永逸的治理方案,草原牧区的可持续发展很难据此维系。

与国家权力扩张相联系的另一个线索便是草原生态治理过程中的牧民失语。牧民是草原的主人,也是获得现代法治加持的权利主体,更是与草原命运休戚相关的利害关系人。在传统的游牧生计中,牧民并非只是单纯地从草原获取养分的受益者,他们更是以其生态知识及生存智慧保护草原的守护者。然而,在政府主导的草原生态治理过程中,无论是生态移民的施行,还是退牧还草的推广,自上而下的政策推广与落实都使牧民的主体地位发生蜕变,使他们逐渐成为生态治理的对象和客体,逐渐沦为与自然要素一样的被安置者。更有甚者,市场机制刺激下的过度放牧使牧民背负着草原环境破坏者的沉重标签,边缘化的地位使牧民逐渐失声,而牧民失语的状态就使草原生态治理变成了政府的独角戏,既无法自觉激发广大牧民保护草原的生态意识,也无法有效提升其生态保护的能力和水平,最终使草原生态治理失去了活力和动力。

(二)牧民环境权实现中的强化对抗与合作缺失

牧民环境权是法律为维护牧民环境利益提供的一种保护方案,而这种方案的具体实施又与环境权的理论研究密不可分。"迄今为止,环境议题的重点都放在了权利(或不同群体相互冲突的权利声明)上,而不是确保授权与义务之间的适当平衡上。"[①]当前,我国环境权的理论与实践存在明显的"司法中心主义"色彩与上述理论判断相印证,"司法中心"的环境权理论建构得以完成,但其是否能够实现维护草原生态、保障牧民环境权利的现实目标呢?这是值得怀疑的。现实中,一边是环境公益诉讼在草原生态保护中的方兴未艾,但另一边却是草原牧区"局部变好、整体变坏"的生态现状。强烈的现实对比是否再一次印证了司法救济的针对性与局部性和草原生态治理的整体性与宏观性产生了强烈的冲突和矛盾,而这种冲突和矛盾的产生正是源于牧民环境权"司法中心"的权利保障模式——它过于强调对抗方式的冲突解决,无论是其自然

---

① 〔英〕马克·史密斯:《环境与公民权:整合正义、责任与公民参与》,侯艳芳等译,山东大学出版社2012年版,第23页。

权利路径下的权利论证,还是其司法程序主义的实践操作,都在无形中渲染了对立和矛盾,排斥了广泛参与和共同治理。实践中,牧民环境权的自然权利色彩容易使其将自身设想为草地资源的独享者。在此基础上,权利归属中明确的利益分界更容易使牧民将外来者简单地视为草原牧区的入侵者和破坏者。此时,采取司法救济获得的物质补偿又根本无法弥补草原生态破坏的损失,这就加剧了牧民的排外情绪和治理的对抗氛围,而这一切都最终破坏了草原生态协同治理的合作基础。其实,在传统牧民的游牧生计中,从来都不缺乏互助与合作。草原牧区草地资源分布极不均衡,自然风险也极其难测,没有广泛参与的互助合作机制根本无法抵御自然风险。就此可以说,牧民之间广泛的互助合作是生存智慧的社会产物,它不仅适应了草地资源的分布不均,也促进了有限资源的高效利用,是应该被保留传承的民族文化遗产。但遗憾的是,对抗氛围的过度渲染,不仅在牧民之间产生了彼此的利益分界,使传统的合作互助机制难以为继,更影响了合作互助机制的扩展,最终妨碍了生态协同治理格局的形成。

不仅如此,草原治理中的对立与排斥还体现在在治理技术和治理方式上对传统本土生态知识的忽视和摒弃。传统本土生态知识"不仅是以'风险感知'为中心的'关系性'的知识分类系统和以'流动性'为中心的放牧技术,更是一套以牧民自主决策、互惠合作为基础的富裕弹性的社会组织方式和以'神圣自然'观念为基础的自觉保护自然的环境伦理"[①]。它适应了草地资源的不均衡特性,遵循了牲畜流动性的基本特点,而且在有限的生态空间内可以实行即时检测并能够灵活应对。总体来看,这一体现游牧民族生存智慧的本土生态知识,有利于规避牧区生活的自然风险,保持草原的可持续发展。然而,在现代化发展的时代洪流中,草原生态治理已经被纳入现代化的系统工程中,遵循的是发展主义的基本逻辑。在这套逻辑之下,草原生态治理依托的是"专家技术知识体系",它不仅与本土生态知识形成对立,还将其视为愚昧、落后的代名词。"'发展主义'所遵循的对本土知识体系的否定性的贬抑策略,在冲击传统社区结构的同时,毁坏了其文化体系,从而使社区丧失了真正的自主性。而一

---

① 荀丽丽:《与"不确定性"共存:草原牧民的本土生态知识》,《学海》2011年第3期。

个丧失了自主的能动性的社区,也随即丧失了保护当地生态环境不受工业资本主义力量破坏的能力。"①

五 牧民环境权实现路径的重构

(一)牧民环境权实现路径的理论基础

通过对我国环境权理论进行详细梳理,我们发现环境权的具体内容和实践方式并非单一,它还存在着另一面向,即程序性环境权。程序性环境权的兴起与部分环境法学者对实体性环境权的批评密切相关。他们认为实体性环境权进行权利主张的基本前提是环境质量,而环境质量并不客观,而是涉及主体价值判断的主观性问题,这就使实体性环境权的实践面临诸多困难。正所谓"一种实用的程序强于原则给予一千次的宣告",程序性环境权致力于环境治理的程序性或参与性建构,有助于各类主体普遍参与到环境保护的治理程序中,从而营造了良好的环保氛围。正因如此,有学者明确提出:"在当前环境问题日益突出、环境风险不断加剧的背景下,我们应当走出围绕环境诉讼的'司法中心'环境权理论建构的重重迷雾,从实体性环境权理论建构的传统路径转向环境行政正当程序建构,尤其是通过构建合理有效的环境行政公众参与机制,提高环境行政决策的科学化和民主化水平,进而提高环境行政决策的合法性,最终达到降低环境风险、保护环境的目标。"②

自20世纪90年代以来,程序性环境权逐渐被国际环境法律文件所承认。1982年的《世界自然宪章》原则第23条就规定:"依照国内立法规定,人人有机会单独或集体参与同环境直接相关的决策的形成。"1992年联合国环境与发展大会进一步明确了程序性环境权的重要地位,大会通过的《里约宣言》原则十就规定"每个人都应当获得环境信息,并有机会参与到各项决策中;人人都应当能够有效地运用司法和行政程序寻求救济"。除此之外,1992年的《联合国气候变化公约框架》第6条、1997年的《京都议定书》第10

---

① 荀丽丽:《与"不确定性"共存:草原牧民的本土生态知识》。
② 张恩典:《"司法中心"环境权理论之批判》,《河南大学学报》2015年第3期。

条、2001年的《斯德哥尔摩公约》第10条等国际性文件都对程序性环境权作出了规定。我国环境立法顺应了时代发展的总趋势,不仅将环境权确立为基本人权,还明确规定了程序性环境权。2014年修改后的《环境保护法》第53条规定:"公民、法人和其他组织依法享有获取环境信息、参与和监督环境保护的权利。"也就是说,我国公民的程序性环境权主要包括环境知情权、环境参与权和环境监督权。

(二) 牧民环境权实现路径的制度重构

环境权的"实体化"和"司法化"为牧民环境权的实现构建了国家主导的权利保障模式,但从实际效果来看,不仅忽视了牧民的主体地位,直接影响了牧民参与治理的主动性、积极性,也逐步消解了牧民世代沿袭的协作传统,使利益的对抗最终取代了治理的合作。以程序性环境权替代实体性环境权,为牧民环境利益的保障构建公正合理的程序设计,就需要从如下几方面着手。

1. 保障牧民的环境知情权

环境知情权是程序性环境权的组成部分之一,它是社会成员依法享有获取、知悉国家环境管理状况与自身环境状况等相关信息的权利。环境知情权是其他程序性环境权行使的重要前提,也是环境保护的民主程序。我国《环境保护法》分别对政府和企业的环境公开义务作出规定,其第11条第2款规定:"国务院和省、自治区、直辖市人民政府的环境保护行政主管部门,应当定期发布环境状况公报。"第32条规定:"因发生事故或者其他突然性事件,造成可能污染事故的单位,必须立即采取措施处理,及时通报可能受到污染危害的单位和居民……"保护草原的生态环境,落实程序性环境权首要的就是保障牧民的环境知情权。我国草原面积广阔,具有多种草地类型,既有湿性草原类草地、湿性荒漠类草地,还有高寒草原类草地、暖性草丛类、干热稀树灌丛、沼泽类草地等十八个类别,天然草地资源还有不同的等级评价。面对庞大的生态系统,传统牧民凭借其游牧经验感知草原环境的自然风险,在抵御自然时往往疲于应对并损失惨重。在现代科学技术的帮助下,详细了解草原牧区的生态信息是广大牧民的重大利益所在。信息的掌握不仅可以帮助牧民提前做好防御自然灾害的措施,减少个人经济损失。更重要的是,只有清楚地掌握草原的生态信息,将其作为制定生产生活计划的科学基础,才能更加科学地参与草原生态环境的保护,促进草原生态的可持续发展。对于广大牧民来说,无论是个人家庭承包式的牧业生产,还是协同合作式的集体经济,要科学合理地利用草原、开发草原,都必须详细掌握草原的生态信息,适时地采取合理的生产计划或环保政策。因此,牧民环境知情权的保障是草原生态可持续发展的基本前提。

2. 保障牧民的环境参与权

环境参与权是实现生态环境可持续发展的重要条件,是社会成员在自然资源开发和环境保护过程中,参与国家环境立法、环境管理和决策的权利。在现代环境治理过程中,广泛吸纳社会成员参与其中,不仅关系着具体环境决策的"质量要求"和"可接受性要求",也与公众参与程序本身的公正性和效能密切相关。党的十九大报告提出,推进我国生态文明建设要"构建政府为主导、企业为主体、社会组织和公众共同参与的环境治理体系"[①]。2014年新修改的《环境保护法》第5条强调了环境保护坚持公众参与的原则,第9条、第11条、第14条和第56条分别从不同方面强调了公众参与的重要性。具体到我国草原牧区的生态环境保护,保障牧民的环境参与权,不仅直接影响草原生态政策的科学性与合理性,关系着草原生态政策的执行及其效果,更是草原可持续发展的题中应有之义。之所以如此,是因为牧民将草原视为生命之源,传统的游牧文化承载了牧民与草原的亲密关系和良性互动,这都决定了草原治理绝不是与牧民无涉的政府工程,而恰恰是与牧民切身利益休戚相关的民生工程。然而我国环境保护和生态治理过程过分倚重政府管制,严重抑制了草原牧区的活力和动力,因此,就需要打破过去单一的环境管制的传统治理模式,构建多元主体共同参与的生态治理模式。要充分保障牧民的环境参与权。牧民的广泛参与极大调动了其主动性,通过广泛征集和听取牧民的意见与建议,充分吸收和采纳牧民的本土生态知识及游牧经验,最大限度地减少政府环境决策的随意性与盲目性,增强政府环境决策的科学性与合理性。牧民的充分参与

---

① 《习近平在中国共产党第十九次全国代表大会上的报告》,http://theory.gmw.cn/2018-10/23/content_31806940.htm,2021年12月5日访问。

极大地增强了其环境治理的积极性,有利于发扬草原牧区互助共生的优良传统,与政府、企业等其他主体携手合作、同舟共济,形成共同治理的合力,助推草原生态可持续发展。

3. 保障牧民的环境监督权

环境监督权是实现草原生态环境可持续发展的重要保障,是公民有权对污染环境的行为进行监督检举和控诉的权利。我国《环境保护法》第6条规定:"一切单位和个人都有保护环境的义务,并有权对污染和破坏环境的单位和个人进行检举和控告。"此外,我国的《水污染防治法》《大气污染防治法》也都规定了公民享有监督、检举和控告的权利。我国是草原资源大国,面积广袤,部分草原生态系统虽已恢复,但整体仍比较脆弱,资源承载压力较大。一些地方仍存在着乱征乱占、乱开滥垦和滥采滥挖现象,一些项目长期非法征占用草原,严重破坏了草原的生态环境。除此之外,最需要重视的问题是草原生态治理过程中牧民的越轨与失范。国家是生态环境保护的主导者,出于生态保护的目的,制定实施了草畜平衡、休牧禁牧、围封转移及退耕还草等各类生态保护政策和措施。而牧民受经济利益驱动则很难完全遵守相关政策,他们更多的是想在现有政策空间内增加和扩大自己的经济收益,于是畜牧超载和偷牧便成为常态:一方面通过违规行为扩大自身收益,另一方面也借此表达对政策的不满。政府为了实施有效的监管,设置了专门的草原监管部门,希望通过外部监管来对牧民的行为加以控制,但实际效果却不理想。总体来看,我国草原执法机构却相对薄弱,监督管理能力较弱。"据了解,全国从事草原监理的专职和兼职人员仅9000余人,从事草原技术推广工作的专业技术人员仅有1万人,平均每65万亩草原拥有1名监理人员。一些主要牧区省份草原监理机构职能被弱化甚至撤并,草原保护体系建设面临着巨大挑战。"[①]近年来,政府加大了经济投入,修建了网围栏的环保设施,也扩充了草原监管力量,但草原监管经常沦为以罚代管,致使草原退化的整体趋势并未好转。国家加强对草原的执法监督、守护草原资源,需要引入牧民的环境监督,让广大牧民不仅

[①]《十八大以来草原监督管理:谱写草绿民富新篇章》,https://new.nongyao001.com/show-88723.html,2021年12月8日访问。

仅是政策被动的执行者,更要强化他们的参与和监督角色,使内部的互相监督成为草原监管的重要补充,最终将草原监管从单纯依赖外部监管转向内外联合,形成草原监管的协同共治。

《埃斯卡苏协定》环境程序权的规范演进及人权法进路论析*

马 亮**

摘 要：拉美和加勒比地区的《埃斯卡苏协定》是第二个将里约"第十原则"转换为环境程序权的区域性条约。剖析其人权法进路对于揭示国际环境法理论与实践的新走势具有重大意义。通过以《埃斯卡苏协定》环境程序权的规范演进之释义为起点，与《奥胡斯公约》进行比较研究，发现前者对权利保障的重构主要体现在实体环境人权的地位、环境信息披露的力度、弱势群体的权利保障态度以及国家能力建设等方面。《埃斯卡苏协定》人权进路的演化特征体现为强化健康环境权和创设全新的可持续发展权、明确列举人权法律原则、着重保护环境人权捍卫者的权利，以及将人权保障的脆弱性理论初步引入国际法。研究结论证实：区域性国际法中环境和人权正在深度融合；环境治理中民主理念持续继受和蔓延；环境保护构成当代人权法理论的重要组成部分。

关键词：里约第十原则；环境程序权；奥胡斯公约；埃斯卡苏协定；环境保护；人权法进路

一 引言

2021年4月22日生效的《埃斯卡苏协定》（Escazú Agreement）成为继《奥

---

* 本文系中央司法警官学院学术创新团队"预防性环境公益司法保护研究"项目、国家社科基金2019年度重大课题"整体系统观下生物多样性保护的法律规制研究"（19ZDA162）的阶段性研究成果。

** 马亮，法学博士，中央司法警官学院法学院讲师。

胡斯公约》（Aarhus Convention）后第二个实施《里约宣言》（Rio Declarationon）第十原则（以下简称"第十原则"）的区域性国际条约，①在程序权维度实现了拉美和加勒比地区（以下简称拉加地区）人权法最重要的环境补充。② 随着环境意识的兴起，优质健康的环境正逐渐被视为某些最基本人权的必要前提。除了环境程序性规范外，《埃斯卡苏协定》亦承认清洁、健康的环境人权和可持续发展权等，从而促进了人权法和环境法的融合。作为拉加地区首个将人权和环境融合的新型条约，它将如何利用环境程序权规范环境风险，推进环境治理和人权保障改善，备受期待。更重要的是，在我国《国家人权行动计划（2021—2025）》以及联合国人权理事会对享有清洁、健康和可持续环境的人权承认的背景下，③深度剖析《埃斯卡苏协定》，对准确判断环境法和人权法的融合演变趋势及探讨人权法能够在多大范围内保护生态环境，具有重要的学理意义。

---

① 1992年里约"第十原则"为克服环境决策中的困难提供了一种参与途径，它的方法论优点是可在环境问题上实现更加透明、包容和负责任的决策。实际上，自20世纪70年代以来，环境民主的概念逐渐兴起，成为促进和保障公众参与政府环境决策的重要理念。1972年《斯德哥尔摩宣言》正式强调公众参与，随后一些涉及环境的国际公约和一些不具约束力的国际文书等都强调环境事务中公众参与的重要性。例如，1948年的《世界人权宣言》第21条；《世界自然宪章》第16条；1954年生效的《欧洲人权公约第一议定书》；1966年的《公众权利与政治权利国际公约》第25条；1992年《里约宣言》第10条；1998年《奥胡斯公约》；2009年生效的《里斯本条约》第1—46（3）条等；《联合国防治荒漠化公约》第5（d）条和第17（f）条；《生物多样性公约卡塔赫纳生物安全议定书》；《保护与使用越境水道和国际湖泊赫尔辛基公约》第16条；《工业事故跨境影响公约》第9（1）条；《东北大西洋海洋环境保护公约》第9条。参见何苗：《中国与欧洲公众环境参与权的比较研究》，《法学评论》2020年第1期；Kravchenko Svitlana, "The Myth of Public Participation in a World of Poverty," *Tulane Environmental Law Journal*, Vol. 23, No. 1, 2009, pp. 33–55。

② The United Nations Economic Commission for Latin America and the Caribbean, *Day of Celebrations: Entry into Force of the Escazú Agreement*, https://www.cepal.org/en/events/day-celebrations-entry-force-escazu-agreement, last visited on 7 August, 2021.

③ See Human Rights Expert, "UN Recognition of Human Right to Healthy Environment Gives Hope for Planet's Future," UN Human Rights Office of the High Commissioner, October 9, 2021, https://www.ohchr.org/EN/NewsEvents/Pages/DisplayNews.aspx?NewsID=27633, last visited on 9 October, 2021.

二　《埃斯卡苏协定》环境程序权的规范演进与阐释

（一）更加开放的环境信息获取权/知情权

环境信息获取权能够化解决策者与受决策影响的人们之间的信息不对称的问题。赋予公众环境信息获取权，能够保证公众意识到邻近环境中发生了什么。《埃斯卡苏协定》高度重视公众（包括环境非政府组织）的重要作用，强调及时、可靠的信息有助于公众参与商谈影响其生活的决策。如此一来，个人和非政府组织便可积极地参与环境决策，担任起环境"监管者"的角色。此外，环境信息获取权也隐含着一种对公权力制约的假设，即国家作为公共利益的代表持有信息，公众有必要为防止权力滥用而对国家进行监督和追责。

为改善拉加地区环境治理中的环境信息获取权，《埃斯卡苏协定》规定了两种获取环境信息的方式。首先，被动（passive）申请。《埃斯卡苏协定》要求必须根据最大程度披露的原则确保公众的环境信息获取权，并要求各国主管部门应当及时对环境信息请求作出回应，任何人不必证明或者陈述是否具有利益关联即享有此项权利。《埃斯卡苏协定》详细列举了拒绝公开的种种情形，这种"法不禁止即可行"的立法模式与《奥胡斯公约》类似。在被动申请过程中，强调各缔约方应无差别地为处于脆弱境地的个人或群体获取环境信息提供各种便利条件，包括从信息申请到信息供给等各阶段的援助措施。这一新设条款旨在确保该地区贫困人口和弱势族群拥有平等的信息获取权和决策参与权。其次，主动（active）披露。《埃斯卡苏协定》要求缔约方主管部门在现有资源的范围内，采用各种可行的方式，主动及时地公开其权限范围内的环境信息，并鼓励缔约方各级地方政府及其各主管部门之间还要加强信息披露的协调工作。《奥胡斯公约》和《埃斯卡苏协定》都规定在没有确切信息披露申请的情形下，当局仍有义务收集和传播符合公共利益的环境信息。在主动披露中，《埃斯卡苏协定》对处于脆弱境地的个人和群体的信息保障创设了专门条款，以无差别的方式保障环境信息获取的便利。

被动申请和主动披露是环境信息获取权的双重维度，它们在实现权利的作用上有所区别。在主动披露中，政府应尽最大能力满足公众的一般性信息需求,而被动申请的目的是与公共当局建立更深层次的沟通渠道。《埃斯卡苏协定》还规定了独立的监督机制(independent oversight mechanisms),即各缔约方应组建独立公正的实体机构,以督促遵约事项。在此基础上,各缔约方可考虑在上述实体机构职责范围内酌情赋予制裁权。此外,《埃斯卡苏协定》反复提及对处于脆弱境地的个人和群体的支持,新的专款规定无疑将对拉加地区环境民主质量和进程产生积极影响。与《奥胡斯公约》相比,《埃斯卡苏协定》的"脆弱性"条款反映了拉加地区的某些独特需求。总之,环境信息获取权的某些差异,是由特定司法管辖区中的特定文化、对民主制度的特定理解造成的。[1]

(二)向弱势群体倾斜的环境决策参与权

公众参与的法理依据是:如果政府或私营实体的项目开发决策对人们产生影响,则人们应有权去影响或改变这些决策。[2] 申言之,环境决策参与权的基本假设是,通过赋予公众参与环境决策程序和环境监管的权利,公共机构最终能够作出更完善的决策,从而营造出健康的生态环境。环境法的民主重点(在透明度和参与性机制的支持下)可归因于环境决策的四个复杂特征:环境利益的数量和多样性、环境价值多元化、环境知识的不确定性以及环境风险的复杂性。[3] 因此,在参与决策的场景中,应当侧重于倾听被影响之人的声音,而不必遵循多数人的意见。此外,环境法领域的利益冲突是非对抗性的正当利益之间的冲突,这便为冲突的协调(利益衡平)提供了正当性和合理性的前提与基础条件。[4] 环境民主程序不仅具有道德上的优越性,还直接关系着决策的科学性和有效性。凝聚公众支持的包容性参与,为公众对相关议题的关

---

[1] See Gráinne de Búrca, "After the EU Charter of Fundamental Rights: The Court of Justice as a Human Rights Adjudicator?" *Maastricht Journal of European and Comparative Law*, Vol. 20, No. 2, 2013, pp. 181-182.

[2] See Ben Boer, "Environmental Law and Human Rights in the Asia-Pacific," in Ben Boer(eds.), *Environmental Dimensions of Human Rights*, Oxford: Oxford University Press, 2015, p. 174.

[3] See Emily Barritt, "Diplomacy, Democracy and Impossible Ideas," in Stephen Minas, Vassilis Ntousas (eds.), *EU Climate Diplomacy, Politics, Law and Negotiations*, London: Routledge, 2018, pp. 24-25.

[4] 参见李启家:《环境法领域利益冲突的识别与衡平》,《法学评论》2015年第6期。

切创造了商谈的机会,有助于避免潜在的利益冲突,并且能降低政府决策失误的风险。

《埃斯卡苏协定》要求各缔约方务必确保公众的环境参与决策权,并承诺在基于国内和国际规范框架的基础上,提高公众参与环境决策的开放性和包容性。《奥胡斯公约》区分了"公众"和"有关公众"。《埃斯卡苏协定》并未做如此区分,而是将"公众"定义为"一个或者多个自然人或法人以及由他们组建的受缔约方管辖的协会、组织或团体",这样可避免核实个人或组织的资格问题。一国当局不能诡辩称特定人不是"有关公众"而拒绝他们进入公众参与程序。《奥胡斯公约》对参与决策的事项范围做了具体的规定,而《埃斯卡苏协定》则做了概括性的规定。但两者在涉及环境规划、特定方案和政策制定等议题时,对公众参与环境决策的法律规定却极其相似。《埃斯卡苏协定》虽没规定参与立法事项,但它在其他各类环境决策的参与过程中的确在尽力为公众提供公平的保障。例如,为确保公众参与决策的"有效性",《埃斯卡苏协定》在文本中明确罗列了具体的标准。可见,从环境决策参与权的保障内容来看,《埃斯卡苏协定》完全可以和《奥胡斯公约》相媲美。

实现环境决策的公开透明以及落实环境法上的责任是拉加地区环境治理中两项迫切需要解决的问题。[①] 在历史和现实的生态环境破坏中,该地区大量土著社区居民的合法权利都曾经或正在频繁遭到忽视和侵害,可以说环境负担和利益的分配极不"正义"。正如"奥戈尼兰和玛雅土著社区案"(Ogoniland and Maya Indigenous Community cases)那样,塔斯金(Taskin)认为,现行人权法在环境保护和可持续发展方面最重要的贡献是赋予受环境问题影响的个人和群体权利,于他们而言,参与决策是影响环境、社会平衡最直接有效的手段。[②] 为此,《埃斯卡苏协定》将参与权与土著社区居民的其他权利紧密联系起来,深度呼吁土著居民广泛参与影响其处境的环境决策。同

[①] See Belén Olmos Giupponi, "Fostering Environmental Eemocracy in Latin America and the Caribbean: An Analysis of the Regional Agreement on Environmental Access Rights," *Review of European, Comparative &International Law*, Vol. 28, No. 2, 2019, p. 8.

[②] 人权高专办(OHCHR)承认这一点,即可持续发展的人权方法强调改进和实施问责制,(和)获取有关环境问题的信息。See Claiming the Millennium Development Goals: A Human Rights Approach (2008), at viii, Goal 7.

时,《埃斯卡苏协定》着重强调必须防范任何形式的歧视,并为保障妇女等处于脆弱境地的个人和群体的参与权提供了具体的保障手段。保障两性平等、个人尊严、少数族群和弱势群体的参与权,以及从生态环境维度保护土著居民和小部落族群的关联权利,是《埃斯卡苏协定》人权属质的重要特征体现。总之,它为该地区公民免受不同形式的歧视提供了法律依据。

(三) 符合区域境况的诉诸法律救济权

从欧洲环境人权司法的经验和效果来看,拉加地区深受《奥胡斯公约》的鼓舞。美洲人权法院和美洲人权委员会在涉及关联环境案件的司法实践规模方面迄今仍相当有限,但其激增趋势却非常明显。在司法层面,其主要是对《美洲人权公约》中权利的演变进行动态解释,例如因环境损害而遭受侵犯的生命权和健康权等。《埃斯卡苏协定》一方面以美洲人权法院环保判例为实践基础,另一方面又借鉴欧洲人权法院和非洲人权法院涉及获取环境风险信息的判例。[①] 这些经验的基本结论是:诉诸司法可以充分保证公众实现参与决策和获取信息的权利。另外,诉诸司法能够确保环境标准(environmental standards)的适用,并为违反环境法而导致的侵犯人权的行为和后果提供补救措施。值得注意的是,《埃斯卡苏协定》要求各缔约方务必"保证在环境问题中诉诸司法的权利",而在《奥胡斯公约》中却没有这样的规定。

《埃斯卡苏协定》就实体和程序上的争议或诉讼范围划分了三个类别。第一,与获取环境信息有关的任何决定、作为或不作为;第二,与公众参与环境问题决策过程相关的任何决定、作为或不作为;第三,对环境产生或者可能产生不利影响或违反与环境有关的法律法规的任何其他决定、作为或不作为。如此看来,《埃斯卡苏协定》和《奥胡斯公约》都认为诉诸司法是对信息获取权和公众参与权的法律保障。第三个分类的特殊之处在于,它并不直接保障信息获取权或者公众参与权,而是对私人或当局违反环境法的作为和不作为提起环境公益诉讼,这一点和《奥胡斯公约》类似。总之,两者在第三个分类上的类似规定表明,执行环境法不仅是环境主管部门的任务,公众也应当可以发挥潜

[①] See Belén Olmos Giupponi, "Fostering Environmental Democracy in Latin America and the Caribbean: An Analysis of the Regional Agreement on Environmental Access Rights".

在的重要作用，这样方能更好地保护当代和未来世代的生态环境。

与欧洲相比，充斥特权和垄断文化的拉加地区在诉诸环境司法时可能面临着许多治理障碍。《埃斯卡苏协定》的履行过程中可能会遇到缔约国法治水平不高、成本高昂、信息沟通不畅、程序的复杂等困境。为了有效推进诉诸司法，特别是考虑到处境脆弱的个人和群体的特殊需求，《埃斯卡苏协定》从三个面向制定了具体的措施：第一，为保障诉诸司法，缔约方应建立成本低廉、有效、及时、公开、透明和公正的程序，及时执行和实施司法与行政决定的机制等。环境类诉讼案件通常需要特定的专业知识和环境损害的相关证据，这使得获取有效救济变得相当困难。为了缓解这种情况，《埃斯卡苏协定》特别就有关程序做了若干规定，例如，对证据提供便利、举证责任倒置和动态举证责任(dynamic burden of proof)等。第二，为方便诉诸司法，《埃斯卡苏协定》力图消除可能阻碍其有效履行的各种障碍，尤其是考虑到处境脆弱的个人和群体，它要求各缔约方通过建立援助机制，包括酌情提供免费技术和法律援助等措施，并在必要时提供翻译服务，进而满足身处脆弱境地的个人或群体的需要。第三，为了实现诉诸司法，还创造性地提出替代性纠纷解决机制。总的来看，为化解诉诸司法中的多种现实障碍，《埃斯卡苏协定》从多个方面详细提出了义务性的配套要求。因此，拉加地区诉诸环境司法的境况预计有望得到改善。

三　《埃斯卡苏协定》和《奥胡斯公约》的异质性

（一）实体性环境人权的地位反差巨大

20世纪80年代的经济危机使拉美陷入不确定性和悲观主义之中，各种力量开始反思过度发展对环境带来的负面影响。① 在此期间，拉丁美洲多国宪法实现了"绿色化"改造。如今拉加地区的环境宪制和环境权理论均取得了重大进展，②在宪法环境权的制定和认可层面充当了全球先锋角色，尤其是阿根廷、

---

① 参见包茂红：《拉丁美洲环境史研究》，《学术研究》2009年第6期，第80—100页。
② See Belén Olmos Giupponi, "Fostering Environmental Democracy in Latin America and the Caribbean: An Analysis of the Regional Agreement on Environmental Access Rights".

巴西、哥伦比亚和哥斯达黎加四国因拥有坚实的法律框架和环境司法而处于世界环境权保护的最前沿。[1] 甚至许多国际文书以及多国宪法和法院现在都承认自然权利已成为环境法保护的重要内容。如厄瓜多尔2008年的宪法修正案甚至使其成为世界上第一个在宪法层面上对"自然权利"进行保护的国家，即赋予自然被尊重、恢复和保护的权利。《美洲人权公约》的多个缔约方也都在宪法条款中明确承认了健康环境权。过去几十年里，全世界许多国家和地区都颁布了体现"环境权革命"的宪法，越来越多的环境问题选择通过人权和宪制的角度来解决。迄今为止，全球已有148部宪法体现了不同形式的环境宪制。[2] 然而，基于"第十原则"的泛欧《奥胡斯公约》早期在缔结时的真实处境是：世界范围内的环境权理论和实践还处于争议和探索阶段，并且当时欧洲人权法院对涉及环境要素的人权判例在理论和实践上还未完全形成清晰的立场。

尽管《奥胡斯公约》可以追溯到1990年欧洲经委会（ECE）制定的《环境权利和义务宪章草案》，但该宪章未得到正式批准，部分原因是各国对其中包含的健康环境权的识别存在巨大的分歧。[3]《奥胡斯公约》虽在序言中及正文第1条中承认在适当环境中生活的权利，但其立法目的并不在于确定健康环境权，也没有为公众通过法律程序直接援引这项权利提供法律依据。[4] 即便《奥胡斯公约》在许多方面都在效仿人权条约，但客观事实表明其立法的重点仅限于保障程序性权利。《奥胡斯公约》小心翼翼地在程序权与实体权之间保持了

---

[1] 参见吴卫星：《我国环境权理论研究三十年之回顾、反思与前瞻》，《法学评论》2014年第5期，第185页；David R. Boyd, *The Environmental Rights Revolution: A Global Study of Constitutions, Human Rights, and the Environment*, Vancouver: The University of British Columbia Press, 2012, pp. 143, 146, 190。

[2] See Roderic O'Gorman, "Environmental Constitutionalism: A Comparative Study," *Transnational Environmental Law*, Vol. 6, No. 3, 2017, pp. 435–462.

[3] See Maguelonne Déjeant-Pons, Marc Pallemaerts, Sara Fioravanti, "Human Rights and the Environment," Council of Europe Publishing, 2002, p. 17.

[4] See Tim Hayward, *Constitutional Enviromental Rights*, Oxford: Oxford University Press, 2005, p. 180. 此外，当时的欧盟成员国英国在批准《奥胡斯公约》时发表了一项声明，声称第1条和序言中提到的实体权利是"有抱负的（aspirational）"而不是法律上可执行的，强调了《奥胡斯公约》的重心聚焦在程序权上。

距离,[1]其人权色彩仅体现在它保障国家与其公众之间的纵向(vertical)权利,而不是像一般的环境条约那样保障国家之间的横向(horizontally)权利。相反,《埃斯卡苏协定》不仅对欧洲标准和规范进行了移植,[2]更是明确承认了实体性权利的存在,即在条约文本第 1 条(目的条款)中明确指出环境程序权的落脚点是保障今世后代每个人能享有健康环境权和可持续发展权。此外,《埃斯卡苏协定》的独特之处还体现在它是以美洲人权体系(IAHRS)的先例为基础,通过区域人权法机制加强环境程序权的实施。

两部区域性条约对实体性环境人权的地位持完全不同的态度。拉加地区环境宪制主义的普及以及国际、区域和诸多国家既有的环境法和人权法的理论及实践,为《埃斯卡苏协定》的缔结和未来的履行做了坚实的经验铺垫。结合拉加地区独特的社会法治背景,《埃斯卡苏协定》的法律内容更加细腻完整,尤其是对土著居民、脆弱群体和环境人权捍卫者等群体专门制定的条款比较契合该地区多元文化主义的基本境况。因此,《埃斯卡苏协定》有望能够在实现权利保障的同时降低该地区沉重的生态环境代价。作为《奥胡斯公约》的超越版,《埃斯卡苏协定》的多项条款鲜明地宣告环境利益与人权之间存在深层次的联系,即在拉加地区对实体性环境人权作出了庄严承诺。相比之下,《奥胡斯公约》的态度似乎极其保守和纠结,这也印证了《埃斯卡苏协定》在人权法上的开放立场。

(二) 对市场自由规范和私营实体的态度迥异

《奥胡斯公约》中环境信息的定义很宽泛,但如果申请公开的环境信息涉及商业秘密等,那么公共机构可基于自由裁量权作出拒绝信息披露请求的决定,其目的在于保护相关主体的合法经济利益。对于拒绝的理由,《奥胡斯公约》还罗列了涉及公共利益的几种典型情形,例如与"国际关系、国防或者公共安全"领域有关的信息。对此,《奥胡斯公约》原则上规定了限制性的解释,但

---

[1] See E. Barritt, "Global Values, Transnational Expression: From Aarhus to Escazú," in V. Heyvaert, L. Duvic-Paoli(eds.), *Research Handbook on Transnational Environmental Law*, Cheltenham: Edward Elgar, 2020, pp. 198 – 214.

[2] See Belén Olmos Giupponi, "Fostering Environmental Democracy in Latin America and the Caribbean: An Analysis of the Regional Agreement on Environmental Access Rights".

公共机构在受理相关的信息披露请求时可以自行决定是否采用这些理由。然而,《埃斯卡苏协定》并不像《奥胡斯公约》那样尊重"市场自由规范"(market liberal norms)和私主体的利益,在获取信息时对保护私主体的商业秘密和知识产权等方面没有作出特别的规定。迈克尔·梅森(Michael Mason)在对《奥胡斯公约》评估中认为,为了支持"市场自由规范",其信息披露条款"遭受到了严重影响和妥协",并且诉诸司法的条款也已经"淡化"。结果是,"致力于对公众授权赋能"与"尊重市场规范"的结合却使得私营实体最终免于民主问责,从而最终限制了《奥胡斯公约》本应发挥的社会正义潜力。[①] 而在《埃斯卡苏协定》中,拒绝信息公开的唯一正当理由涉及对环境、生命、个人健康与安全、国家安全和犯罪的风险,而例外情况则更为有限。两项条约的态度反差巨大,其中一个重要原因可能是该地区土著居民和私营实体(包括国外投资者)之间存在着尖锐的环境资源矛盾和利益冲突。但相比之下,《奥胡斯公约》为了支持经济利益并未优先考虑环境需求。

此外,《埃斯卡苏协定》存在一个更为激进的规定,即要求缔约方制定法律和行政等多种措施,帮助公众获取私营实体所掌握的环境信息,特别是其运营过程中对人的健康和环境可能造成风险和影响的信息。《奥胡斯公约》没有这样彻底的信息披露条款。事实上,在《奥胡斯公约》2009—2016年战略计划进行谈判期间,欧盟曾阻止了挪威提出的一项准许公众获取私营实体信息的提议。《埃斯卡苏协定》这一激进条款的制定很可能与本地企业(包括外来投资者)在自然资源开发中造成触目惊心的生态环境破坏有很大的关系。尽管主动公开相关的环境信息是国家的单方面义务,但《奥胡斯公约》要求主动公开环境信息的对象仅适用于具有政府背景或者与政府机构存在合作关系的私营机构。由此可见,在对私营实体的信息获取上,《埃斯卡苏协定》与《奥胡斯公约》的立场有着根本的区别。

[①] See Michael Mason, "So Far but No Further: Transparency and Disclosure in the Aarhus Convention," in A. Gupta, M. Mason(eds.), *Transparency in Global Environmental Governance: Critical Perspectives*, Cambridge: MIT Press, 2014, pp. 84-97.

(三) 土著等弱势群体的权利保障显著不同

基于拉加地区贫富差距和社会不公问题的严峻性,《埃斯卡苏协定》的制定者敏锐地认识到在缺乏必要帮扶措施的情况下,并非人人都能获得影响其生活、健康和环境的信息。在拉加地区的现实社会中,许多因素致使信息获取或公众参与变得遥不可及,例如,贫困、文化水平、成本、个人和财产风险、缺乏合法身份、不充分的财产登记、不熟悉官僚程序、缺乏与技术专家的联系等。[1] 智利国家人权研究所(INDH)最新统计显示,目前智利全国存在117个与生态环境有关的冲突,其中有32%发生在原住民社区。[2] 整体来看,拉加地区有大量不同族裔的土著居民无法得到基本的环境程序权保障,而欧洲目前仅存的萨米人(the Sami people)也只是一个人口数量有限的土著群体。从《奥胡斯公约》在欧洲的实施情况来看,环境决策参与权主要是由受过良好教育的上流社会阶层行使。[3] 相比之下,《埃斯卡苏协定》深刻认识到有必要消除这种不平等的现象,其具体措施包括将土著社区积极纳入条约、重复提及处境脆弱的群体以及承诺确保平等参与决策的条件等。[4] 如果忽视贫困人口和弱势群体的权利需求,那么只有特权和精英阶层才能行使的环境程序权只会加剧当前的不平等。为实现公正的民主参与,《埃斯卡苏协定》坦诚务实地直面这些挑战并致力于改善这些现实窘境,例如规定各缔约方务必确保弱势群体获取环境信息时的各种便利条件。《埃斯卡苏协定》配合了《诺克斯框架原则》(Knox Framework Principles)中平等和不受歧视的权利主张,即将免受歧视列为

---

[1] See Kravchenko Svitlana, "The Myth of Public Participation in a World of Poverty," *Tulane Environmental Law Journal*, Vol. 23, No. 1, 2009, pp. 33 – 55.

[2] See Marianela Garione, *The International Protection of Climate Migrants: Is Chile Up to the Challenge?*, https://www.openglobalrights.org/the-international-protection-of-climate-migrants-chile/, last visited on 14 July, 2021.

[3] See Lorenzo Squintani, "The Aarhus Paradox: Time to Speak about Equal Opportunities in Environmental Governance," *Journal for European Environmental and Planning Law*, Vol. 14, No. 1, 2017, pp. 3 – 5.

[4] See S. Atapattu, "The Significance of International Environmental Law Principles in Reinforcing or Dismantlint the North-South Divide," in S. Alam, S. Atapattu, C. G. Gonzalez, J. Raaque (eds.), *International Environmental Law and the Global South*, Cambridge: Cambridge University Press, 2015, p. 107.

享有清洁和健康环境的权利的一部分。[1] 相比之下,《奥胡斯公约》的重点在于支持强势的环境非政府组织,而对个人和弱势群体的直接支持则明显不强。

(四)国家能力建设及合作有明显区别

自20世纪"拉美陷阱"现象出现以来,急于求成、过分发展、转移污染成为拉美地区的标签。[2] 贫富差距和失业扩大、环境恶化、公共服务不足等损害了集体服务的质量和可获得性。[3] 大量污染型企业将水资源进行私有化,不仅剥夺了公共自然资源,还使得民众水需求权丧失,由此引发了拉美地区严重的社会冲突。[4] 尽管《埃斯卡苏协定》已生效,但拉加地区薄弱的国家法治、腐蚀的社会结构、堪忧的人权保障以及匮乏的基础资源等现实窘境很可能会对其具体履行带来一系列障碍,各缔约方国家仍需制定具体的实施策略来弥补现有的种种缺憾。为此,《埃斯卡苏协定》格外强调国家能力建设,以至于能力建设被称为该条约的"第四支柱"。[5] 从条约谈判伊始,各相关方普遍高度重视与能力建设及合作有关的议题,它们均认为履行该条约需要适当的基础条件作为支撑。为此,《埃斯卡苏协定》(第10条)要求各缔约方应根据优先事项和各自的需求,建立和加强履行条约所依赖的国家能力建设,并为此提出了七条具体措施。同时,为有效履行该条约,《埃斯卡苏协定》要求必须考虑欠发达国家、内陆发展中国家以及小岛屿发展中国家的特殊性,并且要求建立一个由拉加经委会以秘书处身份运作的"获取信息交换所"(clearing house),目的在于确保各国政府能够获取开展工作所需的信息和技术。如《卡塔赫纳生物安全议定书》就创建并构成了信息交换所机制的一部分,它协助缔约方履行议定书条款

---

[1] See UN Human Rights Council, "Report of the Special Rapporteur on the Issue of Human Rights Obligations Relating to the Enjoyment of a Safe, Clean, Healthy and Sustainable Environment," UN Doc. A/HRC/37/59 (2018).

[2] 参见黄鹏、蔡弘:《拉美国家生态环境变迁及其对中国的启示》,《北京林业大学学报》(社会科学版)2015年第2期,第56—61页。

[3] 参见联合国环境规划署:《全球环境展望6》(中文版),2019年第1版,第26页。

[4] 参见苏波、王蔚:《水资源私有化及其解决途径:观照拉丁美洲》,《重庆社会科学》2014年第9期,第68页。

[5] See Stephen Stec, Jerzy Jendrośka, "The Escazú Agreement and the Regional Approach to Rio Principle 10: Process, Innovation, and Shortcomings," Journal of Environmental Law, Vol. 31, No. 3, 2019, pp. 533–545.

并促进有关改性活生物体的信息和经验交流。此外,《埃斯卡苏协定》明确要求各缔约方承诺在其能力和国家优先事项的范围内,为履行条约的国家行动提供充足的资源。最后,还提出设立由各方捐赠组成的自愿基金,为履行本条约提供资金保障。

四 《埃斯卡苏协定》的人权法进路特征与理论贡献

(一) 强化健康环境权和创设可持续发展权

20世纪60年代以来的环境运动催生了健康环境权(healthy environment right)的法律概念。拉加地区健康环境权可追溯到1988年《美洲人权公约圣萨尔瓦多议定书》,但其却不能成为个人向美洲人权委员会和美洲人权法院申诉的基础。《埃斯卡苏协定》的特别之处体现在其目的条款(第1条)中将程序性权利与健康环境权结合在一起,清晰阐述了行使环境程序权的归属是保护享有健康环境的权利。值得注意的是,该条约中的健康环境权指的是作为人权的健康权在生态环境保护领域的适用。条约中程序性权和健康环境权的结合一方面延续了当前国际通行的人权保障的方法,另一方面也将在各缔约方国内法院扩展对环境健康权的司法救济渠道。同时,第4条第1款也强调各缔约方有义务保障个人享有的健康环境权以及与该条约有关的任何其他普遍承认的人权。可见,《埃斯卡苏协定》延续并补强了"全球南方"(Global South)的一项法律传统,即健康环境权在拉加地区得到"普遍承认"的法律确信。

《埃斯卡苏协定》目的条款中环境程序权的落脚点是保障"今世和后代每个人享有健康环境和可持续发展权"。至此,《埃斯卡苏协定》正式在有拘束力的国际条约上创设了一个新的法律概念,即"可持续发展权"(the right to sustainable development)。条约第1条(目的条款)将健康环境权和可持续发展权区分开来以更加符合条约立法的逻辑理性。从文意解释来看,基于可持续发展和代际正义的角度,对环境资源的开发利用不仅要满足当代人的需求,更要考虑到未来世代人的需要,不能对后代人经济社会持续发展的可能性构成损害,这是现代意义上环境权的题中应有之义,反映传统"人类中心主义"价值内核的健康环境权显然无法适应这一全新的广阔领域。① 可持续发展与人类发展权息息相关,条约文本采用如此特别的条款表述,是因为《埃斯卡苏协定》基于人权问题的考量对该地区自由放任的发展模式可能将开辟新的限制范围。②

(二)开创性列举人权关联的法律原则

在环境法的语境下,原则可被理解为一项法律规范,或"一项规范的法律基础"③。尽管学界普遍都承认环境法的原则,但明确罗列不断变迁的环境法原则并非易事。《埃斯卡苏协定》打破常规制定了"原则+规则"的文本结构(条约第3条专门列举了11项原则),使其成为迄今唯一一部明确提出环境法原则的且具有约束力的区域性国际条约。由于该条约不接受国际法上的保留,这意味着每项原则都是基于各缔约国理性谨慎谈判的结果,其重要性和接受度可见一斑。对于缔约国而言,为实施条约而制定国内法规的过程有助于将全球商定的价值观和原则嵌入国内监管体系之中。④ 法律原则之所以重要,是因为"在发达的法律体系中,法的原则是法律内容的某种'精华',不仅能揭示该体系的内容最重要的特征,而且也是法的结构中有高度意义的调整因素"⑤。法律原则具有价值预设和功能指引的作用,有利于为条约的解释提供方向,也可以弥补该条约文本规则的缺位、模糊甚至冲突等问题。该条约集中统一列举的法律原则,一方面明确和强化了国际环境法的某些原则,另一方面也将提高原则对各缔约方的约束和价值指引。

条约文本中有两个特别值得重视的人权原则:一是"不倒退原则和逐步实现原则"。它迎合了国际环境法原则体系的新发展趋势。例如,《奥胡斯公约》中类似的"最低而非最高"条款、2015年《巴黎协定》中的"前进原则"和2018

---

① 参见陈海嵩:《健康环境权之溯源与辨正——司法适用的视角》,《法学论坛》2017年第6期,第97页。
② See Stephen Stec, Jerzy Jendrośka, "The Escazú Agreement and the Regional Approach to Rio Principle 10: Process, Innovation, and Shortcomings".
③ Pierre-Marie Dupuy, Jorge E Viñuales (eds.), *International Environmental Law*, Cambridge: Cambridge University Press, 2018, p.58.
④ See Harold Hongju Koh, "Transnational Legal Process," *Nebraska Law Review*, Vol.75, No.1, 1996, pp.181-199.
⑤ 〔苏〕阿列克谢耶夫:《法的一般理论》(上册),黄良平、丁文琪译,法律出版社1988年版,第271页。

年的《世界环境公约(草案)》中的"不倒退原则"。早在 2011 年,欧盟就呼吁"在保护环境和基本权利的背景下承认不倒退原则"。实际上,国际人权法中的"不倒退原则"相对常见,如《世界人权宣言》第 30 条规定了"不得破坏宣言所承载的任何权利和自由"。在《埃斯卡苏协定》中容纳这一原则表明,拉加地区人权法与环境法的彼此渗透已成为现实,也展示了缔约方对环境保护和人权保障的坚定国家意志。二是富有区域特色的"亲人原则"(pro persona principle)。在拉丁美洲一些司法管辖区它也被称为"*pro homine*",它为人权法司法提供了解释的标准,即《埃斯卡苏协定》必须以有利于个人的方式进行解释。美洲人权法院曾经在其对人权与环境的咨询意见中,通过国际环境法的角度审视了人权,声称"在环境保护与实现其他人权之间存在着不可否认的关系"。因此,专门将"亲人原则"列为一项独立的指导原则表明,一方面《埃斯卡苏协定》将为其所保障的权利提供符合本土传统的人权司法准备,另一方面它将美洲人权体系和《埃斯卡苏协定》有机勾连在一起,使其完全能在司法判例中适用该条约。

(三)专款对环境人权捍卫者实施保护

"全球见证"(Global Witness)报告称,拉丁美洲仍是全球范围内杀害土地保护者和环境捍卫者人数最多的区域,并且强调拉丁美洲是反腐败和肆意破坏环境的前线战场。长久以来,拉丁美洲的环境退化正成为该地区政治动乱和国际局势紧张的根源。① 《埃斯卡苏协定》的出台侧面反映了拉加地区堪忧的人权现状,尤其是对土著居民人权保护的迫切性问题,而这与《奥胡斯公约》所植根的欧洲社会背景截然不同。2009 年,美洲人权法院在"川费尔南德斯诉洪都拉斯案"(Kawas Fernández v. Honduras)中确认了保护环境捍卫者的必要性,其中强调了国家保护其人权的责任。《埃斯卡苏协定》对人权捍卫者保护的重要性在于其意识到,如果特定社会政治背景迫使这些权利难以得到保护,那么仅依靠程序权利是无法有效实现的。因此,要求各缔约方对其管辖权范围内的环境人权捍卫者(environmental human rights defenders)进行专门的保护具有极强的针对性。作为第一个专门保护环境捍卫者人权的区域性条约,《埃

---

① 参见林灿铃、吴汶燕:《国际环境法》,科学出版社 2018 年版,第 17 页。

斯卡苏协定》对人权法和环境保护作出了开创性的贡献。条约第9条专门用了三个条款分别从重要性、法律和措施三个方面要求缔约方对环境人权捍卫者的安全、权利和救济提出具体的保护要求。但必须承认,在该地区许多形式的环境破坏具有跨国性质,而现行国际人权法的域外适用(即缔约国的域外人权义务)仍然存在很大障碍。坦率地讲,第9条对该地区环境人权捍卫者的人权改善和安全困境的化解具有重大的现实意义。此外,根据《诺克斯框架原则》的定义,致力于保护享有人权所依赖的环境的人也是在保护和促进人权,无论他们是否承认自己是人权捍卫者。这一点的重要性在于,环境捍卫者与人权捍卫者在政治立场上可能持有相适应的价值观。

(四)首次将脆弱性理论引入国际法

《埃斯卡苏协定》文本中反复出现的"脆弱性"一词散见于许多条款之中。值得注意的是,该条约对"处于脆弱境地的个人或群体"提出了明确的定义,即"处于脆弱境地的个人或群体是指由于各缔约方的国情并根据其国际义务所确定的情况或条件,在充分行使本条约程序权时面临特殊困难的个人或群体"。《埃斯卡苏协定》是目前第一个根据行使人权来定义"脆弱性"的国际条约。[1] 这在某种程度上可视为脆弱性理论(vulnerability theory)[2]与国际环境法的结合。通过具体提到"脆弱性",《埃斯卡苏协定》将人权和环境叙述(environmental narratives)进一步融合在一起,尽管这种不确定性可能会受到批评。但不可否认,《埃斯卡苏协定》始终在为处于脆弱境地的个人或群体等提供特殊的权利保护方法。

玛萨·埃尔伯森·芬曼(Martha Albertson Fineman)提出的人权保障的脆弱性理论,论证了国家治理中应该承担的责任和义务,并回答了国家承担治理责任的法理依据。脆弱性理论植根于人类在生命中不可避免会经历脆弱性遭

---

[1] See Stephen Stec, Jerzy Jendrośka, "The Escazú Agreement and the Regional Approach to Rio Principle 10: Process, Innovation, and Shortcomings".

[2] 玛萨·埃尔伯森·芬曼是美国女权法研究的奠基人之一,她基于对女权法和家庭法的潜心研究,先是提出依赖性理论,而后于2008年在依赖性理论基础上创立脆弱性理论(vulnerability theory),即一种新的西方政治与法哲学理论。参见朱圆:《脆弱性理论与国家治理责任新解》,《学术月刊》2017年第3期,第81—90页。

遇的基本事实,主张国家应当采取积极的行动以推动或帮助处于脆弱状态的公众走出困境并获得恢复力(resilience),特别是国家应根据克服人类脆弱性的需要来构建社会制度与创设机构,更积极地促进社会真正公平与实质正义的责任。① 《埃斯卡苏协定》将脆弱性理论引入国际法,使得缔约方国家建立以资源分配为中心的适应力支持体系,进而为处于脆弱境地的人或者群体的恢复力提供保证。脆弱性或者脆弱性理论的引入,意味着《埃斯卡苏协定》将以脆弱性为重点展开权利保障,这很可能会引起诸多缔约方国家环境法的某些变革,同时也意味着将对缔约方国家施加新的追求实质性而非形式上公平正义的义务。

五 《埃斯卡苏协定》的启示和人权法进路的冷思考

(一)区域性国际法扩展到了环境和人权领域

作为"新区域主义浪潮"的一部分,全球范围内出现了区域性法律制度,这使得区域合作扩展到了诸如环境和人权领域。② 可以从三个方面进一步阐释这一现象:

首先,国际法更为复杂化的发展趋势。《埃斯卡苏协定》印证了国际环境法正从以往"国际—国家—地方"的环境法层次演化为"国际—区域—国家—地方"更为复杂的层次结构。区域性国际环境法出现的原因有很多种,例如,政治经济的一体化或者类似的历史文化传统或共同的环境理念等。但亚太地区将环境和人权纳入一体化的进程比较缓慢。虽然 2012 年的《东盟人权宣言》承认安全、清洁和可持续环境等权利,但是这项亚太区域性法律文书不具有约束力且没有权利申诉机制。卜睿德(Ben Boer)教授将其归因于亚太地区各国有着强烈的主权观念及不干涉邻国内政的文化传统,并指出它们难以就

---

① 参见朱圆:《脆弱性理论与国家治理责任新解》。
② See Werner Scholtz, Jonathan Verschuuren, *Regional Environmental Law: Transregional Comparative Lessons in Pursuit of Sustainable Development*, Cheltenham: Edward Elgar, 2015, p.3.

政策和法律的最低共同标准达成协商一致的意见。①

其次,利用区域人权机制治理环境。例如,《欧洲人权公约》《美洲人权公约》《非洲宪章》早已开始利用人权机制实施环境保护。除了可以运用这些社会经济权利来促进环境目标之外,对清洁和健康环境权的承认还意味着成员国愿意履行消极和积极的义务。② 欧洲人权法院、美洲人权法院(和人权委员会)、非洲人权法院(和委员会)通过对人权的环境要素进行解释,试图证明环境的损害对生命权、健康权、居住权、清洁水权等权利造成影响,以使之适应社会变化的需要。这也印证了肖恩·科伊勒(Sean Coyle)与凯伦·莫罗(Karen Morrow)教授的论点,即通过将环境保护作为一项人权的方式,对财产、权利与自然关系的系统探索似乎又开始出现了。③

最后,促进习惯国际法的形成。《埃斯卡苏协定》的缔结及其生效在某种程度上说明在发展中国家推行环境程序权是一项普遍适合的环境法治策略和权利保障工具。环境程序权或环境民主理念在发达国家以外的蔓延、实践和法律确信可以视为对习惯国际法的促进。除拉加地区以外,可为整个发展中国家类似的条约谈判提供参照的范本。④ 基于《埃斯卡苏协定》区域性国际环境法与人权法融合发展趋势的基本判断,可以为将来我国参与全球或区域性环境/人权条约(例如2018年的《世界环境公约》)的谈判、缔结和履行做好理论准备和实操鉴思。

(二) 环境治理中民主理念的继受和蔓延

现代环境治理的实践表明,多元主体合作共治的达成才是解决环境问题

---

① 参见 B. Boer, "Introduction to ASEAN Regional Environmental Law," in W. Scholtz, J. Verschuuren(eds.), *Regional Environmental Law: Transregional Comparative Lessons in Pursuit of Sustainable Development*, Cheltenham: Edward Elgar, 2015, pp. 259-267;Ben Boer、马亮:《亚太地区国际环境法:区域性进展图景》,《环境法评论》2020年第2期,第219页。

② See B. Boer, "Environmental Law and Human Rights in the Asia-Pacific," in B. Boer(eds.), *Environmental Dimensions of Human Rights*, Oxford: Oxford University Press, 2015, pp. 135-179.

③ See Sean Coyle, Karen Morrow, *The Philosophical Foundations of Environmental Law: Property, Rights and Nature*, Oxford and Portland, Oregon: Hart Publishing, 2004, p. 211.

④ See Lalanath De Silva, "Escazú Agreement 2018: A Landmark for the LAC Region," *Chinese Journal of Environmental Law*, Vol. 2, No. 1, 2018, p. 98.

的根本出路。① 尽管学者们还在理论上和经验上争辩民主对改善或退化环境是否具有关联影响,然而有学者已经通过实证研究证明,民主的兴起可有效地阻止环境退化并改善环境质量,减少了人类活动对生态环境破坏的程度,这对环境的实质性影响是巨大的。② 源于"第十原则"的环境民主理念成功蔓延至全球各不同的区域,这似乎印证了舒尔茨(Schultz)和克罗克特(Crockett)③以及佩恩(Payne)④的研究结论,即政治权利和信息自由促进了环境利益集团的事业,进而提高了公众意识并激励了环境立法。《埃斯卡苏协定》结合独特的社会背景和特定的环境民主法治追求,制定了最符合本土实际境况的规范表达。因此,哥斯达黎加副总统埃普西·坎贝尔·巴尔(Epsy Campbell Bar)将其描述为"使环境民主成为现实的巨大进步"。

《埃斯卡苏协定》印证了现代环境法正由"命令—控制"型手段向公众参与型转变的趋势,以此拓展了民间社会参与环境监管的路径。理论上,环境程序权能够保证拉加地区的每个人,特别是处于脆弱境地的人和生计受到影响的土著居民,都能扮演环境"监管者"的角色。这种自下而上的治理模式能够更加公平地分配发展成本和环境利益。它回答了为什么执行《埃斯卡苏协定》将在巩固环境民主和加强决策管理方面带来多重好处。从法律维度上看,环境决策的知情权、公众参与权和诉诸司法权这三种程序性环境权有助于环境民主的实际应用,⑤也为协调各种正当利益间的冲突提供了制度保障。事实上,环境民主或公众参与日益成为环境法治的基本原则或制度,环境执法由劝导人们如何保护环境,逐步转变为要求依法参与保护环境。拉加地区诸国在履

---

① 参见史玉成:《环境法学核心范畴之重构:环境法的法权结构论》,《中国法学》2016 年第 5 期,第 287 页。
② See Quan Li, Rafael Reuveny, "Democracy and Environmental Degradation," International Studies Quarterly, Vol. 50, No. 4, 2006, pp. 935 – 956.
③ See Cynthia B. Schultz, Tamara Raye Crockett, "Economic Development, Democratization, and Environmental Protection in Eastern Europe," Boston College Environmental Affairs Law Review, Vol. 18, No. 1, 1990, pp. 53 – 84.
④ See Rodger A. Payne, "Freedom and the Environment," Journal of Democracy, Vol. 6, No. 3, 1995, pp. 41 – 55.
⑤ See Marjan Peeters, "Judicial Enforcement of Environmental Democracy: Critical Analysis of Case Law on Access to Environmental Information in the European Union," Chinese Journal of Environmental Law, Vol. 4, No. 1, 2020, pp. 13 – 43.

行条约时,其国家环境立法必定暗含了条约中潜在的价值承诺。因此,《埃斯卡苏协定》的生效将推动各缔约方参与型环境法治的现代化转型。

作为一种极具道德权威的价值观,环境民主是《奥胡斯公约》和《埃斯卡苏协定》中最核心的根源,这也是对环境法价值理念最重要的启示之一。《埃斯卡苏协定》的生效证明源起于"第十原则"的环境民主理念,能够在不同的政治、法治和文化背景下的社会中进行平衡和塑造,这种认识无疑将推动国际环境法和国家法律制度的某些变革。20世纪90年代以来,中国在环境信息的发展、获得及其公众参与方面取得了长足的进步。[1] 但总的来看,我国环境法治发展尤其是环境法律体系长期体现出"重实体、轻程序"的特征,对于公众实体性环境权利的保障明显要强于以公众参与为中心的程序性环境权利的保障。[2] 习近平总书记强调要"发展全过程人民民主",实现经济、政治、文化、社会与生态文明等议题或范围的全覆盖。[3] 因此,在我国环境法治代际转型过程中,我们需要重新审视环境民主理念,不断拓展和优化环境治理现代化中公众民主参与的平台和路径。

(三)环境保护是当代人权法理论的重要部分

《埃斯卡苏协定》的立法目的鲜明地体现为赋予公众程序性权利,从而实现环境健康权和可持续发展权等人权,其权利保障的方法表明环境保护与人权法的融合已经演变为不争的事实,即环境人权法登场。更有国际环境法学者将程序性权利的承认视为保护人权的重大飞跃。[4] 事实上,1972年《斯德哥尔摩宣言》颁布伊始,就强调了国际法中人权法和环境法之间的深刻协同效应。只不过在很长一段时间内,学界对环境权理论和实践是否要依赖于人权法的路径一直存有激烈的争论和分歧。人权与人权保护,无论是在国际法上

---

[1] 参见张庆彩:《当代中国环境法的演进及趋势研究:基于国际环境安全视角的分析》,光明日报出版社2013年版,第112页。
[2] 参见秦天宝:《法治视野下环境多元共治的功能定位》,《环境与可持续发展》2019年第1期,第14页。
[3] 参见人民网评论员:《发展全过程人民民主》,http://m.people.cn/n4/2021/0726/c115-15110755.html,2021年8月29日访问。
[4] See Alan Boyle, "Human Rights and the Environment: Where Next?" *European Journal of International Law*, Vol. 23, No. 3, 2012, p. 613.

还是在各国国内法中,无论是在理念上还是在制度上,都是比较成熟的权利和制度。通过人权机制保护环境的优点在于:这一路径避免了定义何为适宜的或令人满意的环境的问题,使之名正言顺地进入了人权法院的管辖范围。[①] 人们认为与纯粹的环境权相比,人权具有更高的价值、更为强大的社会和政治吸引力。[②]

那么,这是否意味着需要"调整"人权的概念框架以顺应时代的变化,将环境损害对人权的影响囊括到人权的保护范围呢？有趣的是人权法院在这一主题上的贡献远远超过国家间环境谈判或联合国人权界的专家。在国际法院审理的"加布奇科沃-长毛罗斯项目案"(Gabčíkovo-Nagymaros Project)中,韦拉曼特里(Weeramantry)法官在其单独意见中指出:环境保护是健康权和生命权等众多人权的必要条件,因为对环境的破坏会侵犯《世界人权宣言》和其他人权文书中提到的所有人权。[③] 如果环境得不到保护,人类在国际人权体系中的法律地位就得不到保障。[④] 从欧洲采用人权方法的判例来看,欧洲人权法院的判例主要涉及人类健康方面的人权,特别是《欧洲人权公约》生命权(第2条)、个人和家庭生活权利(第8条)。环境损害只有在与人权损害间有直接因果关系时,才构成对人权的侵犯;在没有直接因果关系的情况下,则不能援引人权条款以保护环境。美洲人权判例主要侧重环境损害对人类文化权的影响。非洲人权判例往往会对个人因素(个人的身体健康)和文化因素相结合。

上述典型案例中的解释方法是条约解释一般规则的具体运用,强调对人权规范进行技术性和前瞻性的解读,以便适应不断变化的社会需求。这种方

---

① 参见那力、杨楠:《环境权与人权问题的国际视野》,《法律科学》(西北政法大学学报)2009年第6期,第64—65页。

② See D. L. Shelton, "Substantive Rights," in M. Fitzmaurice, D. M. Ong, P. Merkouris(eds.), *Research Handbook on International Environmental Law*, Cheltenham: Edward Elgar, 2010, pp. 265 - 266.

③ See Gabčíkovo-Nagymaros Project (Hungary/Slovakia), Judgment of 25 September 1997, ICJ Reports 1997, 7.

④ See S. Atapattu, "The Role of Human Rights Law in Protecting Environmental Rights in South Asia," in L. Haglund, R. Stryker(eds.), *Closing the Rights Gap: From Human Rights to Social Transformation*, Oakland: California Unoversity Press, 2015, p. 105.

法被博伊尔(Boyle)称为人权的绿色化。① 人权方法的国(洲)际图景表明环境对人权的影响主要集中在生命权和健康权等。尽管各国政府担负着国家环保义务,但人权法本身并不保护环境,它只是实现环境目标的一种间接方式而已。② 因此,格雷尔(Grear)认为,在人权法框架下,只有当发现自然界的特征与人类的特征相一致时,大自然才能得到法律的保护。③ 基于上述分析可得出这一基本结论,即环境退化与人权损害之间的因果关系决定了人权机制可以在多大范围为生态环境提供保护。因此,从人权方法的角度来看,《埃斯卡苏协定》的人权法进路在环境保护方面体现的仍然是"人类中心主义",这又引发了人类和自然生态系统之间伦理关系的拷问。须承认,人权方法的缺憾在于其无法做到对所有的环境利益和自然生态系统予以直接地保护。例如,非污染型生物多样性的锐减很难与生命权或者健康权建立直接的因果关系。因此,《埃斯卡苏协定》也从侧面反映了当代环境权理论的困顿,以及对环境保护采用人权法治路径的实用主义抉择。

六 结语

本文通过比较研究发现,《埃斯卡苏协定》的法律属性已经超越聚焦环境程序权的《奥胡斯公约》。《埃斯卡苏协定》在环境保护(环境权利所关注的问题)与发展(社会和经济权利所关注的问题)之间建立了联系,④即规定各国承诺在社会进步和消除贫穷的同时,继续改善环境和公众的福利。同时,本文研究也表明《埃斯卡苏协定》人权法进路背后理论基础的实质是环境保护和当代

---

① See Alan Boyle, "Human Rights and the Environment: Where Next?".
② Ibid.
③ Anna Grear, *It's Wrongheaded to Protect Nature with Human-Style Rights*, https://www.humansandnature.org/it-is-wrongheaded-to-protect-nature-with-human-style-rights, last visited on 2 August, 2021.
④ See Lalanath De Silva, "Escazú Agreement 2018: A Landmark for the LAC Region," *Chinese Journal of Environmental Law*, Vol. 2, No. 1, 2018, p. 98; B. Boer, R. Mwanza, "The Converging Regimes of Human Rights and Environmental Protection in International Law," in T. Honkonen, S. Romppanen(eds.), *International Environmental Law-Making and Diplomacy Review*, Joensuu: University of Eastern Finland, 2019, pp. 1 – 29.

人权理论的部分一致性以及环境法和人权法的新型融合关系,即对某些人权的保护有利于保护人类福祉的环境。享有清洁、健康环境或"优质"环境的人权现在已被确认为人权法的一部分。[①] 与所有的人权一样,它将人置于国际、区域和国家各级治理议程的中心。[②] 由此看来,环保行动付诸实践在本质上仍是政治性问题,只有借助政治行动,才能解决环境问题。[③] 但毫无疑问,《埃斯卡苏协定》的生效必将发挥环境保护和人权保障的双重功能,也能推进和丰富环境法的人权理论与实践。

[①] See B. Boer, "Environmental Principles and the Right to a Quality Environment," in L. Krämer, Emma Lees(eds.), *Edward Elgar Encyclopaedia on Environmental Law 2018*, Cheltenham: Edward Elgar, 2018, pp. 52-75.

[②] See Conor Gearty, "Do Human Rights Help or Hinder Environmental Protection," *Journal of Human Rights and the Environment*, Vol. 1, No. 1, 2010, pp. 7-22.

[③] 〔美〕罗尼·利普舒茨:《全球环境政治:权力、观点和实践》,郭志俊、蔺雪春译,山东大学出版社2012年版,第3页。

数据权利专栏

论宪法公民通信权的保护范围[*]

聂友伦[**]

摘　要：如何界定宪法上公民通信权的保护范围，系通信权条款遗留的法解释学问题。围绕该问题，理论界提出了"私密性说""私人空间说""过程与信息说"等学说，但相关论证在文义范围的可能性、宪法秩序的稳定性、方法适用的妥当性等方面考虑不足。在通信过程结束后，通信内容的载体将不可避免地与其他文件或数据混同，以上界定会使通信权干预的合宪化条款无法实际适用。在文义上，应将通信权保护范围界定为通信形成的过程空间："通信"的概念内核在于过程，"自由""秘密"是对通信权的标示，而"检查"则是侵入特定通信过程的必经程序。在体系上，"通信过程说"获得了宪法内部体系与法律外部体系的双重补强：一方面，使通信权的保护对象具备可识别性，能够激活干预合宪化条款的适用并降低基本权利竞合的概率；另一方面，使部门法对宪法通信权条款的具体化变得容易理解，可以有效维系宪法与部门法之间的融贯性。

关键词：基本权利；通信权；保护范围；通信过程；可识别性

通信权被视为一项基本权利，功能在于从根本上保障公民通信不受外界侵犯。随着信息技术的迅速发展，作为信息交互手段的通信愈发成为社会生活与个人发展赖以维系的重要基础，而公民对通信权保护的期待也随之加深。在此背景下，诸如"法院调取通信记录""交警查手机"等可能涉及通信权的事例，引起了公众与学界的双重关注。遗憾的是，现有的宪法教义学资源似乎并未做好供给实践的准备。学者围绕通信权保护范围、通信权干预方式等方面

---

[*] 本文系教育部人文社科青年基金项目"司法解释权的行使规则建构研究"（22YJC820026）的研究成果。
[**] 聂友伦，法学博士，华东师范大学法学院副教授。

的释义与讨论,虽然取得了一定共识,但某些重大分歧却依然存在。分歧的关键点与其说是通信权干预合宪性的判断,毋宁说在于通信权保护范围的界定方面。毕竟,在基本权利干预审查框架下,保护范围的界定处于逻辑的起点,决定着讨论的范畴,若未对其展开有效论证,则后续阶层的审查难免失去意义。有鉴于此,本文拟基于法解释学的立场,尝试界定通信权的保护范围。

一 《宪法》第40条遗留的法解释学问题

《宪法》第40条规定:"中华人民共和国公民的通信自由和通信秘密受法律的保护。除因国家安全或者追查刑事犯罪的需要,由公安机关或者检察机关依照法律规定的程序对通信进行检查外,任何组织或者个人不得以任何理由侵犯公民的通信自由和通信秘密。"本条构造的通信权规范包含两方面的内容:第一句话划定了通信权保护范围,即只要涉及的行为、法益、特性或状态落入通信自由或通信秘密的涵盖范围,其原则上便受宪法的保护;第二句话是通信权干预的违宪阻却事由,即公安机关或检察机关出于国家安全或追查犯罪的需要,有权依法检查公民的通信。需要特别注意,第二句话最后的单句连续使用两个"任何",强调了只有在特定情况下通信权干预才具备合宪性的意思,排除了其他干预措施阻却违宪的可能性。[①]

基于上述理解,"法院调取通信记录""交警查手机"等实践问题不难得到定位。其一,法院能否向通信运营商调取公民的通信记录?[②] 依据《民事诉讼法》《行政诉讼法》的有关规定,在民事与行政诉讼中,法院可以向单位和个人调取证据。但是,由于违宪阻却事由的排他性,若相关取证行为落

[①] 参见徐澜波:《法院调查权与公民通信自由和秘密权:何者优先?》,《社会观察》2005年第1期。
[②] 根据调取通信记录的差异,"法院调取通信记录"又可以分为调取狭义的通信记录与调取通信内容两种情况。前者调取的对象通常是通话详单或通讯记录,包括拨接通话或接发信息的双方号码、通信时间与时常、机主姓名等信息;后者调取的对象则主要是(短)信息内容。两者在实践中都曾引发争议,参见张国香、宁杰:《法院调取当事人通话记录是否违宪》,《人民法院报》2004年5月26日,第8版;《"性骚扰"案女主角:法院取证违宪》,《成都商报》2006年2月21日,第8版;王乐、李雅璇:《湖北利川移动拒绝取证被罚:法院是否有权调取死者通话记录引热议》,《中国消费者报》2017年8月10日,第4版。

入通信权保护范围,则仍将引发合宪性问题。其二,交通警察能否调取事故当事人的通信记录?《甘肃省道路交通安全条例》曾规定,因调查交通事故案件需要,交通管理部门可以查阅或者复制交通事故当事人通信记录,有关单位应当及时、如实、无偿提供。与前例同质,因不属于违宪阻却事由,若"查阅或者复制通信记录"的干预行为属于对通信自由和通信秘密的妨害,则亦不为宪法所容许。鉴于调取公民通信记录之明显的干预性质,问题的关键其实是判断干预是否落入通信权(或者其他基本权利)的保护范围,而判断的前提则在于范围的界定。

在早先围绕上述事例的讨论中,理论界未能对通信权保护范围达成共识。针对"法院调取通信记录"的事例,全国人大常委会法工委仅就事论事地认为,"移动用户通信资料中的通话详单清楚地反映了一个人的通话对象、通话时间、通话规律等大量个人隐私和秘密,是通信内容的重要组成部分,应属于宪法保护的通信秘密范畴"[①]。后来,针对规定"交警查手机"的规范性文件,法工委则未再专门进行说明。学者亦未将通信权保护范围的界定作为讨论重点,似乎其已不言自明。例如,有媒体曾就"法院调取通信记录"的问题采访了多位专家,其中除一位专家对"通信记录属于通信秘密"稍加分析外,余者皆将之作为既定的讨论前提,径行进入了干预正当性判断的层次[②]。但正是由于通信权保护范围未得清晰界定,通信记录调取的合宪性才再次成为讨论对象,而这归根结底是一个有关《宪法》第40条的法解释学问题。

《宪法》第40条第一句话在形式上业已规定通信权保护范围的界定标准——凡可归于"通信自由"或"通信秘密"的事项,皆属基本权利保护的对象[③]。如此解读显然缺乏意义,因为无论是通信自由还是通信秘密,都不是具有明确指向及表意范围的概念。在社会生活须臾难离通信的当下,若宽泛地对之加以理解,通信权保护范围必将不当扩张至没有边界的程度,最终导

[①] 全国人大常委会法制工作委员会编:《法律询问答复(2000—2005)》,中国民主法制出版社2006年版,第129页。但应指出,全国人大常委会法工委针对法律询问作出的答复,"不具有法律解释的效力",仅是一种"比较权威"的"法律理解"。参见乔晓阳主编:《〈中华人民共和国立法〉导读与释义》,中国民主与法制出版社2015年版,第220页。

[②] 参见张国香、宁杰:《法院调取当事人通话记录是否违宪》。

[③] 参见周伟:《通信自由与通信秘密的保护问题》,《法学》2006年第6期,第58页。

致"宪法概念在内涵上的解体"①。鉴于通信权保护范围有待明确的状况,采取法解释学方法分析通信权条文,应是解决问题的基本途径。

二 既有学说对通信权保护范围的界定及其问题

法解释学的传统方法,大体包括"文义解释""体系解释""历史解释""目的解释"四种类型。围绕《宪法》第 40 条,一些学者使用解释方法对通信权的保护范围予以界定,发展出了"私密性说""私人空间说""内容与状态说"等学说。应当说明,解释方法本质上皆为论点,不存在固定排序,因而既有学说其实都有一定的说服力。但是,考虑到诸如文本可能的表意范围、宪法秩序的稳定性、方法适用的妥当性等因素,这些学说又都存在疑问。

(一) 私密性说:通信的私密属性及其他利益

根据私密性说,通信权保护范围的核心是通信的私密性,兼及通信的其他利益。② 论者认为,"通信"的"事物本质"在于信件"不变的私密性",故对通信权的保护,很大程度上是保障"信封内的内容";同时,因一些妨害通信的行为不涉及通信秘密(如毁弃明信片),应将其归于"通信自由"的保护范围。因此,"通信秘密保护的是通信的私密属性,而通信自由保护的是通信私密属性之外的其他利益"。

私密性说的论证给人一种微妙的违和感。论者一方面承认"从一个人的通话记录甚至可以判断一个人的社会交往情况、生活习惯等,当事人对此显然有着较高的隐私期待";但另一方面又拒绝肯认此处的"隐私期待"具有"通信的私密性",甚至将其与"信封上的信息"等而视之,认为其并无秘密性质。对此,论者试图引入《刑法》第 253 条之私自开拆、隐匿、毁弃邮件、电报罪进行体系解释:"开拆"的对象只能是"邮件"而非"信封",故"信封"不属于"邮件"范

---

① Ernst Forsthoff, Die Umbildung der Verfassungsgesetzes, in: Ralf Dreieri and Friedrich Schwegmann (Hrsg.), Probleme der Verfassungsinterpretation, 1976, S. 51.
② 参见杜强强:《法院调取通话记录不属于宪法上的通信检查》,《法学》2019 年第 12 期,第 78—87 页。

围,与信封类似的"通话记录"也不属于"通话"的范围,不受通信秘密的保护。即便不考虑将通话记录类比为信封的前提得否成立,仅就论证逻辑而言,认为"开拆"与"通信秘密"存在固定联结就存在问题。如在"封内无信"或"信无内容"的情况下,开拆邮件未必不符合前罪的构成要件,但却很难被认为侵犯了"通信秘密"。

私密性说的出发点其实在于体系而非文义。正如论者在文中揭示的那样,《宪法》第40条第二句话对通信权干预的合宪性规定了严格的宪法保留,若对通信权保护范围作宽泛解释,势必将违反"基本权利的规范领域和保护程度之间存在反比关系"这一规律,①从而背离宪法的规范意旨。论者的初衷固然良善,但直接通过界定"通信秘密"与"通信自由"的文义以达成体系融贯的努力很难说得到了实现。文义存在边界,"具体的语境或相关的语言习惯并不总是能够为解释者提供唯一可选择的语词含义,或者说完全排除其他可选择的含义"②。在私密性说的论证中,论者希望以文义解释将通信秘密的保护范围限缩至"信封"之内,但又无法排除"信封"之外存在"秘密"的可能性,解释方法无法支撑解释结论,最终难免导致理论构建归于失败。

(二) 私人空间说:通信形成的私人空间

私人空间说认为,通信权保护范围是通信行为形成的私人交往空间,只要"非法进入"该空间,就意味着对通信权的侵犯。③该说的解释逻辑如下。从"通信自由"和"通信秘密"的文义切入,论者指出,虽然前者的保护范围较为明确,④但对后者的直接界定却存在因果上的悖谬——若将通信秘密理解为内容秘密,则通信权干预是否成立必须以明知存在秘密为前提,这会导致干预不能的结果。因而,设定一个观念上的"领域",以此界定通信权保护范围可能是较优选择。为明确该"领域"的具体内涵,论者转向了体系解释。他提出,从基本

---

① 参见杜强强:《基本权利的规范领域和保护程度——对我国宪法第35条和第41条的规范比较》,《法学研究》2011年第1期,第3页。
② 张志铭:《法律解释学》,中国人民大学出版社2015年版,第84页。
③ 参见秦小建:《新通信时代公民通信权的实践争议与宪法回应》,《政治与法律》2020年第7期,第85—97页。
④ 事实上,通信自由的保护范围并非没有疑义。通信自由既无明确的普通含义,也不是一个专门概念,其具体指向仍须经由解释加以明确。

权利谱系看,通信权与住宅自由的目的类似,都旨在保障私人生活空间不受侵扰,可以基于"居住空间"等置理解"通信空间"的存在。如同非法进入居住空间构成住宅权侵犯一样,非法进入通信空间便构成对通信权的侵犯,而不必额外考虑"进入"的行为是否涉及公民的隐私或通信的内容。

私人空间说将通信权保护范围界定为内容无涉的观念空间,绕开了通信秘密的界定问题,化解了"封内无信""信无内容"等情形下的检查不属于通信权干预的矛盾,对正确理解通信权具有启发意义。不过,该学说仍然存在问题。其一,通信行为形成的空间未必是完全的私人交往空间。通信不限制交流的主体,若以"私人交往"界定通信,则公民与党政机关、社会组织等单位的通信交流似乎便不在通信权保护范围内,而诸如信访、检举、自首等可能涉及通信行为但又是私人交往的事项,反较纯粹的私人通信更为值得保护。[①] 其二,私人空间说存在过度扩张通信权保护范围的倾向,与《宪法》第40条第二句话之意旨难以相容。"公民通信权的客体是不受非法检查的私人通信空间",仅对通信权条款而言,该结论无疑是自洽的,但一旦将外部因素(其他基本权利)纳入考量,则难免产生体系性问题。根据私人空间说,宪法对通信权的保护程度反而高于通信承载的信息(受隐私、个人信息等权利保护),这构成了"非均衡保护",势必使得某些必要干预无法通过合宪性审查。对此,论者提出,应当通过宪法修正将通信权干预的宪法保留变更为法律保留。

以修宪为讨论的落脚点,未免使法解释学的研究意义大打折扣。私人空间说将通信权保护范围界定为某种空间,意图回避对"通信秘密"的直接解释,这在解释论上是允许的。但是,作为结论的"私人通信空间"显然已经远超"通信秘密"的表意范围——"受保护的通信秘密存在于不受非法检查的私人通信空间内"[②],这就不是严格意义上的解释而是(扩张性)续造了。解释结论扭曲了宪法条文的意旨,自然将导致前后规范的失谐。

(三)过程与信息说:通信过程与通信信息

过程与信息说提出,通信权的保护范围包括通信过程、内容信息与非内容

[①] BVerfGE 100, 313(358).
[②] 〔德〕卡尔·拉伦茨:《法学方法论》,黄家镇译,商务印书馆2020年版,第461页。

信息,其中,通信自由防御的是对信息交流的阻断或干扰,通信秘密防御的是对通信信息的调取或检查。[①] 论者认为,"通信"具有特定人之间通过中介交流思想的特性,而通信权的规范目的便在于"保护私人之间交流的可信赖性","防止通信在传输过程中被侵犯"。继而考虑到通信内容在通信完成后仍为运营商储存、不为当事人掌握的状况,论者引述德国法院的见解,[②]提出应当将这部分通信内容纳入通信秘密的保护范围。综上,论者认为,"通信自由保护的是通信的过程,通信秘密保护的是通信的内容"。

前述论证虽然形式上未生出逻辑问题,但仍然存在可资商榷之处,在比较法材料的适用方面尤其如此。任何解释方法的适用都不能脱离"特定的法律条文与特定的法秩序",若"引述某一或若干外国学者的见解,未加分说即直接当成自己的见解",极有可能因解释对象或解释对象所处语境的不同而造成结论的误差。[③] 从在基本权利体系中的定位来看,《德国基本法》第10条(通信、邮政和电信秘密)的规范价值与《宪法》第40条类似,以德国学说阐释我国通信权条款的保护目的并无不当,但径行以之界定通信权保护范围则难言合理。德国法与我国法对通信权干预规定了不同的合宪化路径,前者仅为法律保留,后者则明确了具体的违宪阻却事由,其保护强度显较前者更高。鉴于基本权利保护范围与保护强度的反比关系,德国学说对通信权保护范围作适当扩张,在法律保留供给的较低保护强度下有其合理性,但将其直接套用至我国法,难免造成南橘北枳的结果。[④]

过程与信息说界定的通信权保护范围与私人空间说几乎一致,同样将在过宽的保护范围与过窄的违宪阻却事由之间产生矛盾。较之修宪,持该说的学者采取了更加技术化的解释方案。论者认为,首先,《宪法》第40条第二句

[①] 参见王锴:《调取查阅通话(讯)记录中的基本权利保护》,《政治与法律》2020年第8期,第107—119页。

[②] 德国联邦最高法院认为,公权力对公民通信的特殊威胁主要是因交流存在空间距离所致。一方面,若通信内容在接收人的掌控范围内,前述威胁也就不存在了。另一方面,若通信内容不为接收人完全掌握,如存储于运营商的服务器中,则其仍属通信秘密的保护范围。BVerfGE 120, 274(341); 124, 43(58).

[③] 参见李建良:《法学方法与基本权解释方法导论》,《人文及社会科学集刊》2018年第2期。

[④] 此外,因前述论证参照了德国学说对通信权保护范围的界定,故论者在以之检视我国宪法规范后,容易得出相关违宪阻却事由的设置不合理之结论,继而倾向于将通信权的一般保护降低至与德国基本法相同的法律保留之程度。这类论证颠倒了因果,显然是不成立的。

话提供的合宪化路径,仅供"检查"一种干预措施适用,而在文义上,"检查"的对象只能是通信内容;其次,不涉及通信内容的其他干预措施,不适用针对"检查"的违宪阻却事由,仅依第40条第一句话的要求以法律保留限制已足。① 问题在于,该解释已经变更了《宪法》文义——第40条第二句话将被改换为类似于"任何公民的通信,非因国家安全或者追查刑事犯罪的需要,并由公安机关或者检察机关执行,不受检查"的构造,这实际上隐去了"任何组织或者个人不得以任何理由侵犯公民的通信自由和通信秘密"之内容。

另一持相似观点的学者意识到了这种矛盾,试图诉诸历史解释,先将其归入宪法漏洞,再由宪法续造实现过程与信息说的证成。② 他认为,制宪者在制定宪法时,仅将通信理解为"信件交流",对通信的干预也仅被设想为"对书信的开拆检视",因此才会对通信干预规定甚高的限制条件。"宪法存在漏洞"是一个很强的指控,至少需要将其论证至盖然性程度,但就论者提出的有效论据来看,似乎仅有修宪讨论中的两句对话而已,③这很难对"漏洞命题"形成足够支撑。不仅如此,该论据似乎还证伪了"制宪者预见不足"的论断——不仅对"通过电话的交流"有所预见,甚至还直接进行了讨论。其实对信件交流以外通信权的保护早在1931年《中华民国训政时期约法》中便得到规定,④到了1982年《宪法》,其中通信权条款何以被认为因"预见不足"而仅保护信件交流?这并不符合社会发展的客观逻辑。总之,由于"作为续造前提的漏洞命题"未得证立,故论者提出的"通信内容与非内容信息的分层构造"难免成为空中楼阁,在此不赘。

---

① 参见王锴:《调取查阅通话(讯)记录中的基本权利保护》。
② 参见张翔:《通信权的宪法释义与审查框架——兼与杜强强、王锴、秦小建教授商榷》,《比较法研究》2021年第1期,第44—45页。
③ "在修宪讨论时班禅委员提出,现代技术发达,电话窃听等是否包括? 彭真说,这里只讲通信,其他另谈吧。"蔡定剑:《宪法精解》,法律出版社2006年版,第265页。
④ 《中华民国训政时期约法》第13条规定:"人民有通信通电秘密之自由,非依法律不得停止或限制之。"考察民国时期的宪法史,明显可见通信权保护范围之变化。在1914年《中华民国约法》中,通信权尚被明确限定于"书信秘密"(第5条第5项),到了1923年《中华民国宪法》,对应表述更替为"通信之秘密"(第8条)。1931年《中华民国训政时期约法》将通信权进一步明确为"通信通电秘密之自由"(第13条),1946年《中华民国宪法》则使用了"秘密通讯之自由"(第12条)的表述。不难看出,通信权的保护范围,逐渐从传统上的信件交流扩张至电报交流与电话交流。

三　通信过程说之提出：一种可能的文义解释

任何文本的解释都始于文字文义，法律亦不例外。立法者制定法律，一方面希望其适用于全部主体，另一方面试图使其尽可能精确，为达成目的，就需要使用一般用语及某些术语对法律作出表达。① 解释法律不能超出文本的表意范畴，否则，要么将使规范变得不可理解，要么将破坏规范的精准性，通常的法秩序建构所排斥，即法律解释受到"预测可能性"的限制。② 就通信权的保护范围而言，前述学说皆正确地以《宪法》第40条的文义为出发点，但得出的结论要么未能容纳典型的通信行为（不当限缩），要么超越了可能的文义范围所涵盖（不当扩张）。应追问的是，通信权条款是否存在作出其他文义解释的可能？

（一）通信：信息传送的过程

界定"通信"是解释通信权的根本前提。"通信"在类型学上划定了通信权与其他基本权利的形式界限，是该权利得以构建的核心概念。准此，对通信概念的界定就毋须太过拘泥于语词的一般含义，而应基于"通信权何以构成基本权利"的立场加以理解。文义的理解应立足于文本的一般含义，但在法律概念使用日常用语的场合，由于语词的指向并不特定，若概略地将一般含义都纳入考量，反而有害界定的精准性，在文义解释上同样面临着泛化的风险，因此，需要通过概念内核的定位予以防范。

语义学定义虽然表述了概念的必要特征，但却未必精确，一旦概念为法律所使用，则仍需将其置于规范文本中进行具体化理解，以祛除日常用语的随意性。《辞海》为"通信"所下的定义是"通过媒体将信息由一点传送至另一点的过程"③。该定义在语义学上堪称准确，但若直接用以界定宪法中的"通信"，未免失之过宽。宪法使用"通信"在于界定公民基本权利，对其理解必须围绕"公民的通信"展开。学者依此归纳了"通信"的特点：一是发生在两个或两个以上

---

① 参见〔德〕卡尔·拉伦茨：《法学方法论》，第403—404页。
② 参见杨仁寿：《法学方法论》，中国政法大学出版社2013年版，第142页。
③ 夏征农主编：《辞海》，上海辞书出版社1999年版，第2115页。

特定人之间,二是具有中介性,三是促成思想交流。① 这一界定虽有意义,但问题亦十分明显:它既为通信概念添附了非必要成分,更直接模糊了通信的本质属性。就前者而言,一方面,通信未必发生在"人之间",公民与单位亦可通信;另一方面,通信未必承载思想,如曾一度流行的寻呼机通信,在早期便只能传送号码而无法传送文字。就后者而言,上述界定未能对通信的过程性给予重视。语义学对"通信"的定义句,其主干为"通信是过程",除此之外的语词皆为对"过程"的修饰,即便拿掉这些成分也不影响定义句形式上的成立,唯"过程"这一宾词不可或缺,它才是通信的概念内核。

综上,宪法中的"通信"可被界定为公民作为一方参与的借由通信媒介点对点传送信息的过程。应予注意,此处对媒介的范围理解仍有争议。在我国台湾地区,"通信"一般特指"书信往来",而"通讯"的范围则更广,"除了书信往来外,还专指利用电讯设备、卫星传播来传递消息,如电话、电报、电视等"②,这基本沿袭了民国时期的语用习惯。③ 不过,在大陆地区,"通信"与"通讯"在指代信息传送过程时并无使用载体的差异,④故将规范上"通信"的媒介限定为"书信",即便存在历史论据的支持,亦很难说与社会主体的预测可能性相契合。

(二) 自由和秘密:通信过程的不受侵犯

欲准确界定通信权的保护范围,绕不开"通信自由和通信秘密"。由于存在两个标示通信权的概念,学者们在解释操作中,容易形成"先分后总"的思路,即先分别界定"通信自由""通信秘密",再将其涉及的保护范围整合为一。值得商榷的是,"自由"和"秘密"诚乃两个泾渭分明的范畴,乃至通信自由与通信秘密毫不相干,以至必须分别阐释吗?

在基本权利体系中,通信权与表达自由、信仰自由、人身自由、住宅自由等

---

① 参见王锴:《调取查阅通话(讯)记录中的基本权利保护》。
② 周何总主编:《国语活用辞典》,台湾五南图书出版公司1987年版,第1754页。
③ 某种程度上,可借此对民国时期宪法性文件的用语变化(从"书信"到"通信"再到"通信通电"最后到"通讯")给出解释。
④ 参见刘素华:《论通信自由的宪法保护》,《法学家》2005年第3期,第70页。

具有相同内核,属于典型意义上的自由权。① 自由权的对象是行权主体本身,是一种"个人统治自己的主权"②之"自然"权利,不以国家而以人之自然禀赋为前提。③ 宪法对自由权的规定,与其说是积极地施以保护,不如说是消极地防止干预。一次完整的通信系指一个从信件投递到接收的过程,在此期间,任何形式的介入与阻滞都应视为对通信的干预。"通信自由与通信秘密"共同构成了通信权的内容,"是两个相互依存、不可分割的概念"④,对其应当作整体理解。

先分后总地加以阐释易使通信权保护范围的界定陷入混沌。一方面,对"自由"概念的限缩,缩短了通信权的特定射程。若将通信自由与通信秘密作择一性理解,便只能对自由作物理意义上的狭义理解(举动的自由),否则通信自由(不受干预的自由)即自动涵盖通信秘密。一种流行的解释是,"通信自由是指公民具有自由选择通信方式、通信时间和通信内容的权利"⑤。准此,扣押已经寄出尚未投妥的信件或故意延误信件投递的行为,似乎便不属于对通信自由的干预,这是难以理解的。另一方面,对"秘密"概念的扩大,将已不属于通信的事项纳入了保护范围。学界在解释通信秘密时,几乎都将其与通信内容相联结。不过,一旦通信过程终了,通信内容是否仍受通信秘密的保护呢？按前述学说,特定信息只要经过了通信传送,便将获得通信权的永久保护,这是不可思议的。脱离通信过程的内容信息很难再被识别为通信秘密。例如,某人在收到信件或电邮后将其归档于文件夹,那么除知情人外,谁能在查看前便知其属于通信"秘密"呢？

对"通信自由和通信秘密"的解释,重点应是"通信"而非"自由"或"秘

---

① Vgl. Wolfgang Durner, Art 10, in: Theodor Maunz/Günter Dürig (Hrsg.), Grundgesetz Kommentar, Band I, 94. Aufl., 2021, Rn.1.
② 〔英〕约翰·密尔:《论自由》,许宝骙译,商务印书馆2014年版,第89页。
③ 耶利内克将这种自由权称为"自然自由",而将依赖于国家认可的"自由"称为"法律自由"。参见〔德〕格奥格·耶利内克:《主观公法权力体系》,曾韬、赵天书译,中国政法大学出版社2012年版,第43页。上述划分的思想基础源自洛克乃上至亚里士多德,参见〔英〕洛克:《政府论》(下篇),瞿菊农、叶启芳译,商务印书馆1964年版,第16页以下。
④ 刘松山:《治理街头小广告的法律问题》,《法学家》2003年第4期,第46页。
⑤ 全国人大常委会办公厅研究室编:《中国宪法精释》,中国民主法制出版社1996年版,第166页。

密"。通信的本质是一段特定的信息传送过程,在开始传送前与传送完毕后,既无所谓通信,更无通信自由或通信秘密。[1] 其实,通信权的保护范围,应然地存在于通信形成的过程空间,对此一空间的侵入,原则上便属于对通信权的干预。[2] 至于"自由"和"秘密",则似无界定之必要,两者毋宁是对通信权的标示而已——通信权作为公民自由权的组成部分,本身就可表述为通信自由,而不受干预的通信自由自然囊括禁止侵犯通信秘密的意思。质言之,纵使将《宪法》第40条第一句话改换为"公民的通信不受侵犯",也不会导致条文实质含义的变动。

(三)检查:通信过程的公权干预

即便将通信权的保护范围解释为通信形成的过程空间,仍不免面临着违宪阻却事由过窄的困扰。在通信过程中,诸如针对信件的扣押、查验,针对通话的监听、阻断,针对电子邮件的监控、拦截等,因其导致通信权无法完善行使,故皆可能构成典型的通信权干预。[3] 但是,《宪法》第40条第二句话提供的合宪化路径却仅针对"检查",何以据此弥合通信权保护范围涵盖的各类可能被适用的必要干预措施,为立法者创造适当的立法形成空间,亦是法解释学必须解决的问题。

---

[1] 德国曾有判例指出,当信息到达接收人手机时,通信权提供的保护便已结束。原则上只有处于传送过程中的信息,才该当通信权的保护对象。BVerfGE 115, 166(183). 甚至,德国联邦最高法院还允许警察在没有司法授权的情况下,经电话接听人同意,通过扩音器或另一只耳机监听通话内容。法院认为,信息一旦到达接收端,这些信息便不再受通信自由的保护。BGHSt 39, 335.

[2] 有权威学者在界定通信自由和通信秘密时,曾侧面表达了通信权的"过程"内涵。他指出:"通信自由,也称通讯自由,是指公民在与他人交往中,通过信件、电报、电话的形式而表达意愿的自由,任何组织或个人均不得非法干涉。通信秘密,是指公民与他人在通信或打电报、电话的过程中,任何组织或个人不得偷听、偷看或涂改其内容。"许崇德主编:《中国宪法》,中国人民大学出版社2010年版,第322页。依上述定义,无论是通信自由还是通信秘密,其存在范围皆为特定化的"交往中"或"过程中",因而超越通信过程的自由和秘密,自非属于通信权的保护范围。

[3] 传统上看,基本权利干预的认定须满足目的性、直接性、强制性等标准。Peter Lerche, Übermaß und Verfassungsrecht, 1961, S. 106. 但是,由于传统标准对基本权利保护的充分性存在不足,现代的基本权利限制理论逐渐将关注的重点移至干预后果的判断方面,即只要客观上导致了基本权利无法完善行使的结果,则相关公权行为便可能被认定为基本权利干预。BVerfGE 66, 39(60).

字面上看,"检查"容易被理解为对通信内容的审查,由此,学者建立起了"检查"与"通信内容"的对应关系。① 通信检查针对的是通信内容,这种貌似清楚的观点,一旦进入具体的合宪性层面,其缺乏论证的内在矛盾便会暴露。一种典型的情况是信件扣押,它提出了如下问题:法律能否赋予公安机关在侦查活动中扣押犯罪嫌疑人处于投递过程中信件的权力?信件扣押的通信权干预性质殆无疑义,而单纯的扣押并不涉及对内容的检查,此时,按照前述学者的观点,信件的扣押规范无法得到合宪化论证,只得考虑诉诸宪法续造。但是,作为传统的侦查措施,信件扣押又无法被解释为制宪者"预见不足",宪法续造的条件不充分,故只能认定法律无权作出信件扣押的规定。这一结论无疑是荒谬的,而其致因在于对"检查"作出了错误解释。"检查"的文义显然不只有一种可能。其实,从"检查"的语义学定义"为了发现问题而用心查看"②出发,是无法构建起与"内容"的特定联结的。"查看"的对象具有某种任意性,如就传统的书面通信而言,查看信件内容固然属于"检查",而查看信件的外在信息(如收信地址、收信人、邮戳等)也未必超出"检查"的表意范围。考虑到《宪法》第 40 条前后两句的融贯性,防止因解释不当而人为地制造宪法漏洞,有必要重新审视"对通信进行检查"的文义。

基于通信过程说的立场,"通信检查"应当被理解为一种公权机关介入通信过程的概括表达。客观上看,只要公权机关意欲介入特定的通信过程,便必将伴随着一系列的"查看"行为。通信的日常性将产生大量通信请求,为实现发信方请求,服务商须先将请求汇集,再按地址向收信方转送。在此过程中,特定通信始终与其他通信存在混同,非经检查无以识别。就传统的信件邮寄而言,寄信人将信件投入邮筒,该信件便混同于与其他信件,直至送达收信人后,混同状态才得以消除。通话活动与网络通信同样如此,通信双方基于交换机、服务器等实现的通信联结,亦与其他同类通信混同。由于混同状态在通信过程中始终存在,若公权机关欲介入该过程,不论其最终目的是扣押、查验还是拦截、监听,都必须以"检查—识别"为前提。按照上述理解,"对通信进行检查"就成为所有特定通信权干预行为的必要程序。据此,规定公安机关或检察

---

① 参见张翔:《通信权的宪法释义与审查框架——兼与杜强强、王锴、秦小建教授商榷》。
② 夏征农主编:《辞海》,上海辞书出版社 2010 年版,第 881 页。

机关有权出于国家安全或追查犯罪的需要扣押信件、监听通话、拦截信息等的规范便可获得形式合宪性，这很大程度上纾解了《宪法》第 40 条前后两句的规范张力。

四 通信过程说之补强：基于文本的体系解释

本文提出了一种既未超出文义范围也不引发规范矛盾的通信权保护范围之界定方案，即通信过程说。通信过程说认为：通信权旨在保护公民的通信过程不受侵犯，任何针对通信过程的介入行为都将落入"通信自由和通信秘密"的保护范围；公权机关针对特定通信过程的干预都内含着"对通信进行检查"的意思，相关立法与执法活动须受本条之违宪阻却事由的限制。上述方案平衡了通信权的保护范围与保护程度，较其他学说更加合理，但文义解释的结论仅为一种可能，仍需其他论点补强。[①] 一般而言，当可供选择的文义不止一个时，最常见的论证是转入体系解释，通过提出上下文和谐论点来指明哪一种含义更为适当。[②]

（一）宪法内部体系的融贯性论证

通信过程说不太符合一些学者界定基本权利的惯常思路，易被认为是对保护范围的不当限缩。他们指出，过早窄化保护范围会"先在地将某些行为排除在基本权利的保护范围之外"，因而"在考虑基本权利构成时，还是不要自缚手脚，而是将基本权利的保护范围做尽可能宽泛的解释"。[③] 类似逻辑不过基本权利"宽界定"倾向的自然延伸，其背后的支撑是自由主义的价值取向，无法得到逻辑证成，而基本权利"窄界定"则更多是社群主义思想的体现，亦非放之四海而皆准。[④] 本文无意比较宽窄界定之间的优劣，因为通信权保护范围的界定根本毋须下沉至价值判断层面，宪法构建的基本权利体系已经作出了决

[①] 参见〔奥〕恩施特·A. 克莱默：《法律方法论》，周万里译，法律出版社 2019 年版，第 50 页。
[②] 参见张志铭：《法律解释学》，第 71—72 页。
[③] 张翔：《基本权利限制问题的思考框架》，《法学家》2008 年第 1 期，第 135 页。
[④] 关于基本权利的"宽界定"与"窄界定"的倾向性讨论，可参见 Robert Alexy, *A Theory of Constitutional Rights*, pp. 200–217。

断——从宪法规范的融贯预设出发，只能导出窄界定的结论。

第一个论点是基于《宪法》第 40 条的融贯性提出的，该命题为，欲使本条前后两句话保持上下文和谐，就必须将通信权的保护范围限缩于可识别的事项。《宪法》第 40 条第一句话确立了通信权保护的宪法原则，第二句话规定了通信权干预的合宪化规则，而作为规则的第二句话，应当在第一句话的设定下获得适用可能。从立法者与执法者的角度看，"对通信进行检查"欲得适用，前提条件是"通信"具有可识别性，即预先明确其指向的客体属于确定无疑的"通信"，否则相关立法与执法活动便会无的放矢。

比如，学者们一致认为通信内容是通信权保护的核心，但如前所述，通信内容一旦脱离了通信过程，便极有可能失去被识别的可能性，此时何以判断违宪阻却事由是否适用呢？透过通信获得的信息与其他信息存在无法避免的混同（如将信件与文件、电邮附件与其他文档置于一类），因而若将通信内容作为通信权的保护对象，则任何公权机关针对公民资料的收集行为都存在侵犯通信权的概率，故全部需要符合特定违宪阻却事由的构成要件。为履行社会治理责任，公权机关不可能接受这种概括限制，最终结果只能是使通信权"限制之限制"条款沦为具文。将通信权保护范围定位于通信过程，能够较好地解决"通信"的可识别性问题，使合宪化规则具备适用可能。质言之，特定通信是否处于正在进行时，从外观上便可作出判断，基于此，立法者方得制定具体的干预规则、执法者才能适用相关的程序规范，从而满足违宪阻却事由的要求。

第二个论点是基于《宪法》第 40 条与第 37 条、第 39 条的融贯性提出的，该命题为，欲使通信权条款与人身自由条款、住宅自由等条款保持上下文和谐，就应当将通信权的保护范围限缩于独立存在且需特别保护的事项。《宪法》第 37 条规定的公民人身自由，保护范围涵盖随身携带的物品。《宪法》第 39 条之公民居住自由权的保护范围包括住宅中存放的物品。对以上物品的搜查，宪法仅规定了法律保留的限制，较之适用于通信检查的宪法保留，合宪性门槛显然较低。通常情况下，物品搜查与通信检查分属于不同类型的基本权利干预，相关条款的理解与适用不生问题。不过，一旦搜查针对的物品涉及通信（如过往信件），容或产生基本权利竞合与非均衡保护的疑问，需要通过保护范围的界定予以事先解决。

其一，通信权的干预合宪化事由不同于人身搜查或住宅搜查，前者保护范围的界定应避免与后者重合。当基本权利的保护范围发生交叉时，会造成基本权利竞合，而此类问题缺乏统一的解决方案，最终难免损及法秩序的安定性。[1] 将通信内容作为保护对象会导致这种问题。比如，《民事诉讼法》第248条规定，法院有权发出搜查令对被执行人及其住所进行搜查。本条规定为人身搜查与住宅搜查提供了法律依据，执行人员持搜查令展开搜查并无违宪之虞，但囿于通信内容的不可识别性，在搜查如有价证券、票据等文件时，便可能因波及信件而构成通信权干预，反致合法搜查出现合宪性问题。将"通信"界定为一个特定的过程，使其保护范围指向可识别的过程空间，很大程度上阻断了基本权利竞合可能带来的复杂问题。[2]

其二，宪法对通信权干预的限制程度高于人身搜查与住宅搜查，前者的严厉性较后者更强，相应范围须该当此种严格保护。比如，逮捕作为最严厉的强制措施，是对公民人身自由的重大干预，故其适用被规定了明确的宪法保留条款，至于其他人身自由干预，宪法仅以法律保留限制之。反过来看，透过违宪阻却事由的规定，逮捕条款实质在人身自由保护范围内圈出了一块特殊的"人身自由不受长期剥夺"的特别领域。干预合宪化的难度、干预的严厉性、干预落入的保护范围之间应有相当性，对一方面作出的规定，其实同时包含了三方面的意思。通信权条款明确的是排他性的违宪阻却事由，与人身搜查、住宅搜查相比，其合宪化难度更高，因而通信检查的严厉性更强，保护范围也应作较窄的界定。若对保护范围进行了宽界定，则必将造成基本权利的非均衡保护，以致引发预料之外的制度竞争现象，最终消解通信权保护的规范价值。

（二）法律外部体系的融贯性论证

在任何独立的法域中，法律都"被设想为一个连贯的整体，一个融为一体

---

[1] 参见柳建龙：《论基本权利竞合》，《法学家》2018年第1期，第46页。
[2] 通信过程与通信人的人身、住宅大体处于分离状态。就通信内容而言，信件若处于投递过程中，则受通信权保护；若随身携带，则受人身自由权保护；若放置于住宅中，则受居住自由权保护。

的系统"①。我国诸法之间同样具有这种融贯性：中国特色社会主义法律体系，是以宪法为统帅，由各法律部门组成的有机统一整体。"有机统一"暗含的预设是，在未被认定存在合宪性问题前，部门法与宪法在体系上是相通与和谐的。宪法规定的内容，部门立法必须遵循，而立法形成的结果，又逆向地对宪法文本构成了体系性解释。在国家立法机关与宪法解释机关合一的背景下，前述预设得到了稳定化，这为通过部门法的宪法解释提供了可能。就通信权条款而言，借由部门法已经完成的宪法具体化任务，可以回溯地阐发保护范围的具体指向，或至少给文义解释的方案选择提供导引。涉及通信权及其限制的部门法，主要包括《刑法》和《刑事诉讼法》，以下将依次讨论。

《刑法》主要在于规定刑事责任主体实施严重基本权利侵犯行为的刑罚后果。直接涉及通信权侵犯的罪名主要有侵犯通信自由罪与私自开拆、隐匿、毁弃邮件、电报罪等。侵犯通信自由罪的罪状是"隐匿、毁弃或者非法开拆他人信件，侵犯公民通信自由权利，情节严重"。从本罪结构看，"隐匿、毁弃或者非法开拆他人信件""侵犯公民通信自由权利"在构成要件中属并列关系。换言之，单纯的"隐匿、毁弃或者非法开拆"并不一定侵犯通信权，这与私密性说、私人空间说、过程与信息说皆不相容。通信过程说可对此作出合理解释：隐匿、毁弃或者非法开拆他人信件的行为必须发生在通信过程中，若收信人已收取信件，则因不属于通信权侵犯而不可能再构成该罪。较之侵犯通信自由罪，私自开拆、隐匿、毁弃邮件、电报罪的罪状不包括"侵犯公民通信自由权利，情节严重"。为何有如此差异？按照通信过程说的观点，这种差异不难理解。本罪的主体只能是邮政工作人员，而邮政工作人员（执行职务时）对信件进行的"私自开拆、隐匿、毁弃"，已经自然包含了侵入通信过程的意思，法律毋须再规定"侵犯公民通信自由权利"的条件。

《刑事诉讼法》关于通信权保护及其限制的规定是《宪法》第 40 条最直接的具体化，观察本法对何者作出了明确，有助于保护范围的体系性理解。相关条文主要包括第 78 条（通信监控）、第 143 条（邮件、电报扣押）、第 150 条（技术侦查）。这三项规定涉及的通信权限制，其实都是直接对通信过程而非通信

---

① 〔美〕哈罗得·J. 伯尔曼：《法律与革命》，贺卫方等译，中国大百科全书出版社 1993 年版，第 260 页。

内容的干预。一方面,不论是"监控""扣押"还是"技术侦查",其实施的时点都在通信过程中,事后措施根本无法实现相应的规范目的。比如,对被监视居住人通信监控的目的在于监督其履行法定义务以保障诉讼顺利进行,一旦执行人员发现通信可能引发串供、毁灭证据、威胁证人被害人等后果时,应及时予以阻断,若前述通信内容已经送达,则监控便将失去意义。另一方面,对通信过程外的内容干预,《刑事诉讼法》并未作出专门规定,表明立法者未将其视为通信权的保护对象。比如,对邮件、电报的扣押,法律明确了通信过程中的扣押规范,其主要目的便是为了具体化宪法的通信权干预条款,标示通信权保护的特殊性与重要性。至于通信过程外的信件获取,由于《刑事诉讼法》没有特别规定,准用本法第 136 条、第 137 条、第 141 条有关一般物品的搜查或扣押规范,说明通信内容未被完全归属于通信权保护范围。此外,本法第 143 条之"检交扣押"的用语,还从侧面补强了前述对"检查"的界定。"检交"即检查与交付的合称,其典型程序为:侦查机关向邮电机关提供犯罪嫌疑人的信息,后者自承递的大量信件中识别与拣出特定的邮件或电报,并将其交予侦查机关。可见,检查并不必须涉及对通信内容的查看,仅为介入特定通信过程的必要程序。

　　从立法者对宪法公民通信权条款的具体化结果来看,只有将通信权保护范围理解为通信形成的过程空间,方能维持宪法与部门法之间的和谐关系。若采取其他学说,将通信内容而非通信过程作为通信权保护的核心,则许多法律规定都会因不符合违宪阻却事由而被认为存在合宪性问题。除前述提及的规范外,还有如《证券法》第 170 条、《证券投资基金法》第 113 条之证监会查阅、复制与被调查事件有关的通讯记录等规定,也将因侵犯通信权且无法经由通信权条款合宪化而被视作违宪,这与法律体系的"有机统一"预设相悖。总之,为实现宪法与部门法的上下文和谐,采通信过程说界定的通信权保护范围可能是更为合理的选择。

我国个人信息保护的宪法规范分析

方　逊[*]

摘　要：《个人信息保护法》制定过程中，是否要写入"根据宪法，制定本法"的争论主要在于：个人信息保护是否存在宪法规范基础。全国人大及其常委会根据宪法制定法律的权力基础已为宪法明定，法律规范效力也因之源于宪法，颇具争议者在于下位部门法与宪法之间是否在内容上存在关联以及存在何种关联。从我国个人信息保护的理论发展和法律实践中，可以梳理出个人信息权益的人格本质。结合《宪法》《立法法》等关于宪法与法律之间关系的规定，此人格本质可以回溯到《宪法》第38条"人格尊严"条款。结合宪法文本规范体系，可以归纳解释出个人信息保护法的宪法规范基础，这为宪法与个人信息保护法提供了内容上的关联。因而将"根据宪法，制定本法"写入《个人信息保护法》是妥当的。

关键词：《个人信息保护法》；人格尊严；人权；尊严；宪法规范基础

在《个人信息保护法》制定期间，数稿草案并未明确"根据宪法，制定本法"或类似表述，这引起了一些疑虑。"根据宪法，制定本法"是否应写入法律已成为"基本法争议""物权法草案争议"等诸多争论的重要焦点，但对在何种情形下写入等问题仍未形成高度共识，已经制定的法律仍有较多未将之写入。[①] 的确，"根据宪法，制定本法"并非写在所有法律文本之中，因而本文拟从个人信息保护法草案未写入而在最终文本中写入"根据宪法，制定本法"的原因切入，通过分析这一宪法根据规范的含义与功能，理清个人信息保护法的宪法规范基础。

---

[*] 方逊，中国人民大学法学院博士研究生。
[①] 参见王锴：《宪法与民法的关系论纲》，《中国法律评论》2019年第1期，第47—48页。

一 "根据宪法"规定写入的关键是宪法规范基础的证立

在《个人信息保护法》中写入"根据宪法,制定本法"的争议关键在于个人信息保护的宪法规范基础的证立。这一方面需要分析该表述本身的规范内涵及功能,另一方面还要考量个人信息保护专门立法的外部环境和自身需要。

(一)"根据宪法"规定对宪法与下位法律关系的阐发功能

"根据宪法,制定本法"存在事实性和规范性两种面向:前者是在描述立法者根据宪法制定法律的实际行动;而后者是指立法者应当根据宪法制定法律。此规范性面向仍需进一步阐释:第一,根据现行宪法规定,全国人民代表大会(以下简称全国人大)是宪法规定的最高国家权力机关和立法机关,根据宪法授予的权力进行立法;第二,行使立法权时,全国人大应当遵循宪法规则、原则、精神价值等,其立法内容要立足宪法文本,借助宪法解释理论,经由规范分析方法,厘定每一条文的规范范围及其蕴含的立法指示。[①] 如此,"根据宪法,制定本法"规定了制定法的效力来源和内容来源。对此,在《民法典》制定过程中,民法学者认为有必要写入"根据宪法,制定本法",这至少具有如下意义:第一,彰显宪法的根本法地位,明确《民法典》效力来源,维护法律体系和谐统一;第二,实现对民法规范的合宪性控制,落实宪法关于经济制度等方面的规定,使《民法典》符合宪法的精神;第三,通过合宪性解释,准确解释民法规则;第四,保障宪法的实施。[②] 虽然存在反思观点认为,"根据宪法,制定本法"的表述实际上有失严谨性而并非清晰,设立合宪性解释基准条款是更优的替代性或补强性方案。[③] 但商榷观点的目的在于进一步理清宪法与下位法律之间的关系,而并未实质否定"根据宪法,制定本法"对宪法与下位法律之间关系阐明的功能作用。

根据《宪法》序言第 13 自然段、正文第 5 条,《立法法》第 87 条等规定,宪

[①] 参见叶海波:《"根据宪法,制定本法"的规范内涵》,《法学家》2013 年第 5 期,第 23—32 页。
[②] 参见王利明:《何谓根据宪法制定民法?》,《法治现代化研究》2017 年第 1 期,第 72—73 页。
[③] 参见林来梵:《民法典编纂的宪法学透析》,《法学研究》2016 年第 4 期,第 99 页。

法最高效力的确立,作为一切主体"根本的活动准则"的地位,以及我国一切主体"维护宪法尊严、保证宪法实施"的职责规定,与下位法律中的"根据宪法,制定本法"之表述形成呼应,系统地明确了宪法与下位法律之关系,同时也进一步明确了"根据宪法,制定本法"的规范内涵。

(二)"根据宪法"规定写入的争议焦点在内容关系上的证成

在我国法律体系中,宪法与其下位法律关系的阐释不可避免地要关注"根据宪法"规定所展现的宪法与下位法律的关系。而写入此表述的必要性与《个人信息保护法》制定过程的外部环境因素和自身特质因素有关。

从既有经验来看,过去相关的立法争议最终仍以写入"根据宪法,制定本法"作为解决方案,并且经验表明,最终写入在整体上也是有所裨益的。从现实来看,已经较为详细规定个人信息保护规范的《民法典》在其总则部分已经写入"根据宪法,制定本法",那么《个人信息保护法》是否有不写入的优势理由呢?当然,或有观点认为,个人信息保护法不仅涉及平等主体的个人信息保护事项,还同时涉及非平等主体之间的法律关系,因而不能为《民法典》中"根据宪法"规定所统摄。但如果持有此种观点,恰恰揭示了《个人信息保护法》应当写入"依据宪法,制定本法"更为深层的原因:如果个人信息保护法是民法的特别法,那么《民法典》写入"根据宪法,制定本法"就意味着个人信息保护法实质上也确认了这一规定;如果认为个人信息保护法不是民法的特别法,那么上述推论就不能成立,"根据宪法"规定仍应当被写入以明确《个人信息保护法》与宪法关系。

在个人信息保护理论与实践的长期讨论中,包括个人信息在先立法的美国和欧洲国家等都从宪法中找寻立法根基。[①] 我国个人信息领域的讨论也因为个人信息的泛在性、界定的模糊性、影响的深刻性等原因使得立法不得不尽可能向宪法靠近以寻求支持资源。而目前的讨论对于《个人信息保护法》的效力来源具有基本共识,但对《个人信息保护法》是否在内容上有其宪法规范基础却存有较大争议,这成了"根据宪法,制定本法"写入的争议焦点。

---

① 参见孙平:《"信息人"时代:网络安全下的个人信息权宪法保护》,北京大学出版社 2018 年版,第 41—43 页。

（三）宪法与《个人信息保护法》的内容关系存在论证空间

晚近关于宪法与下位法律（部门法）之内容关联的讨论核心关键词为"具体化"，即部门法对宪法的具体化。这首先是指宪法约束立法机关立法，立法机关通过立法来实施宪法，具体化宪法规范内容形成部门法秩序；其次，宪法作为"框架秩序"为立法者留有空间和自由，使其能够在宪法秩序之下制定部门法具体内容。如此，部门法对宪法的具体化就可概括为"内容形成"和"越界控制"两层内涵，故立法者一边要落实宪法规范之立法委托，一边要谨慎判断部门立法形成的具体规范是否逾越了宪法设定的边界。[1] 然而，商榷观点认为，部门法是宪法的具体化这一命题不能成立。因为，如果部门法是宪法的具体化，那么部门法规范就是宪法规范的具体要求，而法律实践需要对部门法规范进行具体化，如此，"存在着直接将宪法与实践结合起来的可能，部门法只是可省略的中间环节"[2]。由此，"部门法是宪法的具体化"在逻辑上不成立，在功能上不合实际，没有对不同法律规则作出区分，故需被否定。对此，具体化的支持观点回应道，就部门法对宪法的具体化这一关系来说，其不是指部门法发挥了实施细则的功能，而是一种"应当"意义上的关系；宪法与部门法之间的具体化关系与部门法与法律实践之间的具体化关系并不相同，由此，不能够通过"具体化"推导出宪法直接适用于司法实践，也不能否定部门法存在的必要性和重要性。[3]

上述观点之间实际上并未形成真正意义上的交锋，诚如有学者指出法理学分析不能代替法教义学分析，二者之间是适度分离的。[4] 如果一方是在基于一国宪法教义学的语境中进行观点主张，另一方是在一般法学理论上进行商榷，那么二者就至少需要在概念使用上保持一致，而上述观点的概念本身也处于争论和分歧的中心，故无法形成实质有效共识。但宪法学者在强调宪法与下位法律之间的内容关联，法理学者在强调宪法规则与下位法律规则之间性

---

[1] 参见张翔：《宪法与部门法的三重关系》，《中国法律评论》2019年第1期，第27—29页。
[2] 陈景辉：《宪法的性质：法律总则还是法律环境？从宪法与部门法的关系出发》，《中外法学》2021年第2期，第290页。
[3] 参见李海平：《部门法宪法具体化的正当性及类型——与陈景辉教授商榷》，《中国法律评论》2021年第4期，第128—132页。
[4] 同上。

质上的区分,二者均未否认宪法与下位法律之间的内容关联,而问题是这是一种什么意义上的关联,以及"具体化"这个理论工具能否代表这种关联。此时内容关联获得了理论上的可能空间,由此,可以通过个人信息保护法规范的内容论证其宪法规范基础。

二 个人信息保护宪法规范基础的论证进路

个人信息的宪法文本规范基础指向并不清晰。讨论个人信息保护的宪法规范基础,需要从理论研究和法律实践中找寻中国语境中个人信息保护关注的本质,并且从相关线索中归纳出个人信息保护所指向的宪法文本规范。

(一)个人信息整体的规范需要宪法基础支持

1. 个人信息整体构成自然人的信息人格

从我国目前已经制定的规范性文件来看,个人信息几乎包括了所有与个人相关的可直接或与其他信息结合识别个人的信息。[①] 个人信息是公民个人各个方面的信息化表现方式,所有个人信息整体表现着公民个人的"信息人格"。[②] 现实的自然人人格具有直接现实的根本地位,信息领域的信息人格及其相关权益必须借助公民个人与个人信息的真实对应这一关联。如果某信息对应有瑕疵,则涉及信息更正权等的问题。从目前规范性文件中个人信息的概念来看,自然人人格与个人信息的关联使得现实的公民个人的权益受到其个人信息的整体影响。同时,由于人的社会性,整体所指向的范围不仅限于作为孤立个人而是包括其所处的社会关系整体。在电子化、信息化、网络化已经成为基本趋势的时代,越来越多个人信息将会生成并构成越来越完整的信息人格,作为个人信息整体的信息人格必须得到实在法体系的综合规范和保护。

[①] 参见《网络安全法》第76条第5项;《民法典》第111条、第1034条;《个人信息保护法》第4条。

[②] 参见秦成德、危小波、葛伟:《网络个人信息保护法研究》,西安交通大学出版社2016年版,第10页;参见张新宝:《从隐私到个人信息:利益再衡量的理论与制度安排》,《中国法学》2015年第3期,第59页;孙平:《"信息人"时代:网络安全下的个人信息权宪法保护》,第3—9页中的"信息人"概念表述。

2. 个人信息权益的综合性对宪法支持的需求

个人信息涉及整体，个人信息权益就不可能是某项纯粹的权利，至少兼具人身属性和财产属性、公共属性与私人属性。同时当前立法并也未明确个人信息权益的具体权利属性，这表明个人信息权益很难归结到某一具体部门法权利体系之中——个人信息权益是一项综合性权益。个人信息关系至少存在三种场景："个人—国家""个人—机构（组织）"与"个人—个人"。显然，在不同的场景或语境下，涉及信息是否为公民个人信息，系争个人信息是否受到规范和保护，规范保护应当采取何种模式，等等，论证和结论均有较大差异。欧盟和美国大抵殊途同归，均采取场景化的行为主义规制道路，通过具体的场景化判断来确定个人信息保护的合理边界，[1]而个人信息权益就是对此过程中不同场景下公民对其个人信息享有的各种权益的总称。这使得个人信息保护不可能依靠单一法律部门完成，需要作为根本法和最高法的宪法的支持。

（二）个人信息保护实质是人格权益保护

明确个人信息涉及整体并构成了公民的信息人格，界定个人信息权益是一项综合性权益，意在辨明个人信息保护的宪法规范基础。我国个人信息保护理论与立法实践发展在相互影响中推进。故可从理论探讨和法律实践的整体趋势中探知《个人信息保护法》的宪法规范基础的讨论方向。

1. 学理讨论中个人信息权益人格本质的浮现

伴随市场经济的发展，公民尤其是知名人士的肖像、姓名等个人信息的表现形式，渐渐被有偿用作广告宣传等经济活动，故有强调个人信息财产权属性的观点。[2] 但这有弱化个人信息中人格属性甚至将人格物化的风险，因而隐私权观点和民法人格权观点对其进行了修正。隐私权观点沿袭美国个人信息保护之模式，认为个人信息保护首先在于其隐私利益的保护，并可通过"行业自律+分散立法"模式进行。[3] 但此模式有其特定的判例法传统和行业自律现状

---

[1] 参见丁晓东：《个人信息保护：原理与实践》，法律出版社2021年版，第87页。
[2] 参见刘德良：《个人信息的财产权保护》，《法学研究》2007年第3期，第80—91页。
[3] 参见孙平：《"信息人"时代：网络安全下的个人信息权宪法保护》，第78—82页。

支撑,并且美国隐私权概念与我国语境中的隐私权并不协调。① 因而在我国,应当区别隐私与个人信息,故有学者提出民法人格权观点,认为对公民个人信息的保护首先在于保护其人格利益,进而将之作为一项具体人格权来进行保护和规范。② 为回应公民个人信息之中所体现的财产属性,民法人格权观点进一步论证,认为个人信息权虽然以人身属性为主,但并不妨碍个人信息的商业化使用,相反,人格权商品化及其规制还是其权利保护的重要形式和发展表现。③ 此观点在《民法典》的相关条款中也有所体现。但民法人格权观点也受到质疑,核心点在于民法调整的是平等主体之间的关系,如何调整实质不平等主体之间的关系则成为疑问。新型权利观点回应此种疑问,认为既然个人信息权益兼具人身特性和财产特性,又存在私法属性和公法属性并存情形,同时暂无法准确定性,不如规避争议,将之界定为新型复合权利。④ 此种观点强调个人信息权益的独特性,同时又有意规避争议,实际上并未真正解决焦点问题。为解决个人信息权益的属性问题,又有观点引介了源于欧陆的基本权利理论或信息自决权理论。⑤ 该观点认为,个人信息权益应当发展一项宪法基本权利,要使得个人能够控制自己的个人信息。《个人信息保护法》部分采纳了此种观点之内容,但并未明确个人信息保护权益的性质。综合而言,学说发展体现了在各个阶段、各自层面意图回答的个人信息保护所涉及的问题。个人信息保护理论发展虽未有通说意义上的共识,但揭示了"以人身属性为主、以财产属性为辅"的规范逻辑和"个人信息受来自国家、社会组织、个人等侵犯之全面风险"的现实情状。

2. 立法实践中个人信息权益人格本质的线索

理论上关于个人信息保护未有明确的通说观点,立法领域中也多因此而

---

① 参见王利明主编:《中国民法典草案建议稿及说明》,中国法制出版社2004年版,第343页。
② 参见王利明:《论个人信息权的法律保护——以个人信息权与隐私权的界分为中心》,《现代法学》2013年第4期,第70页。
③ 参见王利明:《论人格权商品化》,《法律科学》(西北政法大学学报)2013年第4期,第54页。
④ 参见刘艳红:《侵犯公民个人信息罪法益:个人法益及新型权利之确证——以〈个人信息保护法(草案)〉为视角之分析》,《中国刑事法杂志》2019年第5期,第27—33页。
⑤ 参见姚岳绒:《宪法视野中的个人信息保护》,法律出版社2012年版,第291、293—295页;孙平:《"信息人"时代:网络安全下的个人信息权宪法保护》,第37页。

摸索前行。在较长时间里,我国立法上对于个人信息概念界定并未清晰,常将其与隐私、数据等混同使用,[①]在明确使用"个人信息"概念的全国性法律法规等规范性文件中,最早的一般规范性文件为1990年《劳动部办公厅关于在劳动管理信息系统中执行〈社会保障号码〉国家标准的通知》,其规定了公民个人信息与社会保障号码之间的检索关联。第一个部门规章为2000年发布的《互联网电子公告服务管理规定》(已失效),其规定电子公告服务提供者对上网用户的个人信息保密义务。第一部法律为2003年《居民身份证法》,明确合法知悉居民身份证个人信息的国家公权力机关及其工作人员的保密义务及违反之法律后果。第一部行政法规为2009年《彩票管理条例》,其规定合法途径获知中奖者个人信息的主体的保密义务及违反之法律后果。第一部较为系统的行政法规为2012年《征信业管理条例》,其规定了个人信息收集处理的"知情—同意"规则等较为具体的规范,但排除了公权力主体履职过程中的个人收集行为等作为其规范和调整的内容。第一部较为系统的法律为2016年《网络安全法》,其从个人信息收集、处理等过程对网络个人信息安全进行规范和保护。晚近的立法,如2020年通过的《民法典》中在总则第111条和"人格权编"中系统规定了民事领域个人信息保护问题。再如2021年通过的《个人信息保护法》,更是将个人信息保护的领域、涉及的客体范围、系统性程度等进行了极大拓展。从我国个人信息相关立法来看,我国个人信息相关立法呈现出从低位阶、分散立法向高位阶、系统立法转变,这反映了我国对于个人信息保护的重视程度不断提高,也体现了个人信息本身在信息社会中的重要性,其根本性程度逐渐被发现、认知、承认进而对之形成了共识。仔细观察会发现,个人信息相关立法从一开始就与人格权属性关联在一起,即使后来或与财产权产生了某种关联,但仍然无法影响人格权属性作为根本属性。这种趋势和整体关联与理论发展整体趋势大抵能够相符合,进一步明证了人格权属性是个人信息权益的根本属性。

综合前述,个人信息整体为公民信息人格,现行理论观点和法律实践指明

---

① 2009年《中华人民共和国刑法修正案(七)》新增第253条之一也未对个人信息与隐私、数据进行区分。直到2017年《民法总则》制定颁布之后,才在《最高人民法院、最高人民检察院关于办理侵犯公民个人信息刑事案件适用法律若干问题的解释》中予以明确。

个人信息保护之根本在于人格权益的范畴,而财产属性是在人格权益行使过程中体现出来的,而非同等重要的本质,这也能在《民法典》将其内容安置在"人格权编"项下的结构体例中获得证据支持。因而,在作为我国社会主义法律体系的根本法和最高法的宪法的视野中,个人信息保护的宪法规范基础指向人格权益范畴。

三 个人信息保护宪法规范基础的具体构成

个人信息保护虽然能够通过上述途径成为宪法议题,从而得出应当存在对应的宪法规范基础的结论,但我国《宪法》并未明定个人信息保护内容。如果某权益内容一旦被实在法规定,其就被实在法文义所限制,如果《宪法》中不存在个人信息保护的基础,那《民法典》等规范性中的个人信息保护内容就有违宪之虞。但显然,这不符合实际。如果我们难以在"名"上找到个人信息保护的对应宪法文本规范表述,那么就必须从"实"上去寻找突破口。《民法典》中个人信息保护之规定,个人信息保护规定处于人格权编,但是根据《民法典》第990条,人格权的权利束中并不包含"个人信息权",因而就当前《民法典》文本来看,个人信息保护所指向的是一种基于人身自由、人格尊严的其他人格权益。如前所述,宪法与民法之间存在一定的内容关联已经获得证明,进一步就是需要在宪法中找寻个人信息保护的宪法规范基础。

(一)"人格尊严"作为初显的文本规范基础

依据前述,个人信息的整体是信息领域的公民个人信息人格。而我国宪法文本规范中明显与之关联的,是我国《宪法》第38条规定的"人格尊严"条款。依据文义,该条似乎只是规定了一项消极权利,但如果采纳"基本权利双重性质理论"[1],那么该条之规定既要求人格尊严不受侵犯,又要求一种积极措施保障人格尊严。同时值得注意的是,该条虽明确权利主体,却并未明确义务主体,这就为社会组织或个人成为相关权利的义务主体提供解释可能。随着

---

[1] 张翔:《基本权利的双重性质》,《法学研究》2005年第3期,第21—36页。

政治民主化程度的提升,国家不再与市民社会呈现出隔绝的态势,而日益融入社会当中,并且从社会当中获得了正当性,因而出现了"国家的社会化"与"社会的国家化"的融合趋势。① 社会权力的兴起及其与国家公权力之间的界限日渐模糊,使得公权力已不再是基本权利风险的唯一来源,凡社会系统中具有扩张倾向的体制性力量均需为基本权利水平效力所涵盖。② 如果引入"基本权利第三人效力说"③,社会组织或个人则有可能成为义务主体,尤其是对于某些社会组织或机构来说,其可能利用其资源等优势形成的支配性的社会权力。此时,个人信息立法是国家实施宪法,实现基本权利的第三人效力或水平辐射效力,履行国家积极保障义务之表现。不过仍需注意,需要严格谨慎适用此种理论,防止基本权利泛化而使得基本权利庸俗化,防止个人信息立法之功能价值被掏空或虚置。

《个人信息保护法》初显的规范基础是宪法"人格尊严"规定。有学者认为,如果认同我国宪法也将"人的尊严"作为一项核心价值的话,那么"人格尊严"条款就存在两种解释:其一是作为具体基本权利意义上的宪法人格权,其二是作为宪法原则意义或价值意义上的人格尊严原则或价值。④ 但第二种解释并不能够很好地符合我国《宪法》总分结构的文本安排,商榷观点认为,德国基本法"人的尊严"条款规定在第1条,中国《宪法》"人格尊严"条款规定在第38条,首先,在结构框架上二者在各自宪法中的地位就不能对等;其次,中国《宪法》"人格尊严"规定是对公民人格的保护,虽然具有解释为类似德国基本法"人的尊严"内涵与功能的潜力,但目前只能理解为我国宪法上一项重要的基本权利。⑤ 诚然,商榷观点本身是有道理的,我们不能因为二者"名"近而认为其"实"也如此。因此,我国《宪法》"人格尊严"之规定目前恐怕只能被理解为一项宪法基本权利。不过,它至少能够作为一种提示:人格尊严作为具体

---

① 参见李忠夏:《基本权利的社会功能》,《法学家》2014年第5期,第20页。
② 参见王明敏:《基本权利的社会宪法保护》,载齐延平主编:《人权研究》(第23卷),社会科学文献出版社2020年版,第148页。
③ 许瑞超:《基本权利第三人效力的范畴与本质》,《交大法学》2021年第1期,第46—59页。
④ 参见林来梵:《人的尊严与人格尊严——兼论中国宪法第38条的解释方案》,《浙江社会科学》2008年第3期,第49—53页。
⑤ 参见谢立斌:《中德比较宪法视野下的人格尊严——兼与林来梵教授商榷》,《政法论坛》2010年第4期,第66—67页。

的基本权利背后存在相应的价值支撑,但此并不能仅仅依靠分析我国《宪法》"人格尊严"之规定析出,还需要在我国《宪法》文本之中,找寻适合承担作为价值管道的宪法条款。

(二)"人权条款"与尊严作为解释框架

如果我们将宪法的开放性纳入考虑之中,那么我们就理由将目光停留在宪法我国《宪法》第33条第3款"国家尊重和保障人权"之上。前文提及,从"人格尊严"条款中直接析出价值基础并不妥当,按照我国《宪法》文本结构,第33条总领基本权利章,因而第33条第3款"人权条款"似更能承担析出此种价值的任务。从一般意义来看,人权是人之为人应当具有的自由或资格,其本质在于尊重人作为人的尊严,使人能够有尊严地活着。① 因而,"人权条款"的根本功能在于维护人的尊严,同时规定了国家"尊重"的消极义务和"保障"的积极义务。② 因此,"人权条款"毫无疑问是一种新的价值,为整个基本权利章的解释提供了新的评价关联和解释路径。③ 因而,"人权条款"的引入能从作为基本权利的"人格尊严"中析出个人信息保护在宪法文本规范中对应的价值构成。

"人格尊严"中的价值在于对"尊严"的诠释,将人格与尊严组合一体或是意在提高人格权的保护力度。④ "尊严"是一个已经成为现在讨论人权和宪法基本权利的重要的基础性概念,无论是从国际还是国家层面来看,尊严已经成为人类价值共识基础。⑤ 但尊严概念本身与各国宪法文本和实践一样是极为复杂的,有学者认为尊严必然与人的某种属性有关,尊严概念的基础在于认识和认定人对自我反思、选择与评价的理性能力。这必然在逻辑上预设了人不受干涉地反思和选择自己善的生活的能力,其核心在于"不受支配"或自治。基于此种基础推论,尊严还包含着"免于歧视""免于冒犯"和提出自我完善请

---

① 参见韩大元:《宪法文本中"人权条款"的规范分析》,《法学家》2004年第4期,第9页。
② 参见张翔:《基本权利的规范建构》(增订版),法律出版社2017年版,第103—104页。
③ 同上书,第101页。
④ 参见王锴:《论宪法上的一般人格权及其对民法的影响》,《中国法学》2017年第3期,第102页。
⑤ 例如《联邦德国基本法》(1949年)规定:"人的尊严不可侵犯。尊重和保护人的尊严是一切国家权利的义务。"《世界人权宣言》(1948年)规定:"承认人类每一位成员内在的尊严和平等、不可剥夺的权利,是世界自由、正义与和平的基础。"

求的资格。这些落实到各国宪法文本中,"不受支配"或自治对应着"自我选择""自我决定与表现""隐私权""要求承认"等内容类型;"不受歧视"对应着平等之内容类型;"免于伤害"对应着"免于肉体伤害或非人道对待"及"免于精神伤害"之内容类型;善的价值对应着人们追求和意图实现的基础价值,包括"社会福利与保障""参与社会文化传承""参与公共(政治)生活"等内容类型。[1]

从尊严在现代宪法上的内容类型可以看出,实际上如果我们把目光聚焦在尊严之上,那么几乎所有的基本权利都从不同程度上是尊严的因素;同时,如果将目光聚焦在平等或自由之上,那么也能发现其中含有尊严因素。显然,并不能认为尊严是基本权利的唯一基础,从而所有的权利都可以被还原为尊严。如果可以接受德沃金"价值之网"的观念:在观照其他价值下理解每一种价值,以立体网络的形式组织每种价值,以整体的、解释性的方式理解每种价值。[2] 那么,尊严需要其他价值基础的支撑,其本身也和其他价值一起构成新的价值,不同价值之间关系可描述为"你中有我,我中有你"。[3] 此时,尊严就成为一种解释框架,而其具体解释必须结合一定场景和对象进行。

(三)个人信息保护宪法基础的价值构成

本文解释的场景与对象是个人信息立法和个人信息保护法。当我们把尊严价值与此场景和对象进行关联考察,其目标仍然是考察作为个人信息保护法宪法规范基础的"人格尊严"所包含的价值基础。结合前文关于尊严内涵及内容类型的论述,结合个人信息立法和个人信息保护法可析出三种价值基础:安全价值、自由价值和平等价值。

首先,从实在法层面来看,我国在立法实践中逐渐总结出了一种安全价值。有学者梳理中国个人信息立法进程认为,该进程被分为两个阶段,而第二阶段立足于"加强网络社会管理"的网络个人信息立法的制定,此阶段转入正

---

[1] 参见王旭:《宪法上的尊严理论及其体系化》,《法学研究》2016年第1期,第37—41页。
[2] 参见〔美〕罗纳德·德沃金:《身披法袍的正义》,周林刚、翟志勇译,北京大学出版社2014年版,第184页。
[3] 参见王旭,前引文。

式立法后,则带有强烈的安全思维色彩。① 安全价值已经在中央国家安全委员会第一次会议上被专门地系统地提出,②信息安全作为总体国家安全的重要组成部分,其价值已然达成相当程度的共识,并且已经在《网络安全法》《国家安全法》等规范性文件的名称和内容中鲜明体现。虽然宪法文本规范中并未明确以某种安全为名的基本权利,但却在《宪法》序言第 6 段、第 28 条、第 40 条、第 54 条明示了国家安全价值内容。对于个人信息保护而言,安全价值对应着免于伤害的一般内容。在面对亟待保护和认知不足的矛盾下,安全价值取向和安全思维立法无疑是对个人信息保护现状的合理应对。

其次,自由价值。如果否认个人信息保护的自由价值,否认个人可以主张自己个人信息自由,那么实际上就是对人的自由的否定。个人之所以能够主张自由,是因为它拥有此种自由并且这种自由存在受到外来限制的风险。③ 在个人信息领域,自由的更为具体的含义就成了公民个人自己决定自己的信息,这已经在个人信息保护领域中得到明确伸张,包括美国偏于消极防御的信息隐私权国家立法模式和德国偏于积极的信息自决权国家立法模式。不论是排除干涉的自由还是积极行使的自由,都是个人信息保护的自由价值基础的内容,只不过因为立法面对的具体场景而有所不同。从我国宪法本文规范中的自由来看,基本偏于消极防御的价值,例如我国《宪法》文本规范中的政治自由、宗教信仰自由、通信自由、文化活动自由、婚姻自由等均体现了这种面向。当然,如果采纳"基本权利双重性质理论"④,也可以揭示出自由的积极面向,与前述不受支配或自治相呼应。晚近个人信息立法中突出强调的"知情—同意"框架就是自由价值的典型表现,因而,我国个人信息保护在宪法文本规范中析出的第二项价值基础即为自由价值。

最后,平等价值。平等一词已经被长期地在各种情形下进行讨论,但从一般意义上,平等意味着同等情况同等对待且不同情况允许合理差别。现实中

---

① 参见孙平:《"信息人"时代:网络安全下的个人信息权宪法保护》,第 139 页。
② 参见《习近平主持召开中央国家安全委员会第一次会议强调 坚持总体国家安全观 走中国特色国家安全道路》,《人民日报》2014 年 4 月 16 日,第 1 版。
③ 参见〔英〕以赛亚·柏林:《自由论》(修订版),胡传胜译,译林出版社 2011 年版,第 170—171 页。
④ 张翔:《基本权利的双重性质》。

的人具有先天性的差别,但任何人都具有人格的尊严,因此在信息人格的形成和发展上都应当享有平等的权利。① 平等价值在我国《宪法》上体现为第 33 条第 2 款我国"公民在法律面前一律平等"的原则规定,包括民族平等、选举权平等、男女性别平等、宗教信仰非歧视等在内的平等权具体规定。虽然学界通说认为,作为原则规定的部分既规定了对于国家的平等原则,也规定了对于公民的平等权。② 但对于个人信息保护而言,"人格尊严"和人权关联的平等价值无疑是前者。在基本权利层面,信息平等要求国家平等对待所有公民的信息人格;在个人信息立法层面,不仅在内容上而且在适用上均需保证个人信息处理的平等。由于个人信息保护涉及整体,因而信息平等不仅包括"国家—公民"个人信息保护关系的价值取向,而且通过基本权利的辐射效力和法律体系的互相联系而影响"社会组织—公民""公民—公民"的个人信息关系的价值取向。作为个人信息保护的重要理论基础,公平信息实践及其发展要求为信息主体构建权利而为信息处理者设置义务,此种平等无疑是个人信息保护中蕴含的重要的价值基础和理念支撑。③ 此间平等价值是基于不同主体控制和处理信息的信息能力不同的现实提出来的,④目的在于从法的角度补足个人因信息能力差异而处于的劣势,使其能够凭借规范与信息能力优势者进行平等交互,进而保证个人信息处理者处理个人信息的过程和结果的非歧视。

(四)个人信息保护法宪法基础价值构成的动态关系

依照"价值之网"观念,安全、自由、平等等诸价值构成一个相互依靠的价值整体,并且其价值结构与主导价值会因个人信息保护的现实场景变化而发生动态变化。

从一般认知角度,在面对陌生且具有侵害风险的事物之初,人们倾向规避风险。在法律领域,则表现为构建防御属性机制来应对由此带来的危险。对

---

① 参见林来梵:《宪法学讲义》(第 3 版),清华大学出版社 2018 年版,第 377 页。
② 参见林来梵:《从宪法规范到规范宪法:规范宪法学的一种前言》,商务印书馆 2017 年版,第 120 页。
③ 参见丁晓东:《个人信息保护:原理与实践》,第 32—44 页。
④ 参见丁晓东:《个人信息权利的反思与重塑——论个人信息保护的适用前提与法益基础》,《中外法学》2020 年第 2 期,第 341 页。

于安全价值主导地位的强调也明显地反映在过去个人信息保护法律实践之中。如前文所述,个人信息保护的安全价值主要是从个人信息立法进程中总结出来的,相应期间的司法审判也暗含着个人信息保护中的安全思维主导的表现。① 从法律实践角度来说,在面对类似个人信息保护等新议题之初,保持一定程度谨慎和保守是妥当的,因而此时国家法律实践的安全价值和安全思维是值得肯定的。

然而,随着个人信息保护实践的不断变迁及其经验的不断积累,人们发现将个人信息拘束在自己的控制之下而不让其他主体去进一步处理已不再可能。安全价值和安全思维所主张的消极防御已然不足以解决信息实践提出的个人信息利用与流通问题,个人信息保护的价值基础构成也因应实践变迁。正如理论上早有的不同意见所指出的,个人信息不是隐私,相较于隐私权,个人信息权益更加强调积极行使的方面。② 这点恰恰符合当今世界上美国与欧洲两种个人信息保护主要模式的演变历程。③ 就目前来说,我国个人信息立法正转向"知情—同意"模式。④ "知情—同意"指向的是积极的自由价值,它要求个人信息的处理应当使信息主体充分知情并基于此作出自愿、明确的同意。

而"知情—同意"原则和模式已经受到了一定程度的批驳。批评者认为:首先,很多时候面对处理者提供的烦冗的格式合同,作为信息主体的公民个人多半都不会认真地阅读;其次,即使公民个人认真阅读了,也未必能够理解合同条款的意思;最后,即使公民个人理解了条款文义,其也未必能够作出正确的选择。⑤ 信息能力差异越大,自由价值基础能够发挥的作用就越有限,甚至可能会有利于处理者利用合同来规避法律制约,"知情—同意"的自由可能就会成为信息能力强者对弱者的剥削机制。并且,实际上这还未讨论具有更强

---

① 刑事案件例如 2017 年 5 月 16 日"最高检发布六起侵犯公民个人信息犯罪典型案例";民事案件参见"罗某诉某保险公司隐私权纠纷案",湖南省郴州市北湖区(2014)郴北民二初字第 947 号民事判决书,本判决法院观点参见陈建华:《罗某诉某保险公司隐私权纠纷案——侵害公民个人信息的赔偿责任》,《人民司法·案例》2016 年第 29 期,第 67 页。
② 参见王利明:《论个人信息权的法律保护——以个人信息权与隐私权的界分为中心》。
③ 参见孙平:《"信息人"时代:网络安全下的个人信息权宪法保护》,第 65—82 页。
④ 如《民法典》第四编第六章之"个人信息保护"部分,《网络安全法》第 22 条、第 41—42 条等,《个人信息保护法》第二章"个人信息处理规则"之内容。
⑤ See Jack M. Balkin, "The Fiduciary Model of Privacy," *Harvard Law Review*, Vol. 134, 2020, pp. 16 – 17.

信息能力的国家公权力与公民个人之间的个人信息关系问题。而从长期目标来看，个人信息保护希望达致一种可接受的平衡——个人信息权益与信息社会整体发展利益、控制与流通的平衡，这已经成为我国个人信息保护的共识。无论是理论界"从个人控制转向社会控制"[1]、"两头加强，三方平衡"[2]等观点主张，还是法律实践中的具体条文和立法说明，皆指向于此。[3] 因而有观点主张，从公平信息实践出发，在信息主体和处理者之间以一种类似于信托关系的信息信托、代表制等公私法混合的思路构建个人信息保护制度，可能更有利于实现上述目的。[4] 未来这一目的的实现有赖于公平信息实践中析出的平等价值的主导。平等价值主导下的个人信息保护并非对信息能力不平等的现实视而不见，而是在承认这种现实的基础上，赋予信息能力较弱的信息主体能有与处理者进行平等交互的资格和保障，并且在处理者侵犯信息主体个人信息权益的时候提供相应的救济措施。值得注意的是，晚近的司法裁判中已经开始出现了实现个人信息保护中平等价值的努力。例如，"微信读书案"[5]判决中，法院侧重论述了作为原告的用户与作为被告的平台之间极端不平等的信息能力，进而在具体场景中"综合考虑双方的主张、抗辩、举证能力"作出了裁判，在一定程度矫正了由于信息能力不平等导致的作为原告的用户在个人信息法律关系及相应诉讼中的实质劣势地位。

四　结语

本文从"根据宪法，制定本法"的规范内涵切入论证个人信息保护的宪法

---

[1] 高富平：《个人信息保护：从个人控制到社会控制》，《法学研究》2018年第3期，第84—101页。

[2] 张新宝：《从隐私到个人信息：利益再衡量的理论与制度安排》，《中国法学》2015年第3期，第59页。

[3] 参见《个人信息保护法（草案）》第1条；刘俊臣：《关于〈个人信息保护法（草案）〉的说明》，第十三届全国人大常委会第二十二次会议，2020年10月13日。

[4] 参见丁晓东：《个人信息权利的反思与重塑：论个人信息保护的适用前提与法益基础》，《中外法学》2020年第2期，第339—356页。

[5] 参见"黄某诉腾讯科技（深圳）有限公司等隐私权、个人信息权益网络侵权责任纠纷案"，北京互联网（2019）京0491民初16142号民事判决书。

规范基础,其重点在于宪法与个人信息保护法之内容关联。根据个人信息、个人信息立法及个人信息保护法的理论探讨与法律实践线索,可以得出个人信息保护根本在于人格权益保护,因而,我国宪法文本中"人格尊严"条款作为个人信息保护初显的宪法规范基础。根据"人格尊严"并结合人权条款规定的具体分析,可知我国个人信息保护的宪法基础主要的价值基础构成及其动态关系。因此,从我国宪法文本规范来看,个人信息保护的宪法规范基础在于第38条"人格尊严"条款,安全、自由、平等等价值及其结构动态变迁共同构建了个人信息保护的价值基础。由此,宪法与个人信息保护法在效力关联与内容关联上均已成立,在《个人信息保护法》中写入"根据宪法,制定本法"应是妥当的。

个人信息隐私权的刑法保护路径探究
——以生物识别信息为切入点[*]

王倩云　宫　月[**]

摘　要：随着信息技术的发展，公民个人私密信息的私人属性减弱而公共属性增强，致使侵犯公民个人信息类犯罪屡禁不止。在此背景下，信息主体对于个人信息的掌控需求提升，隐私权增加了以积极的自我信息控制为特征的个人信息隐私权的内容。就相关行为的刑法规制而言，前置法律不明、部分行为未被纳入规制范围以及隐私权的刑法地位不清等问题，都对泄露、以非法手段取得及非法使用个人信息行为的定性造成了一定困难。对此，通过完善前置法、明确隐私权刑法地位、细化现有罪名对实现刑法整体结构的均衡目标、为大数据时代保护个人信息隐私权提供强有力的刑法保障具有重要意义。

关键词：隐私权；生物识别信息；刑法保护

随着社会的发展与科技的进步，利用技术进行信息处理已成为时代的选择，信息的收集和使用方式也在发生着剧烈变革。在过去，由于技术不发达，收集和处理信息的方式较为单一，侵犯个人信息的社会危害性相对较低，故对隐私权的保护相对有限，隐私权呈现出一种消极、防御且静态的权利状态。[①] 到了信息时代，随着信息的作用与价值愈来愈突出以及信息的收集和使用门槛降低，其被侵犯的风险也愈来愈高，用户隐私受到侵犯的案件数量日益增加。公民的法律意识与权利保护意识有所上升，现行法律法规已经难以满

---

[*] 本文系山东省社科规划项目"网络空间治理刑事政策问题研究"（19DFXJ05）的成果。
[**] 王倩云，法学博士，中国海洋大学法学院讲师、硕士生导师；宫月，中国海洋大学法学院硕士研究生。
[①] 参见陈冉：《论大数据背景下隐私权的刑法保护》，《中国刑事法杂志》2017年第3期，第66—87页。

足私密信息的保护需要，法律对于隐私权的保护方式也应当予以调整。

在各类私密信息中，能够体现自然人生理和行为特征的生物识别信息与个人联系最为紧密，具有较强的人格属性。因此，生物识别信息成为常被采集的信息之一，且在信息的收集与使用过程中极易被泄露或被他人非法使用，一旦出现类似情形，就可能导致严重的人身、财产安全损害。然而，当前刑法未对隐私权进行直接保护，对于侵犯以生物识别信息为代表的私密信息的行为，一般通过侵犯公民个人信息罪或基于侵犯法益相关的其他罪名进行规制，本文将以生物识别信息为切入点，探讨个人信息隐私权的刑法保护路径。

一　个人信息隐私权之私密信息特性

隐私权与个人信息权都属于人格权的范畴，在保护客体上存在交叉，即私密信息既属于隐私权保护的范围，又属于个人信息权保护的范围。《民法典》将个人信息区分为私密信息与非私密信息，但未对私密信息提出明确清晰的界定，最高人民法院对此作出进一步解释："任何私人不愿意公开的信息都可以构成私人的秘密信息，只要这种隐匿不违反法律和社会公共道德。"[1]本文将私密信息界定为可以直接或间接识别到自然人，且信息主体不愿被他人获悉或披露的信息，具有自我信息控制性、可识别性与价值性。

（一）隐私权与个人信息权保护之辨析

隐私权与个人信息权是交叉而非相互取代的关系，不应将二者割裂保护。[2] 虽然在《民法典》中，个人信息保护的条款单列于隐私权条款之外，但二者不仅在条文顺序上紧密相连，保护的法益也有所交叉，私密信息就是二者共

---

[1] 最高人民法院民法典贯彻实施工作领导小组主编：《中华人民共和国民法典人格权编理解与适用》，人民法院出版社2020年版，第340—386页。
[2] 参见程啸：《论我国民法典中个人信息权益的性质》，《政治与法律》2020年第8期，第2—14页。

同保护的部分。① 根据《民法典》第 1034 条第 3 款的规定,"个人信息中的私密信息,适用有关隐私权的规定",可知私密信息是具有隐私权属性的个人信息。若将私密信息排除于个人信息保护之外,会导致私密信息的刑法保护缺漏,从而使以侵犯公民个人信息罪直接保护和其他罪名间接保护相结合的模式转为只能以其他罪名间接保护的模式。这一转变可能导致以下问题:首先,罪名散布于各个章节,实务中可能出现援引不明的问题;其次,可能出现大量侵犯私密信息的行为逃脱法律制裁的情形。因此,对于私密信息的保护,不应将其排除于个人信息保护之外。

(二) 私密信息之属性特征

第一,私密信息具有自我信息控制性。保护隐私权的核心在于确定社会交往的基本界限,以及人们彼此尊重各自的基本界限。私密信息的自我控制性体现在信息主体是否有被他人知晓信息的意愿,即信息主体是否明知或授权他人获取或使用其隐私信息,不仅如此,信息被收集后的具体使用场景也不应超出信息主体的合理预期或授权范围。对于私密信息的"合理期待"应满足两个条件:其一,信息主体不愿被他人知晓信息的预期;其二,此种预期应当具有"正当性",即符合社会一般观念。以"陈某诉绵阳市广播电视台案"为例,2018 年,陈某接受记者的采访并询问是否会公开采访内容,得到记者不会公开的回答。但三日后,该采访仍以贴文的形式被公开到网络平台,并附有当事人未经处理的人脸信息,导致陈某遭受网暴。本案中,陈某同意接受采访,但也表达了其不愿对外公开采访内容和肖像的意愿,可视为信息主体期望该私密信息不为他人所知,且因为得到不会公开采访的回答,该预期具有"正当性",最终法院判决被告侵犯陈某的隐私权。②

第二,私密信息具有可识别性。私密信息一般以具有可识别性为判断的标准,可识别性是指可以直接或间接定位锁定到某自然人的特性,是个人权益

---

① 参见于冲:《侵犯公民个人信息罪中"公民个人信息"的法益属性与入罪边界》,《政治与法律》2018 年第 4 期,第 15—25 页。
② 参见四川省绵阳市中级人民法院 (2018) 川 07 民终 2957 号民事判决书。

被侵犯的风险来源,也是刑法保护的第一要义。[1] 可识别性可以按照信息的敏感程度区分为生物直接识别性、直接识别性与一般可识别性。

生物识别信息的敏感层级最高,具有生物直接识别性。换言之,生物识别信息是具有生物特征的、无须结合其他信息就能直接识别自然人身份的信息。相较于其他信息,生物识别信息与人身的联系更紧密,且因为是天然便具有的特征,故衍生出难以变更性,例如面部和音轨信息。身份证号等信息敏感程度一般低于生物识别信息,具有直接识别性,即无须与其他信息相结合便可直接识别到某个自然人。普通的个人信息敏感程度最低,比如行踪轨迹等信息,需要与其他信息相结合才能识别到具体的自然人身份。

第三,私密信息具有价值性。私密信息作为大数据时代的重要信息资源,有极大的变现潜力,具有较高的商业价值,是各方争相获取的重要资源。[2] 私密信息本质上就是一种财产法益,或者说它依附于财产法益,可以被财产化、货币化,更有不能被完全财产化的巨大社会价值。

(三)私密信息刑法保护必要性

首先,规范层面保护之必要。从法律规范的位阶来看,目前关于个人私密信息的法律条文较为分散,有私法的调整也有公法的规制。其中,《民法典》第1033条规定对私密信息的保护,适用隐私权保护的规定。在《个人信息保护法》中,将信息分为一般个人信息与敏感个人信息,并未提到私密信息,这就使得在发生侵犯个人私密信息案件的法律适用中,难以从法律层面寻求到更为恰当的支撑,为司法适用带来了一定的阻碍。

其次,实践层面保护之必要。以私密信息中的生物识别信息为例,随着人脸识别技术在我国社会的进一步推广,涉及侵犯人脸信息的案件屡见不鲜。生物识别技术目前应用的领域较为广泛,所涉及的产业利益纠纷问题也较为复杂:从个人层面看,对个人信息、财产安全造成保护风险问题;从国家和社会

---

[1] 参见高楚南:《刑法视野下公民个人信息法益重析及范围扩充》,《中国刑事法杂志》2019年第2期,第87—96页。
[2] 参见曹诗权:《2017年新型网络犯罪研究报告》,中国人民公安大学出版社2018年版,第83页。

层面看,更带来潜在的信息治理挑战。①

个人私密信息具有特殊性,单纯依靠民事、行政手段或对个人信息的统一保护已经不足以规制针对私密信息的侵权行为。因此,应提高对个人私密信息的刑法保护力度,适用刑法手段保护公民个人生物识别信息。

二 个人信息随附之隐私权侵犯行为刑法认定

根据目前关于侵犯个人信息隐私权的刑法适用现状,笔者提取出侵犯个人私密信息的行为模式,即行为人泄露私密信息、行为人非法取得私密信息与行为人非法利用私密信息的行为,在下文展开对其刑法认定的探讨。

(一)泄露个人私密信息行为之刑法认定

信息控制者泄露个人私密信息的行为,主要指未经信息主体许可或授权,因信息控制者的故意或过失,导致信息主体的个人信息被信息控制者以外的人获取的行为。既包括故意泄露给他人的情形,即信息控制者故意向他人出售、提供信息,也包括信息控制者过失泄露信息的情形,即信息控制者主观上并无泄露故意,因技术水平不达标或疏忽大意引发私密信息泄露。以下笔者将就司法实践中的这两种泄露个人私密信息的案件类型进行具体分析。

第一,信息控制者故意泄露个人私密信息的行为。故意泄露个人私密信息的行为属于侵犯公民个人信息罪的规制对象,对此学术界和实务界并不存在争议。以真实案件为例,陈某通过网络途径承接破解人脸识别验证的业务,接单后从信息控制者郑某处购买与解封账号相关联匹配的身份证照片。其中,郑某出售身份证照片供他人破解人脸识别程序的行为,就属于故意泄露私密信息行为中的出售行为,最终以侵犯公民个人信息罪定罪处罚。②

第二,信息控制者过失泄露个人私密信息的行为。由于我国刑法对于

---

① 参见刘宪权、方晋晔:《个人信息权刑法保护的立法及完善》,《华东政法大学学报》2009年第3期,第120—130页。
② 参见广东省广州市从化区人民法院(2021)粤0117刑初51号刑事判决书。

合法获取私密信息后又过失泄露的行为并未作出规定,过失泄露个人私密信息的行为在定性上存在一定争议。在此类行为中,信息控制者虽不存在泄露私密信息的故意,但是作为信息控制和管理的一方,其理应承担信息管理义务。

首先,信息控制者作为保管和利用私密信息的主体,负有保障信息安全的义务。网络空间的信息安全问题之所以重要,是因为在网络空间领域,一旦信息脱离控制,即使采取中断连接、强制审查和删除的方式,也难以阻止信息在网络空间中的迅速传播。在具体实践中,因为对过失泄露行为尚未有明确规定,缺乏有效的惩戒措施,在泄露事件发生后很难实现对信息控制者的刑事追责。

其次,信息控制者在管理个人信息时,为了节约储存成本,一般会将大量信息聚合在一起进行储存和使用,该做法存在极大的数据泄露风险。这一现实就使得对信息管理者进行资质和管理技术的审查成为必要:如果信息控制者的技术水平未达到行业标准或法规范设立的标准,无法避免可预见的网络攻击,那么该主体就不应从事信息收集、控制相关的业务。

(二) 非法取得个人私密信息行为之刑法认定

非法取得个人私密信息的行为已被纳入刑法的规制范畴中,从信息主体的角度,可将其分为信息主体不知情和信息主体知情这两种情形。以下笔者将就这两种非法取得个人私密信息的类型进行具体分析。

第一,信息主体知情状况下的非法取得行为。信息主体知情并不代表信息控制者被赋予任意取得或使用他人私密信息的权利,原因在于,信息主体即便表示知情,这种知情在司法实践中也包括被胁迫、被骗取的这种违背真实意思表示的知情方式。同时,信息主体知情的非法收集行为,往往还与其他侵犯公民人身和财产权利的犯罪有直接关系,如诈骗、抢劫等行为,二者为牵连犯,非法收集行为是传统犯罪的新型手段或预备行为。

第二,信息主体不知情状况下的非法取得行为。人脸、声音等私密信息因其本身具有社交属性,可以通过隔空捕捉或网上抓取的方式直接取得,主体的同意乃至授权并非取得信息的必经流程,因此有些软件会在信息主体不知情的情况下收集面部、声音信息。在公共场合,信息主体通常不会采取措施隐藏自己的生物特征,而监控的大规模化使得公众活动处在全面曝光状态,①这就给未告知信息主体而私自获取生物识别信息带来了极大便利,此时应当认为信息主体对其私密信息享有合理的隐私期待权。② 商家是不知情获取信息的主要行为人,比如科勒店铺曾经通过监控视频大量抓取顾客人脸信息、行为并形成特定ID,当该顾客再次登门选购的时候将基于数据算法提示门店提供相应报价。③ 这一行为固然是源于商家的盈利性质,情有可原,且部分未经告知而获取信息的行为实乃为保障顾客人身和财产安全而实施,但其非法取得行为却侵犯了信息主体的隐私和财产权益,故而应对相应行为加以规制,或由法律对必须要获取个人私密信息的情形加以明示,以避免对个人私密信息的非必要收集和利用。

(三) 非法使用个人私密信息行为之刑法认定

利用技术手段实施的非法使用行为久禁不止,非法使用行为不仅可能导致网络暴力、寻衅滋事,更会在现实中侵犯到人们的人身和财产法益,严重时将影响社会管理秩序。然而,侵犯公民个人信息罪对非法使用个人私密信息的行为却有意无意的进行了区分,并将其排除在罪名的规制范围之外,在实践中通过传统罪名加以惩处。

第一,基于合法目的取得私密信息后的非法使用行为。从行为目的上看,其收集利用信息的行为是合法的,包括经信息主体同意或授权后收集以及出于公共利益收集。比如经信息主体同意后应用于打卡的人脸信息、疫情防控期间采集的位置信息等。侵害方以各种合法方式取得信息,并利用个人对信

---

① 参见刘艳红:《公共空间运用大规模监控的法理逻辑及限度——基于个人信息有序共享之视角》,《法学论坛》2020年第2期,第5—16页。
② 参见蒋洁:《人脸识别技术应用的侵权风险与控制策略》,《图书与情报》2019年第5期,第58页。
③ 参见刘珊、刘亮:《3·15晚会曝光丨科勒卫浴、宝马、MaxMara商店安装人脸识别摄像头,海量人脸信息已被搜集!》,https://news.cctv.com/2021/03/15/ARTIieo9QjynMSXTVDb224QE210315.shtml? spm=C94212.Ps9fhYPyOdBU.S51378.9,2022年2月17日访问。

息不易控制且难以发现滥用的特性,不当利用其合法控制的个人私密信息。① 当这类合法收集的信息在使用时超出信息主体授权范围或公共服务目的时,不仅会严重扰乱全体公民的正常生活或者社会秩序,甚至可能直接引发公共利益相关的其他问题,比如人肉搜索乃至网络暴力等。澳大利亚的警方曾擅自将信息主体授权用于办理驾照的私密信息用作执法及情报的目的,引发民众不满。② 但由于刑法缺乏对非法使用行为进行明确规定,且当非法使用行为尚未触犯他罪时,该非法使用行为将无法受到制裁。

第二,借助技术手段非法使用私密信息的行为。由于技术发展和普及,软件使用门槛降低,借助深度伪造技术手段非法使用私密信息的行为呈激增趋势。③ 这种技术通过采集人的图像、声音并进行技术加工,然后将其放入视频、音频当中进行技术处理,从而产生换脸或仿冒声音的效果。④

首先,利用技术手段实施的犯罪可能触犯其他罪名。如利用网上收集到的图像和音轨与淫秽视频主角进行替换或者进行其他恶意换脸行为,侵犯他人的人格尊严和名誉权。受害者轻则可能提起民事赔偿,重则可能涉嫌侮辱罪、诽谤罪。例如,2021 年 9 月,网络上一张换脸为刘昊然的淫秽截图被大量传播,刘昊然工作室就此发布辟谣说明并报案。⑤

其次,当利用技术制作出的视频、图像被用于人脸支付时,行为人可以直接实施贷款、转账等行为,甚至可能骗取他人转账或骗取贷款,涉嫌相关财产类犯罪。⑥ 此前,德国能源公司的英国子公司执行官,因受到欺骗,在未识别出其母公司 CEO 的声音系被仿冒的情形下,向犯罪人转账 24 万美元并最终没有追回。⑦

---

① 参见李川:《个人信息犯罪的规制困境与对策完善——从大数据环境下滥用信息问题切入》,《中国刑事法杂志》2019 年第 5 期,第 34—47 页。
② See Marcus Smith, Seumas Miller, "The Ethical Application of Biometric Facial Recognition Technology, "AI & SOCIETY, Vol. 37, 2022, pp. 167 - 175.
③ 例如 ZAO 软件。
④ See Matthew B. Kugler, Carly Pace, "Deepfake Privacy: Attitudes and Regulation, "Northwestern University Law Review, Vol. 116, 2021, pp. 620 - 621.
⑤ 参见《刘昊然被 AI 换脸造黄谣:已报警》,https://baijiahao.baidu.com/s? id = 17095006208-67757729&wfr = spider&for = pc,2022 年 3 月 26 日访问。
⑥ 参见周光权:《涉人脸识别犯罪的关键问题》,《比较法研究》2021 年第 6 期,第 13—29 页。
⑦ 参见张佳:《AI 诈骗电话克隆声音,这个 CEO 被骗 173 万》,https://www.sohu.com/a/339013038_464065,2021 年 11 月 16 日访问。

最后,深度伪造带来的个人隐私侵犯问题,可能会引发一系列信任失序问题,涉嫌诽谤、侵犯商品信誉、非法经营等罪名。当利用深度伪造技术制作的"谣言"视频在互联网被广泛传播时,因为难以鉴别真伪,可能造成网络空间的信任危机,使社会陷入失序状态。

三 我国个人私密信息的刑法保护现状及反思

从刑事立法的角度来看,与个人私密信息保护相关的条文主要集中于《刑法》和《最高人民法院、最高人民检察院关于办理侵犯公民个人信息刑事案件适用法律若干问题的解释》(以下简称《侵犯个人信息解释》)当中。其中《刑法》第253条之一对于"公民个人信息"并未作出明确规定,《侵犯个人信息解释》第1条虽对"公民个人信息"进行了概念上的界定,但并未涉及隐私权的相关内容,也并未按照信息的敏感程度对入罪门槛加以区分,对于生物识别信息应当归于哪一类未作明确规定。[①]

(一) 我国个人私密信息刑法保护现状

就具体罪名而言,我国《刑法》对私密信息的保护目前主要存在以下两种类型:(1)针对直接侵犯个人私密信息的犯罪,通过侵犯公民个人信息罪予以制裁。(2)针对附随侵犯私密信息的其他犯罪,根据受到侵害的具体法益,以涉及的罪名进行制裁。

《刑法修正案(九)》确立侵犯公民个人信息罪。个人私密信息目前被纳入个人信息保护的范畴,[②]尚未确立出专门化的规定,这就意味着在司法实践中出现的侵犯公民个人私密信息的案件,多以侵犯公民个人信息罪定罪。就具体定罪量刑的规定来说,侵犯公民个人信息罪中,规制了非法获取、出售或提供个人信息的行为,《侵犯个人信息解释》第5条的规定可以被认为涉及了个

---

① 参见《最高人民法院、最高人民检察院关于办理侵犯公民个人信息刑事案件适用法律若干问题的解释》第1条:"公民个人信息",……包括姓名、身份证件号码、通信通讯联系方式、住址、账号密码、财产状况、行踪轨迹等。
② 参见高富平、王文祥:《出售或提供公民个人信息入罪的边界——以侵犯公民个人信息罪所保护的法益为视角》,《政治与法律》2017年第2期,第46—55页。

人私密信息。这些都属于对侵犯他人私密信息行为以侵犯公民个人信息罪直接予以规制的内容。

首先,除侵犯公民个人信息罪中规定的出售、提供或非法获取个人信息外,若行为人利用获取的信息进行了其他侵犯人身和财产安全的犯罪,将按照所触犯的罪名加以处理。其次,非法获取计算机信息系统数据罪等计算机类犯罪也可以用于规制非法侵犯私密信息的行为。例如,获取用于支付结算等网络金融结算的身份信息十组以上的,认定为非法获取计算机信息系统数据罪的"情节加重"情形,[1]而能用来进行支付结算的面部识别信息当属此类身份信息。最后,刑法中还有部分罪名也对侵犯隐私的行为作出评价。例如,非法搜查罪、非法侵入他人住宅罪、侵犯通信自由罪、邮政工作人员私自开拆邮件、电报罪等。虽未明确规定,这些罪名所规制的侵犯行为一般都涉及公民的隐私权,只是隐私权并非这些罪名保护的首要法益,而是处于附随地位。

(二) 我国个人私密信息刑法保护之反思

我国目前对私密信息的保护存在前置法范围不明、隐私权的刑法地位不清以及部分行为未被纳入刑法规制范畴等问题。

首先,前置法规范范围不明。其一,当前对私密信息的规定散见于不同部门、不同级别的法规范中,且相互之间存在衔接不良的情况。刑法若要最大限度发挥其预防犯罪的作用,一定程度上依赖于其前置法的规定,而立法形式包含空白罪状的侵犯公民个人信息罪更是如此。具体而言,侵犯公民个人信息罪的构成要件要素之一为"违反国家有关规定",根据《侵犯个人信息解释》第2条规定可知,违反法律、行政法规、部门规章的被认定为"违反国家有关规定"。据此,本罪名现有的前置法包括已出台的《民法典》《个人信息保护法》和一些散落于部门规章中的与私密信息保护相关的法律法规等。然而,虽然《民法典》中明确将私密信息列为隐私权的一部分予以保护,但《个人信息保护法》并没有直接规定私密信息,缺乏与《民法典》中隐私权的衔接,散于部门规章中

---

[1] 参见《最高人民法院、最高人民检察院关于办理危害计算机信息系统安全刑事案件应用法律若干问题的解释》第1条第1款。

的内容也缺乏统一性,未能形成民、行、刑阶梯状立法。① 其二,现有的前置法规范也未对信息控制者的义务和责任范围作出具体指示。对于信息控制者在信息流转过程中应当承担的义务范围、造成损害后果时应承担的责任等,目前的规定相对模糊。信息控制者有责任保障对信息的后续利用行为应当与收集时的目的保持一致并且维护信息安全。固然,《民法典》规定信息控制者处理私密信息时"不得过度处理",②《个人信息保护法》第 51 条亦规定信息控制者在信息流转过程中需要注意对信息分类管理、加密并去标识化等,但目前对于信息控制者的义务范围以及损害后果承担都还未出台较为细致的规定,缺乏可操作性。

其次,隐私权刑法地位不清。我国刑法并未将隐私权明确纳入保护范畴,同时,涉及隐私权的相关罪名分散在刑法典的不同章节,没有将其进行整合,缺乏严密的规范体系。以生物识别信息为例,侵犯公民个人信息罪中未明确提及生物识别信息,在规制非法获取与故意泄露生物识别信息的行为时,《侵犯个人信息解释》第 5 条第 1 款的 3 至 5 项根据不同信息种类设置了不同的入罪门槛,但是并未按照信息的敏感程度加以区分,不能完全反映信息对信息主体的敏感意义,③特别是条文中直接缺失生物识别信息的归属条款。这一缺失直接导致在规制侵犯生物识别信息的行为时,既可适用第 4 项规定,也可适用第 5 项规定,从而影响侵犯行为的入罪门槛。此外,将生物识别信息解释为第 4 项时入罪门槛为五百条,解释为第 5 项时入罪门槛为五千条,均未能体现出生物识别信息的重要程度,显示出入罪门槛不适当的问题。可见,当前侵犯公民个人信息罪的保护范围和保护力度都具有一定的局限性。

最后,个人信息模式下私密信息保护不周延。当前侵犯公民个人私密信息的行为主要通过侵犯公民个人信息罪加以规制。但是本罪中只规定了非法获取与故意泄露的情形,过失泄露与合法取得后非法使用私密信息行为的并未被纳入立法范畴。

---

① 参见赵秉志:《公民个人信息刑法保护问题研究》,《华东政法大学学报》2014 年第 1 期,第 117—127 页。
② 参见《民法典》第 1035 条。
③ 参见叶名怡:《论个人信息权的基本范畴》,《清华法学》2018 年第 5 期,第 143—158 页。

其一,规制过失泄露个人私密信息行为的条款缺失。私密信息一旦泄露,就会对个人的人身、财产安全造成极大隐患。泄露行为可分为故意泄露与过失泄露行为。故意泄露行为已经被明确纳入侵犯公民个人信息罪的规制范围,在此不再赘述。泄露一旦发生就很难挽回损失后果,而过失泄露行为所可能导致的后果与故意泄露行为无二,却并未被纳入本罪的规制范畴。诚然,对于一些大型信息控制平台或公司而言,若其合法收集了私密信息后又过失泄露的,可以依据拒不履行信息网络安全管理义务罪加以处罚。如针对以公司、企业为基础的信息控制者,《网络安全法》等规范规定其在信息过失泄露后要及时上报,违者将面临罚款,[①]但除此之外并未明确列明其他应当由信息控制者承担的责任。近年来大型网站私密信息泄露的事件时有发生,如 ZAO 换脸 App 就曾因用户数据泄露问题被工信部约谈,但约谈的结果也只是被要求自查自纠。[②]

此外,对于个体合法获取了私密信息后又过失泄露的行为,刑法也未予规定。固然拒不履行信息网络安全管理义务罪的主体可以是个人,但对个人施加繁重的信息管理义务却欠缺合理性。信息控制者负有保障个人私密信息安全的义务已不存在争议,行政法规范和民事法规范也已对相关义务进行了规定,但侵犯私密信息案件高发的事实已经证明,仅依靠行政法和民事法规范并不能对类似侵犯行为起到足够的威慑力。故而,刑法需要对过失泄露私密信息的性质和内容加以明确,从而实现对个人私密信息的周延保护。

其二,规制合法获取个人私密信息后又非法使用行为的条款缺失。《刑法》中对个人私密信息的规制多集中在获取手段的非法性上,对于合法获取但事后产生的非法使用问题未有涉及。根据 2020 年发布的《信息安全技术—个人信息安全规范》第 5.6 条的规定,出于公共利益的目的使用所获得的信息,可以天然获得某些正当性而无须信息主体授权,[③]但是对出于其他目的使用信息

---

① 参见《网络安全法》第 59 条至第 73 条。
② 参见中华人民共和国工业和信息化部:《工业和信息化部网络安全管理局就"ZAO" App 网络数据安全问题开展问询约谈》,https://www.miit.gov.cn/jgsj/waj/gzdt/art/2020/art_6767235aaf7842669fa5dcb111d5c1a8.html,2022 年 3 月 23 日访问。
③ 参见《信息安全技术—个人信息安全规范》第 5.6 条:信息控制者收集的个人信息若来源于自行公开、合法新闻报道、政府信息公开等合法披露的信息,则无须取得信息主体的同意。

的行为却未予规定。这就意味着，合法获取信息后又非法使用信息的行为因为没有明令禁止而合法。信息主体公开自己的个人信息后，对于信息的去向和使用场景也是有合理隐私预期的。[①] 信息控制者对于合法取得的个人信息的使用若明显超过信息主体的合理预期范围则理应为其行为承担责任。[②]

此外，从罪名适用的问题上来看，现行刑法体系下，由于无法以侵犯公民个人信息罪打击非法使用公民私密信息的行为，法官便会转而认定为其他犯罪。例如，使用技术制作虚假音视频、传播虚假信息的可以通过传播虚假信息罪处罚。这一做法看似形成了较为严密的制裁体系，但忽视了非法使用私密信息这一行为本身独立的法益侵害性。非法使用行为只有在符合其他犯罪的犯罪构成要件，达到入罪标准时才能被定罪处罚。如果将非法使用私密信息行为的刑法评价依附于他罪，则难以实现对非法使用私密信息行为的有效制约。

四　个人信息隐私权刑法保护的应然选择

大数据时代背景之下，信息的大规模使用成为无法避免的趋势，个体对于私密信息的合法权益也需要在一定程度上让渡给公共利益，在这一背景下，法律应当在各种利益的平衡间寻找最大公约数。当下面临的问题是，刑法怎样才能在坚守刑法谦抑性原则的同时最大限度地保护公民的隐私权益。

针对私密信息的刑法保护可从完善个人信息保护前置法规定、细化侵犯公民个人信息罪、规定过失泄露行为主体应承担的责任内容出发，实现对私密信息从事前预防到事后规制的全方位保护。

（一）完善侵犯私密信息行为的前置法规定

为了更好地保护公民个人私密信息，首先，应当规范私密信息控制者的主体资格，加强对信息管理者管理资质的审查工作，确保企业具有维护信息安全

---

① 参见林凌、贺小石：《人脸识别的法律规制路径》，《法学杂志》2020年第7期，第69页。
② 参见张忆然：《大数据时代"个人信息"的权利变迁与刑法保护的教义学限缩——以"数据财产权"与"信息自决权"的二分为视角》，《政治与法律》2020年第6期，第53—67页。

的实力后再授予其资格。其次,还应当规范信息控制者的义务范围,例如禁止利用私密信息牟利等。明确对信息控制者的惩罚措施,对于过失泄露私密信息但未造成严重后果和拒绝履行删除义务的信息控制者,可以参照对网络服务提供者设置的规定,确定其应承担的法律后果。最后,通过出台相关解释或条例规定具体措施,加强对私密信息的保护指引。① 当前各类应用程序都具备以生物识别方式进行登录的功能,这对生物识别信息的保存和监管产生了较大的压力和防范风险。② 对此,可以参考 2008 年美国伊利诺伊州颁布的《生物识别信息隐私法》,③通过对信息管理者层层递进的义务设定,限制其滥用个人生物识别信息等个人信息的行为,从程序上实现对信息流转的控制效果。

(二) 确立隐私权的独立刑法地位

如前文所述,我国刑法目前并没有明确隐私权的保护地位,对于其是否为受刑法所保护的客体,仍没有具体明确的条文设置。针对这一不足,有学者主张设置专门的罪名加以规制,例如侵犯隐私权罪。④ 虽然当前存在对个人隐私刑法保护的急切需求,但随意设置新罪名并不符合刑法谦抑性的要求,而应当首先考虑对现有罪名进行解释。⑤

当前侵犯公民个人信息罪被置于侵犯公民人身权利、民主权利罪一章中,与侵犯自由类的犯罪(例如侵犯通信自由罪等)并列,并没有体现出个人信息作为私密信息的本质,放在侵犯自由类犯罪部分更是与个人信息的法益类型相去甚远。私密信息的本质是不想被他人知悉的信息,个人生物识别信息当属此列,故私密信息由侵犯公民个人信息罪名予以保护较为可行,且将隐私权明确为侵犯公民个人信息罪的客体,刑法也能部分实现对侵犯公民隐私权犯罪

---

① 参见王秀哲:《大数据时代个人信息法律保护制度之重构》,《法学论坛》2018 年第 6 期,第 115—125 页。
② 参见张勇:《APP 个人信息的刑法保护:以知情同意为视角》,《法学》2020 年第 8 期,第 113—126 页。
③ 参见〔美〕艾伦·托克音顿:《美国隐私法:学说、判例与立法》,冯建妹等编译,中国民主法制出版社 2004 年版,第 234 页。
④ 参见徐翕明:《"网络隐私权"刑法规制的应然选择——从"侵犯公民个人信息罪"切入》,《东方法学》2018 年第 5 期,第 63—71 页。
⑤ 参见张明楷:《网络时代的刑事立法》,《法律科学》(西北政法大学学报)2017 年第 3 期,第 69—82 页。

的罪名体系设置。

（三）细化并扩张侵犯公民个人信息罪

当前我国侵犯公民个人信息的犯罪可以被简略分为两类：其一是以私密信息为对象的犯罪，可能涉及的法益包括隐私权、人格尊严等；其二是以私密信息为工具的犯罪，其本质是对传统法益的侵犯。可以通过根据隐私泄露风险对个人信息进行分类、纳入非法使用信息行为、对信息泄露增设过失罪状的方式，完善对私密信息的刑法保护。

首先，通过司法解释对个人信息按照隐私泄露风险进行再分类。侵犯公民个人信息罪中"情节严重"的才入刑，而在相关信息的入罪门槛设置时，没有按照信息的隐私泄露风险或敏感程度加以区分。例如，因对生物识别信息定性不明确，在侵犯行为具体情节的认定上，缺乏对应的入罪门槛内容。若沿用过去对个人信息的分类，将难以实现对生物识别信息的明确区分和刑法保护。因此，应当根据信息的隐私泄露风险对其进行区分，进而对入罪门槛进行界分，明确各类私密信息的归属。《个人信息保护法》按照信息私密程度，将信息区分为敏感个人信息与非敏感个人信息，另外在敏感信息中，生物识别信息又因具有生物直接识别性而被视为私密程度最高。[1] 笔者认为，可以依据该法律的规定，通过司法解释的方式对信息进行再分类，将之分为高敏感个人信息、一般敏感个人信息与非敏感个人信息。高敏感个人信息即生物识别信息；一般敏感个人信息即除生物识别信息外的其他敏感个人信息，例如《侵犯个人信息解释》中规定的轨迹信息、通信内容、征信信息、财产信息；非敏感个人信息即其他可能影响人身、财产安全的信息。《侵犯个人信息解释》已对侵犯一般敏感个人信息与非敏感个人信息行为的入罪门槛作出规定，[2] 却忽略了对高敏感个人信息即生物识别信息的保护。可以考虑将"非法获取、出售或者提供生物识别信息十条以上"规定为本罪的"情节严重"情形，以加强对生物识别信息的保护力度，同时也为实践中解决刑事治理纠纷提供依据。

---

[1] 参见张勇：《敏感个人信息的公私法一体化保护》，《东方法学》2022年第1期，第66—78页。
[2] 参见《最高人民法院、最高人民检察院关于办理侵犯公民个人信息刑事案件适用法律若干问题的解释》第5条第1款。

其次,将非法使用行为纳入侵犯公民个人信息罪。当前侵犯公民个人信息罪只处罚非法取得、出售或提供信息的行为,并未规定非法使用行为。这一区分忽视了非法使用行为本身独立的法益侵害性,法律应当建立以保护合理使用为核心的规范体系,刑法规制的重心也应该放在对生物识别信息的非法使用行为的打击上。① 此处可以参考域外做法,如德国把从收集到利用私密信息的行为都纳入刑法规制的范畴。② 虽然国情不同,但非法使用私密信息的社会危害性是相同的。笔者认为可以借鉴此种规定,增加非法使用个人信息的罪状,实现刑法对个人信息的周延保护。

最后,对泄露数据的行为增设过失罪状。英国某生物科技公司曾发生过数据库内容泄露事件,其数据库中未被去标识化的数百万自然人的面部和指纹识别信息被公布到网上,并被大众轻而易举地获得。③ 这一泄露事件发生后,泄露主体应当承担何种义务来防止数据泄露以及阻止损害扩大,也成为讨论的重点。根据我国相关法律规定,对于过失泄露个人信息的行为,要求信息控制者在出现信息泄露时及时补救并上报。但若信息控制者的义务仅停留在"及时补救和上报"的层面,恐怕难以实现对个人信息的有效保护。笔者认为,鉴于对过失泄露行为的规制尚处空白,应当要求其必须履行必要、及时的损害扩大防止义务;若不履行,则可按照造成的实际损害进行责任的追究,对未及时采取补救措施且确实造成严重后果的信息控制者应当进行刑罚处罚,且在具体处罚上应低于故意泄露行为的标准。将这一行为入刑,其目的在于提高对信息控制者的威慑力,迫使信息控制者采取更为严格的措施,及时对信息进行去标识化和防止泄露,并在信息泄露后采取措施阻止损害扩大,加强对个人私密信息的保护。

---

① 参见劳东燕:《个人数据的刑法保护模式》,《比较法研究》2020年第5期,第35—50页。
② 参见王华伟:《数据刑法保护的比较考察与体系建构》,《比较法研究》2021年第5期,第135—151页。
③ See BER, "More than 1 Million People Had Their Fingerprint Data Exposed by a Huge Security Hole," BER (Feb. 20, 2022), https://bgr.com/tech/suprema-biostar-2-data-security-breach-exposes-actual-fingerprint-data/, last visited on 20 February, 2022.

权利发展研究

罗马法中的监护豁免权及其后世影响[*]

朱正远[**]

摘 要：依据罗马法，当监护不具有义务性时，监护人可以拒绝。当监护变为强制性公役后，监护人可以在法律规定的时间内主张豁免权，而法定时间由其住所与法院之间的距离决定。豁免的理由有时是个人原因，有时为各种不同的负担，包括个人负担和公务负担，还有些为单纯的特权。中世纪的监护可以被视作一种公职，在逻辑上具备适用监护豁免权的前提条件。近代监护的公法化能够为监护豁免提供生存土壤。现代民法或效仿罗马法直接在立法中设置监护豁免规定，或将部分豁免原因转变为无监护能力情形。除了官选监护是一种不能擅自变更的强制性义务，父母的法定监护任务基于自然法联系无法拒绝外，我国仍强调监护的亲属性与自治性，故应尊重监护的自治性，允许监护人拒任，但可以在解释论上将豁免理由归为无监护能力情形，确保监护人有监护能力。

关键词：罗马法；豁免；监护豁免；监护能力

一 罗马法中监护豁免权的产生

根据霍菲尔德的观点，豁免是对责任的否定，其目的是让负有义务的人摆脱义务，豁免也表述为免除。[①] 就监护制度而言，监护变成一种责任、公役之后，豁免才有适用可能性。《十二表法》时期，监护被分配给被监护人的无遗嘱继承人，从而防止未适婚人随意处分财产，财产潜在受益人的利益得到维护。

---

[*] 本文系 2017 年国家社科基金项目"晋令辑佚、考释与研究"（17BFX028）的研究成果。
[**] 朱正远，法学博士，湘潭大学法学学部，湘潭大学信用风险管理学院讲师。
[①] 参见〔美〕霍菲尔德：《基本法律概念》，张书友编译，中国法制出版社 2009 年版，第 67—75 页。

这些无遗嘱继承人正是潜在受益人,因此监护与继承紧密相连。① 与此同时,监护人在罗马家庭中是家父的替代,他们和家父一样享有对被监护人人身的支配权,在此意义上,监护是一种权力(potestas)。②《十二表法》时期的监护只有法定监护与遗嘱监护两种类型。遗嘱监护指家父可以在遗嘱中为处于其父权之下的未适婚子女指定监护人,法定监护指未适婚人没有遗嘱监护人之时,由他们的宗亲根据法律直接成为监护人。法定监护人与遗嘱监护人都可以自由放弃监护。法定监护人享有监护拟诉弃权(in iure cessio tutelae),他可通过"拟诉弃权"(in iure cessio)的方式向他人转让监护权。③ 遗嘱监护是一项荣誉职位,它基于家父对监护人的信任而发生,虽然不得转让,但是监护人有权拒绝,他享有监护弃权(abdicatio tutelae),可以在证人见证下放弃监护。④ 因此《十二表法》时期的监护是一种权力,监护人自由选择是否接受,没有适用监护豁免的必要。

后来,罗马法中监护的性质发生转变,这种转变主要体现在监护人的选任上面。监护一开始由被监护人的无遗嘱继承人担任,后来无继承权的家外人也可出任。至此,监护与继承之间的联系被打破,保护无遗嘱继承人利益不再是监护的目的,对由于年龄不能自保的被监护人的保护逐渐成为监护制度的本质。⑤ 监护人对被监护人人身方面的支配也顺势消失,监护由权力发展为一种保护被监护人的职责。具体而言,遗嘱监护转变为义务性职责,从克劳丢斯皇帝开始,裁判官可以强制遗嘱监护人接受监护职务,"弃权"不再可能。⑥ 古

---

① 参见〔英〕H. F. 乔治维茨、巴里·尼古拉斯:《罗马私法研究历史导论》,薛军译,商务印书馆2013年版,第158页。
② 参见徐国栋:《优士丁尼〈法学阶梯〉评注》,北京大学出版社2019年版,第117页。
③ "拟诉弃权"是一种转让市民法所有权的行为,是以传来名义取得所有权的方式之一,具体表现为转让人和受让人共同到裁判官面前出庭,受让人宣称被转让物是他的,转让人(即物的原所有主)则以沉默的方式表示放弃权利。而"监护拟诉弃权"应当是指转让人和受让人向裁判官出庭,受让人(即新的监护人)宣称他是监护人,转让人(即原监护人)以沉默的方式表示放弃监护。参见黄风:《罗马私法导论》,中国政法大学出版社2003年版,第196页。
④ 参见〔德〕马克斯·卡泽尔、罗尔夫·克努特尔:《罗马私法》,田士永译,法律出版社2018年版,第662页。
⑤ 参见彭诚信、李贝:《现代监护理念下监护与行为能力关系的重构》,《法学研究》2019年第4期,第65页。
⑥ 参见〔德〕马克斯·卡泽尔、罗尔夫·克努特尔,前引书,第662页。

典时期的罗马法学者称遗嘱监护人为官选监护人，无独有偶，《罗马法大百科辞典》中官选监护的术语"tutor dativus"有时候也指遗嘱中指定的监护人。[1] 根据柏拉图的观点：名实有某种内在联系，其联系是由社会传统所确定的。[2] 因此名称上的重叠并非偶然，与遗嘱监护和官方监护在义务性方面存在的联系有关。法定监护也渐渐趋于义务性，法定监护人不能拒绝任职，同时也不能通过"拟诉弃权"转让监护，正如 Gai，1，168 所言：宗亲属、庇主以及自由人的解放者对于未适婚人的监护不允许转让。[3]

前文提及的官选监护又称《阿梯流斯法》上的监护人，由颁布于公元前 210 年的《阿梯流斯法》确立，它从诞生之初就是一种强制性职务，体现的是国家对公民的保护义务，是国家在自然父亲缺位时顶替其角色的尝试。[4] 官选监护充分发展了监护方面的公共职务和责任之概念，监护人既不能将监护转让给他人，也不能拒绝担任，且还要被强制担任。正是在这种情况下，作为补偿，罗马法发展出监护豁免制度（excusatio tutoris），授予官选监护人以豁免权，后来它转而适用于遗嘱监护与法定监护。特里芬尼鲁斯在《论断集》第 3 卷中也提及了遗嘱监护人行使豁免权的具体规则：

> D. 27,1,45,1。特里芬尼鲁斯《论断集》第 3 卷：也就是说，在某一天或者某种情况下被指定的遗嘱监护人，必须在期限届满前或者在条件满足前，提出他们的豁免理由。[5]

---

[1] See Adolf Berger, "Encyclopedic Dictionary of Roman Law," *Transactions of the American Philosophical Society*, Vol. 43, 1953, p. 749.
[2] 参见张志毅、张庆云：《语言学论集》，商务印书馆 2016 年版，第 157 页。
[3] 参见〔古罗马〕盖尤斯：《盖尤斯法学阶梯》，黄风译，中国政法大学出版社 2007 年版，第 47 页。
[4] 参见徐国栋：《国家亲权与自然亲权的斗争与合作》，《私法研究》第 10 卷，第 5 页。
[5] D. 27,1,45,1. 本文所采用的《市民法大全》原始文献均来自 *The Civil Law including the Twelve Tables, the Institutes of Gaius, the Rules of Ulpian, the Opinions of Paulus, the Enactments of Justinian, and the Constitutions of Leo*, Vol. Ⅵ, translated and edited by S. P. Scott, Cincinnati: The Central Trust Company, 1932, pp. 141 – 142。需要说明的是，本文所引用的《市民法大全》原始文献法言，都是笔者根据英文版本对照翻译而成，翻译过程中参照拉丁语和西班牙语版本，对于法言有中译版的，笔者直接引用中译版。

因此，针对遗嘱监护人的通知书发出之日起，遗嘱中指定的监护人如未能提出豁免理由，则应对未及时参与管理负责。到了君士坦丁时期，监护豁免开始适用于法定监护，这证明法定监护也成为强制性职务。[1] 豁免适用于法定监护的证据见于 D.27,1,10,7。

D.27,1,10,7。莫特斯丁《豁免》第 3 卷：如果一个未达到适婚年龄的解放自由人被他的恩主指定为他孩子的监护人，或者任何未达 25 岁的未成年人被指定，只要他未达适婚年龄，就不能要求他履行职责，但是与此同时，应当安排一个保佐人代替他的位置。如果法定监护人是未成年人，规则相同，因为同时应指定一名保佐人代替他。[2]

二 罗马法中监护豁免权的基本构成

优士丁尼在《法学阶梯》中认为，监护和保佐都是公役。监护人在履行监护职责时，既要运用自己的脑力、体力，又要运用自己的财产，因此监护是一种混合公役。[3] 官选监护的公役化精神取得绝对优势地位，监护真正成为一种负担，承担监护意味着承担责任。罗马法为了使有困难的人免于承受此负担，让他们在某些情况下可以通过主张监护豁免权来免除监护负担。正如优士丁尼《法学阶梯》(I.1,25 pr.) 所述：监护人或保佐人，由于各种各样的原因受到豁免。[4]

监护豁免权的存在是毋庸置疑的。但在罗马法语境下，很难断然确定监护豁免权是实体性权利还是程序性权利。罗马法并不严格区分实体性权利与程序性权利，程序性权利通常与实体性权利相互对应，这种相互对应的表现方式是：正常情况下，每一种权利都有着自己相应的诉讼形式作为保护措施和救

---

[1] Francesco Calasso, *Enciclopedia del Diritto*, Milano: Giuffrè, Vol.45, 1992, p.306.
[2] D.27,1,10,7. S.P.Scott, *The Civil Law including the Twelve Tables, the Institutes of Gaius, the Rules of Ulpian, the Opinions of Paulus, the Enactments of Justinian, and the Constitutions of Leo*, Vol.Ⅵ, p.128.
[3] I.1,25 pr. 参见徐国栋：《优士丁尼〈法学阶梯〉评注》，第 155 页。
[4] 同上。

济手段,权利是否存在的判断以诉权的存在与否作为标准。① 优士丁尼《法学阶梯》依据距离的远近对监护人主张监护豁免的时间作了严格规定,且为了防止推诿造成监护人延误履行、损害被监护人的利益,不允许监护人上诉。② 据此,我们结合现代法中的权利观念,可以将监护豁免权界定为监护豁免请求权,在现代法语境中,它是一种程序性权利。

由于监护豁免权的存在,监护人虽然不能拒绝也不能让与监护职务,但他们可以通过提出豁免申请来免除监护职责,前提是他们能够在裁判官面前证明豁免理由成立。需要特别说明的是:有权且有必要提起监护豁免申请的是依法指定的监护人,对于未依法指定的监护人,监护本是自始无效,监护人当然没有必要提出豁免请求。依据莫特斯丁在《豁免》第4卷中的论述,未依法指定的监护人有三种:其一是被没有权利的当事人指定;其二是被监护人的原因导致监护指定具有违法性;其三是监护指定没有遵循法定手续,事后也未经过裁判官的裁决或者行省执政官的命令确认,且监护人并未开始着手管理监护事务,这些监护指定自始不发生效力。但监护人并不知情,冒然行使了豁免权,即使没有遵守法律规定的时间,也没有人能够反对他们,因为他们根本不需要行使监护豁免权。

(一) 豁免的程序性规定

能够让监护人顺利被豁免的正当理由有很多,但一些理由本身具有时效性,时过境迁,可以被豁免的境地可能不复存在,故罗马法要求监护人必须在法定期间内提出豁免主张。如果监护人没能够在法定期间内提出豁免申请,在期间届满后,就算客观上有正当的豁免理由,他的豁免申请也被驳回,具体见于《学说汇纂》的如下法言中:

> D.27,1,13,5。莫特斯丁《豁免》第4卷:必须遵守规定的时间,如果没有遵守规定的时间,以至于当事人提出了他应该被豁免的理由,他也不

---

① 参见唐晓晴:《罗马法为权利论题奠定的三个传统》,《苏州大学学报》(法学版)2019年第3期,第80—81页。
② I.1,25,16.参见徐国栋:《优士丁尼〈法学阶梯〉评注》,第159页。

会被豁免。正如被尊为神的塞维鲁斯和安东尼努斯在他们其中一个敕令中陈述的那样,被指定代替监护人的人不得任职,理由是:如果已经存在一个监护人,任命第二个监护人是不合法的。①

由此看出,正因为监护人未在法定期间内申请豁免,之前的监护指定仍然有效,所以塞维鲁斯和安东尼努斯联合发布敕令,叫停了指代新监护人替代原监护人的不法行为。

正如前文所言,给豁免申请强加时间限制,一方面是因为豁免理由的时效性,另一方面也是为了避免推诿造成监护人延误履职。既然期间限制的正当性得到了证成,期间的计算方式则成为问题。根据优士丁尼《学说汇纂》(D.27,1,13,9),豁免申请的有效期间应当从任命通知送达时算起,且连续计算。因此有观点认为,法定的豁免申请的提起时间是一种除斥期间。② 事实并不如此,除斥期间是法定的不变期间,一般不发生期间的中断、中止或延长问题。据莫特斯丁在其论著《豁免》中介绍,塞维鲁斯和安东尼努斯皇帝在敕令中规定:如果监护人确实因海难危险、冬天的酷寒、强盗的袭击或任何其他类似客观情况无法及时提出豁免理由,应当给予他包容。③

因此,如果监护人确实因自然灾害、天气、意外事故等客观情况无法及时提出豁免主张的,应当给予其包容,这证明罗马法对于豁免申请权强加的限制期间是一种诉讼时效。现代法对于期间的包容指诉讼时效的中断、中止或者延长。当权利人不行使权利并非出于怠惰,而是由于不得已的情况,为了避免有失公正,现代法通常停止诉讼时效期间的计算,等到阻却事由消失后继续计算诉讼时效期间。罗马法也由于自然正义足以证成监护人不行使豁免权的善意,进而宽容他,故这种宽容大概率是指豁免申请期间的中止。

罗马法就豁免申请权的行使期间打造了距离期间的概念,这种期间的长短主要由监护人的居住地与法院地距离的远近决定。根据优士丁尼《法学阶

---

① D.27,1,13,5. S.P. Scott, *The Civil Law including the Twelve Tables, the Institutes of Gaius, the Rules of Ulpian, the Opinions of Paulus, the Enactments of Justinian, and the Constitutions of Leo*, Vol. Ⅵ, p. 130.
② 参见徐国栋:《优士丁尼〈法学阶梯〉评注》,第164页。
③ D.27,1,13,7. S.P. Scott, opcit, Vol. Ⅵ, p. 130.

梯》(I.1,25,16),如果希望自己得到豁免的人的居住地离他们被指定为监护人之地点(即监护法院所在地)100罗马里以内,50天内提出豁免理由;若居住地离他们被指定为监护人之地点100罗马里以外,按20罗马里一天计算,外加30天。但如谢沃拉所说的那样,计算结果应使总天数不少于50天。①

作为一种程序性权利,对于豁免申请权的提出方式,罗马人也有自己的要求,具体规定如下:

D.27,1,13,8。莫特斯丁《豁免》第4卷:监护人仅仅出庭是远远不够的,他必须提供证据,说明他要求解除职务的理由。如果他有几个理由要提出,这会使它(职务豁免)更容易,他必须一一列举这些理由;如果他没有这种做,他就会像一个从来没有出现过的当事人一样,或者像一个即使出现,也没有提供豁免他的充分理由的人一样。②

D.27,1,13,10。莫特斯丁《豁免》第4卷:豁免的理由必须以口头的方式向法庭提出,或者在诉状中提出。正如上述的皇帝们(塞维鲁斯和安东尼努斯皇帝)所宣称的那样,当事人可以将他的豁免理由简写成文字。③

由这两段法言可知,监护人者应当亲自出庭,并一一列举自己的豁免理由,并提供相应的证据。原则上豁免理由必须以口头方式向法庭提出,但塞维鲁斯和安东尼努斯皇帝颁布敕令,允许监护人将豁免理由简写成文字,在诉状中提出。

(二) 豁免的具体理由

罗马法中可以豁免监护的理由有很多,有的理由产生于个人原因,有的理由产生于已承担各种不同的负担,包括个人负担和公务负担,还有些产生于单

---

① 参见徐国栋:《优士丁尼〈法学阶梯〉评注》,第164页。
② D.27,1,13,8. S. P. Scott, *The Civil Law including the Twelve Tables, the Institutes of Gaius, the Rules of Ulpian, the Opinions of Paulus, the Enactments of Justinian, and the Constitutions of Leo*, Vol. Ⅵ, p. 130.
③ D.27,1,13,10. Ibid.

纯的特权。① 对于豁免理由,优士丁尼《学说汇纂》和《法学阶梯》都有所涉及,需要综合两者进行分析。

1. 产生于个人原因的豁免

根据优士丁尼《法学阶梯》(I.1,25,6),如果某人能说明自己无力承受被课加的负担,神君奥勒留和维鲁斯批复贫穷作为豁免理由,该法言表明贫穷可以作为豁免理由。法言的具体内容如下:

> I.1,25,6。但如果某些人能说明自己也无力承受被课加的负担,神君兄弟以及神君马尔库斯独自都批复,也因贫困授豁免。②

法言 I.1,25,8 提到了神君皮尤斯的批复:必须豁免不识字的人,尽管文字不老道的人也能承担事务之管理。而在优士丁尼《学说汇纂》(D.27,1,6,19)中,法学家保罗认为,除非监护人没有经商经验,否则不能将其声称的不识文字作为正当的豁免理由。事实上,在一个要式口约盛行的时代,文盲很难成为豁免理由。而在优士丁尼时代,书面交易已基本取代了要式口约,成为主要的交易方式,为了尽可能保护被监护人的利益,文盲应当成为一种豁免理由。③

高龄也是重要的豁免理由,它体现在法言 I.1,25,13 中:

> I.1,25,13。同样,70 周岁以上的人可使自己豁免监护或保佐。而从前,25 岁以下的人确实被豁免监护。然而,他们被朕的一个敕令禁止追求监护或保佐,这样,豁免也成为不必要了。该敕令规定:不得召集未成年人或成年人进行法定监护。因为被认为在自己的事务的管理上都需要他人帮助、在他人的管理下的人,承担对他人的监护或保佐,是不合理的。④

---

① 参见〔意〕彼德罗·彭梵得:《罗马法教科书》,黄风译,中国政法大学出版社 2018 年版,第 146—147 页。
② I.1,25,6. 参见徐国栋:《优士丁尼〈法学阶梯〉评注》,第 159 页。
③ I.1,25,8. 同上书,第 160 页。
④ I.1,25,13. 同上书,第 161—162 页。

由此可见，当监护人被任命的时候，继承人已经继承遗产，遗嘱监护指定开始生效时，或者是法律规定的监护成立条件已经成就时，监护人已经年满70周岁，他可以被免于承担监护职责，而他如果在法定监护豁免权行使期间内年满70周岁，将得不到豁免。与此同时，任何未满25周岁的未成年人被指定，只要他未达适婚年龄，就不能被要求履行职责，因为他自己的事务都需要他人的帮助，处在他人的管理下。让其来担任其他人的法定监护人，明显实现不了监护的目的，且有悖于常理。

此外，根据 I.1,25,7，由于健康不良，监护人也可以得到豁免。[1] 但是对监护人来说，疾病只是一个假期性的豁免理由，当监护人康复时，他必须恢复执行其职责。这是《学说汇纂》中如下法言所传达出的意旨：

> D.27,1,10,8。莫特斯丁《豁免》第3卷：如果监护人生了病，但是对他来说，无须永久解除监护职务，但须在一般时间内指定一个保佐人代替他，而当他康复时，他必须恢复执行其职责。同样的规则也适用于监护人精神失常的情况。关于这一点，乌尔比安写道："疾病是一个有效的豁免，但是它必须是一种妨碍任何人处理自己事务的障碍。"[2]

除了客观条件不允许外，监护人与被监护人父亲的人际关系也构成豁免的原因，它主要分为三种情形：第一，被监护人父亲将指定监护人作为惩罚和发泄敌意的手段。它体现在如下法言中：

> I.1,25,9。同样，如果由于敌意，父亲以遗嘱指定某人为监护人，此事本身允许他豁免。而相反，曾对被监护人的父亲许诺自己将执行监护的人，不被豁免。[3]

---

[1] I.1,25,7. 参见徐国栋：《优士丁尼〈法学阶梯〉评注》，第160页。
[2] D.27,1,10,8. S. P. Scott, *The Civil Law including the Twelve Tables, the Institutes of Gaius, the Rules of Ulpian, the Opinions of Paulus, the Enactments of Justinian, and the Constitutions of Leo*, Vol. Ⅵ, p.128.
[3] I.1,25,9. 参见徐国栋，前引书，第160页。

第二,根据法言 I.1,25,11 和 D.27,1,6,17,监护与被监护人之父抱有敌意,且未取得过和解也构成豁免理由:

I.1,25,11。某人对未成年人或成年人之父抱有的敌意,如果是不共戴天的,也未取得过和解,通常豁免监护。①

D.27,1,6,17。莫特斯丁《豁免》第 2 卷:被任命者证明的针对被监护人父亲的死罪指控而引起的仇恨也可以豁免监护,除非看来监护人是后来根据遗嘱指定的,或在遗嘱订立之后,因死罪指控而引起的敌意已不复存在,或敌意发生在执行遗嘱之前;很明显,监护人的任命是为了让监护人承担经管事务中产生的责任和烦恼。塞维鲁斯皇帝的敕令也证明了这一点。②

由优士丁尼《学说汇纂》中的法言可知,和解可以是明示的敌意不复存在,也可以从当事人的行为中推断:如果被监护人的父亲转而信任有过敌意者,并通过遗嘱将此人指定为监护人,由此可以看出被监护人的父亲与敌意者已达成和解。

第三,监护人曾经承受过被监护人之父提起的身份争议,因为身份之诉的提起可作为敌意看待。此见于如下法言:

I.1,25,12。同样,如果某人承受过被监护人之父提出的身份争议,他就被豁免。③

2. 产生于不同负担的豁免

产生于不同负担的豁免理由具体可以分为个人负担和公务负担。就个人负担而言,子女数量众多首当其冲。根据优士丁尼《法学阶梯》(I.1,25pr.),罗

---

① I.1,25,11. 参见徐国栋:《优士丁尼〈法学阶梯〉评注》,第 161 页。
② D.27,1,6,17. S.P. Scott, *The Civil Law including the Twelve Tables, the Institutes of Gaius, the Rules of Ulpian, the Opinions of Paulus, the Enactments of Justinian, and the Constitutions of Leo*, Vol. Ⅵ, p. 124.
③ I.1,25,12. 参见徐国栋,前引书,第 161 页。

马当局对罗马人、意大利人以及外省人获得豁免的子女数目要求也不同，且孩子在他们的父亲被指定为监护人时必须活着，因为先前死亡的不应被计算在有权豁免的子女数目内，但是在战场上死亡的子女仍算数。此外，儿子所出的孙子女也是算数的，但女儿所出的不是有效豁免。法言的具体内容如下：

> I.1,25pr.。而监护人或保佐人，由于各种各样的原因受到豁免。通常是由于处于权力下的或已被解放的子女。事实上，如果某人在罗马有3个在世的子女，或在意大利有4个，或在行省有5个，他们可根据其他公役的先例被豁免监护或保佐。事实上已经决定，不论是监护还是保佐，都是公役。但养子女无效，而被出养的卑亲属，对生父有效。同样，由儿子所出的孙子女有效，因为他们继承了父亲的位置；由女儿所出的无效。然而，只有在世的子女有助于豁免监护或保佐的职务，已死的无效。但有人问：如果是在战争中失去的，是否有效？显然，只有在战场上失去的子女才有效。事实上，为国而死的人，被认为活在永恒的光荣之中。①

那么，如果孩子在母亲子宫里但并未出生，父亲能否豁免呢？塞维鲁斯颁布敕令扼杀了这种可能性：

> D.27,1,2,6。莫特斯丁《豁免》第2卷：虽然根据很多法律规定，视在母亲子宫里的孩子为已出生，但在当前的情况还是在其他民事职务中，这个规定都不能使父亲豁免。这也规定在神君塞维鲁斯敕令中。②

因此，被指定为监护人者必须在被任命时有敕令所规定数量的子女，包括战场上已死亡的儿子所出的孙子女，如果他们在他被任命之后出生，这对他的豁免没有任何好处。

---

① I.1,25pr. 参见徐国栋：《优士丁尼〈法学阶梯〉评注》，第155页。
② D.27,1,2,6. S. P. Scott, *The Civil Law including the Twelve Tables, the Institutes of Gaius, the Rules of Ulpian, the Opinions of Paulus, the Enactments of Justinian, and the Constitutions of Leo*, Vol. Ⅵ, p.121.

此外,根据法言 I.1,25,5,一个人如果担任了 3 个监护或保佐的负担,只要在管理中,也导致其被豁免。① 至于公务负担,优士丁尼《法学阶梯》中规定得比较详细,主要有三种情形:第一种是担任皇库财产的管理人,且在管理任期之内。它出现在法言 I.1,25,1 中:

> I.1,25,1。同样,神君马尔库斯立在《半年录》中批复:管理皇库财产的人,在进行这种管理的期间,可被豁免监护或保佐。②

第二种是为国出差,根据法言 I.1,25,2,对于为国出差的人,在他们因家的缘故不在的期间,应当被免于承担监护职责,与此同时指定一名保佐人替他承担监护职责,即使他们返回后也可以享受一年的豁免期,但仅限于被召集承担新监护任务的人。③

优士丁尼《学说汇纂》中的如下法言也传达出同一种意思:

> D.27,1,10pr.。莫特斯丁《豁免》第 3 卷:然而,不仅那些曾在主力军团中服役过的人,以及在辅助军团的其他部门中服役过,而且那些由于某种需要,因为了罗马人民的利益公共事业而不在的人,都有权在他们返回后一年内获得豁免。④

> D.27,1,10,1。莫特斯丁《豁免》第 3 卷:这一年的任期不仅给予那些参与国家事务的同时完成正常的兵役的人,而且还给予那些履行公共服务所要求的任何种类的职责并返回的人,即使这样做他们消耗的时间比分配给他们的时间要少。⑤

> D.27,1,10,2。莫特斯丁《豁免》第 3 卷:但是,如果这些人在离开之

---

① I.1,25,5. 参见徐国栋:《优士丁尼〈法学阶梯〉评注》,第 159 页。
② I.1,25,1. 同上书,第 156 页。
③ I.1,25,2. 同上书,第 157 页。
④ D.27,1,10pr. S.P. Scott, *The Civil Law including the Twelve Tables, the Institutes of Gaius, the Rules of Ulpian, the Opinions of Paulus, the Enactments of Justinian, and the Constitutions of Leo*, Vol. VI, p. 127.
⑤ D.27,1,10,1. Ibid.

前正在承担监护,由于他们因公共事务而不在,于是,他们放弃监护;他们返回后,必须立即重新履行职责,不享受一年豁免的特权,因为这一年的豁免期适用于未来的和新的监护人,而不是应该恢复职务的监护人。①

根据这三条法言的描述,优士丁尼《法学阶梯》中所提到的"为国家的缘故不在的人"主要指为了罗马人民的利益公共事业而不在的人,即履行公共服务而缺席,而对于返回职务后的一年豁免期只适用于未来的和新的监护人,对于应当恢复职务的监护人并不适用。

第三种情形是监护人担任一定的官职,根据法言 D. 27,1,6,14,行省总督可以获得豁免;根据法言 D. 27,1,6,16,市长官可以获得豁免,由此可以推测出此种豁免的基本原则是:大长官可以获得豁免,小长官不可以豁免,但已经开始履行的监护不得抛弃;所谓大长官享有谕令权,由百人团会议选举,主要有执政官、裁判官等,而小长官不享有谕令权,主要有营造官、二十六吏等。②

3. 产生于单纯特权的豁免

对于产生于单纯特权的豁免,享有特权的监护人也要遵守罗马法中有关豁免申请的程序性规定。根据法言 I. 1,25,15,罗马的语法教师、修辞学家和医生享有对监护或保佐的豁免,法言具体内容如下:

> 1. 1,25,15。同样,罗马的语法教师、修辞学家和医生,以及在他们自己的故乡操这些职业并在数目之内的人,享有对监护或保佐的豁免。③

同样,根据法言 D. 27,1,6,2,积极从事教学的语法学家、修辞学家和医师有权主张豁免权,从监护或保佐负担中获得解放。应当指出的是,这些人都必须在罗马从事相关工作,或者在他们的故乡从事上述工作。④

---

① D. 27,1,10,2. S. P. Scott, *The Civil Law including the Twelve Tables, the Institutes of Gaius, the Rules of Ulpian, the Opinions of Paulus, the Enactments of Justinian, and the Constitutions of Leo*, Vol. Ⅵ, p. 127.
② 参见徐国栋:《优士丁尼〈法学阶梯〉评注》,第 158 页。
③ 1. 1,25,15. 同上书,第 162—163 页。
④ D. 27,1,6,9. S. P. Scott, opicit, p. 124.

在故乡从事前述工作而被免于承担监护的人必须在法定数目之内。根据法言 D.27,1,6,2,安东尼努斯·皮尤斯在致亚细亚行省的敕答中,规定了不同地区被允许免除监护职责的从业者之数目限制:小城镇允许五位医生、三位教师和相同数量的语法专家被免除监护职责;较中型城市允许七位医生、四位教师和语法专家被免除监护职责;最大的城市应允许十位医师、五位修辞学家和相同数量的语法学家被免除监护职责。

三 后世法中的监护豁免权

随着西罗马帝国的灭亡,欧洲开始了漫长的中世纪。中世纪教会法根据年龄的不同,将主体分为成年人、未成年人和婴儿三类。成年人是指年满18岁的人,18岁以下的为未成年人;而在未成年人中,未满7岁的为婴儿(第97条)。成年人有完全独立行使自己权利、承担自己义务的能力,未成年人则必须在监护人的监护下才可以行使自己的权利。[1] 教会法当中的监护是一种由民事权威任命的职务,但这种任命可以被教区主教否定,在特定情况下和出于正当理由,教区主教可以决定任命另一名监护人代替(原有的监护人)(Can. 98 § 2)。[2] 与此同时,根据 Can. 1479,由民事权威任命的监护人或保佐人可以被教会法官承认,法官认为被指定的监护人或保佐人不合适,可以另行指定一名监护人或保佐人。[3] 由封建地方统治者确立的封建地方法名义上虽不是中世纪的主导因素,但它是必不可少的一股力量。根据中世纪的封建地方法,领主委托庄园法庭对于监护人的选择进行监督,庄园儿童的监护权利从根本上说属于庄园领主,由此看不出监护人选任的自治性,因为其最终决定权属于主权者且处于司法机关的监督之下。[4] 上述内容证明教会作为最高统治力量主

---

[1] 参见何勤华、马慧玥、徐震宇、王笑红、陈晓聪:《法律文明史第5卷:宗教法》,商务印书馆2017年版,第167页。

[2] Can. 98 § 2. *The Code of Canon Law in English Translation*, translated by The Canon Law Society Trust, London: Collins Liturgical Publications, 1983, p. 14.

[3] Can. 1479. Opcit, p. 260.

[4] 参见李彦雄:《中世纪英国庄园中的儿童监护权研究》,《历史教学》2013年第16期,第52页。

导了监护的启动与监督,世俗政权也慢慢将监护事务置于公共控制之下,故中世纪的监护可以被视作一种公职,监护豁免权是否存在无从考证,但在逻辑上已经具备了适用监护豁免权的前提条件。

到了近代,萨维尼认为,监护是国家有权利和义务给予需要此种照顾的最大多数的重要阶层(被监护人和未成年人)以保护的一种措施,在他看来,监护本质上属于公法的范围,仅有一些特定后果属于私法的范围。① 此观点反映了德意志的监护公法化过程。早在13世纪末期,就有不少日耳曼城市允许父母替子女指定监护人的同时,赋予法院、官署任命监护人的权力。到了中世纪晚期至18世纪,监护在德国的公法化步伐继续加快,几乎在每个城邦都设有监护官署。但1900年的《德国民法典》仍然奉行家庭本位主义,1922年《帝国少年福利法》中设立了公职监护人制度,并通过在各地设置青少年局,建立了一个完整的公职监护网。② 另一位近代著名的法学家边沁也认为监护完全是一种负担,这一负担将落在那些可能愿意负担和最有能力负担的人身上。他的言外之意是:有能力的人才能负担起监护,无监护能力的人不能负担监护。出于这种考虑,边沁认为在某些情况下,应该解除某些特定个人的监护责任,比如高龄、人口众多的家庭、无能力或出于谨慎和微妙的考虑——比如利益的复杂化。③ 这种解除也可被称为免除监护职责,是行使监护豁免权的结果。由此可见,近代监护的公法化能够为监护豁免提供生存土壤。

随着儿童权利运动的深入发展,监护是一种公共职责的观念在20世纪后期得到普遍接受。④ 现代国家业已明确意识到监护所保护的利益既不是未成年人的个体利益,也不是微观的家庭、父母或亲属的私人利益,而是通过未成年人利益所负载的国家或民族生存与发展的宏观利益和社会长远利益。⑤ 为

---

① 参见〔德〕萨维尼:《法律冲突与法律规则的地域和时间范围》(当代罗马法体系·第8卷),李双元译,武汉大学出版社2016年版,第134页。
② 参见温慧卿、聂阳阳主编:《未成年人热点法律问题研究》,中国政法大学出版社2013年版,第153—154页。
③ 参见〔英〕吉米·边沁:《立法理论》,李贵方等译,中国人民公安大学出版社2004年版,第225—226页。
④ 参见朱广新:《监护监督制度的立法构建》,《苏州大学学报》(法学版)2020年第1期,第7页。
⑤ 参见曹诗权:《未成年人监护制度研究》,中国政法大学出版社2003年版,第244页。

此,各国民法典或明文或间接赋予监护以强制义务性,不管是哪种方式,监护豁免都如影相随,特别是间接将监护设计为强制性职务的任务主要靠监护豁免来完成。

在民法典中,明文赋予监护以义务性的国家有很多,最著名的要数德国、埃塞俄比亚和阿根廷。在《德国民法典》中,一旦被家庭法院挑选为监护人,任何德国人都必须担任,此为监护强制性的直接规定(《德国民法典》第1785条)。根据第1787条,如果没有理由而拒绝的,对因迟延选任监护人而对被监护人发生的损害负责任。[①] 需要特别注意的是:罗马法中三种类型的监护都可以强制被指定者担任,而《德国民法典》中由于已经没有了法定监护,只有官选监护和遗嘱监护,且遗嘱监护需要获得被指定者的同意方能生效,故官选监护具有强制性,官选监护人当然享有监护豁免权。对于监护豁免的具体原因,《德国民法典》效仿罗马法,规定了出于个人原因的豁免与产生于各种负担的豁免,后者具体包括个人负担及公务负担的豁免。其中个人方面的原因主要有:无能力、未成年人、已满60岁、疾病或残疾。个人负担方面的原因有:有权照顾多于3个的未成年子女的人身或财产,执行两宗或两宗以上监护、照管或保佐;公务负担方面的原因有:担任公务员或神职人员。

与德国法不同,《埃塞俄比亚民法典》(以下简称《埃塞民法典》)不仅有遗嘱监护、官选监护,而且有法定监护,其全面吸收罗马法之精神,赋予所有类型的监护人以监护豁免权。如前文所言,豁免是责任的相对面,因此《埃塞民法典》中监护是一种强制性责任,这由《埃塞民法典》第223条明文规定。《埃塞民法典》中的监护豁免规定集中在第224条和第225条。当确实存在特别的困难或不便,导致监护人无法履行自己被授予的监护职责时,他如果想免于承担监护职责,需要向法院申请,这与罗马法中的豁免申请权需要遵守程序性规定的精神相契合。此外,《埃塞民法典》还新创了一种法定的豁免。法定豁免的原因也包括个人原因,个人负担以及公务负担,享有法定豁免权的监护人可基于其单方面的声明实现豁免,且无须申请。[②]

在《最新阿根廷共和国民法典》(以下简称《阿根廷民法典》)中,监护被明

---

① 参见《德国民法典》,陈卫佐译注,法律出版社2015年版,第532页。
② 参见《埃塞俄比亚民法典》,薛军译,厦门大学出版社2013年版,第34—35页。

确规定为具有人身性质的职务,它不能被移转于继承人,且在无充分事由时,任何人均不得被免除该职务。①而有充分事由时,将赋予被指定者以豁免权,但《阿根廷民法典》并不称这种情况为豁免,而称这种人因无能力而依法不得成为监护人,且无须申请。这个规定或许与霍菲尔德的基本法律概念理论有关。根据霍菲尔德的观点,豁免与无能力是相关关系,他们之间关系的可以这样表达:A 与 B 之间存在某种关系,A 可以豁免 B 没有能力强加。②事实上,由于责任的免除可能是 A 自身客观上不能导致的,因此豁免与无能力之间的相关关系,可以表达为 A 客观上无能力,A 被免除责任。这或许是阿根廷民法将部分豁免原因转变为监护人无能力情形的原因。当存在法定的无监护能力情形时,被指定者客观上没有成为监护人的能力,且无须申请。将豁免理由转变为无监护能力情形,来自罗马法"让有困难的人免于承受监护负担"的精神,但这超越了罗马法,是一种创举。

通过授予被指定者以监护豁免权来间接体现监护义务性和强制性的典型国家有巴西和意大利。以罗马法为蓝本,《巴西新民法典》中的监护豁免权是一种程序性权利,立法明确了豁免的程序性规定:根据第 1738 条,豁免请求应在任命后的 10 天内提出,否则视为放弃豁免;若豁免理由发生在接受监护职责后,此 10 天的期限从豁免理由在其身上发生时起算。根据第 1739 条,如果法官未接受被指定人的豁免请求,监护人可以上诉,若上诉仍未获得支持,他应履行监护职责,并马上对未成年人可能遭受的损失承担责任。《巴西新民法典》中免除监护职责的原因也主要有出于个人原因和出于负担的,后者包括个人负担与公务负担方面。③

罗马法不仅发源于意大利,也复兴于意大利,《意大利民法典》与罗马法有着特别的渊源关系。《意大利民法典》虽然未直接将监护称为公职,但遗嘱监护、法定监护以及官选监护,都必须由监护裁判官任命,且受监护裁判官监督。根据《意大利民法典》第 346 条,监护裁判官收到监护开始的事实通知时,应立即办理任命监护人及辅助监护人的手续。监护的义务化、公法化最显著的特

---

① 参见《最新阿根廷共和国民法典》,徐涤宇译注,法律出版社 2007 年版,第 89—96 页。
② 参见李桂林、徐爱国:《分析实证主义法学》,武汉大学出版社 2000 年版,第 17—20 页。
③ 参见《巴西新民法典》,齐云译,中国法制出版社 2009 年版,第 272 页。

征就是国家监护监督机制以及国家监护启动机制的构建。在《意大利民法典》中,监护裁判官不仅负责监护人的任命,而且负责监督监护人,监护的义务化可见一斑。和阿根廷、德国等国家一样,《意大利民法典》中也有无监护能力的规定。除了将部分豁免原因规定为无监护能力的情形外,《意大利民法典》同时规定了需要向监护裁判官提起请求的个人原因和个人负担、公务负担方面的豁免原因。最具鲜明特色的是《意大利民法典》中规定了基于特权的豁免原因,这是对罗马法中特权豁免的回归。[①]

四 监护豁免权在《民法典》中的应用管窥

透过监护豁免权在私法史中的发展历程,不难发现:监护的性质会决定监护人在执行监护任务过程中所扮演的角色。当监护是一种对被监护人人身有一定支配性的权力时,监护人可以自由拒绝或放弃;当监护变为一种责任或负担,除非有正当的豁免理由,监护人不得任意拒绝。我国《民法典》中的监护人能否影响监护的生效,自然也由监护的性质决定。从《民法通则》开始,法定监护就是监护立法的重点和起点,《民法典》也沿袭了这种以法定监护为支柱的规范架构。法定监护是监护立法的起点,即父母担任法定监护人的规定是监护规范的起点。《民法典》采用的是"大监护"立法模式。"大监护"立法模式下不区分亲权与监护,父母被视作法定监护人。事实上,父母担任监护人缘于社会人伦,是基于自然法上的血缘亲情联系,父母无法拒绝担任监护,但也并不能将这种监护视作公职,更不能适用监护豁免。

除了父母担任法定监护人外,另一种类型的法定监护以被监护人的近亲属为核心。当同一顺位的法定监护人不止一人时,一方面这几个法定监护人可能竞相任职,另一方面也有可能相互推诿。《民法典》允许他们通过协议确定,在这过程中国家权力机关对监护的介入、监管极其有限,通过这些内容很难看出此种法定监护的义务性或强制性。[②] 遗嘱监护是指父母可以通过遗嘱为其被监护人子女指定监护人,我国《民法总则》第 29 条首次引入遗嘱监护制

[①] 参见《意大利民法典》,陈国柱译,中国人民大学出版社 2010 年版,第 75—76 页。
[②] 参见朱广新:《监护监督制度的立法构建》。

度,它给被监护人的父母提供了自主选择监护人的空间,体现的是监护制度中的当事人自治。

对监护人的确定有异议时,由法院指定监护人的,被法院指定的监护人不得拒绝,且不得擅自变更;擅自变更的,并不免除被指定监护人的责任,而由村委会、居委会或者民政部门指定监护人的,不服指定的监护人或者其他有监护资格的人,可以向法院申请。因此官选监护专指人民法院指定的监护人,且不能擅自变更。① 要而论之,虽然人民法院指定的监护人是一种不能擅自变更的强制性义务,但我国的民事立法中也没有将监护公法化和社会化的传统,因而监护制度还停留在家庭性、亲属性和自治性的水平。②

为了与监护的立法现状相符,近亲属法定监护以及遗嘱监护都要贯彻民法的自治原则。当近亲属法定监护人相互推诿,导致无法就监护人的确定达成合意的,《民法典》允许他们通过协议协商确定。而遗嘱监护指定是单方法律行为,但由于监护对于监护人而言是一种负担,故监护人的意愿不能被忽视。如果某人愿意担任遗嘱监护人这一角色,则自不待言;如果被指定之人明确表示不愿出任,那么应允许其拒绝任职。新发布的《最高人民法院关于适用〈中华人民共和国民法典〉总则编若干问题的解释》第 7 条赋予被指定者以拒绝任职的权利,正印证了遗嘱监护的自治性。既然《民法典》及其司法解释都强调监护的自治性,近亲属法定监护人以及遗嘱指定的监护人不需要提出监护豁免申请就可以拒绝成为监护人,这是否意味着监护豁免权对于我国毫无意义?

答案是否定的。由于豁免权的享有者可能在客观上是无能力的,且豁免与无能力之间是相关关系,近现代民法对罗马法中监护豁免权的继承方式,除了直接在立法中设置监护豁免规定外,还将部分豁免原因转变为无监护能力情形。《民法典》中恰好有"监护资格"和"监护能力"的概念,但没有对"监护能力"作出明确界定,因此需要发挥法典的体系化功能,运用解释工具去明确。"监护资格"与"监护能力"不同,"监护资格"指担任监

---

① 参见最高人民法院民法典贯彻实施工作领导小组主编:《中华人民共和国民法典总则编理解与适用》(上),人民法院出版社 2020 年版,第 194 页。

② 同上书,第 8 页。

护人的资格,通常情况下因与被监护人之间存在特定身份关系而获得。它由法律直接赋予,无须经过其他程序,确定监护资格时应当依据《民法典》第 27 条和第 28 条关于未成年人和无民事行为能力与限制民事行为能力监护人范围的规定。① 而"监护能力"是行为能力制度在监护关系中的体现,完全的民事行为能力是具有监护能力的必要前提。根据《民通意见》第 11 条,认定监护能力的有无还须结合有监护资格者的身体、精神、经济条件、负担状况等进行事实判断。因此在解释论上可以认为:监护能力是担任监护人的实质条件,监护资格的享有者并不能自然而然地成为实际承担监护职责的人,有些人可能会因为身体、精神、经济条件、负担状况等方面的客观原因而不具有监护能力。② 至于无监护能力的具体类型,可以结合私法史和比较法上的成功经验,利用监护豁免理由中的个人原因和负担原因进行合理阐释。《民法典》中没有强迫近亲属法定监护人、遗嘱监护人承担监护职责的规定,且我国监护强调家庭性、亲属性和自治性,无法通过解释工具得出强迫近亲属法定监护人以及遗嘱监护人任职的结论,但可以根据无监护能力的解释论对监护人的监护能力进行审查,排除不适格的监护人,保证承担监护职责的是有"监护能力"的人。

---

① 参见最高人民法院民法典贯彻实施工作领导小组主编:《中华人民共和国民法典总则编理解与适用》(上),第 183 页。
② 参见黄薇主编:《中华人民共和国民法典总则编解读》,中国法制出版社 2020 年版,第 80 页。

社会功能分化背景下科学系统的自我治理与人权保护

黄彦萌[*]

摘 要:科学系统边界的不当扩张,往往伴随着对生命权、健康权等基本人权的现实威胁。我国刑法对基因编辑的立法规制,体现出法律系统对科技侵犯人权较为积极的回应方式。然而,在功能分化的当代社会,刑法对科学领域扩张采取的入罪化措施,仍不足以妥善建构科学系统治理的最优秩序。基于系统论的理论逻辑,来自政治和法律的规制固然是依法治国背景下的必要方式,但是由于传统立法调整存在滞后性,社会子系统自身的治理活力也不容忽视。作为法律调整的补充,调动科学系统内在的话语力量限制其自我扩张,不失为一种有效保障人权的整体性宪治策略。

关键词:科学领域;基因编辑;系统论;社会宪治;入刑

一 引言:人类基因编辑入刑背后的人权保护困局

进入21世纪,生物科技迅猛发展,一些涉及生命科学的技术在医学领域广泛应用,大大提高了人类的医疗水平,同时也对基本权利造成了威胁。2018年,贺建奎的实验团队宣布了基因编辑的婴儿成功诞生。这是基因重组技术尚未成熟时在人类胚胎中进行的首例临床应用,也是生命科学研究者在没有法律依据的前提下,首次操作人类基因并培育出新生命的冒险行动。[①] 2019年,深圳市南山区人民法院一审对贺建奎等以非法行医罪公开宣判。2020年,《刑法修正案(十一)》将人类基因编辑定性为犯罪,标志着法律开启了对此

---

[*] 黄彦萌,清华大学马克思主义学院博士研究生。
[①] 参见林玲等:《基因编辑婴儿的伦理、法律和社会蕴含》,《科技导报》2019年第6期。

类行为的立法规制。

近几十年来,涉及不当的科学研究和应用的事件时有发生,如逾越合理界限的药物实验[①]、滥用且缺乏监督的人脸识别、风险与机遇同样可观的信息技术等,这些行为大大逾越了一般的科学研究界限,对公众基本权利造成了隐藏的威胁,具有潜在的社会危害性。追溯生物科技实际应用的例子,也并非近年来才有的事情。1996年,克隆羊多利的出现标志着人类成功克隆出了第一个哺乳动物;22年后,我国科学家首次成功克隆出非人类灵长类动物。对于生命科学的应用,人们尽管也有反对的声音,但总体上并未强烈排斥。然而,基因编辑婴儿事件一出,人们无不惊慌失措。这说明人类对新兴科技的畏惧之处往往不在于技术本身,更在于技术之外。

在人类的一般观念里,地球上唯一的"高级动物"只能是人类自身。自近代思想启蒙运动以来,以人为中心的观念深入人心,康德所提出的"人是目的"的观念,更加强化了人们对人本主义的认同。在人类进入科技高速发展的时代,该如何控制科学技术的合理边界,保障最基本的人权不受侵犯,无疑成为法治发展面临的现实问题。故本文以"基因编辑入刑"为反思的切入点,追问在当代及未来社会科学领域出现新型失范行为时,"入罪化"这一传统的治理模式是否依然能达到预期效果,接着从社会功能分化的角度,指出法律难以也无须同科技发展保持同频共振的紧密关系。在社会功能分化的背景下,人权保障应是每个功能子系统的自然义务。

二 社会结构演化下立法规制的治理不足

社会的冲突与变迁广泛存在,达伦多夫在《工业社会中的阶级和阶级冲突》一书中指出:"任何社会在任何时候都会发生变化,因此社会变迁是普遍存

[①] 早在1932年,美国公共卫生部门以免费治疗梅毒为名,将400名非洲裔男子作为试验品,秘密研究梅毒对人体的危害,却未能兑现治疗的承诺。"二战"期间,奥斯维辛集中营的纳粹医生曾在数十万犹太囚犯身上实施医学实验甚至活体解剖。参见马中良、袁晓君、孙强玲编:《当代生命伦理学:生命科技发展与伦理学的碰撞》,上海大学出版社2015年版,第79页。

在的",且"社会的任何一个因素都会对社会的变化发生作用"。① 与此同时,在现代社会,法律以其稳定性、明确性等特质成为社会治理所遵循的重要依据。其中,法律的稳定性使其能够在民众内心树立权威,并为民众的行为提供结果预期,因而成为法律所必不可少的属性之一。然而稳定性往往意味着滞后性,法律不宜经常变动且只能针对其制定之后的行为发生效力,这又使得法律在治理快速变化的社会时略显捉襟见肘。

(一) 立法规制方式的滞后与局限

随着依法治国的推进,越来越多的新型社会问题被纳入法律调整的范围之中,其中包含了因科技发展而产生的弊端。例如,人工授精和体外受精、胚胎移植等辅助生殖技术的研发,使治理者开始警惕其对人类生命、健康的影响,从而制定了《人类辅助生殖技术管理办法》,并将几种行为列作可以构成犯罪的先行行为。对新兴科技进行立法规制以控制其风险,这一常用手段,取得了一定的成效。

然而,立法调整的短处也是十分明显的,即它作为一个格外讲究明确性与稳定性的调整手段,常常滞后于社会最新的发展进度,虽然可以由司法在适用法律时进行解释,但这在重视法典的我国法律体系中更像是权宜之计。例如,要求立法者在克隆技术出现之前将禁止人类的生殖性克隆写入法律,或在"贺建奎事件"发生之前将禁止人类基因编辑入刑,都未免有些强人所难。纵使对立法者的立法技术提高要求,要求其制定的法律尽可能具有应对社会变迁的能力,但未来社会将会出现何种新型恶行,其在何种程度上会挑战人们的集体价值观念,都是难以知晓的。即使有个别专家能够预测未来科技的走向,如1963 年分子生物学家约书亚·莱德伯格(Joshua Lederberg)的预言,于 1990 年在威廉·安德森(William Anderson)医生的手中实现,②也不足以要求 1963 年的立法者因为这一预言便制定禁止对人类基因进行编辑的法律。

---

① 转引自付子堂主编:《法理学高阶》(第 2 版),高等教育出版社 2018 年版,第 385 页。
② 约书亚·莱德伯格在 1963 年预言"通过修改人体基因来治疗疾病,'将仅仅是个时间问题'"。1990 年,威廉·安德森将一段功能正常的人类基因放入 4 岁小女孩阿香提·德希尔瓦(Ashanti DeSilva)的细胞内,以替代她出现的致命错误的基因,标志着基因治疗的开始。参见王立铭:《上帝的手术刀:基因编辑简史》,浙江人民出版社 2019 年版,第Ⅵ页。

法律的滞后性与稳定性乃是一体两面的。人们对和平与秩序的追求,要求法律必须具有稳定性,不能经常发生变动。拉德布鲁赫曾认为,法律的安定性应该作为法律的第一等价值:"法律规则的存在比它的正义性与合目的性更重要;正义和合目的性是法律的第二大任务,而第一大任务是所有人共同认可的法的安定性,也就是秩序与安宁。"①这与卢曼将法律系统的功能视为"稳定规范性期待"有着异曲同工之妙。那么法律如何应对社会的变化呢?近年来,一些法学学者基于我国社会快速变迁以及风险化的趋势,开始强调法律的积极的一般预防功能。近几年日益兴起的积极刑法观也是法律应对社会变化在理论上的有益尝试。但是,一方面,过度强调预防功能容易使刑法陷入法律工具化或过分干涉自由的争议之中;另一方面,对于其他社会子系统中发生的危害行为,来自法律的惩治往往是"头痛医头,脚痛医脚",难以形成系统性效果。

(二) 功能分化社会中立法治理不适的加剧

马克思曾指出:"一个民族的生产力发展的水平,最明显地表现于该民族分工的发展程度。"②涂尔干接受并发展了马克思的分工理论,指出:"高等社会若要维持自身的平衡,就必须实行分工";"社会发展的等级越高,它的专业化水平就越高";"要想构建一个更大规模的社会,就必须以分工的发展为前提。如果社会功能没有在更大程度上产生分化,社会就维持不了自己的平衡状态"。③ 随着学者们对社会演化历史愈发深入的探究,社会先是体量增大而后分工分化已成为一个具有共识性的命题。甚至当相关学说发展到社会系统论时,以卢曼为代表的学者已对社会的整合兴致索然,而重点研究社会如何分化,提出了人类社会"条块分化→中心—边缘分化→阶层分化→功能分化"四个演化阶段,④并以此解释社会部分和整体的运作。本文所指的社会功能分化,其内涵便是在这第四个阶段意义上来讲的。

---

① 〔德〕G. 拉德布鲁赫:《法哲学》,王朴译,法律出版社 2005 年版,第 73 页。
② 《马克思恩格斯选集》(第 1 卷),人民出版社 2012 年版,第 147 页。
③ 〔法〕埃米尔·涂尔干:《社会分工论》,渠敬东译,生活·读书·新知三联书店 2013 年版,第 364 页。
④ 泮伟江:《法律系统的自我反思——功能分化时代的法理学》,商务印书馆 2020 年版,第 6 页。

从系统论角度观之，社会功能的分化使今日规模巨大的社会能够运行得井井有条的同时，也在承担不同功能的子系统之间筑起无形的壁垒，以至于任何一个社会子系统都不可能孤立于其他子系统而存在，也不能凌驾于其他子系统之上，否则便会引发混乱。在重塑不同社会子系统之间的交流模式的同时，社会功能分化也对治理体系和治理能力的现代化提出了更高要求，这就不得不使我们从一个系统性的视角重新审视立法方式的不足。根据我国自古以来的治理传统，法律往往与政治、权力等相辅相成，以规制者的角色对社会生活各领域中的失范之事进行制裁。近年来日益增强的积极刑法立法也反映着这一规律：从《刑法修正案（八）》以来的危险驾驶罪、代替考试罪、高空抛物罪、人类基因编辑罪来看，越来越多的新兴失范行为被纳入刑法框架之内。但是，在近年来金融立法中，实定法为了打击互联网金融犯罪，不惜牺牲一部分刑法谦抑性价值去积极预防，招致了许多关于刑法是否有过度妨碍金融自由之嫌的质疑。种种现象暗示我们，在具有功能分化结构的复杂今日时代，一味依赖制定法律来调整具有一定的封闭性和专业化的社会功能领域内问题的方式正显露出越来越多的弊端，不能满足治理体系现代化的要求。

再从本文人权保护的主题上看，便会发现科学系统正是这样一个已经分化并在一定程度上形成了独立运作模式的社会功能子系统。对于科学系统的治理，已不宜继续机械地指望法律系统能够及时、有效地摘除其中毒瘤，提供健康的环境，对人权实施及时保护。对于已经分化出的功能领域，领域内良好的运作环境唯有依靠自身的话语权力才能被建构起来。

（三）立法在科学系统治理中作用的有限性

人们对科学系统里的革命，总是既欢喜又忧虑。思考人类历史上的第一、二次工业革命，它们给人类带来的负面影响要么是具体可感的，产生作用的原因和过程通常能被人理解；要么几乎不会危及人的主体性，人们无须在人格存在的层面产生担忧。但在当代，知识壁垒的阻隔使科学研究的理解门槛日益提高，且当代科技成果时常指向人类的身份认同、道德伦理等深层面向，使本就对科技持以批判态度的社会科学研究者变得更加忧虑：如何保证科学研究造福于人类而不走向失控？是否应当由立法严格管控？

其实科技发展对社会治理的挑战古已有之,在科学和法律皆未充分发展的时代,立法的手段对科学研究进行的干预往往以强势的姿态呈现。从古代来说,如《唐律疏议·贼盗》第266条规定:"诸残害死尸,谓焚烧、支解之类。及弃尸水中者,各减斗杀罪一等;缌麻以上尊长不减。"[1]对解剖尸体行为强烈谴责和明令禁止,宋代立法亦承袭了相关规定。在16世纪的欧洲,安德烈亚斯·维萨里(Andreas Vesalius)为了完成《人体构造》这一巨著,黑夜偷偷窃取尸体以进行解剖学研究,而被宗教裁判处以极刑。[2]然而客观来看,正是屡禁不止的尸体解剖研究,使人类逐步得以了解自身构造,促进了对医学和生命科学的发展。而随着人类社会的发展和集体意识的松动,法律对科学的外部干预明显呈减弱趋势。进入21世纪以来,我国对目前生命科学领域的前沿研发持较为宽和的态度,为生命科学的研究留下了一定的空间。事实上,在科学研究方面,法律强制手段的弱化符合一定客观规律:随着科学系统的分化,无论是压制型的还是回应型的国家立法,都无法充分解决科学功能领域内产生的问题。法律系统插入科技领域内部来为其科研设定红绿灯之事自有道理,但却可能存在效率偏低、针对性较弱的问题。纵使基于的是保护人权这样的普遍价值观,但由于这两个社会系统的运作注定是互相区分的,故法律系统注定无法同科学系统同频共振地发展;对于科学系统而言,外部规制的收效毕竟有限,而内部治理的潜能尚待开发。

三　隐遁的人权:科学领域的功能及其固有疏漏

生命科学是科学领域的重要组成部分,其虽具有很强的专业性,但同时又与人们的生产生活息息相关,因此常使人警惕其负面效应。20世纪,法兰克福学派面对"二战"爆发、科技风险等现实问题,对技术理性的扩张提出警告,并从价值观的角度出发,将科学技术界定为一种社会现象,批判其"对人的意识、社会文化和日常生活等各个领域的全面入侵和控制"[3]。斯诺则从文化角度,

---

[1]《唐律疏议》,岳纯之点校,上海古籍出版社2013年版,第290—291页。
[2] 参见王立铭:《上帝的手术刀:基因编辑简史》,第215—216页。
[3] 王文敬等:《法兰克福学派的科学技术价值观批判》,《科学技术哲学研究》2017年第6期。

通过分析文化分裂产生的原因,提出人文文化与科学文化需要走向融合;同时,主张公众有权知道用他们所纳税款支持的科学研究是如何进行的,又会产生怎样的效果。[1] 这些理论初步看到了科学领域的分化,以及其盲目发展的可能后果。

(一) 科学系统的分化与形成

中华民族的先人们倾向于从事经验研究,并在农业、医学、历法等领域取得了巨大的成就。然而,随着近代西学思潮的涌起,西方抽象的科学技术对中国社会产生了深刻影响。近百年来,我国科学领域的发展非常迅速,科技水平现已居于世界前列,中国用了不到一个世纪的时间走完了西方科学技术几个世纪才走完的路。有学者将这种短时间内快速发展起来的工业化和经济称为压缩的现代化(compressed modernity)[2],其可能形成一种被称为风险社会(risk society)的社会状态。当代中国的科学技术已经越来越淡化其经验性色彩,自然和社会研究领域之间的知识壁垒日益高筑——科学研究工作高度专业化,故难以要求自然科学家在从事研究时思考其工作可能对人类社会造成的负面影响。但欠缺科学知识的社会科学领域的学者们在面对有能力改变人类社会的新技术时,往往倾向于将其视为工业化下的怪物加以防范。

盘点人类进入21世纪以来新出现的一些科技事故,可以发现几乎所有的能够极大地改变人类生产生活方式的科学技术,都或多或少地粘附着打破传统观念、威胁人类自身的另一面。克劳斯·施瓦布在《第四次工业革命》中,将当今正引领时代发展潮流的一些关键技术分为物理、数字、生物三类,无人驾驶、高级机器人、基因工程、合成生物学等具有争议性的项目赫然在列。[3] 它们的共同之处在于触及了人的主体性问题,从而迫使法学研究者们反思,具有智能的人究竟如何区别于具有智能的机器,换言之,机器的智能同人脑的智能有

---

[1] 参见江晓原:《当代"两种文化"冲突的意义——在科学与人文之间》,《上海交通大学学报》(哲学社会科学版)2003年第5期。

[2] Chang Kyung-Sup, "Risk Components of Compressed Modernity: South Korea as Complex Risk Society," *Korea Journal*, Vol. 38, No. 4, 1998. 在压缩的现代性方面,中国作为东亚国家,同韩国的情况有相似之处。

[3] 参见〔德〕克劳斯·施瓦布:《第四次工业革命:转型的力量》,李菁译,中信出版社2016年版,第16—23页。

何区别。此外,传感器技术使得人脸识别等轻松获取人类个体特异性信息成为可能;数字平台潜移默化地将参与平台者数字化,以大数据等方式积极捕获个体的行为模式,将数字平台上的人类个体转化成为赤裸裸的一眼即可看透的事物。① 可以说,"第四次科技革命"伴随的问题,从诞生其即携带着对包括生命权、健康权、隐私权等在内的人权的侵犯可能性,迫使社会科学研究者警惕科学系统对人权保护的结构性疏忽。

(二)科学系统在社会整体运作中承担的功能

借由系统论学说,某一社会领域所构成的系统的"功能"有别于其"成就",它是指"其内在于全社会的环境,尤其是为全社会的其他功能系统所提供的东西"②。根据卢曼对法律系统功能的论述,我们可以合理推断科学系统也如法律系统一般,会且"只会满足一项功能"③。在这里,科学系统的功能定位问题是被置于整个社会背景之下来讨论的。从上面所述析之,虽然20世纪以来,全球范围内的科学发展确实为人类社会带来了不少福利,工业技术的一次次革命极大改善了人们的生活条件。在我国,邓小平同志于1988年提出"科学技术是第一生产力"重要论断,此后,"科教兴国"上升为国家战略。但是我们仍须认识到,无论是推动工业发展,还是改善人类生活条件,这些科学系统的成效都不宜被视为其"功能"。在社会系统论中,科学系统的运作所依循的符码是真理/非真理,相应地,其功能是追求真理,丰富人类对世界、宇宙及自身的认知。至于推动或阻碍人类社会向前迈进,我们可以将之理解为一种对社会

---

① 参见劳东燕:《潜在风险与法律保护框架的构建》,《检察日报》2020年10月12日,第4版;劳东燕:《个人数据的刑法保护模式》;万方:《个人信息处理中的"同意"与"同意撤回"》,《中国法学》2021年第1期;白鸥:《人脸识别时代,该如何说"不"》,《检察日报》2021年9月13日,第5版;孙道锐:《人脸识别技术的社会风险及其法律规制》,《科学学研究》2021年第1期;邢会强:《人脸识别的法律规制》,《比较法研究》2020年第5期。

② 〔德〕尼克拉斯·卢曼:《社会中的法》,国立编译馆主译、李君韬译,五南图书出版公司2019年版,第178页。

③ 系统论法学的代表人物卢曼在论及法律系统的功能时曾强调:"然而所要处理的问题,是一个全社会的功能系统的分出的话,那么唯有采纳单一功能的做法,才会带来明确的结果。"针对人们可能提出的为每一社会系统赋予无数种功能的做法,卢曼驳斥道:"每一种采取多数功能的做法,都会导致那种不完整的交叠所引发的诸多问题,以及法律界线划定上的不明确。"有理由推论,科学系统作为与法律系统并行的社会系统,其承担的功能本质上来讲也是单一化的。同上书,第158—159页。

的次生影响。因此,若单单依照科学系统的运作和功能实现来评价,贺建奎团队只是将基因编辑技术在人类胚胎上作了临床应用,确实符合科学为人类社会探寻知识、问究真理的功能。

但即使是最典型的系统论学者卢曼,也承认社会系统与其环境之间不全然是互不相干的关系。任何一个社会系统在全社会的背景下都不能完全闭合,否则便会得出"人类基因编辑的应用无可非议"这一明显有违常人认知的结论。正是因为每个社会系统都有其特有的"符码"和"功能",并凭借"在实践中形成的递回性网络化"来"使自身获得界定"。这使得我们对于自身活动(或者称为运作)的观察和意义判断总是具有片面性的。

(三) 人权保障功能在科学系统中的相对缺失

如果说法律系统在为公民设定基本权利和义务时,会自然而然地将人的各种基本权利纳入是否需要保护的考量中来,那么我们从科学系统在其日常运作(即科学研究)中,则很难自然地得出诸如科学研究的过程和成果必须是"人权正确的"这类要求。有学者指出,"现代科学垄断了'真理'的生产,但这种'真理'不一定'合法',不一定'合算',不一定'虔诚',不一定符合政治支配的需要,也不一定'正当'"。而认为真理应当符合善、美、虔诚、正义等多种要求的观念,"实为功能分化尚未展开的前现代社会结构的意识投射","反过来说,正是因为不必服务于政治、法律、经济、宗教、道德的行为选择,现代科学才成为一个运作封闭的独立系统;它纯粹按照自身固有的标准生产'真理',以便向全社会呈现远较当下现实丰富的可能性"。[①] 换言之,人权保障既不属于科学系统的功能,也不属于支撑其运作的基本架构,此方面的结构性缺位是导致科学系统在运行时可能忽视其对人们基本权利所造成的负外部效应的重要原因。

但是,这种人权范畴的结构性缺位所伴随的问题和可能造成的后果不容忽视。一方面,无论是孟德斯鸠的"一切有权力的人都容易滥用权力,这是万古不易的一条经验"[②],还是物理学界普适的熵增定律,都揭示了客观事物和人类社会都自发地向无序的方向发展,加之社会子系统运作的封闭性和判断逻

[①] 陆宇峰:《社会理论法学:定位、功能与前景》,《清华法学》2017年第2期。
[②] 〔法〕孟德斯鸠:《论法的精神》(上),张雁深译,商务印书馆1961年版,第154页。

辑的单一性,使得倘若其不从外部环境(公民社会或其他社会子系统)中汲取其他约束性要素,就容易误入歧途。贺建奎团队验证CRISPR基因编辑技术应用于人类的可行性的行为,便是未能充分考虑安全风险和实验对象的健康。托依布纳早先便如此警醒我们:"人权问题不能仅仅局限于国家与个人之间的关系……沟通媒介的特殊危害不仅来源于政治,而且原则上来源于形成了扩展性自我动力的所有自主系统。"因此,在坚持"科技是第一生产力"的今天,科学系统内部的人权保护结构性缺位问题也应受到高度关注。

四 人权的在场:人权保护与科学系统自我治理的建构

在提倡"治理能力和治理体系现代化"的今天,从科学领域内部看,是否能建构一种功能性的机制,对一些可能失范的研究行为真正做到预防性地限制?若能,则有可能避免如生物科技干扰生命发生所带来的人权保护的困局。

人权,乃人之生而为人的权利,是一个高度复杂的概念,其复杂性往往在法律系统中被化约为令人耳熟能详的"基本权利"。有学者指出:"从基本权利的角度则可以将宪法视为法律系统与所有社会子系统的'结构耦合'。"[1]一直以来,人们习惯于国家凭借其强有力的手段来保障人权,亚洲、欧洲、美洲、非洲等许多地区,都先后成立了人权保护机构,依靠政治与法律的手段保障人权。如,成立人权委员会,建立人权委员会体制,设立专门的人权保护机构等。然而,置于功能分化的社会背景之下,人权从根源上来讲应是超越社会分化的普遍价值,而在功能高度分化的社会,仅保护人权免受扩张的政治权力侵犯的思路需要转变,而保护方式也不宜仅局限于法律系统的立法等活动。虽然科学系统在运作上囿于探索真理而不以人权保护为其功能,但是作为社会功能系统,它与人类之间仍需要并实际也发生着沟通。正是认知层面上的开放性,使得科学系统在保持运作上的闭合的同时有可能实现对人权的保护。[2]

---

[1] 李忠夏:《基本权利的社会功能》,《法学家》2014年第5期。
[2] 认知层面即纲要层面。"当迈向一个具有完全扩展功能分化的全社会系统而进行过渡时,……纲要层次就能够用来满足那些在符码本身当中被指明的诸多要求。"纲要在一个系统中起到安排符码语意的作用。参见〔德〕尼克拉斯·卢曼:《社会中的法》,第218页。

（一）社会系统对人权保护责任的回应

该如何治理因社会功能系统扩张而造成的人权侵害风险？是否只要采用了法律手段中最为严厉的入刑手段就必然会收获最好的效果？还是说我们同样需要寻求一种来自内部的行业自觉的建立？十多年前即有宪法学者提出，"谁是保护人权的最主要的主体？在现代社会中，人权实现的过程是价值多元化的过程，不能由国家机关或社会的某个机制垄断其过程，只有在国家与社会的良性互动中才能为人权的实现提供有效的形式"[①]。而在社会功能系统持续分化的当下，一味希望凭借政治和法律的力量保障人权，更是对法律系统的苛求，同时也容易走向对其他社会功能系统的人权保护责任的豁免。

实践证明，社会子系统有能力在没有国家政府力量介入的情况下实现一定程度的自治，其力量甚至能够跨越国家边界。如在专门化程度较高的经济系统中，世贸组织、国际货币基金组织等规则逐渐超越民族国家的局限，独当一面地发展出一套具有执行可能性的行业规则。借助民族国家的政治宪法史的经验，托依布纳指出"只有魔王能够赶走魔鬼"[②]——自我限制往往能够收获比外部干预更好的效果。他将这种自治模式称为社会宪治，并认为宪法性的自我限制也是每一个社会功能领域都可能面临的问题，[③]称之为"以宪法手段限制社会子系统的扩张倾向"[④]。其区别仅在于，对于一个政治体来说，"魔鬼"与"魔王"是指政治权力，而在其他社会功能领域中，则是由一定的行业话语所形成的力量。因此，对于科学系统而言，依靠科学职业共同体所形成的话语力量去惩戒其自身的失范行为或许是一条可行的进路。

从社会系统本身来看，突破运作的边界去回应外部要求也有利于其自身的存续。近代以来，自然科学家的研究表明，"生命有机体在不断增加自己的熵——或者可以说是在生产正熵——从而趋向于危险的最大熵状态，那就是死亡。要想摆脱死亡或者活着，只有从环境中不断吸取负熵——有机体是以

[①] 韩大元：《国家人权保护义务与国家人权机构的功能》，《法学论坛》2005年第6期。
[②] 〔德〕贡塔·托依布纳：《宪法的碎片：全球社会宪治》，中央编译出版社2016年版，第101页。
[③] See Riccardo Prandini, *The Morphogenesis of Constitutionalism*, *The Twillght of Constitutionalism?* Oxford: Oxford University Press, 2010, p.312.
[④] 〔德〕贡塔·托依布纳，前引书，第14页。

负熵为生的"①。非机械结合的人类社会也不例外,任何一个可以被称为社会功能子系统的存在都封闭而开放着,都与且应当与其环境之间存在结构耦合:"一个系统持续地以它的环境的某些特质为前提,并且在结构上依赖于此"②,它"并不打破诸社会功能系统在运作上的封闭性,而是在不同的自创生过程之间建立了特殊的互动联系机制"③。学者通过对法律系统的观察,指出"必须要有一些进一步的观点能够宣示,是否法与不法这些符码值被正确或者错误地分派了"④。

在专业性较强的行业领域内,对于因专业知识运用不当而产生的争议,更宜由来自领域内部的话语力量来评判。原因在于,倘若存在一种行业内制度,使一个业内人士一旦违反便会受到来自该领域的排斥和抵制,那么无异于给他的社会化资格造成巨大打击;而且此类惩罚方式无须动用国家立法权,效力仅限于行业内,因此具有制定程序便捷、周期短、针对性强的优势。事实上,通过"基因编辑婴儿事件"的处理过程已经可以看到科学界内部力量的惩戒作用了。

(二)社会宪治下科学系统的自我治理面向

纵观基因编辑婴儿事件的处理,平息这一事件的力量并非只来自法律系统,或许最能使人们放下心的是《刑法修正案(十一)》将人类基因编辑入刑。然而,对这一事件反应最敏锐、最迅速也是最先作出反应的系统却是科学系统本身,如表1所示:

表1 "基因编辑婴儿事件"的处理始末

2018年	11月26日	贺建奎宣布将在基因编辑国际峰会上公布相关实验数据。
		多国科学家陆续发声谴责。
	11月27日、28日	第二届人类基因编辑国际峰会举办,提出10条基因编辑临床试验原则。

---

① 〔奥〕埃尔温·薛定谔:《生命是什么?——活细胞的物理观》,张卜天译,商务印书馆2018年版,第75页。
② 〔德〕尼克拉斯·卢曼:《社会中的法》,第490页。
③ 周维明:《系统论刑法学的基本命题》,《政法论坛》2021年第3期。
④ 〔德〕尼克拉斯·卢曼,前引书,第216—230页。

续表

	11月29日	国家卫健委、科学技术部、中国科学技术协会表示已要求有关单位暂停相关人员的科研活动。
2019年	1月	广东省成立"基因编辑婴儿事件"调查组，初步查明贺建奎团队违反了国家规定。①
	12月30日	深圳市南山区人民法院对贺建奎等以非法行医罪宣判。
2020年	12月26日	《刑法修正案（十一）》正式通过，人类基因编辑被写入刑法。

从这一时间表来看，事件一出，贺建奎团队即刻便遭到了科学界的声讨，而后政府以国家卫生健康委员会、科学技术部的身份同人民团体性质的中国科学技术协会一起发出谴责，②强令其停止科研活动。一年后，法院将其行为解释为非法行医罪；两年后，《刑法修正案（十一）》添加非法植入基因编辑、克隆胚胎罪。在贺建奎基因编辑婴儿事件中，当我国学界和政法系统进行批评之时，全球范围内的科学家也对此纷纷发声指责。一起发生在中国科学界的事件，却激起了全球科学界的对这一问题的责任意识。③

可见，之所以需要科学系统在科学界内部实现自我治理，一个很重要的原因是系统内部的反应最为迅速，从而有效弥补了立法手段的滞后性缺陷。正因"法应是安定的，它不应此时此刻地这样，彼时彼刻地又那样被解释和应用"④，所以法律手段往往安定性强而反应较慢，而且针对新型犯罪的立法程序复杂而严谨，即使通过司法去作出实质化解释（这种实质化倾向很容易走向类

---

① 参见肖思思、李雄鹰：《广东初步查明"基因编辑婴儿事件"》，《检察日报》2019年1月22日，第2版。
② 批评的意见文章如仲崇山、蔡姝雯、王拓等：《"基因编辑婴儿"打开了潘多拉魔盒?》，《新华日报》2018年11月28日，第5版；张迪：《四十年前试管婴儿争议重现?》，《中国科学报》2018年11月30日，第1版；等等。
③ 相关文章可参见 Eric Juengst, Gail Henderson, Rebecca Walker, et al., "Is Enhancement the Price of Prevention in Human Gene Editing?" *The CRISPR Journal*, Vol. 1, 2018, pp. 351–354; Zeng Jie Ye, et al., "The Challenges of Medical Ethics in China: Are Gene-Edited Babies Enough?" *Science and Engineering Ethics*, Vol. 26, 2020, pp. 123–125; Erik M., "Clinical Trials of Germline Gene Editing: The Exploitation Problem," *Bioethics*, Vol. 35, 2021, pp. 688–695.
④ ［德］G. 拉德布鲁赫：《法律智慧警句集》，舒国滢译，中国法制出版社2001年版，第170页。

推解释），也须经过完整的立案调查等阶段。因此，即便是对于"基因编辑婴儿事件"中令社会各界为之愤慨的行为，也无法指望法律系统能第一时间立法入罪或通过类推解释的方式对行为定罪。事实上，对贺建奎的宣判已是一年之后的事情了，彼时事件所激起的愤怒已然渐近平息。但是来自科学家的谴责却是迅速而卓有成效的。自贺建奎宣布经基因编辑的婴儿出生后，在科学共同体的谴责下，其多篇论文遭到撤稿，①同时其未来相关方面的研究受到约束和限制。

需要科学界在科学系统内部形成自我治理，另一方面的原因根植于一种远虑：来自科学职业领域内部的管束和惩戒，不仅有利于警醒其他学者不要再从事类似临床实验，而且对申明科学实验的道德要求，提高科研人员整体素质，整肃科学领域内部环境等方面都有不可替代的作用，在人权保护上则更有利于防患于未然。换言之，科学领域应当基于对于良好自治环境的需要，去进行以自我限制为主旨的治理模式重构，从而最卓有成效地消除其对人权造成威胁的可能性。

（三）科学系统宪治模式的建构措施

目前，我国对科学系统的管理依旧主要是依靠司法和行政的力量进行外部控制。即使是对于饶毅举报几位院士和教授学术造假这种单纯依照行业领域内的方式便可以解决的事件，也未能充分调动来自科学系统内部话语力量来处置。中国科技部和中国科学院在进行回应时，既未公开调查的过程和相关数据，也未按照科学界公认的学术惯例，请第三方严格重复受到质疑的论文中的实验。其作出的声明更像是一种政治系统依凭自身固有权威的宣告，意在强令科学系统接受这一结果。可见，本应是主角的科学系统却表现得较为软弱。透过此事不难看出，国内科学系统目前自我处理问题的能力依

---

① 例如，2018 年 11 月 26 日，发表在 The Crispr Journal 上的题为 "Draft Ethical Principles for Therapeutic Assisted Reproductive Technologies" 的文章即遭到撤稿，Barrangou 给出的理由是："如果一个学者不能坚持自己在先前论文中提出的原则，我们怎么能在期刊中继续收录它呢？"他认为，贺建奎在投稿这篇论文时，故意隐瞒了自己正在进行的生殖系基因编辑临床研究甚至婴儿已经出生的事实，违背了学术道德，破坏了信任关系。https://www.genengnews.com/insights/he-jiankuis-germline-editing-ethics-article-retracted-by-the-crispr-journal/，2021 年 6 月 27 日访问。

然不足。为了更好地维持科学系统的稳定,形成健康的科研环境,科学系统须主动接受外部环境的压力和合理要求,提高自治能力。

究竟何种条件有资格决定何为真理,何为非真理呢?也许有人会说,真理即客观规律,科学系统探求真理,最终只可能得出客观上唯一正确的答案。这种说法忽略了真理主观性的一面。从个人来看,"真理既然是主体对客体世界的正确认识,本身就是人类的一种意识,并不在人类的意识之外,更不是不依赖于人类意识而独立存在的东西"[①]。生物系统、心理系统、社会系统之间存在逻辑上的链条关系,社会系统会进行沟通,而"世界上没有任何东西可以影响沟通——除非是透过意识"。"意识完全依赖于它自己的大脑,而大脑会一再要求有机体必须活着。"[②]从人类整体来看,"全部人类历史的第一个前提无疑是有生命的个人的存在",其中,"自然史,即所谓自然科学"。[③] 如此一来,人类的科学系统对真理/非真理的确认法则便不证自明了:它必须对人类的存续发挥积极意义,任何一种很可能会威胁人类当代及其后代的生命健康、人格完整性的科学实践,都应当被判定为"非真理"。当然,是否对人权构成了威胁只是科学系统在纲要层面应当接纳的标准之一,还有许多其他的标准,例如学术不端、学术造假的所得成果也"非真理"。而最有资格对此(科学研究的合真理性与否)作出判定的,是科学职业共同体,这有赖于科学系统内部行业规则的完善。

五 结语

在社会功能日益分化的现在,法律如何回应新兴科技的挑战,是从部门法到法学理论所面临的重要问题。笔者从基因编辑入刑切入,以系统论为理论工具,对这一问题在社会宪治背景下进行了延伸讨论。不同于以往的研究,本文并不是孤立地讨论法律与科技的关系,而是把二者放在社会领域的宏观背

[①] 张海源:《真理是主观与客观的融合和同一》,《理论探索》1993年第4期。
[②] 〔德〕玛格特·博格豪斯(Margot Berghaus):《鲁曼一点通:系统论导引》,张锦慧译,暖暖书屋文化2016年版,第96页。
[③] 《马克思恩格斯选集》(第1卷),第146页。

景下,将其建构为带有一定功能属性的社会子系统。通过考察二者的互动方式,发现人权在统合法律与科技之冲突时所具备社会宪治意义,实现了法律与科技在社会治理意义上的交融,同时反思了现行部门法对科技问题进行回应时的不足。

透过对贺建奎团队的基因编辑婴儿侵犯人权的处理,我们发现科学系统在其中发挥的诸如第一时间进行抵制等的重要作用,以及法律系统在应对效果上的不足。在社会已分化且科学系统在运作意义上能够自成一体的当下,人权保护的实现向我们提出了更高的要求。在正确认识人权,将其作为人类生存和发展所必须遵守之原则的前提下,将人权融入指引科学系统研究的纲要之中,或可配合立法、政策等规制方式,充分发挥社会系统的能动性,更好地实现预防和惩治人权侵犯的效果。科学系统则因其组织领域的高度专业化而有可能通过内部专业话语力量进行自我限制,从而形成一种宪治模式,使自身健康地运作,生生不息。

刑事诉讼中的人权保护

公诉案件被害人角色定位的理性审视[*]

李文军[**]

摘 要:随着国际人权保障运动的发展和刑事领域被害人学的兴起,被害人在刑事诉讼法中的权利保障成为各国司法改革的重要目标。其中,被害人在公诉案件中的角色定位在法治发达国家和地区受到广泛关注,有的已通过立法或修法提高了被害人的诉讼地位,使其可参与侦查或预审并提出证据方法、提起独立于检察院的控诉、知悉控诉理由、获得律师帮助、参与法庭审判、对其不利的裁判提起上诉等。我国的刑事诉讼法将被害人纳入当事人范畴,虽顺应了国际上保障被害人诉讼权利的发展趋势,但被害人诉讼角色的当事人化与刑事诉讼制度设置和诉讼制度结构存在冲突,有悖于刑事审判程序运行的基本原理。对此,可综合借鉴德国和我国澳门地区刑诉法中的制度设置,通过法官裁量赋予部分公诉案件被害人选择成为证人或辅助人的权利,并给予其相较于其他诉讼参与人更多的诉讼权利关照。

关键词:被害人;公诉案件;证人;辅助人;附加诉讼人

一 问题的提出

刑事诉讼程序中对被害人权利进行保护的发展动态使人们越来越认识到提高被害人诉讼地位的重要性。世界范围内普遍开展的被害人运动催生并推动了这一认识的发展,而这种发展也在大陆法系国家的法律规定中有所体现。德国的实务界及刑事政策框架内的积极改革者提出,要致力于将刑事诉讼中

---

[*] 本文系 2022 年重庆市教育委员会人文社会科学研究规划项目"刑事庭审调查改革落实证人出庭作证制度研究"(22SKGH046)的阶段性成果。
[**] 李文军,法学博士,西南政法大学人权研究院讲师,西南政法大学刑事检察研究中心研究员,主要从事刑事法学、人权法学研究。

的被害人地位从作为证据方法的客体,转变为共同形塑程序的主体。此处被害人的主体地位有双重性质:一是被害人可以获得明确的权能或权利,以保护自己免于在诉讼中受到危害;二是被害人可以获得更多形塑程序的可能性,以能在刑事司法的日常现实状况中,取得并实现不只是一般性的积极角色,也包括特别性的有影响力的角色。① 我国1996年修订的《刑事诉讼法》在保护被害人权利和提高被害人诉讼地位方面,相较1979年制定的《刑事诉讼法》有很大的进步,它首先表现在被害人诉讼地位的提高,享有诉讼当事人绝大部分权利和一些被害人独有的权利。例如,对犯罪行为的控告权;申请侦查人员、检察人员和审判人员回避的权利;委托诉讼代理人的权利;对检察院的不起诉决定的申诉权和向法院的直接起诉权;亲自参加或委托诉讼代理人参加法庭审理的权利,包括参与调查证据的权利和法庭辩论的权利;对法院的一审判决不服向检察院提出抗诉申请的权利;对已经发生法律效力的判决和裁定的申诉权。②

出现上述变化的主要原因是,1996年《刑事诉讼法》第82条将被害人纳入当事人的范畴,改变了1979年《刑事诉讼法》第58条将当事人范围仅限于被告人、自诉人、附带民事诉讼的原告人、被告人的规定。2012年、2018年《刑事诉讼法》的修订延续了有关被害人的这一制度设置。此举被认为强化了被害人的诉讼地位,有利于平衡各诉讼参与主体的权利。虽然将被害人作为公诉案件的当事人,顺应了国际上保护被害人的趋势,积极回应了联合国尊重和保护被害人的要求,但这容易导致被害人诉讼角色的冲突和刑事诉讼结构的失衡,并对学理上将刑事审判视为国家与个人之间双方争斗印象的二元审判模式提出了挑战。③ 一般认为,犯罪是对国家法律的侵害,而发现犯罪和追诉犯罪是国家的职责,因此需要经由国家确立的刑诉程序来判断被告人是否违反刑法,以及国家是否有正当理由可以对被告人进行惩罚。但问题在于,到底应该如何有效保障公诉案件中被害人的诉讼权利,以及维系刑事诉讼程序的合理构

---

① 参见〔德〕Hans-Jürgen Kerner:《德国犯罪被害人地位之强化——综览刑事政策、刑法、刑事诉讼以及实务领域之最新发展》,连孟琦译,《月旦刑事法评论》2017年第6期,第61页。
② 参见岳礼玲:《刑事审判与人权保障》,法律出版社2010年版,第325页。
③ See William T. Pizzi, "Victims' Rights: Rethinking Our Adversary System," *Utah Law Review*, Vol. 1999, 1999, p. 349.

架呢？

　　学界已有的代表性研究成果中，针对被害人的当事人化问题有两种截然不同的观点。一种观点认为，被害人并非公诉案件的原告，同时又不享有上诉权，被害人的当事人角色不仅损害了证据来源的可靠性、真实性，也违背了证人不得旁听审判的原则，而在控方中加入被害人后更加剧了控辩双方的不平等。在当前的法律框架下，被害人参与刑事诉讼程序需要把握"量与质"，尽量减少其他证据资料对被害人作证的影响；但今后刑事诉讼法的修改应废除被害人作为公诉案件当事人的制度，同时保留被害人作为诉讼当事人制度中的一些合理要素，以加强原刑事诉讼法中所确立的被害人参加诉讼制度。[①] 另一种观点认为，虽然有学者质疑被害人的当事人地位名不副实且在实务中弊大于利，但实际上被害人的当事人化符合刑事诉讼程序运行机制。在立法上加强对被害人权利的保护，关键是要扭转传统刑事诉讼程序中被害人地位的客体化现象。众所周知，在刑事诉讼法中，仅有国家专门机关和当事人才能称得上是"程序主体"，其他角色皆为一般诉讼参与人。如果要让被害人真正成为刑事程序的主体，唯有将被害人纳入"当事人"的概念，使被害人成为当事人之一，舍此并无他途。造成被害人在刑事诉讼中角色冲突的内在原因，是被害者证人即被害人充当证人这一制度，而不是因为刑诉法将被害人提升至当事人地位才导致其角色产生冲突。[②]

　　上述关于公诉案件中被害人角色当事人化的"废除论"和"维持论"观点，分别从诉讼程序法理、法律修改背景、制度价值选择层面进行了批判或辩驳。事实上，大陆法系国家采职权主义诉讼模式的刑事诉讼程序，虽然被害人基本上有参与诉讼程序的权利，但被害人的诉讼地位和诉讼权利存在一些差别，特别是在将被害人作为特殊类型的诉讼参与人还是一般意义上的诉讼参与人上存在分歧，以及如何衡量被害人全程参与刑事审判与充当证人所可能导致的角色冲突。针对此问题，笔者认为，有必要从比较法角度考察被

[①] 参见龙宗智：《被害人作为公诉案件诉讼当事人制度评析》，《法学》2001年第4期，第31—35页。
[②] 参见万毅：《刑事被害人诉讼权利保障若干问题研究》，《兰州学刊》2016年第12期，第127—130页；陈光中主编：《刑事诉讼法》，北京大学出版社2013年版，第78页。

害人在公诉案件中的角色定位,并重新审视我国刑事诉讼法中被告人角色的定位选择。

二 公诉案件被害人当事人化的法理冲突

我国 1996 年、2012 年、2018 年《刑事诉讼法》第 82 条、第 106 条、第 108 条,分别将被害人纳入当事人范畴的做法并无任何法理依据。公诉案件一般由公诉人代表国家对被告人提起控诉,因为这类案件既是对被害人个人法益的侵害,也是对社会法益的侵害。也因此,公诉案件不能取决于被害人的追诉意愿,而应由公诉人代表被害人和国家对被告人进行控诉。主要原因在于:一是被害人已经死亡或受到压制而无法提起诉讼;二是犯罪行为大都具有隐蔽性和过去性,作为普通公民的受害人,既无侦查犯罪的技术手段和强制手段,也缺乏侦查犯罪的经验;三是对犯罪的追究和惩罚是一种高成本、高投入的活动,被害人无力承担高昂的诉讼成本。[1]

公诉案件检察官需要承担审查案件和对案件提起公诉的任务,在对抗式的审判程序中其实质上是一名辩护人。虽然检察官一定意义上承担了辩护人的角色,事实上也隶属于政府的执法官员,但其作为代表人民追诉犯罪的代表,被期望能够公平和公正地行使权力。[2] 检察机关的基本职能是向法院提起公诉,检察权在本质上主要表现为公诉权,以公诉权为基本内容的检察权在本质上属于行政权。[3] 在公诉活动过程中,检察机关的公诉权不同于法院审判权的运作。检察机关与被追诉方是相互对立的当事人,法律要求公诉方必须代表国家对被追诉方涉嫌的犯罪进行追诉,将其涉嫌的犯罪事实及相关证据提交给法院裁判,而不是要求检察院自己作为中立的第三方对被追诉人涉嫌的犯罪进行裁判。为了维护国家利益和公共秩序,根据追诉犯罪的需要检察院实行的是检察一体的组织活动原则。公诉案件中检察官作为执法官员代表

---

[1] 参见左卫民、周长军:《刑事诉讼的理念》,第 7—9 页。
[2] 参见〔美〕爱伦·豪切斯泰勒·斯黛丽、〔美〕南希·弗兰克:《美国刑事法院诉讼程序》,陈卫东、徐美君译,中国人民大学出版社 2002 年版,第 189 页。
[3] 参见陈卫东:《我国检察权的反思与重构——以公诉权为核心的分析》,《法学研究》2002 年第 2 期,第 3 页。

人民,是与案件结果有利害关系的诉讼当事人,即充当的是原告的角色。诉讼中的"当事人"可以从以下两方面进行理解:一是在案件中有利害关系;二是作为诉讼主体在案件审理过程中有重要的权利和义务,即原告或被告的权利和义务。① 从这个层面上看,公诉案件的裁决结果关系到被害人利益的保障和对社会利益的维护,而被害人与公诉人均与此存在一定的利害关系。特别是被害人作为遭受犯罪行为侵害的人,与案件的最终处理结果有着直接的利害关系,不仅有获得经济补偿和赔偿的动机和欲望,更有对实施加害行为的犯罪人受到法律惩处的追诉意愿。② 但对于公诉案件的刑事部分,公诉人已代为被害人行使追诉权,如果再赋予被害人对被告人提起刑事诉讼的当事人身份,会造成追诉的冗余和诉讼资源的浪费。

被害人作为诉讼当事人的诉讼角色冲突主要体现在:首先,被害人是遭受犯罪行为直接侵害的人,参与刑事诉讼是为了追究被告人的刑事责任,这一角色定位使其具有强烈的控诉倾向。即使今天,司法制度的基础动力就是人们的复仇本能:如果受害人或其亲人没有复仇意识,那么司法审判就很难启动,整个司法程序即使由于国家干预而启动也会因此而完全不同;受害人或其亲人总是比一般人更愿意不计报酬地协助警方调查罪犯,比一般证人更自愿出庭作证,甚至要求法院施以重刑,由此才有了目前各国在这一层面上看似大同小异的司法制度。③ 其次,被害人是犯罪行为的亲历者或关联者,其对相关案件事实的陈述是查明实体真实的重要证据,诉讼中需要被害人充当证人的角色。被害人与证人相似,被害人遭受侵害的亲身经历,对犯罪事实有较多的了解,是有力的见证人,具有证人资格,处于证人地位,具有证人享有的一切诉讼权利。但是,追诉犯罪的意愿与证人出庭提供证言之间,二者存在无法回避的角色冲突问题。

为使被告人受到法律的惩罚,被害人一般具有主动参与刑事诉讼程序、影响最终裁判结果生成的愿望。被害人作为追诉犯罪的当事人与重要证据来源

---

① 参见龙宗智:《刑事庭审制度研究》,中国政法大学出版社 2001 年版,第 212 页。
② 参见陈光中主编:《刑事诉讼法》,第 77—78 页。
③ 参见 Richard A. Posner, *Retribution and Related Concepts of Punishment, Economics of Justice*, Cambridge: Harvard University Press, 1981, p. 213,转引自苏力:《法律与文学:以中国传统戏剧为材料》,第 44 页。

的证人,很难在两种角色之间进行平衡转换,特别是具有强烈控诉倾向的当事人,会影响其对相关案件事实的客观陈述。被害人对案件有直接的较多的了解,感受很深,但由于是受害者,往往因犯罪发生时间、地点、环境、条件等的影响或自身认识能力的限制,使认识、记忆、表述能力发生误差。被害人在受到侵犯时,往往精神高度紧张、恐慌、发生错觉,或受害后精神受到刺激、记忆混乱等,也会使陈述失实。① 而公诉案件被害人作为当事人参与全部法庭调查,既要以证人身份作证,又要以当事人身份在场参加全部诉讼活动,听取被告人的供述和辩解、证人证言,以及对其他证据资料的举证、质证、辩论。这种双重角色身份违背了证人不得旁听审判的原则,会不当削弱其作证的真实性和可靠性。

证人常有知觉、记忆、陈述的瑕疵而不自知,证人也未必对自己的知觉、记忆有充分的信心。如果一个证人在知悉另一个证人提供的证词后,可能故意或潜意识地依附先前证人的证词。② 被害人出席庭审并旁听庭审,会使他们调整自己的证言而与其他证人一致。同时,被害人参与案件审理与庭审发现真实的功能相冲突,因为报复可能乘虚而入。在美国,虽然司法制度中审判是向公众公开的,任何人都可以旁听,但是证人在作证之前并不被允许旁听。这有利于确保他们的证言完全基于自身的感官,而不是基于从其他证人处听到的话。③ 例如,被害人甲在庭审中旁听了证人乙的作证陈述,就可能以此与自己的证言相互比对,隐匿对自己不利的证言,强化对自己有利的证言。2020年《高法解释》第 264 条、第 265 条规定:"向证人、调查人员、侦查人员发问应当分别进行。证人、鉴定人、有专门知识的人、调查人员、侦查人员或者其他人员不得旁听对本案的审理。有关人员作证或者发表意见后,审判长应当告知其退庭。"最高人民法院的这一规定明确提出了证人不得全程参与庭审活动,以避免诉讼角色冲突导致证人包括被害人受到其他证人、鉴定人、有专门知识人证言或意见的影响。不过,《刑事诉讼法》并未明确规定被害人出庭作证的

---

① 参见何家弘主编:《刑事审判认证指南》,法律出版社 2002 年版,第 244 页。
② 参见王兆鹏:《美国刑事诉讼法》,北京大学出版社 2014 年版,第 617 页。
③ 参见〔美〕弗洛伊德·菲尼、〔德〕约阿希姆·赫尔曼、岳礼玲:《一个案例两种制度:美德刑事司法比较》,中国法制出版社 2006 年版,第 102 页。

回避和限制问题。在公诉人宣读完毕起诉之后,被害人可针对起诉书中指控的相关罪名和犯罪事实进行陈述,而经审判长许可被害人还可以向被告人发问,之后才是被害人正式出庭作证。这实际上很难阻止被害人可能会根据被告人的供述以及其他证人的证言,调整自己知晓的案件情况。被害人作为诉讼当事人参与法庭调查,提供证言的真实性会大打折扣,不符合证人调查的隔离讯问原则。

有观点认为,被害人积极、主动地参与诉讼过程,影响法院的最终裁决结果,因此需要赋予其作为具有广泛诉讼权利的"当事人"地位,才能在随后的诉讼程序中对被害人、被告人、国家等主体的利益作出合理、适当的平衡。[①] 而否认被害人当事人化的"诉讼主宰者"地位的观点,并不意味着不给被害人机会来表达自身观点或提供证据,受犯罪侵害公民必须被赋予表达意见的机会这一要求与一种纯粹的政策实施模式完全可以兼容。提供听取意见之场合的目的主要在于打开信息渠道,而不是保护个人的自我利益。[②] 可见,刑诉法将被害人诉讼地位当事人化缺乏理论根据,赋予被害人在公诉案件中的当事人地位,不但无益于各诉讼主体之间的利益平衡,反而可能造成诉讼秩序和诉讼结构的混乱。

第一,公诉案件中被害人诉讼地位的当事人化,可能会给原本在诉讼权上并不平衡的控辩双方带来更为严峻的挑战。被害人作为刑事诉讼中的当事人,与被告人具有相对平衡的权利义务,如对侮辱人身行为和侵犯诉讼权利的行为有权提出控诉,有权申请有利害关系的审判人员、检察人员、侦查人员、书记员、鉴定人和翻译人员回避,有权调取新的物证、通知新的证人到庭、申请重新鉴定和勘验等。被害人在刑事诉讼中的当事人角色是控诉性的,仅次于法庭上的公诉人。代表国家对被告人犯罪行为向法院提起诉讼的公诉人,在案件的审查起诉、法庭审理过程中,享有相较于被告人更为充分的诉讼权利。公诉人还可以代表检察机关对审判活动履行法律监督职能。无论是英美法系还是大陆法系国家的刑诉模式构造,辩方与控方在诉讼地位、权利的配置方面都

---

① 参见陈光中主编:《刑事诉讼法》,第78页。
② 参见〔美〕米尔伊安·R.达玛什卡:《司法和国家权力的多种面孔:比较视野中的法律程序》,郑戈译,中国政法大学出版社2015年版,第199页。

存在天然的不对等。倘若公诉案件中控方阵营再无端加入一个具有当事人身份的被害人,则会造成控辩双方力量的进一步失衡。刑事庭审成为一场不公平的竞技,因为控方有两支团队,而被告人只有一个团队。任何促进真实发现的好处都因这种对被告人诉讼地位不对称的程序设置而失色。[1] 在我国的刑事诉讼构造与程式中,原本对辩方诉讼权利限制较多,而被害人的当事人化,再次加剧被告人诉讼地位和控辩双方对抗的弱化。

第二,审判人员可能难以适应新的刑事诉讼构架,容易造成法庭审理的无序性。诉讼是控辩审互动的三方组合,其中发生冲突的控辩两造要求法院解决他们的争执,将之作为理解诉讼任务的出发点。而在被害人作为诉讼当事人的情况下,诉讼对抗的二元制变为多元制,法官审理案件面临两方面的诉讼请求,即检察院提出的规范性请求,与被害人从自身角度提出的非规范性请求。[2] 这种由被害人诉讼地位变化带来诉讼构架的倾斜,使得法官很难掌控好庭审举证、质证、辩论的节奏和效率。而支持被害人当事人化的论点也不得不承认,刑事诉讼毕竟不同于民事诉讼,在检察机关作为追诉机关已经构成被告人强大对手的情况下,被害人如果再拥有与其完全相同的诉讼权利,那么被告人事实上将同时面对两方面的指控,其诉讼地位将处于十分不利的状态。为维护控方和辩方总体上的地位平衡,公诉案件中应该对被害人诉讼地位作出一些限制,使其不至于成为一般意义上的原告人。[3] 值得注意的是,被害人提供的实物证据和言词证据是司法人员作出正确裁判所需要依靠的珍贵信息源,因而被害人提供的证据资料有可能协助司法官员针对公诉案件涉及问题作出最佳决策回应。不难看出,公诉案件被害人诉讼角色定位的当事人化,"合理论"观点的支持者也承认其与一般原告人有区别,应该对其诉讼地位作出一定调整。

---

[1] 参见〔美〕道格拉斯·埃文·贝洛夫:《刑事诉讼的第三种模式:被害人参与模式》,载虞平、郭志媛编译:《争鸣与思辨:刑事诉讼模式经典论文选译》,北京大学出版社 2013 年版,第 212 页。
[2] 参见龙宗智:《被害人作为公诉案件诉讼当事人制度评析》。
[3] 参见陈光中主编:《刑事诉讼法》,第 78 页。

三　公诉案件被害人角色的比较考察

国际上被害人保护运动的兴起和被害人主体性理念的确立,使被害人的独立诉讼权利得到了广泛的承认和发展。但被害人在公诉案件中主体性地位的确立,并不是通过将被害人诉讼角色简单当事人化来实现的。在各国现行法律制度中,被害人于司法程序上的地位可被大致分为三类:一是北欧或东欧制度,被害人基本上有参与诉讼进行的权利,也就是有刑事程序进行请求权;二是以法国为基础的刑事司法制度,被害人在诉讼程序上有损害赔偿请求权,但并无参与刑事程序的权利;三是英美法系国家,被害人在诉讼上是处于证人的角色。[①] 鉴于我国沿袭的是大陆法系职权主义诉讼模式,且被害人可以作为当事人或证人参与刑事诉讼程序,笔者拟结合德国的附加诉讼人制度和我国澳门地区的辅助人制度,对公诉案件被害人的角色定位进行对比研究。

(一) 德国的附加诉讼人制度

附加诉讼人制度是犯罪行为的被害人及其亲属通过附加诉讼参加已经提起的公诉或保安处分程序以获得补偿和监督检察机关,或为维护其他权利所允予的诉讼参与权。[②] 可见,附加诉讼人制度可以发挥私人对检察院刑事追诉行为的监督作用。但是,附加诉讼人制度不同于被害人对一些不严重犯罪代替公诉人提起刑事控告的自诉制度。在被害人可以提起附加诉讼的案件中,起诉和审判程序同普通类型的刑事诉讼程序案件没有任何区别。如果被害人选择以附加诉讼人身份提起控诉,他就可以参与审判并在法庭审理过程中享有同公诉人类似的权利,[③]还可以对被告人的无罪判决提出上诉。因犯罪遭受金钱损失而可以提出精神损害赔偿的被害人,还可以在刑事法庭的公诉案件中提出附带民事请求。[④] 附加诉讼人是具有特殊权利的程序参与人,他可以在程序中积极地、独立于检察院来行使其权利,从而对程序产生影响。但该权利

[①] 转引自王正嘉:《刑事司法上被害人保护及其与犯罪人关系》。
[②] 参见〔德〕克劳斯·罗科信:《刑事诉讼法》,吴丽琪译,法律出版社2003年版,第584页。
[③] 参见《德国刑事诉讼法典》,宗玉琨译注,知识产权出版社2013年版,第268—269页。
[④] 参见〔德〕托马斯·魏根特:《德国刑事诉讼程序》,岳礼玲、温小洁译,中国政法大学出版社2003年版,第203页。

不会比检察院所享有的多。例如,程序进程取决于检察院的同意或放弃时,不会问及附加诉讼人的意见。只要案件中有一个犯罪行为是《德国刑事诉讼法》第 395 条所列举的行为,相关主体就具有可参加刑事诉讼程序的附加诉讼人资格。即使该犯罪行为与其他的无附加诉讼资格的犯罪行为共同构成一个行为,或者因为法条竞合,该行为被吸收而没有在公诉机关的起诉书中被提及,也不影响附加诉讼人参加刑事公诉案件的资格。① 因附加诉讼是与私人诉讼的权利相连接,所以附加诉讼人可拥有的权限与检察官几乎相同。附加诉讼人有阅卷权、期日通知权、在场权、陈述权、询问权、声请权、证据声请权、异议权、上诉权及同意权。附加诉讼人也可以有一个律师为辅助,亦有诉讼费用扶助请求权。②

根据《德国刑事诉讼法》第 5 编第 2 章的规定,附加诉讼的案件类型主要是部分侵犯人身权利和财产权利的犯罪。例如,《德国刑法》第 174 条至第 182 条(针对性的自我决定的犯罪行为)、《德国刑法》第 232 条至第 238 条(针对个人自由的犯罪行为)、《德国著作权法》第 106 条至第 108 条 b(对相关著作权利的不法侵犯)。附加诉讼人参与刑事诉讼程序主要是希望为将来民事请求权的实现做准备。附加诉讼诉人的主体范围包括被害人以及违法行为被害死亡人的子女、父母、兄弟姐妹、配偶或生活伴侣,或者因申请法院裁定(第 172 条)而提起公诉的人。被害人能否作为附加诉讼原告人参加诉讼,应当以书面的形式向法院申请,法院在听询检察院意见后,对相关主体能否作为附加诉讼人参与刑事诉讼程序的资格作出裁定,必要时还可听询被追诉人的意见。《德国刑事诉讼法》第 397 条规定,即使附加诉讼人应当作为证人接受询问,也有权出席法庭参与案件审理。有学者指出,准许有提起附加诉讼权利的被害人法庭审理时在场的规定,可谓系立法者有意地对真实发现创设一个(非常不重要的)风险。③ 被害人参加法庭审理无须恪守证人不得旁听庭审原则,这是立法

---

① 参见〔德〕Klaus Volk:《刑事诉讼法基础》,转引自《德国刑事诉讼法典》,第 266 页。
② 参见卢映洁:《犯罪与被害:刑事政策问题之德国法制探讨》,新学林出版股份有限公司 2009 年版,第 343 页。
③ 参见〔德〕Hans-Jürgen Kerner:《被害人在德国刑法与刑事程序法地位的扩建:从上世纪 80 年代的被害人保护、损害修复、犯罪人与被害人的冲突调处,至 2004 年的被害人权利改革法》,许泽天译,《月旦法学杂志》2007 年第 1 期,第 164 页。

者刻意设计、价值选择的结果,尽管因此可能导致被害人作证的客观性受到损害,影响法庭对案件实体真实的发现,也被视为立法者所认可的一种制度成本或立法风险。① 显然,附加诉讼人有权选择参与法庭审理并要求向法庭提供证言或应法庭的要求提供证言。

一般认为,德国的附加诉讼人制度开启了保护被害人权利、提升被害人诉讼地位的可能性,但仍然有学者对该制度提出了批评。2018年托马斯·魏根特教授在中国人民大学所作的学术演讲中提到,德国的被害人运动主要是赋予被害人信息知情权,并没有真正允许被害人共同决定刑事诉讼的程序及其结果。只有一些特殊犯罪案件的被害人才有权参与到公诉中,并在这些案件的审判中拥有和公诉检察官相似的权利,甚至有权针对无罪判决提起上诉。一些被害人被赋予了委托律师的权利后,被害人的律师同样可以查阅案卷,被害人则有权获得这样一位跟他一起出庭、为他提供建议的专业同伴的服务。在一些案件中,如果被害人因为贫穷而无力聘请律师,则国家会为其支付律师费。但是,被害人对检察官基于公共政策因素作出的撤诉决定无权提出异议,而且被害人也没有权利向法院表达他们的感受和诉求,比如对于被告人的量刑意见。② 除此之外,其他学者也对这一制度进行了批评:第一,附加诉讼人的费用负担与该制度的效果相较之下不成比例;第二,来自附加诉讼人权利的行使所造成的程序延宕难以避免;第三,被害人对于公诉的提起并没有相关权限,而附带诉讼给予被害人参与诉讼的时间点已经太迟;第四,有权提起附加诉讼之案件范围在理由上并不充分,尤其与私人诉讼案件(自诉案件)相互对照下并不合逻辑;第五,附加诉讼人的攻击权限太过宽泛,造成对被告方不公平的双重控诉;第六,附加诉讼人额外的攻击地位并不受欢迎,因为会恶化诉讼程序的气氛。③

(二) 我国澳门地区的辅助人制度

澳门地区的辅助人制度来源于葡萄牙,适用于自诉罪、有控告才予以追诉

---

① 参见万毅:《刑事被害人诉讼权利保障若干问题研究》。
② 参见〔德〕托马斯·魏根特:《德国刑事诉讼的最新发展(讲稿整理)》,http://www.sohu.com/a/270620110_650721,2020年4月14日访问。
③ 参见卢映洁:《犯罪与被害:刑事政策问题之德国法制探讨》,第343—344页。

之犯罪和公罪三类。辅助人是刑事诉讼中的特别诉讼主体,与被害人有关,但范围又不完全等同于被害人。辅助人独立或协助执行控诉,既可加强控诉灵敏度,又可监督专门机关特别是检察机关的执法活动。[1] 辅助人理念源于犯罪发生后,被害人及其他主体可以在刑事诉讼中担当某一角色,以保护受害人和社会利益。[2] 辅助人的主要权利有:参与侦查或预审,并提供证据及声请采取视为必需之措施;提出独立于检察院控诉之控诉;如属非经自诉不得进行刑事程序之情况,则即使检察院不提出控诉,辅助人亦得独立提出控诉;对影响其本人之裁判提起上诉,尽管检察院没有提起上诉。具体来看,根据《澳门刑事诉讼法典》第58条第2款b项、第266条及第267条的规定,辅助人可以对检察院提出控诉的不同事实提出指控;第58条第2款c项规定,可依法律规定提出控诉,即使检察院未提出控诉;第269条第1款b项及第270条第1款规定,当检察院决定对卷宗予以归档时提出预审声请等。[3] 由此可知,澳门地区刑事诉讼法中规定的"辅助人"是很有特色的诉讼主体,[4]享有"独立控诉""参与侦查""提供证据""提起上诉"等诉讼权利。

辅助人是基于犯罪被害人及与犯罪被害人身份的特别关系或犯罪性质而取得刑事诉讼主体地位身份的,具有参加刑事诉讼程序的正当性。当被害人及其近亲属成为特别主体之辅助人时,可以参加刑事诉讼程序以辅助公诉方查明事实,促进司法机关正确适用法律。[5] 根据《澳门刑事诉讼法典》第57条的规定,除特别法赋予相关主体权利成为辅助人外,刑诉法宽泛地规定了被害人及其近亲属以及其他主体能够成为辅助人的情况。但一般情况下,辅助人主要是指被害人及其法定代理人,只有在被害人死亡或无法成为辅助人时,其他主体才能成为辅助人。须注意的是,该法第57条第(5)款规定:"任何人,只要属刑事程序不取决于告诉及自诉之犯罪,且无人可依据以上各项之规定成为辅助人。"本款属于开放性条文,主要针对的是没有直接受害人的案件,如属公共危险罪、贪污渎职罪时任何人均可成为辅助人。刑法功能保护的法益既

---

[1] 参见周士敏:《澳门刑事诉讼简介(二)》,《人民检察》1999年第10期,第60页。
[2] 参见邱庭彪:《澳门刑事诉讼法分论》,社会科学文献出版社2014年版,第87页。
[3] 参见李哲:《澳门刑事诉讼法总论》,社会科学文献出版社2015年版,第182页。
[4] 参见元轶:《澳门刑事法学论》,知识产权出版社2015年版,第223页。
[5] 参见邱庭彪,前引书,第87—88页。

包括保护公共、国家、社群事务的公共法益,也包括保护个体人身权利和财产权利的个人法益。但有些犯罪有被害人,而有些犯罪无直接、特定的被害人,如破坏公物、贪污、受贿等,以至于以往的刑事诉讼程序设置忽略了被害人的主体性地位。被害人因不具有刑事诉讼的主体资格而仅为法庭查明案件事实真相的证据方法。①

根据《澳门刑事诉讼法》第57条第1款规定,特别法赋予相关主体权利成为辅助人的情形,应遵从特别法优于一般法的法律原则。例如,澳门地区第6/96/M号法律第38条规定:在刑事案件涉及对消费者的保护时,受事实损害之自然人或法人、消费者委员会、消费者团体得成为辅助人。② 尽管上述相关主体有资格成为刑事诉讼程序之辅助人参与案件审理,但须在听证开始五日前向法官声请;或如属非经自诉不得进行的刑事程序,则该声请须在提出控诉前,或在提出控诉时向法官声请;又或如果希望参与预审辩论,则相关主体须在进行预审辩论五日前声请成为辅助人。否则,虽然其可成为辅助人参与之后的诉讼程序,如审判听证,但并不能够参与预审辩论。法官须让公诉方和被追诉人对该声请表明立场后,以决定是否允许相关主体成为辅助人。而公诉方和被追诉人的立场并不能限制法官的决定,法官可以自由裁定是否允许相关主体成为辅助人,可见最终的决定权仍然在法官手中。如果法官最终决定允许其成为辅助人,但被追诉人或公诉方对此表示反对,其可以根据法律规定对此提起上诉,且有关上诉须立即上呈。而认为自身具有正当性的相关主体,也可以对法官不允许其成为辅助人的裁定提出上诉。包括被害人在内的相关主体一旦向法院声请成为辅助人后,因诉讼角色的冲突其不得以证人身份作证。③

但《澳门刑事诉讼法》第131条和第132条规定,"虽然法律规定辅助人不得以证人身份作证,但如其欲发出声明,可以向司法当局提出声请,或当司法

---

① 参见邱庭彪:《澳门刑事诉讼法分论》,第88页。
② 参见李哲:《澳门刑事诉讼法总论》,第182—184页。
③ 《澳门地区刑事诉讼法》第120条规定:"一、下列之人不得以证人身份作证言:(1)同一案件或相牵连案件中之嫌犯或共同嫌犯,在此身份仍维持期间;(2)已成为辅助人之人,自成为辅助人之时起;(3)民事当事人。二、如属诉讼程序分开处理之情况,同一犯罪之各嫌犯或相牵连犯罪之嫌犯得以证人身份作证言,只要其对此明示同意。"

当局认为适宜时,则可听取其声明。在发出声明时,辅助人虽无须宣誓,但有据实陈述的义务,违反该义务将负刑事责任。如法官认为对质有助于发现事实真相,可依职权或应声请,安排辅助人与嫌犯、证人进行对质"[①]。被害人选择成为辅助人后发出声明或与被告人、证人对质,这似乎是对《澳门刑事诉讼法》第 120 条规定辅助人不得以证人身份作证的突破,因而仍然无法替代被害人作为证人对发现案件真实的重要作用。针对此问题,笔者咨询了澳门地区的相关刑诉法学者,他们认为辅助人之所以不得以证人身份提供证言,是因为辅助人对刑事案件的裁判有利益诉求的诉讼主体。换言之,检察院对被告人以什么罪名起诉,法院如何定罪、量刑,被害人作为辅助人有自己的追诉意愿,并与案件的审理结果有直接的利害关系。因辅助人对案件的审理结果有实质性的利益诉求,所以辅助人此时就不再是一个中立的、与案件无关的诉讼主体,但这并不妨碍辅助人向法庭提供声明。

首先,澳门地区的刑事诉讼模式采取的是大陆法系传统的职权主义,法庭审判以法官职权调查为主,控辩双方和被害人对证据调查仅具有补充作用,因此传统职权主义下法官主导的庭审调查,即使有选择成为辅助人之被害人全程参与公诉案件的审判,并向法庭提供声明,也不会对法官审理案件产生较大影响。

其次,澳门地区的辅助人必须由律师代理,被害人除了在法庭上陈述自己的声明外,大部分的诉讼主张都由其律师来代替完成。也就是说,被害人作为辅助人不需要全程参与法庭调查,法庭需要其提供声明或其要求提供声明的会适时传唤其到庭陈述,这样就不会影响其提供声明的独立性。

最后,大陆法系国家证人仅指普通证人、被害人,而被告人、辅助人、鉴定人被排除在证人之外,尽管被告人供述、辅助人声明、鉴定人意见也是非常重要的证据资料来源。作为诉讼主体的被告人与辅助人可主动提出或应法庭要求进行对质。所以,理论上辅助人行使对质权和辅助人是否为证人没有必然联系,只要辅助人、被告人、证人提供了供述、声明或言词证据,法庭就可以根据查明案件真实的需要或依被告人、辅助人声请,安排被告人、证人、辅助人进

[①] 邱庭彪:《澳门刑事诉讼法分论》,第 90 页。

行对质。

在咨询中,澳门地区的刑诉法学者也提到,并非所有案件被害人作为辅助人都没有全程参与法庭调查,辅助人提供声明或接受询问结束后,可以继续坐在独立的席位上旁听案件的审理。辅助人是否可以全程出席以及能否旁听被告人的供述、证人陈述以及其他证据资料的调查,法律没有对此作出明确规定。司法实务中法官的做法也不一致,有时不太避讳辅助人旁听法庭审判。例如,刑事附带民事案件。因为按照先刑后民的顺序,辅助人除了要参加刑事部分的法庭调查外,还要参加附带民事部分的法庭调查,而民事部分的审理在必要时也需要被害人提供声明,以支持其在民事上遭受损失的主张。再者,刑事诉讼程序的法庭调查一般都是先讯问被告人,然后再听取辅助人的声明、询问证人、调查其他证据资料,而辅助人声明的提出或法官对辅助人的询问没有固定或严格的调查顺序,可以在询问其他证人后再询问辅助人,或调查完其他证据资料后再询问辅助人。

从"立法"(legislation)这一术语在当今所具有的最为重要的意义来看,它意指政府机关经由审慎思考而进行的创制法律活动,当然这种机关是专为此项目的而设立,且能够在正式法律文献中对相关法律制度作出明确规定。但正如我们所看到的那样,司法实践中一项法律规则或原则的适用,并不具有与立法机关对某个法律命题所作的权威性规定或阐述同样程度的效力。[①] 被害人作为辅助人全程参与案件审理后提供的声明,难免会受到被告人的供述、证人证言和其他证据资料的影响。辅助人完全可能在旁听了其他证据调查后隐匿或改变对自己不利的声明,并仅向法庭提供对被告人不利的声明,这对于发现案件真实影响很大。对此情形,有必要经过一定的技术处理,消减被害人作为控诉人角色与证人角色的冲突,以避免选择成为辅助人之被害人根据法庭已调查的证据隐匿或改变自己知晓的案件情况。

(三) 小结

我国澳门地区的辅助人制度与德国的附加诉讼人制度,主要有以下四点

[①] 参见〔美〕博登海默:《法理学:法律哲学与法律方法》,邓正来译,中国政法大学出版社1998年版,第430—431页。

不完全相同的地方：一是诉讼角色定位。澳门地区刑诉法规定，包括被害人的相关主体声请成为辅助人后，因诉讼角色的冲突不得以证人身份提供证言，但辅助人可向司法当局提出申请或基于发现案件真实需要，应司法当局要求进行陈述，并与被告人、其他证人进行对质。而德国刑事诉讼法并没有规定相关主体选择成为附加诉讼人后因诉讼角色的冲突不得以证人身份提供证言。一般认为，向法庭提供证言的附加诉讼人不需要遵守证人不得旁听审判原则。[1] 被害人既可以附加诉讼人身份进行控诉，也可以证人身份向法庭提供证言，尽管参与证据调查后提供证言的客观性可能受到已出示证据资料、被告人供述以及其他证人提供证言的影响。

二是案件适用范围。澳门地区的辅助人制度按照犯罪起诉条件可适用于自诉罪、有控告才予以追诉之犯罪及公诉罪三案件。同时，既可适用于有直接被害人、保护个人法益的案件，例如侵犯财产罪、侵犯公民人身权利、民主权利罪，也可以适用于无被害人、保护公共法益的案件，例如危害公共安全罪、妨害社会管理秩序罪、贪污贿赂罪、渎职罪。而德国刑诉法规定，附加诉讼人制度适用的案件类型主要是一些侵犯人身权利和财产权利的公诉犯罪案件，以为将来民事请求权的实现做准备。

三是相关主体范围。澳门地区刑诉法中规定，能成为辅助人的主体除了包括被害人及其一定范围内的亲属、特别法规定的相关主体（被害法人、非法人组织），还包括"任何人"，只要属刑事程序不取决于告诉及自诉之犯罪，且无人可依据法律规定成为辅助人。而德国刑诉法规定，能成为附加诉讼人的主体包括被害人以及因被告人犯罪行为致被害死亡人的子女、父母、兄弟姐妹、配偶或生活伴侣，或者因申请法院裁定而提起公诉的人。

四是诉讼权利配置。澳门地区刑诉法规定辅助人可参与侦查，并对检察院提出控诉的不同事实提出指控；而德国刑诉法没有规定附加诉讼人可参与侦查，但要求除法律另有规定外，应当在与检察院同一范围内延请和听询附加

---

[1] 《德国刑事诉讼法典》第 397 条（附加诉讼人的权利）规定："附加诉讼人，即使应当作为证人接受询问，亦有权出席法庭审理。应当传唤其参加法庭审理……"第 406 条 g（有附加诉讼权的被害人之协同人）规定："……即使附加诉讼人应当作为证人接受询问，亦有权出席法庭审理……"参见《德国刑事诉讼法典》，第 268—278 页。

诉讼人。不过,《澳门刑事诉讼法》第266条"辅助人提出之控诉"的规定对不同事实提出控诉作了限制。即在就检察院的控诉作出通知后五日内,辅助人或在控诉行为中成为辅助人的人,也可以检察院控诉的事实或该等事实的某部分提出控诉,或以其他对检察院控诉的事实不构成实质变更的事实提出控诉。并且,该控诉仅限于单纯赞同检察院的控诉事实,以及仅指出未载于检察院控诉范围内而将要调查的证据或声请调查的证据。此外,辅助人和附加诉讼人的其他诉讼权利大致相同,包括提出证据方法、获知控诉理由、参与法庭审判、获得律师帮助、对其不利的裁判提起上诉等。

四 公诉案件被害人的角色选择及权利配置

在我国,被害人在公诉案件中参与法庭审理的情况可分为以下三类:一是证人。让被害人作为普通证人出庭作证,接受控辩双方和审判人员对相关案件事实的询问,作证完毕后随即退庭,不让其旁听庭审。二是当事人。被害人申请要出庭旁听庭审并参与法庭调查和辩论的,法庭一般会安排其坐在公诉人右侧,并保障其参与法庭调查和法庭辩论的权利。三是证人和当事人。被害人既需要向法庭提供证言,又申请要求全程参与案件审理,必要时参与法庭调查和法庭辩论。事实上,让被害人参与案件审理、充分发表其意见,一定程度上可使其对被告人的追诉意愿得以实现,并满足情感宣泄的需要。同时,可减少其请求人民检察院对地方各级人民法院第一审的判决提出抗诉,或对已经发生法律效力的判决、裁定向人民法院或者人民检察院提出申诉。

但是,被害人的当事人化并没有很好地解决被害人及其近亲属对生效裁判的申诉以及对未生效一审判决要求检察院进行抗诉的问题,所以被害人及其近亲属因不满法院判决而进行上访以要求改判的情况较多。[1] 面对正义或公众福利的各种紧迫问题,权力机关可能会设法规避义务和抵制需求。新的要求或被给予层次很低的优先权,或被作为不正当的事由加以排除。通过

---

[1] 相关数据请参见《中国法律年鉴》(2018),中国法律年鉴社2018年版,第175—176页;《中国法律年鉴》(2019),中国法律年鉴社2019年版,第196页;《中国法律年鉴》(2020),中国法律年鉴社2020年版,第207页。

采取这样的措施,权力机关可以控制各种期待的产生,而之所以这么做部分是因为意识到自身管理权能的真正限度。① 访谈中一名检察官提到,公诉案件一审宣判后请求检察院抗诉但被驳回的,被害人及其近亲属通常会因不服检察院的决定而选择上访,而有的案件属于偏信"正义"的无理上访情形。② 较为普遍的上访理由是法院的定罪、量刑太轻,特别是性侵、故意伤害、故意杀人、交通肇事等侵害人身权利类型的案件。例如,被害人遭受性侵案件,因缺少足够证据认定被告人构成强奸罪,但法院可根据已有证据认定被告人构成强制猥亵罪。此时,被害人及其近亲属就会认为法院的判决不公而要求检察院抗诉。检察院一般如何应对这类抗诉请求呢? 如果被害人及其近亲属不愿意听取办案人员的解释,在实在没办法的情况下就告知其案件是法院判决的,从而把矛盾转移给法院。如果被害人及其近亲属较为理性,且愿意听取办案人员的解释,就会告知其法院进行如此判决的真实原因,即本案证据不足,不能受理其关于案件定罪和量刑的抗诉请求。一般来讲,侵犯人身权利和财产权利的这类犯罪容易引起被害人及其近亲属申请抗诉和向相关单位申诉、上访,但危害公共安全罪、妨害社会管理秩序罪、贪污贿赂罪等没有被害人的案件,不会出现对判决不服而要求检察院抗诉和对生效裁判的申诉问题。

2018年《刑事诉讼法》第229条、第252条分别规定,被害人及其法定代理人不服地方各级人民法院第一审的未生效判决,有请求人民检察院提出抗诉的权利;当事人及其法定代理人、近亲属对已经发生法律效力的判决、裁定,可以向人民法院或者人民检察院提出申诉的权利。第227条规定被告人、自诉人和他们的法定代理人,不服地方各级人民法院第一审的判决、裁定,有权用书状或者口头向上一级人民法院上诉;被告人的辩护人和近亲属,经被告人同意,可以提出上诉;附带民事诉讼的当事人和他们的法定代理人,可以对地方各级人民法院第一审的判决、裁定中的附带民事诉讼部分,提出上诉。因此,虽然刑诉法规定被害人及其法定代理人可以就附带民事诉讼的判决、裁定提出上诉,但他们对一审公诉案件判决结果不满的,只能向检察院申请抗诉,而

---

① 参见〔美〕诺内特、赛尔兹尼克:《转变中的法律与社会》,张志铭译,中国政法大学出版社1994年版,第40—41页。
② 参见陈柏峰:《偏执型上访及其治理的机制》,《思想战线》2015年第6期,第99—100页。

不能自己向二审法院提起上诉。可见，公诉案件中仅被告人及其法定代理人以及经被告人同意的辩护人和近亲属享有上诉权，而被害人及其法定代理人仅享有提请人民检察院抗诉的权利。概言之，因刑诉法第229条规定中对"法定代理人""裁判形式"范围的限定，导致当具有行为能力的被害人死亡时，即使法院对案件的定罪量刑判决、裁定不公，被害人的近亲属既没有对未生效的一审裁判请求人民检察院抗诉的权利，也没有提出上诉的权利。实务中，故意伤害、故意杀人、抢劫、强奸、绑架等侵犯人身权利的恶性暴力犯罪案件，死亡的被害人大多数是已经成年、精神正常的人。这类有直接被害人案件的裁判结果是否公正，被害人的合法权益能否得到有效维护，直接影响着国家刑罚权的实现以及社会的稳定。因为如果已死亡被害人的近亲属认为被告人没有得到应有的刑罚处罚，而检察院、法院仅凭不合理的法律规定予以拒绝，他们就只能选择等案件的裁判结果生效后申诉、上访。

现代社会是法治社会，政府事务和社会事务都应该处在法律的规范和监管之下，公权力应当依法行使，民众也应当依法行为。涉法涉诉信访问题的治理，学界一般认为应将与此相关的工作法治化。一方面，需要推进信访工作的制度化、规范化、法治化建设，促使信访工作者运用法治思维处理信访案件；另一方面，需要完善相关法律制度，培养信访人员的法治意识，敦促其依法信访，自觉维护信访秩序。[①] 因此，公诉案件中被害人及其近亲属的涉法涉诉信访的法治化改革，应进一步畅通保护这类主要诉讼参与人利益的相关制度，依法保障其提出申诉、抗诉、上诉的权利，并引导其合法、理性地表达诉求。[②] 考虑到我国大陆地区公诉案件中被害人角色的当事人化，在诉讼权利配置、权利主体范围、诉讼角色定位及案件适用范围方面的不足，为此有必要综合借鉴德国刑诉法和我国澳门地区刑诉法中的制度设置，针对侵犯人身权利、财产权利犯罪类型的案件，赋予被害人及其一定范围内亲属，有权选择以特殊类型的诉讼参与人（"辅助人"[③]）身份行使相关诉讼权利，包括参与审查起诉、提出证据方法、获知控诉理由、获得律师帮助、参与法庭审判、对其不利的裁判提起上诉等

[①] 参见陈柏峰：《信访制度的功能及其法治化改革》，《中外法学》2016年第5期，第1202页。
[②] 参见刘炳君：《涉法涉诉信访工作的法治化研究》，《法学论坛》2011年第1期，第53页。
[③] 此处的"辅助人"不同于《澳门刑事诉讼法》中规定的辅助人。

权利。辅助人通过参与刑事诉讼程序,并行使相关诉讼权利,不仅能使其对国家的刑事诉讼制度更有信心,而且可以最大限度实现刑法的一般预防与特殊预防功能。而辅助人通过独立行使相关诉讼权利,也可以对公诉机关的追诉活动进行有效监督,特别是对法院一审未生效的判决、裁定提出上诉。

虽然被追诉人与被害人是最了解案件事实经过的人,但不可强制要求被追诉人向公安司法机关坦白交代案件的相关情况。而被害人则不同,其是与案件判决结果具有直接利害关系且具有追诉利益的诉讼参与主体,在其选择成为"辅助人"后,可在一定条件下告知司法机关案件的相关情况,使最了解案情的被害人能主动参与诉讼,提供法院发现案件事实真相的途径。也就是说,公诉案件中,被害人选择成为辅助人后,并不是要完全排除其提供与案件相关信息的陈述,而是被害人不能在全程参与证据调查(见表1中的第三种情形),并接触相关证据和证人证言后,再单方面以证人身份向法庭提供陈述。从公诉人宣读起诉书以对被告人提起指控后,到法庭在正式进行证据调查前,在不影响被害人提供陈述独立性的情况下,可首先听取被害人对案件事实的陈述;控辩双方也可经法庭同意,就案件相关情况询问被害人。详言之,在法庭听取被告人陈述和公诉人讯问被告人之前,可优先听取被害人的陈述并对其进行询问。而法庭认为在必要时,可根据被害人已经作出的陈述为依据,在随后的证据调查过程中根据请求或依职权,安排被害人与被告人、证人进行对质。

表1 公诉案件被害人的角色类型[①]

序号	角色类型	是否需要经法官裁量成为相关主体?	是否需要限制案件的范围?	是否需要或要求全程参与案件审理?	是否必须由律师代理?	是否需要优先安排被害人向法庭提供陈述?
1	证人	否	否	否	否	否

[①] 法人、非法人组织的主要负责人以及被害自然人一定范围内的亲属,如果是知悉公诉案件情况的证人,则其角色定位可参照公诉案件被害人的角色类型,适用平衡被害人作为控诉人与证人角色冲突的法庭调查规则。

续表

序号	角色类型	是否需要经法官裁量成为相关主体？	是否需要限制案件的范围？	是否需要或要求全程参与案件审理？	是否必须由律师代理？	是否需要优先安排被害人向法庭提供陈述？
2	辅助人	是	是	否	是①	否
3	辅助人	是	是	是	是	是

最后,"辅助人"参与刑事诉讼程序并行使相关诉讼权利,必然会延缓诉讼效率和增加诉讼成本,这是保障被害人权利和提升被害人诉讼地位必须直面的问题。对此,有必要对与辅助人相关的诉讼程序作如下限定:一是将辅助人参与刑事诉讼程序的案件范围,限于有直接被害人的侵犯人身权利和财产权利犯罪的公诉案件,无直接被害人的案件仍由检察机关单独代表国家提起诉讼。二是辅助人的主体范围有必要限于"被害人及其近亲属",即被害自然人、法人、非法人组织以及被害自然人的近亲属。这是因为与案件无直接利害关系的主体,一般没有或很少有选择成为辅助人的意愿。所以,作为诉讼当事人的被害人,是仅指被害自然人,还是包括被害法人、非法人组织呢？在法律未限制被害人为自然人的情况下,作为当事人的被害人应当包括被害法人、非法人组织,而且对被害人保护及于被害法人、非法人组织,也是法律的题中应有之义。② 三是为避免公诉案件与自诉案件范围的混淆,需要明确辅助人参与的辅助诉讼不是独立的诉讼程序,而辅助人不是与侦控机关并列的共同控诉人,在侦查起诉阶段不能独立地发动诉讼程序。因此,虽然辅助人是刑事诉讼程序的参与主体,但在侦查起诉阶段的诉讼行为应当从属于公安机关和检察院,以防止侦查信息(包括侦查程序和侦查内容)因知悉主体过多被泄露,从而造成公诉机关对被追诉人审查起诉、提起公诉的不当拖延。所以,在此阶段不宜赋予辅助人参与案件侦查和就不同事实单独向法院提起控诉的权利。但是,

---

① 被害人及其近亲属以辅助人身份参与刑事诉讼程序,必须由律师代理行使相关诉讼权利,这主要是出于维护被害人的诉讼利益的考虑。除了在法庭上提供与案件事实相关的陈述外,大部分诉讼主张应由其律师来代理完成。

② 参见龙宗智:《刑事庭审制度研究》,第216页。

辅助人有权督促公安机关对尚未立案的犯罪嫌疑人进行立案侦查和调查搜集与案件相关的重要证据,以及参与检察机关主导的认罪认罚协商,并请求其对不同的案件事实提起控诉。

五　结语

伴随着被害人保护运动所进行的立法或修法,涉及的内容包括被害人参与刑事诉讼程序、陈述对案件情况和证据的意见、获得法律援助与法律保护等。我国的刑事诉讼法将被害人纳入当事人范畴以强化其诉讼地位,虽然对保护被害人诉讼权利具有一定的积极意义,但在检察官代表国家向法庭提起控诉的公诉案件中,不能将被害人角色定位简单当事人化,以使其具备与公诉人同等的原告身份地位。原因在于,被害人作为公诉案件的当事人有违公诉制度的基本原则,并造成诉讼结构体系的失衡和低效;被害人与案件之间具有利害关系,对被告人有天然的追诉心理,被害人兼具当事人与证人的身份容易引发角色冲突,导致损害刑事诉讼程序的公正性。被害人作为证人应区别于一般证人可在正式审判时全程在场,且可以适用不能旁听庭审原则例外的观点,不仅混淆了当事人与证人的不同诉讼角色定位,也是职权主义诉讼模式下对发现案件真实的背反。

"当事人"这一术语只是作为程序之自主塑造者的私人或团体,而在政策实施型刑事诉讼模式中不存在这样的当事人,某一案件可能涉及能动型国家赋予给某位公民的好处和利益,即一种习惯上被称为个人权利的优势。但在这样的公诉案件中,能动型刑事诉讼模式国家的公民不能自主地主张或放弃构成其案件起诉事由内容的授权。出于这样的原因,被害人更恰当的称谓恐怕不是"当事人",而是主要程序"参与者",作为最为直接地受到刑事诉讼程序最终决策影响的主体。[①] 很显然,恢复被害人的其他诉讼参与人尤其是证人的角色,或赋予其在部分公诉案件中选择成为证人或"辅助人"的权利,更符合刑事诉讼程序的内在逻辑和基本法理。公诉案件中,检察官代表国家出庭支持

---

① 参见〔美〕米尔伊安·R.达玛什卡:《司法和国家权力的多种面孔:比较视野中的法律程序》,第198页。

公诉，应以社会利益作为优先考虑要素，并兼顾被害人的个人利益。在此过程中，检察官难免可能未顾及被害人的诉讼利益和追诉意愿。我国未来的刑事诉讼法修法，可兼采德国刑诉法和我国澳门地区刑诉法中有关被害人权利保护的制度设置，通过法官裁量赋予部分公诉案件被害人选择成为证人或辅助人的权利，并给予其相较于其他诉讼参与人更多的诉讼权利关照，包括参与审查起诉、提出证据方法、获知控诉理由、获得律师帮助、参与法庭审判、对其不利的裁判提起上诉等。鉴于证人的稀缺性、不可替代性，以及法庭查明案件事实的需要，如果被害人选择以辅助人身份全程参与法庭审理并欲提供与案件相关的陈述，则法庭可在正式进行证据调查前优先听取被害人的陈述，并在随后必要时安排其与被告人、证人对质，但此时法庭需要谨慎对待被害人在对质过程中作出的解释、说明，以及对其他证人提供证言进行的反驳、质疑、质问。

从经验驱动到数据驱动
——逮捕社会危险性评估模式的逻辑转换[*]

施珠妹[**]

摘　要：基于个体经验的风险评估与数据驱动风险评估是逮捕社会危险性评估模式的两种基本逻辑。评估模式由"经验驱动"转向"数据驱动"是推进国家治理现代化的重要举措。数据驱动风险评估模式是以客观数据为基础、精算工具为载体、审前服务机构为主体、预测效能验证为保障的评估模式。与基于个体经验的风险评估模式相比，该种模式在评估科学性、透明性、客观性与准确性上有一定优势，是推动我国评估模式转换的外在动力。合理限制评估裁量权，优化资源配置以及推进国家治理现代化，则是推动我国评估模式转换的内生动力。为转换社会危险性评估模式，我们应依靠数据驱动风险评估，并借力精算工具评估风险。同时，实现评估主体专业化转向以及加强评估结果准确性验证。

关键词：社会危险性；数据驱动；评估模式

一　引言

逮捕社会危险性条件是逮捕及捕后羁押审查的核心，也是贯彻人权保障、司法审查、比例原则的关键。只有坚持以社会危险性条件为核心，才能使该条件真正成为捕与不捕的"分水岭"，把人权保障、少捕慎押理念落到实处。然而，目前社会危险性条件仍存在主观色彩强、证明难等问题。对此，学界关于

---

[*]　本文系中国博士后科学基金第73批面上资助（2023M734081）、西南政法大学智能司法研究院合规专项课题"企业合规量刑激励机制研究"（ZNHG2022K11）的阶段性成果。

[**]　施珠妹，西南政法大学智能司法研究院、刑事检察研究中心、诉讼法与司法改革研究中心研究人员，法学院博士后研究人员。

完善社会危险性评估的建议可以被归纳为两种逻辑：一是完善基于个体经验的风险评估。此种逻辑立足于我国社会危险性评估实践，形成以完善基于个体经验的风险评估为核心、以健全证明机制为重点、以构建诉讼化程序为保障的制度框架。[1] 二是探索数据驱动风险评估。[2] 此种逻辑主要借鉴域外，尤其是英美国家的理论与实践，形成以数据驱动风险评估为核心、以研发评估模型为重点、以专业化审前服务机构与基础数据为保障的制度框架。

上述两种逻辑的核心区别是：前者是经验驱动型风险评估，而后者是数据驱动型风险评估。笔者认为，数据是国家基础性战略资源，是继经验科学、理论科学、计算科学后科学研究的"第四范式"[3]，实现评估模式由"经验驱动"向"数据驱动"转换是顺应时代发展大势、提高决策科学性、推进国家治理现代化的重要举措。但现有研究并未深入探讨社会危险性评估模式存在的问题，并对此提出解决方案。基于此，本文拟以美国实践为例，考察域外数据驱动风险评估模式的基本逻辑，以期为完善我国逮捕社会危险性评估机制、减少审前羁押人数，为落实少捕慎押刑事政策提供理论支撑。

二　数据驱动风险评估模式的基本逻辑

数据驱动风险评估是美国联邦及各州逮捕社会危险性评估模式的基本逻辑。该模式是以客观数据为基础、精算工具为载体、审前服务机构为主体，预测效能验证为保障的一种模式。

---

[1] 参见万毅：《逮捕程序若干证据法难题及其破解——法解释学角度的思考》，《西南民族大学学报》（人文社会科学版）2015年第2期，第89—91页；刘慧玲：《逮捕社会危险性的证明》，《人民检察》2013年第3期，第62—65页。
[2] 参见张吉喜、梁小华：《美国司法部审前风险评估模型及其对我国的启示》，《中国刑事法杂志》2010年第7期，第83—91页；王贞会：《审查逮捕社会危险性评估量化模型的原理与建构》，《政法论坛》2016年第2期，第70页。
[3] 第四范式由图灵奖得主吉姆·格雷提出，全称是"数据密集型科研第四范式"。不同于传统实验、理论和计算三种范式，第四范式考虑数据相关性，无须考虑因果关系。参见马建光、姜巍：《大数据的概念、特征及其应运》，《国防科技》2013年第2期，第11页。

（一）客观数据是数据驱动风险评估模式的基础

客观数据既是驱动风险评估的重要推力，也是保障评估准确性的基础。如何夯实该基础，关键在于两方面。

一是数据容量。在美国众多精算工具中，数据容量最大、种类最全的当属公共安全评估工具（PSA）。为创建公共安全评估工具，研究人员使用了全国300个辖区约75万件案件的审前记录，这是有史以来规模最大、种类最全的审前记录。而且，为验证公共安全评估工具，研究人员还使用了来自多个司法辖区的50万件案件。[1] 此外，美国联邦审前风险评估工具（PTRA）使用的数据容量也较大，最原始数据集包括了2001—2007年联邦司法系统共565,178名被追诉人，剔除审前被羁押的被追诉人，最终数据在185,827—215,338间。[2] 当然，并非所有精算工具数据容量都能达到如此规模，有些州精算工具数据容量较小。[3]

二是数据质量。1999年美国联邦缓刑和审前服务系统战略评估计划中，改善数据质量是评估计划的第一步，而联邦缓刑和审前服务案件自动跟踪系统（PACTS）正是构建和验证联邦审前风险评估工具的主要数据来源。具体而言，改善审前服务系统数据质量的举措主要有四种：一是成立数据质量改善工作组。工作组由各地区缓刑和审前服务办公室负责人、行政人员、技术人员和数据质量分析师等组成，主要任务是为制定数据质量改善计划提供建议和指导。二是制定数据质量改善计划。工作组不仅制定国家数据质量改善计划，而且还为各地区制定本地数据质量改善计划提供指南。三是加强数据质量改善培训。包括数据输入与数据质量保障培训两方面。四是完善数据质量审查系统。缓刑和审前服务办公室计划每年审查20项方案的数据质量，这些方案将集中于缓刑和审前服务系统运

---

[1] 最原始数据集包括150万件案件，后由于数据不完整等原因，仅约75万件案件被用于创建评估工具。
[2] See Christopher T, Lowenkamp Jay Whetzel, "The Development of an Actuarial Risk Assessment Instrument for U. S. Pretrial Services," *Federal Probation*, Vol. 73, 2009, pp. 33 - 36.
[3] 如俄亥俄州的风险评估工具（ORAS - PAT）只有452名成年被追诉人的数据，科罗拉多州审前风险评估工具（CPAT）也只有1315名被追诉人数据，最早的弗吉尼亚州审前风险评估工具（VPRAI）也只有1971名被追诉人数据。

作问题上。① 当然,采取上述举措的目的,并非要获得完全精准的数据,而是尽量将数据错误控制在不超过总数的2%范围内。②

(二) 精算工具是数据驱动风险评估模式的载体

数据显示,截至2019年,美国至少有41个州,包括至少1000个县在审前使用精算工具。③ 鉴于美国目前正使用的精算工具数量众多,以下仅以公共安全评估工具、科罗拉多州审前评估工具(CPAT)、俄亥俄州的风险评估工具(ORAS-PAT)、替代性制裁的矫正罪犯管理分析(COMPAS)审前释放风险量表(PRRS-Ⅱ)及弗吉尼亚州审前风险评估工具(VPRAI)这五种最常用的精算工具为例进行说明。

上述精算工具研发主体有三类:一是由某司法部门、营利或非营利性组织单独研发。如弗吉尼亚州2003年开发的VPRAI由刑事司法服务部研发。公共安全评估工具是2011年由玛丽·范诺斯特兰德和克里斯托弗·洛温坎普创建,并由劳拉(Laura)和约翰·阿诺德基金会(John Arnold Foundation)(现为阿诺德风险投资公司)运营。审前释放风险量表(PRRS-Ⅱ)与弗吉尼亚州审前风险评估工具修订版分别由Luminosity,Inc与Northpointe,Inc.(现为Equivant)两家私人公司研发。二是由司法部门与非营利性组织联合研发。如科罗拉多州审前评估工具由审前司法研究所、科罗拉多10个县的司法机构及JFA研究所(非营利性组织)联合研发。三是由司法部门与大学联合研发。如俄亥俄州的风险评估工具由俄亥俄州康复与矫正部与辛辛那提大学刑事司法研究中心合作创建。

精算工具评估的风险类别总体有两种:一是不出庭风险。被追诉人是否可能出庭是所有精算工具评估的重点。二是实施新的犯罪风险。不同精算工

---

① See Laura Baber, et al.,"Pretrial Services Outcome Measurement Plan in the Federal System:Step One,Improve Data Quality," *Federal Probation*, Vol. 71, 2007, pp. 47-55.
② Ibid.
③ 参见 Community Justice Exchange,"An Organizer's Guide to Confronting Pretrial Risk Assessment Tools in DECARCERATIONCAMPAIGNS," https://university.pretrial.org/HigherLogic/System/DownloadDocumentFile.ashx? DocumentFileKey = d76dd40a-4988-7d4f-cdf5-aafc9cf9bba9&forceDialog=0,2021年2月9日访问。

具评估的新犯罪风险有所不同。如公共安全评估工具区分了实施新的犯罪与实施暴力犯罪,两种风险评估因素、分数、风险等级各不相同。替代性制裁的矫正罪犯管理分析审前释放风险量表中评估的新犯罪风险指的是实施重罪风险,其余三种精算工具评估的实施新犯罪风险均指广义上的犯罪,包括重罪、轻罪、交通犯罪等。

精算工具评估方式包括不同风险单独赋分并形成不同的评估量表与不同风险类别合并为一个评估量表两种。公共安全评估工具即属于前者,该工具评估的不出庭风险,实施新犯罪风险与实施暴力风险因素、分数及风险等级均不同,详见表1。科罗拉多州审前评估工具、俄亥俄州的风险评估工具等其余四种精算工具均是将风险类别合并为一个评估量表,并形成相应的风险等级。其中,俄亥俄州的风险评估工具与弗吉尼亚州审前风险评估工具是将风险划分为"低、中、高"不同等级。科罗拉多州审前评估工具是将风险划分为1—4级。替代性制裁的矫正罪犯管理分析审前释放风险量表与前两种精算工具略有不同。该精算工具不仅须考虑不同因素的分数,而且还须考虑不同因素的权重系数,并根据相应公式计算最终分数,[1]详见表2。[2]

---

[1] 分数=w_1×未决指控数量+w_2×犯罪类别+w_3×被判入狱30天以上的次数+w_4×未能出席预定的法庭听证会的次数+w_5×审前释放期间被捕、指控新罪次数+w_6×药物滥用史+w_7×在当前社区时间+w_8×就业状况。其中,$W_1=0.272$,$W_2=-0.328$,$W_3=0.039$,$W_4=0.084$,$W_5=0.125$,$W_6=0.180$,$W_7=0.585$,$W_8=0.249$。

[2] 表格系根据以下资料整理所得:Center for Criminal Justice Research University of Cincinnati School of Criminal Justice,"Ohio Risk Assessment System – Pretrial Assessment Tool（ORAS – PAT）Scoring Guide," https://epic.org/EPIC-20-06-15-VT-FOIA-20200625-VTAG-ORAS-PAT-Guide.pdf;Marie Van Nostrand,Kenneth J. Rose,"Pretrial Risk Assessment in Virginia," https://www.dcjs.virginia.gov/sites/dcjs.virginia.gov/files/publications/corrections/virginia-pretrial-risk-assessment-report.pdf;Colorado Association of Pretrial Service,"The Colorado Pretrial Assessment Tool（CPAT）," https://university.pretrial.org/HigherLogic/System/DownloadDocumentFile.ashx?DocumentFileKey=47e978bb-3945-9591-7a4f-77755959-c5f5;Northpointe, Inc. Research Department, et al.,"Risk Assessment Factsheet-Corretional Offender Management Profiling for Alternative Sanctions（COMPAS）Pretrial Release Risk Scale-II（PRRS-II）," https://www-cdn.law.stanford.edu/wp-content/uploads/2019/06/COMPAS-PRRS-II-Factsheet-Final-6.20.pdf;2021年3月1日访问。

表1 公共安全评估工具(PSA)

风险类别	风险等级	评估因素	分数
未出庭	0分=1级;1分=2级;2分=3级;3—4分=4级;5—6分=5级;7分=6级	被捕时有未决指控	否=0;是=1
		前科(轻罪、重罪)	否=0;是=1
		过去2年未出庭	否=0;1次=2;≥2次=4
		过去未出庭超过2年	否=0;是=1
实施新的犯罪	0分=1级;1—2分=2级;3—4分=3级;5—6分=4级;7—8分=5级;9—13分=6级	被捕时年龄	≥23岁=0;≤22岁=2
		被捕时有未决指控	否=0;是=3
		前科(轻罪)	否=0;是=1
		前科(重罪)	否=0;是=1
		前科(暴力犯罪)	否=0;1或2次=1;≥3次=2
		过去2年未出庭	否=0;1次=1;≥2次=2
		过去判监禁刑	否=0;是=2
实施新的暴力犯罪	0—3分=无实施暴力风险;4—7分=有实施暴力风险	暴力犯罪	否=0;是=2
		暴力犯罪且年龄小于20岁	否=0;是=1
		被捕时有未决指控	否=0;是=1
		前科(轻罪、重罪)	否=0;是=1
		前科(暴力犯罪)	否=0;1或2次=1;≥3次=2

表 2　其余四种精算工具

精算工具	风险类别	风险等级	评估因素	分数
俄亥俄州风险评估工具（ORAS-PAT）	未出庭；重新被逮捕	低风险（0—2）；中风险（3—5）；高风险（6—9）	第一次被捕时的年龄	33 岁以上 = 0；33 岁以下 = 1
			过去 2 年未出庭拘留数	0 次 = 0；1 次 = 1；2 次及以上 = 2
			3 次及以上监狱监禁	否 = 0；是 = 1
			被捕时工作	全职 = 0；兼职 = 1；无工作 = 2
			过去六个月住同一住所	是 = 0；否 = 1
			过去六个月内非法吸毒	否 = 0；是 = 1
			严重的吸毒问题	否 = 0；是 = 1
弗吉尼亚州审前风险评估工具（VPRAI）	未出庭；对社区造成危险	低风险（0—1）；低于平均风险（2）；平均风险（3）；高于平均风险（4）；高风险（5—9）	先前指控类型	重罪 = 1；轻罪 = 0
			未决指控	是 = 1；否 = 0
			犯罪历史	至少一项轻罪或重罪 = 1；否 = 0
			两次及以上未出庭	是 = 2；否 = 0
			两次及以上暴力犯罪	是 = 1；否 = 0
			在现居所居住不到一年	是 = 1；否 = 0

续表

精算工具	风险类别	风险等级	评估因素	分数
			被捕前两年未连续工作	是=1;否=0
			吸毒史	是=1;否=0
科罗拉多州审前评估工具（CPAT）	未出庭；危害公共安全	1级风险（0—17）；2级风险（18—37）；3级风险（38—50）；4级风险（51—82）	有家庭电话或移动电话	是=0;否=5
			拥有或租有住宅	拥有=0;租有=4
			支付住宅开支	是=0;否=9
			过去或现在的酗酒问题	否=0;是=4
			过去或现在精神健康治疗	否=0;是=4
			被捕年龄	第一次=0;35岁以上=0;25—34岁=10;20—24岁=12;19岁以下=15
			过去被羁押	否=0;是=4
			过去监禁刑	否=0;是=10
			有生效的拘留令	否=0;是=5
			有其他未决案件	否=0;是=13
			目前正在接受监督	否=0;是=5
			被撤销保释或监督历史	否=0;是=4

407

续表

精算工具	风险类别	风险等级	评估因素	分数
审前释放风险量表（PRRS-Ⅱ）	未出庭；重新被逮捕	低风险（≤1.03）；中风险（1.03<分数≤1.29）；中高风险（1.29<分数≤1.58）；高风险（>1.58）	未决指控数量	0次=0;1次=1;2次=2;3次=3;4次及以上=4
			犯罪类别	轻罪=2；非暴力重罪=1；暴力重罪=1
			被判入狱30天以上	0次=0;1次=1;2次=2;3次=3;4次=4;5次及以上=5
			未能出席听证会	0次=0;1次=1;2次=2;3次=3;4次=4;5次及以上=5
			释放期间被捕、指控新罪	0次=1;1次=2;2次及以上=2
			药物滥用史	否=1；是=2
			在当前社区时间	<11月=2;1年以上=1
			就业状况	全职、兼职、非劳动力=1；无业=2

（三）审前服务机构是数据驱动风险评估模式的组织保障

审前服务机构是帮助司法人员作出保释或拘留决定，确保数据驱动风险评估模式有效运转的重要机构。根据《美国法典》第18卷第3152条(a)规定，1982年《审前服务法》颁布后，美国法院行政办公室在除哥伦比亚特区外所有司法辖区建立了审前服务机构。[1] 为有效协助司法人员作出决定，审前服务机

---

[1] 18 U. S. Code § 3152(a).

构应履行如下职责:一是完成审前调查报告。审前服务机构应在保释听证前,调查核实被追诉人信息,形成调查报告,提供给司法人员、被告律师及政府律师。而且,审前服务机构在履职中获得的信息应仅用于保释目的,并符合信息保密规范,除特定情形外,任何人不得使用该信息。二是评估风险,并提出释放或拘留被追诉人的建议。如果建议释放,应建议释放条件,并根据后期监督情况,修改有关建议。三是监督被释放人员。为履行该职责,审前服务机构需运营或签约相关监管机构,如吸毒者和酒精治疗中心、过渡性住宅、咨询服务机构等,监督保释人员,并向保释人员提供治疗和非治疗服务。四是其他职责。如作为当地监管机构协调员,就监管机构资质、监管能力等情况向法院提供意见等。[1]

(四)预测效能验证是数据驱动风险评估模式的可靠性保障

预测效能验证一般包括两方面:一是精算工具准确性验证。有研究显示,评估因素可能会随时间变化而改变,因此需要不断验证精算工具,以确保工具的有效性和准确性。如纽约市风险预测研究人员曾长期将"被追诉人在居住地拥有电话"作为评估风险的重要因素,但随着移动电话的普及,该因素的重要性逐渐降低。[2] 鉴于评估因素的可改变性,纽约市审前服务机构计划每3—5年对精算工具进行重新验证,以保证精算工具的准确性。二是预测结果准确性验证。预测结果准确性验证是衡量预测效能的直接标尺。弗吉尼亚州的审前风险评估工具、公共安全评估工具等精算工具都进行了预测结果准确性验证。

衡量预测结果准确性和有效性的常用统计方法是 AUC–ROC 曲线。AUC–ROC 曲线是在各种阈值设置下针对不同问题的性能测量。ROC 是概率曲线,AUC 表示可分离性的程度或度量。AUC 值在 0—1 间,分值越高,表示精算工具预测效能越好。[3] 研究人员通过对精算工具预测效能进行荟萃分析后

---

[1] 18 U. S. Code § 3153;18 U. S. Code § 3154.
[2] See Timothy P. Cadigan, Christopher T. Lowenkamp,"Implementing Risk Assessment in the Federal Pretrial Services System,"*Federal Probation*,Vol. 75, 2011, pp. 30 – 34.
[3] 参见 Debasmita Dasgupta,"Understanding ROC(Receiver Operating Characteristic)Curve," https://www.mygreatlearning.com/blog/roc-curve/,2022 年 3 月 9 日访问。

认为,精算工具 AUC 值小于 0.54 时预测准确性较差,0.55—0.63 为合理,0.64—0.7 为良好,大于 0.71 为优秀。① 数据显示,美国精算工具 AUC 值多在良好范围内。如 2018 年,美国有研究人员对公共安全评估工具预测效能进行验证得出,未出庭风险 AUC 值为 0.646,新的犯罪风险 AUC 值为 0.650,新的暴力犯罪风险 AUC 值为 0.664,公共安全评估工具预测效能良好。② 此外,弗吉尼亚州的 VPRAI 工具预测效能也良好。如数据显示,2015 年 VPRAI 工具 AUC 均值为 0.645。③

二 数据驱动风险评估模式的比较优势

与基于个体经验的风险评估模式相比,数据驱动风险评估模式在评估科学性、透明性、客观性与准确性方面有一定优势。

(一) 有利于依托客观数据,增强评估科学性

依靠个体经验评估风险存在以下局限:一是评估依据、评估标准主观性。依靠个体经验评估风险,评估依据、标准往往取决于评估者个人经验与直觉,所以无法量化,难以验证,主观性较强。二是"二元"风险预测。评估者依据个体经验评估风险,一般只能进行有无风险或是否应羁押的"二元"预测,很难准确反映不同程度风险差异。三是复杂信息处理有限性。刑事案卷往往包含复杂的案件信息,人类大脑很难像精算工具一样,可以自动剔除无关因素,准确识别最相关因素。四是容易忽视不同风险发生的可能性大小。如出现新的一般犯罪的概率可能远大于出现新的暴力犯罪的概率,但人们在依据个体经验评估风险时,容易忽视不同风险发生的概率大小,出现思维定式,影响评估科学性。

以客观数据为基础的风险评估模式,可突破上述局限,保障评估科学性。

---

① 参见 Matthew DeMichele, Peter Baumgartner, "The Public Safety Assessment: A Re-Validation and Assessment of Predictive Utility and Differential Prediction by Race and Gender in Kentucky," https://papers.ssrn.com/sol3/papers.cfm?abstract_id=3168452, 2021 年 3 月 10 日访问。
② 参见 Matthew DeMichele, Peter Baumgartner, opcit, 2021 年 3 月 12 日访问。
③ 参见 Mona J. E. Danner, et al., "Risk-Based Pretrial Release Recommendation and Supervision Guidelines," https://www.dcjs.virginia.gov/sites/dcjs.virginia.gov/files/publications/corrections/risk-based-pretrial-release-recommendation-and-supervision-guidelines.pdf, 2021 年 3 月 13 日访问。

其一,通过分析大量客观数据,确定具有统计学意义的评估因素及权重,可以保障评估依据、评估标准的相对客观性。如公共安全评估工具,用300多个美国司法辖区的75万件案件,检验数百种因素预测有效性。联邦法院的审前风险评估工具,通过185,827—215,338件案件,确定9个最相关因素,并根据不同因素预测价值赋予相应权重,有效避免了基于个体经验评估风险客观性不足的问题。其二,明确评估因素及权重,确定预测公式并生成不同风险等级,突破"二元"风险预测。如联邦法院审前风险评估工具的风险等级确定,就是通过逻辑回归模型确定的9个最具统计学意义的评估因素,[①]确定预测公式,[②]并利用公式计算的结果生成五级风险,而非"二元"风险。其三,精算工具可以同时处理多种评估因素,充分发挥信息材料价值。其四,不同风险发生的概率可在研发精算工具时合理嵌入,从而较好地解决思维定式问题。

(二)有利于可视化评估过程与结果,增强评估透明性

依靠评估者个体经验评估风险,可能面临经验"非可视化"的质疑,而数据驱动风险评估模式可以有效克服该问题:一是可视化评估因素与评估方法。在美国,大部分用于评估审前风险的因素及权重都是公开的,不仅公权力机关有权查阅,被追诉人、辩护律师,甚至公众都有知情权。二是可视化评估结果。依靠精算工具评估的结果多表现为具体的分数及相应的风险等级,可以避免基于个体经验评估风险结果"非可视化"的问题。评估因素、权重与评估结果的可视化,是评估透明性的重要保障,而司法透明对保障权力正当性、维持公众对司法公正的信心及保障被追诉人权利意义重大。

[①] 即未决指控、先前轻罪逮捕、先前重罪逮捕、先前未到庭、就业状况、居住状况、滥用药物、指控类型、具体指控类别。其中,指控类型指的是指控是重罪或轻罪;具体指控类别指的是指控是盗窃、诈骗等具体类别。

[②] $P=1/(1+e(-1*(-4.295927-0.192627*X1+0.574686*X2+0.073198*X3+0.413158*X4+0.576092*X5+0.479341*X6+0.049754*X7+0.208549*X8+0.334963*X9+0.117116*X10+0.187130*X11+0.758612*X12+0.391476*X13+0.552084*X14+0.499456*X15+0.192049*X16+0.199566*X17+0.299147*X18+0.321848*X19+0.197955*X20+0.527241*X21+0.462293*X22+0.369623*X23+0.276433*X24+0.123880*X25+0.182050*X26)))$。

（三）有利于发挥审前服务机构优势，保障评估客观性

审前服务机构作为刑事司法系统中的中立组织，通常可以客观公正地进行审前调查，并依据调查结果评估风险，主要表现在：一是评估主体的公正性。审前服务机构是作为独立的机构为司法机关提供审前信息，这是其客观公正评估风险的重要保证。而且，为避免审前服务机构成为辅助追诉机关定罪的机构，全国审前服务机构协会早在2004年发布的《审前释放标准》1.3(b)中便明确规定，"审前服务机构获得的被追诉人信息应被视为机密。除特定目的外，控方不得在当前或与本案有重大关系的案件中使用这些信息来认定被追诉人有罪"[①]，这也为审前服务机构客观公正评估风险提供了保障。二是评估依据的客观性。客观公正地收集与审前释放或拘留决定有关的资料是审前服务部门的首要职责。为履行该职责，审前服务机构通常需采用面谈、访问当地执法机构、犯罪历史资料库等多种手段，收集被追诉人生活状况、家庭、就业、滥用毒品或酒精、犯罪前科等信息。而且，审前服务机构还要通过与被追诉人朋友、配偶、其他家庭成员、同事、雇主电话联系等方式核实资料，若有资料无法收集或无法核实，需在评估意见中释明。所以，审前服务机构提供给司法机关的信息材料是相对客观公正的，这是保障评估客观性的重要条件。

（四）有利于进行预测效能验证，提高评估准确性

精算工具依托客观数据评估风险，评估依据、评估方法更科学。同时，依靠精算工具评估风险，还可明确评估标准，量化评估因素及权重，提高评估准确性。风险评估准确性的提高，有利于区分不同级别风险的被追诉人，从而最大限度地将无逮捕必要的被追诉人排除在审前羁押范围外，降低审前羁押率，这也是美国审前风险评估工具发展的重要原因。[②] 但值得注意的是，尽管使用精算工具评估风险能有效提高评估准确性，但审前羁押率并不必然下降，因为审前羁押率的下降，除与精算工具评估准确性有关外，还与司法实务人员对该

---

① Napsa Standards on Pretrial Release Standard 1.3(b).
② 参见 Christopher T., Lowenkamp Jay Whetzel, "The Development of an Actuarial Risk Assessment Instrument for U. S. Pretrial Service," https://www.uscourts.gov/sites/default/files/73_2_3_0.pdf，2021年3月13日访问。

工具的了解与认同、评估意见效力等因素有关。如美国精算工具研发使用过程中司法参与度不高、评估意见未明确纳入司法决策程序,是导致精算工具的使用对降低审前羁押率的实际作用较为有限的重要原因。[①] 而且,审前羁押率上升或下降还可能受到立法规定、刑事政策、犯罪形势、律师参与程度等多种因素影响。如目前美国联邦地区法院审理的案件中,有近90%的案件是借助审前风险评估工具评估被追诉人的风险,[②]但审前羁押率依然不断攀升,便与美国20世纪80年代中期开始的"严打"刑事政策、联邦法院严重犯罪指控增加、特定犯罪社会危险性推定以及绝大多数被追诉人及其律师不愿参与审前程序等原因有关。[③] 由此可见,为降低审前羁押率,我们不仅须准确识别不同风险,提高评估准确性,而且还须完善立法规范,贯彻宽严相济刑事政策,创新犯罪治理机制以及加强辩方参与。

总之,数据驱动风险评估模式在评估科学性、透明性、客观性与准确性方面优势明显,这为完善我国社会危险性评估提供了新的视角。但该模式在我国能否推行,不仅要考察该模式在域外的实践效应,还要立足本国实践,将新方法、新逻辑置于本国文化、制度背景中,寻找制度生长的内生动力,只有这样才能与我国实践有机融合。

三 我国社会危险性评估模式逻辑转换的内生动力与可能质疑

域外社会危险性评估模式特有的优势是推动我国评估模式转换的外在动力,而合理限制评估裁量权,优化资源配置及推进国家治理现代化则是推动我国评估模式转换的内生动力。

[①] See Thomas H. Cohen, Amaryllis Austin, "Examining Federal Pretrial Release Trends over the Last Decade," *Federal Probation*, Vol. 82, 2018, pp. 10–11.
[②] Ibid., p. 5.
[③] See Matthew G. Rowland, "The Rising Federal Pretrial Detention Rate, in Context," *Federal Probation*, Vol. 82, 2018, p. 20.

（一）评估模式转换的内生动力

一是明确相对统一的评估标准，合理限制评估裁量权。目前，我国社会危险性评估主要依赖评估者个体经验，缺乏相对客观的标准，极易导致评估主观色彩强。同时，被追诉人是否有社会危险性，往往由评估者个人独断，裁量权过大。因此，为增强评估的客观性，确立相对统一的评估标准，合理限制评估裁量权，我们应转换社会危险性评估模式。

二是节约司法资源，优化资源配置。如美国审前司法研究所（PJI）2017年1月发布的报告称，美国纳税人每天在审前羁押的被追诉人上的花费约为3800万美元，若考虑司法系统、社区及个人附带成本，审前羁押的真实成本每年约为1400亿美元。但如果采用精算工具辅助法官决策，每年将节约780亿美元。[①] 我国同样面临着审前羁押费用高昂的问题。以被羁押人员给养费为例。[②] 2019年检察机关批准逮捕人数约109万，如果参照湖南省看守所被羁押人员给养费每人每月不低于320元的标准计算，[③]国家每月需支出的被羁押人员给养费约3.5亿元，全年需支出约41.8亿元，相当于湖南益阳市2019年度一般公共预算收入。[④] 而且，上述费用计算的是看守所实际支出与预算相符的情况，实践中有的看守所实际支出会超出预算。如湖南省怀化市2019年被羁押人员给养费财政拨款345.6万元，但实际支出却达480.6万元，超支39%。[⑤] 所以，若考虑各地看守所超出预算的情况，每年实际的被羁押人员给养费支出可能更高。而数据驱动风险评估模式有助于准确识别不同级别风险，并将司法资源集中于中高风险被追诉人，减少羁押人数，节约司法资源，这

---

① 参见 "Total Cost of Pretrial Detention Estimated at up to ＄140 Billion Annually，" https://www.prisonlegalnews.org/news/2018/jan/31/total-cost-pretrial-detention-estimated-140-billion-annually/，2021年3月23日访问。
② 根据《看守所经费开支范围和管理办法的规定》第5—11条规定，被追诉人给养费包括伙食费、衣被费、医疗费、公杂费。看守所经费开支范围除被追诉人给养费外，还有公务费、装备购置费、装备消耗费、修缮费及其他费用。
③ 《湖南省财政厅 湖南省公安厅关于加强全省公安监管场所经费保障工作的通知》（湘财行〔2013〕70号）。
④ 《湖南统计年鉴2020》（20-10表），http://222.240.193.190/2020tjnj/indexch.htm，2021年3月31日访问。
⑤ 《怀化市看守所2019年度专项资金绩效自评报告》，https://www.huaihua.gov.cn/gaj/c100581/202012/2ba71f2f835f4a9f7b2f27c65a9c98.shtml，2021年4月1日访问。

也是我们转换社会危险性评估模式的重要原因。

三是强化大数据深度应用,推进国家治理体系与治理能力现代化。国家治理现代化是一项复杂的系统工程,司法现代化是其中的重要组成部分。如在审查逮捕环节要实现检察工作现代化,检察机关可借助现代科技,强化大数据深度应用,把相对客观的社会危险性评估标准嵌入数据化程序中,实现社会危险性评估的标准化与可视化,提升国家治理体系与治理能力现代化水平。但反观实践,目前司法实务人员仍主要依靠个体经验或直觉评估社会危险性,这种评估模式存在的问题是我们难以保证每个司法实务人员的个体经验都属于集体层面的普遍共识。而数据驱动风险评估模式是以客观数据为基础,利用单双变量分析、Logistic 回归等技术,确定具有统计学意义的显著变量进行风险评估,其本质是经验的集聚,是将个体经验集聚成集体经验的过程。因此,我们应充分认识大数据、现代科技对社会危险性评估的重要作用,转换社会危险性评估模式,提升国家治理体系与治理能力现代化水平。

(二)评估模式转换的可能质疑

数据驱动风险评估模式对合理限制评估裁量权,优化司法资源配置以及推进国家治理现代化均具有重要意义。但该模式也并不完美,美国利用精算工具评估社会危险性便面临如下质疑:

一是基于历史数据预测未来危险影响评估准确性。在美国,有论者将使用历史数据预测未来危险称为"僵尸预测",[1]认为这种预测容易高估风险,尤其在暴力犯罪问题上,影响评估准确性。而且,许多地方司法机关并未验证精算工具评估的准确性,所以评估结果准确性也存疑。[2] 笔者认为,预测被追诉人的社会危险性是概率性事件,而非确定性事件,难免存在"假阴性"或"假阳性"现象。[3] 但如果我们能根据评估结果,增减重要或不重要因素,及时更新数

---

[1] See John Logan Koepke, David G. Robinson, "Danger Ahead: Risk Assessment and the Future of Bail Reform," *Washington Law Review*, Vol. 93, 2018, p. 1755.

[2] 参见 Mapping Pretrial Injustice, "Rats Don't Solve Pretrial Injustice," https://pretrialrisk.com/the-basics/why-do-we-care/,2021 年 4 月 9 日访问。

[3] "假阴性"指预测不会出现特定危险但却出现,"假阳性"指预测会出现特定危险但却没有出现。

据,加强评估结果准确性验证,则可以尽可能提高评估的准确性。

二是精算工具中存在"黑匣子"算法有违司法透明性。实践中有的精算工具研发主体以"商业秘密"为由拒绝披露评估风险相关信息,导致"黑匣子"算法出现,①影响司法透明性。对此,2018年美国电子前沿基金会提出的解决方案值得借鉴。即通过法律明确规定,所有精算工具得出的分数,都必须附影响分数的因素、不同因素的定义、权重等必要信息,并确保分数的可重复计算性。如果精算工具研发主体拒绝披露计算分数的相关信息,则可以禁止法官使用该工具。而且,为保障被追诉人有效质疑评估结果,增强程序对抗性,还可制定被追诉人获取必要信息及质疑评估结果的具体规则。②

三是精算工具基于群体行为预测个人风险有违个体正义。在美国,有论者指出,现代司法制度是建立在个人权利与个体正义观念基础上,所以基于群体行为预测个人风险并不合适。③ 对此质疑,笔者认为,基于群体行为的风险评估,可以提高司法机关应对具有独特个性与特征的被追诉人的能力,从而更好地实现个体正义。

四是评估风险的数据存在内隐偏见影响评估结果公正性。精算工具主要依据静态历史数据,如被追诉人前科、曾经被捕事实等评估风险。这些数据可能带有一定偏见性,由此导致人们对评估结果公正性产生质疑。如美国有论者指出:"刑事司法数据的偏见问题是一个重大且严重的威胁,这使人们对以数据为依据的风险评估的所有努力都产生了疑问。"④对此,我们必须承认,利用精算工具评估社会危险性,确实可能存在内隐偏见问题。因为我们很难将公平、公正等价值嵌入精算工具中,使其像人一样,综合权衡社会危险性,而这正是人类主体地位的体现。但如果我们不使用精算工具评估风险,评估者只

---

① "黑匣子"算法是指未经公开审查的算法(包括未对法院公开)。
② 参见 Jamie Williams, et al., "Written Comments of EFF on Proposed California Rules of Court 4.10 and 4.40," https://www.eff.org/document/written-comments-eff-proposed-california-rules-court-410-and-440, 2021 年 4 月 19 日访问。
③ 参见 Sarah Picard-Fritsche, et al., "Demystifying Risk Assessment: Key Principles and Controversies," https://www.courtinnovation.org/publications/demystifying-risk-assessment-key-principles-and-controversies, 2021 年 4 月 24 日访问。
④ David G. Robinson, Logan Koepke, "Civil Rights and Pretrial Risk Assessment Instruments," http://www.safetyandjusticechallenge.org/wp-content/uploads/2019/12/Robinson-Koepke-Civil-Rights-Critical-Issue-Brief.pdf, 2021 年 5 月 1 日访问。

能依靠个体经验甚至不正确的刻板印象做决定,同样存在公正性问题。因此,尽管以数据驱动的精算工具可能无法解决内隐偏见问题,但如果我们尽可能依据客观数据,并加强评估结果准确性验证,则可以尽量减小有偏见的数据所带来的影响,提高评估者决策能力,增强评估结果公正性。

四 新时代社会危险性评估模式的逻辑转换

大数据时代,要实现从基于个体经验的风险评估转向以数据驱动风险评估,我们要勇于打破思维定式,转变思维方式。具体而言,一是要实现从定性风险评估向定性加定量风险评估转变。定性风险评估,是运用解释学等方法,评估被追诉人的社会危险性,评估准确性更依赖评估者个体经验与主观能动性。定量风险评估,则更多建立在实证主义方法论基础上,总结归纳与社会危险性评估相关的可量化、可重复使用的规律,评估准确性更依赖分析工具、分析材料、分析方法的科学性。评估模式从基于个体经验的风险评估转向以数据驱动风险评估,不是彻底否定定性评估在风险评估中的价值,而是强调在坚持定性评估基础上,增强定量评估,实现定性评估与定量评估的统一。二是要实现从注重因果关系向注重相关关系转变。因果关系是传统法学理论构筑的根基,代表确定性思维。而以数据驱动的精算评估工具,是典型的大数据产物,运用的是相关关系,代表不确定性思维。评估思维从因果思维转向相关思维,是评估模式转换的关键。三是要实现从注重确定证明向注重概率思维转变。利用大数据评估风险,本质是应用数学和逻辑思维预测社会危险性,是概率思维。实现评估模式转换,应从注重确定证明向概率思维转变。在思维方式转变基础上,具体可从评估依据、评估方式、评估主体与评估结果四方面着手。

(一) 依靠大数据驱动风险评估

"大数据是融合物理世界、信息空间和人类社会三元世界的纽带"[1],是对

---

[1] 程学旗等:《大数据系统和分析技术综述》,《软件学报》2014年第9期,第1889页。

客观事实另一种形式的记录与保留。利用大数据评估社会危险性,是利用历史事实预测未来风险的过程。从美国实践看,要保障评估准确性,首先,要保障创建精算工具的数据容量。如美国数据容量最大、种类最全的公共安全评估工具,利用了全国 300 个辖区约 75 万件案件的审前记录,包括了缓刑和审前服务案件自动跟踪系统、国家犯罪信息中心(NCIC)等多个官方数据库信息。换言之,美国创建精算工具的数据,不仅包括系统内部的"内生数据",还包括系统外部的"共享数据"。与此相比,我国司法机关现有"内生数据"容量较大,但不同机关间"共享数据"却相对不足。因此,依靠数据驱动风险评估,应尽可能构建跨地域、跨部门、跨领域的数据共享机制。笔者认为,有关机关可以编制可能影响社会危险性评估的风险清单,并组织、推动相应的全国数据共享平台与地方数据共享平台建设,为评估社会危险性提供数据支撑。其次,我们要保障数据质量,尤其关注数据采集、转换、分析过程中可能出现的数据质量问题。如原始数据不准确、原始数据转化成机器可识别语言导致的偏差、数据驱动的歧视等问题。[①] 对上述这些问题,我们可借鉴美国,制定专门的数据质量改善计划,成立数据质量改善组,加强数据输入与数据质量保障培训,以此保障数据的真实性与准确性。

(二)构建精算风险评估工具

构建我国的风险评估精算工具,须明确精算工具研发主体、评估的风险类别、评估因素与权重等方面的问题。

一是联合有关企业及高校共同研发精算工具。目前,我国法律领域的人工智能应用主要集中于信息检索、文书审阅、案件预测、智能咨询四种形式,参与的企业,既有综合的人工智能技术及解决方案供应商,如百度、阿里、科大讯飞等,又有专业法律信息平台或法律信息化企业,如华宇软件、无讼等。[②] 与这些企业合作,可以实现优势互补,节约司法资源。至于合作的高校,目前中国政法大学、中国人民大学、西南政法大学等高校均有法律人工智能方面的研究

---

① 参见施珠妹:《智慧法院建设与大数据质量》,《东方论坛》(社会科学版)2019 年第 1 期,第 61—68 页。
② 参见崔粲:《2018 人工智能助力法律服务研究报告》,https://www.iyiou.com/research/20180327551,2021 年 5 月 2 日访问。

院或实验室,与这些高校合作研发也可提高研发效率。

二是明确精算工具评估的风险类别。如目前我国法律规定的逮捕社会危险性类别较广且部分情形存在交叉重复,而美国公共安全评估工具及其他几种常用的评估工具,主要评估被追诉人是否有逃跑及实施新的犯罪风险,风险类别相对较少,且也不存在重合。因此,我们可完善逮捕社会危险性规定,删减不必要情形,整合重复规定,重构风险类别。如我们可重点评估以下危险:一是被追诉人是否可能实施新的犯罪或继续实施犯罪。为细化评估内容,还可根据犯罪严重性,将"实施新的犯罪危险"进一步分为"实施轻罪危险"与"实施重罪危险"。二是被追诉人是否可能妨碍案件调查。此类危险可以包含破坏证据与干扰被害人、证人等案件相关人员两类情形。前者如毁灭、藏匿、伪造证据、串供等行为,后者如威胁、恐吓、打击报复被害人、证人等案件相关人员。三是被追诉人是否可能逃跑。包括已经逃跑与有逃亡之虞两种情形。

三是确定具有统计学意义的评估因素与权重。我们可按照以下步骤确定评估因素及权重:第一,根据风险类别不同,初步筛选所有可能相关的共性因素与个性因素。如侵犯人身权益类犯罪,共性因素可包括被追诉人刑事犯罪或行政处罚次数、性质、间隔时间等因素。评估被追诉人是否可能实施犯罪或继续犯罪,可重点考虑案件起因、主观罪过、作案工具、伤害等级、犯罪后表现等因素;评估被追诉人是否可能妨碍案件调查,可重点考虑共犯到案情况、认罪认罚情况、证据收集情况、赔偿或取得谅解情况等因素;评估被追诉人是否可能逃跑,可重点考虑被追诉人曾经不出庭的次数、间隔时间、家庭状况、就业、居住情况等因素。第二,通过单变量、双变量与多变量分析,确定与审前结果最具统计学上显著相关的因素。第三,为不同因素分配权重,并构建风险分类方案。我们在研发精算工具时,可根据逻辑回归系数的优势比分配点值或使用"改进的Burgess"方法分配点值等确定不同因素的权重以及风险等级预测公式。① 当精算工具根据既定公式生成分数后,我们可将原始分数转换为风险级别指示。此种指示可表示为低、中、高等不同程度的风险,也可表示为1级风险、2级风险等不同级别的风险。

---

① 关于精算工具分配权重的方法,参见美国斯坦福大学审前风险评估项目介绍,https://law.stanford.edu/pretrial-risk-assessment-tools-factsheet-project/,2021年6月1日访问。

（三）实现社会危险性评估主体的专业化

目前，我国逮捕社会危险性主要是批捕主体自行评估，实践中司法实务人员较少提供证据证明被追诉人有社会危险性，社会危险性证明被严重虚置。对此，我们可借鉴美国，引入第三方评估社会危险性，实现评估主体专业化转向。笔者认为，这一转向在我国具有可行性。因为社区矫正决定机关根据需要，可委托第三方社会组织，调查评估被追诉人的社会危险性和对所居住社区的影响。基于决定社区矫正时审查的社会危险性与逮捕社会危险性在调查评估内容、方式等方面的共通性，[1]构建逮捕社会危险性第三方评估机制也应具有可行性。而且，现有刑事司法领域已有第三方评估做法，也可为此提供经验借鉴。如未成年人犯罪案件或法院审理的离婚、抚养等涉及未成年人的案件，公安司法机关可委托第三方社会组织，调查未成年人的成长经历、犯罪原因、监护、教育等情况，作为办理案件和教育未成年人的参考。

笔者认为，在我国，目前可暂由被追诉人户籍地或居住地司法局（司法所）作为社会危险性第三方评估机构。随着第三方社会组织的发展完善，将来也可尝试将该事项委托给第三方社会组织或采用政府购买服务的方式，获得第三方机构出具的社会危险性评估报告。为保障该机制有效运作，法律可明确规定第三方评估机构的职责，如第三方机构应客观全面地调查、核实与被追诉人社会危险性相关的信息，形成调查报告与社会危险性评估意见等材料，提供给有关机关。同时，明确规定第三方机构开展评估工作应客观、独立、公正，不得参加任何影响评估客观性、独立性、公正性的活动。第三方机构违反法律规定、弄虚作假的，可对直接负责的主管人员或其他直接责任人员依法给予处分；构成犯罪的，移送司法机关依法查处。

（四）加强精算工具预测效能验证

为确保预测结果准确性，我们可对下述事项进行定期验证：一是风险因素

---

[1] 在调查内容上，工作人员均须全面调查被追诉人个人信息、居所情况、家庭和社会关系、犯罪后果和影响、犯罪前一贯表现等基本情况；在调查方式上，工作人员均需通过走访、座谈、个别谈话等方式调查。

预测有效性验证。风险因素是创建精算工具的骨架。因此,验证风险因素预测有效性非常有必要。二是偏见因素验证。根据个人是否可改变不同,风险因素可分为归属因素与获得因素。前者如性别、种族和年龄,后者如教育状况、就业状况和犯罪行为等。① 笔者认为,偏见因素的存在可能影响评估结果的公正性。对此,我们不仅应将归属因素等可能影响评估结果公正性的因素排除在风险评估之外,而且还应定期检验精算工具中是否存在影响结果公正性的获得因素,并及时修正。如我国司法实务人员曾长期将"是否为本地人、有无固定住所"作为评估社会危险性的因素,②这些因素在传统农业社会、人口流动性小的背景下具有一定合理性,但随着城市化进程加快,人口流动性增强,这些因素是否仍应作为评估逮捕社会危险性的因素则值得反思。三是风险分类方案准确性验证。风险分类方案是划分被追诉人风险等级的依据。因此,有关机关也应定期验证风险分类方案的准确性。此外,有关机关还应进行预测结果准确性验证,这是衡量精算工具评估准确性的最直接标尺。包括整体预测有效性验证以及各类风险预测有效性验证。

五 结语

大数据时代,数据已成为国家基础性战略资源。善用数据评估社会危险性,释放数据价值,有助于突破人脑局限,延伸人的理性思维,保障决策科学与公正。

但现有社会危险性评估模式仍主要依靠经验驱动,作为基础性战略资源的数据价值还未充分发挥。因此,我们应充分挖掘数据资源的内蕴价值,推动社会危险性评估模式从基于个体经验的风险评估转向数据驱动风险评估。评估模式的该种转换,有利于解决评估标准模糊、主观性强等实践难题,实现大数据与司法工作的深度融合,推进国家治理体系与治理能

---

① 参见权衡 Marcy R., et al., "Hennepin County 2015 Adult Pretrial Scale Validation," https://www.researchgate.net/publication/330366374_Hennepin_County_2015_Adult_Pretrial_Scale_Revalidation, 2021年6月9日访问。
② 参见谢小剑:《我国羁押事实的适用现状及其规范化》,《法律科学》(西北政法大学学报) 2017年第4期,第198页。

力现代化。但须注意,数据驱动风险评估模式的核心是人的智能现代化,而非以精算工具等技术替代人的智能。精算工具与司法人员的关系是智能叠拼,前者辅助后者,而非替代后者。当然,该种转换在中国是否具有可行性,仍有待实践检验。

非法证据排除的审查门槛与权衡因素
——以欧洲人权法院判例为例[*]

〔西班牙〕安娜·玛丽亚·托雷斯·切德瑞 著 张嘉源 译[**]

摘 要: 在欧洲人权法院的判例中,其并不总是下令排除侵犯《欧洲人权公约》权利而获得的所有证据。欧洲人权法院将排除证据的分析划分为三道门槛:第一是确定证据的取得侵犯了公约权利;第二是该行为违反了公正审判的要求;第三则是排除证据作为程序性救济的一种形式。在具体实践中,证据禁止隐含了两种要求:第一,禁止通过侵犯《公约》权利的手段获取证据;第二,禁止在审判中使用影响诉讼公正的证据。由于并非所有侵犯《公约》权利所获证据都会影响诉讼程序的公正性,所以需要在具体案件中对审判公正与其他利益之间进行权衡。在违反《公约》第3条的案件中,欧洲人权法院倾向于认为使用这种证据将会影响诉讼程序的公正性,从而无须与其他保障措施进行权衡。在违反《公约》第6条的案件中,欧洲人权法院倾向于以整体的方式进行权衡,即把审判作为一个整体来看待。当《公约》第8条的权利受到侵犯时,如果罪行足够严重,即使证据对审判的最终结果具有不可否认的影响,程序保障缺位所导致的问题也将得到纠正。

关键词: 侵犯人权;欧洲人权法院;证据排除;公正审判;利益权衡

---

[*] 本文原载于《蒂尔堡法律评论》2010年第15卷第2期。作者特别感谢佩德罗·塞尔纳·贝穆德斯、艾米·迪贝拉·古斯塔沃·阿罗塞姆教授以及《蒂尔堡法律评论》的匿名编辑对本文以前版本的批评和建议。文章中出现的一切错误和不准确之处皆由作者本人负责。本文的"摘要"与"关键词"为译者所加。

[**] 安娜·玛丽亚·托雷斯·切德瑞,西班牙拉科鲁尼亚大学法学院特别公法系博士前阶段研究员(a pre-doctoral researcher);张嘉源,中国政法大学证据科学研究院博士研究生。

一 引言

（一）问题的提出

本文的目的是对侵犯《欧洲人权公约》（以下称《公约》）权利所获的证据，如何为欧洲人权法院处理的情形进行分析。值得一提的是，本文将关注欧洲人权法院所认为的，为了确保公正审判，应将证据排除在诉讼程序之外的情况。

本文将表明，欧洲人权法院并不总是下令排除侵犯《公约》权利而获得的所有证据。更令人惊讶的是，侵犯《公约》权利而获得的某些类型的证据并未被认为影响了诉讼的公正性。本文将阐述欧洲人权法院在决定诉讼程序的公正性是否会受到影响，以及是否有必要在审判中排除证据时所需考虑的因素。

当有人提出证据是在侵犯《公约》权利的情况下获得时，欧洲人权法院会将排除证据的分析划分为三道门槛。第一道门槛是确定证据的取得侵犯了公约权利，第二道门槛是该行为违反了公正审判的要求，第三道门槛则是排除证据作为程序性救济的一种形式。本文将批判性地审查欧洲人权法院考虑到的各项因素的合理性，主要侧重于第二和第三道门槛。

（二）研究的范围与必要性

欧洲人权法院的管辖权除受其他因素影响外，还会受到初级原则和辅助性原则的制约。这意味着欧洲人权法院和内国法院会共同承担处理人权要求的任务，而这一任务在程序上和实体上是有界限的。[①] 穷尽国内诉讼程序的要求在程序上限制了欧洲人权法院的管辖权，而《公约》中所规定的权利则代表了在实质上限制欧洲人权法院管辖权的框架。从这一划分可以得出，只要对《公约》权利没有影响，欧洲人权法院就无权处理针对国内法的权利主张。

---

① 乔纳斯·克里斯托弗森很好地阐述了这些原则的定义。克里斯托弗森认为，初级原则是指国家当局执行《公约》的义务，即需要存在保障《公约》权利的国内救济措施。辅助性原则是指欧洲人权法院对国家判决的审查职能，即需要用尽国内救济手段来触发欧洲人权法院的管辖权。这两项原则的相互作用导致欧洲人权法院和国家管辖权在保障《公约》权利方面有共同的任务。See J. Christoffersen, *Fair balance: Proportionality, Subsidiarity and Primarity in the European Convention on Human Rights*, Martinus Nijhoff Publishers, The Hague: Martinus Nijhoff Publishers, 2009, 227 et seq.

此外,欧洲人权法院不应被视为第四审法庭,它只能处理侵犯《公约》权利的行为,不能重新评估事实或重新启动证据调查。

证据问题及其评估似乎是各国行使其裁量余地的一个灰色区域,然而同时欧洲人权法院也保留着管辖权,以监督各国是否按照《公约》的权利规定行使这种自由裁量权。① 享有这种自由裁量权并不意味着各国法官拥有最后决定权,以及他们的相关判决决定不会受到审查。为了与公约保持一致,这种自由裁量权应该是德沃金所说的"弱意义上的自由裁量权"②。这意味着,即使对证据的评估属于各国边际裁量(States' margin of appreciation)③的范围,欧洲人权法院仍对该事项保留其管辖权,以便于审查各国是否根据《公约》权利行使这种自由裁量权。因此,各国根据各自社会的需要决定如何执行《公约》权利,而欧洲人权法院则确保该权利的核心不会受到侵犯。一旦各国在行使自由裁量权时侵犯了《公约》权利,那么欧洲人权法院将会要求各国是否通过确保存在其他保障措施来补偿由此产生的不公正。

在此种权力架构下行事,欧洲人权法院也明白自己无权重新评估证据,无权确定哪些证据属于非法证据,④或者得出结论认为某种证据应被排除在诉讼

---

① I. Esparza, J. F. Etxebarria, 'Artículo 6. Derecho a un proceso equitativo' in Iñiaki Lasagabaster Herrarte (dir) Convenio Europeo de Derechos Humanos, Comentario sistemático, Navarra: Thomson Reuters, 2nd edn, 2009, pp. 239 - 240. 在作者看来,欧洲人权法院不能决定哪些证据属于非法证据,因为这属于各国的边际裁量权,但欧洲人权法院可以确定采纳上述证据是否会影响诉讼的公正性。See B. Gasper, "Examining the Use of Evidence Obtained under Torture: The Case of the British Detainees may Test the Resolve of the European Convention in the Era of Terrorism," 21 Am. U. Int'l L., Rev. 277, 2005, pp. 284 - 285. 加斯珀在确认证据问题属于国家边际裁量的同时指出,欧洲人权法院可在影响公正审判权的案件中对证据问题行使特殊管辖权。特别是,当反对使用受污染证据的权利受到威胁时,当侵犯《公约》权利获得的证据影响被告的定罪时,或者当证据的质量与反对自证其罪的权利相违背时,上述情况就会发生。
② R. Dworkin, Taking Rights Seriously, Harvard: Harvard University Press, 1978, pp. 31 - 33. 德沃金将自由裁量权分为三种类型。第一种自由裁量权意味着权威机关没有设定任何准则,因此官员可以完全自由地决定如何解决某个特定问题;第二种自由裁量权是指官员有权作出最终决定而不受其他人的审查;第三种自由裁量权意味着官员不能超越权威机关所设置的准则去作出决定——他必须受这些准则的指导,尽管他仍然可以使用他的自由裁量权来解释这些准则。这就是最后一种自由裁量权——"弱意义上的自由裁量权",对应正文所指。
③ 边际裁量原则,也可被译为国家裁量余地原则,关于这一原则的详细研究可参见邱静:《欧洲人权法院实践与人权保护的相对性》,《国际论坛》2019年第5期,第74—79页。——译者注
④ Schenk v. Switzerland App no 10862/84 (ECtHR, 12 July 1988) para 46.

程序之外。① 但欧洲人权法院知道自己有权决定整个诉讼程序是否公正。② 在欧洲人权法院的具体做法中,这涉及对被申诉行为的非法性进行审查,如果该行为侵犯了《公约》规定的另一项权利,则会对被发现的侵权行为的性质进行审查。③

因此,虽然乍一看欧洲人权法院似乎根本不处理证据问题,但应该可以从欧洲人权法院的判例中推断出一些规则,以阐明哪些类型的证据一般而言会更倾向于影响诉讼的公正性;同时有可能澄清什么时候需要进行程序性救济,例如排除侵犯《公约》权利的证据。④ 在确定了欧洲人权法院在这一问题上的权力范围之后,可以得出这样的结论:有可能根据欧洲人权法院的判例,研究排除侵犯《公约》权利所获证据的问题。⑤

关于证据问题,必须区分欧洲人权法院在具体实践中隐含的两种禁止:第一,禁止通过侵犯《公约》权利的手段获取证据,比如禁止酷刑、侵犯隐私

---

① Allan v. The United Kingdom App no 48539/99（ECtHR 5 November 2002）para 42. 与之类似的措辞,参见 Bykov v. Russia App no 4378/02（ECtHR 10 March 2009）para 88。

② Jalloh v. Germany App no 54810/00（ECtHR 11 July 2006）para 95; Gäfgen v Germany App no 22978/05（ECtHR 1 June 2010）para 163; Khan v. The United Kingdom App no 35394/97（ECtHR 12 May 2000）para 34; PG. and J. H. v. The United Kingdom App no 44787/98（ECtHR 25 September 2001）para 76; Allan v. The United Kingdom（n 6）para 42.

③ Bykov v. Russia（n 6）para 89; Khan v. The United Kingdom（n 7）para 34; PG. and J. H. v. The United Kingdom（n 7）para 76; Heglas v. Czech Republic App no 5935/02（ECtHR 1 March 2007）paras 89 - 92; Allan v. The United Kingdom（n 6）para 42.

④ 同样,还应考虑到,证据的取得即使没有违反任何国内法,而只是侵犯《公约》权利,也可能是非法证据。参见 for instance Khan v. The United Kingdom（n 7）paras 25 - 28（没有司法令状支持的录音并不为英国法律禁止,但却为《公约》所禁止）以及 Jalloh v. Germany（n 7）paras 103, 104（德国法律不禁止使用催吐剂,但《公约》却禁止使用催吐剂）。See also, M. A. Beernaert, 'La recevabilité des preuves en matière pénale dans la jurisprudence de la Cour Européenne des droits de l'homme', *Revue Trimestrielle des Droits de l'homme*, 69, 2007, pp. 18, 81. 贝尔纳特还认为,有可能从欧洲人权法院的判例中制定出一些证据规则,特别是关于密探、对沉默权的侵犯、辩诉交易的证据、对隐私权的侵犯和证人证言等规则。D. Friedman, "From Due Deference to Due Process: Human Rights Litigation in the Criminal Law," *E. H. R. L. R.*, 2002, p. 225. 弗里德曼认为,一般而言,欧洲人权法院拒绝创制证据规则,除非是通过强制讯问和警察引诱而违反《公约》第 3 条所获得的证据。

⑤ 比如,在 Aleksandr Zaichenko v. Russia 一案中,欧洲人权法院承认对处理侵犯禁止自证其罪的权利而获得的证据具有管辖权。See Aleksandr Zaichenko v Russia App no 39660/02（ECtHR 18 February 2010）para 38.

权和沉默权等;①第二,禁止在审判中使用影响诉讼公正的证据。② 这两类禁止之间的区别是重要的,因为正如将会证明的那样,并非所有侵犯《公约》权利而获得的证据都会影响诉讼程序(公正审判)的公正性,因此上述证据中的某些类型可能在审判中会被认定为可采的。③ 因此,判决的关键不仅在于证据的取得是否侵犯《公约》权利,还在于证据的使用是否会影响诉讼的公正性。同样,并非所有侵犯《公约》权利且影响诉讼公正的证据都必须被排除在诉讼之外。

试图确定取得禁止的界限可能会导致讨论范围的扩大,而这并不会对本文的主要问题——排除侵犯《公约》权利的证据和其他程序性救济——作出很大贡献。因此,本文将不会分析一种侦查方法何时会侵犯人权(取得禁止),而是将重点放在通过侵犯《公约》权利而获得的证据对诉讼程序的公正性有所影响(使用禁止)的情形。因此,本文的讨论将限于前文中提到的第二和第三道门槛。

(三) 文章的结构

有观点认为,欧洲人权法院用以权衡审判公正和其他利益之间的主要标准如下。

1. 诉讼中对证据的使用:证据对审判结果的影响越大,对审判的公正性的影响就越大。

---

① 这里并不包括整体意义上的获得公正审判的权利,而是指向它所保护的具体权利,例如沉默权、不自证其罪的权利、获得律师帮助的权利。公正审判权作为一个整体是一个模糊的概念,它将被视为等同于"对诉讼程序公正的影响"。
② 在德国,对证据的禁止分为取得禁止和使用禁止两种类型。关于这一问题的更多介绍可参见 K. Ambos, 'Las prohibiciones de utilización de pruebas en el proceso penal alemán-fundamentación teórica y sistematización' (2009), *Política Criminal*, pp. 5–8 , 以及 G. Danneck-eg 'Los límites en la utilización de la prueba en el proceso penal alemán' in R Coloma Correa (ed), *La Prueba en el nuevo proceso penal oral*, Santiago: Nexis-Lexis, 2003, pp. 189 et seq.
③ 这种区别经常可以从欧洲人权法院的做法中看出。首先,欧洲人权法院将审查所获得的证据是否侵犯了《公约》的任何权利。这就是在正文中提到的第一种禁止——"取得禁止"。如果确实违反了第一种禁止,欧洲人权法院将着手审查这种侵权行为是否以任何方式影响了诉讼程序的公正性(这种情况并不经常发生)。这就是在正文中提到的第二种禁止——"使用禁止"。最后,欧洲人权法院将审查这种对诉讼公正的影响是否可以通过程序救济,例如重审或排除证据的方式进行补救。

2. 诉讼中存在其他保障措施：如果存在其他保障措施，可以认为这些保障措施减轻了使用侵犯《公约》权利而获得的证据所造成的不公正。

3. 犯罪的严重性与制裁的公共利益性：犯罪越严重，被告人受到的保护越少。

4. 证据的补强：补强后的证据具有可靠性，证据越可靠，排除它的理由就越少。

欧洲人权法院的权衡之道如表1所示：

表1 欧洲人权法院的权衡之道

标准如下	标准如下
1. 犯罪的严重程度和对其进行起诉的公共利益	1. 犯罪并不严重且不存在重要的公共利益
2. 诉讼中存在其他保障措施	2. 没有额外的程序保障
3. 证据的补强；以及	3. 没有补强的证据；以及
4. 辅助证据	4. 主要证据
可以充分认定在证据问题上侵犯《公约》权利的行为是正当的	在证据问题上几乎不能认定侵犯《公约》权利的行为是正当的

该表将表明一些标准比其他标准更为重要。特别是，当两栏的标准数目相等时，是否存在额外程序保障的标准一般起着决定性作用。它还将表明，欧洲人权法院在适用上述标准时是一致的。此外，上述标准不仅会因权利的不同而不同，而且在同一权利内也会因案件的不同而不同。

根据被侵犯的权利类型，欧洲人权法院会对上文概述的标准给予或多或少的重视，即罪行的严重性、是否存在其他保障措施、证据是否补强以及证据对诉讼的影响程度是否最低。在侵犯《公约》第3条权利（禁止酷刑和不人道或有辱人格待遇）的案件中，欧洲人权法院倾向于认为使用这种证据将会影响诉讼程序的公正性,①从而无须与其他保障措施进行权衡。在侵犯《公约》第6条权利(正当程序权利,如沉默权,反对自证其罪的权利,获得律师帮助的权利)的案件中,欧洲人权法院倾向于以整体的方式看待上述标准,即把审判作为一个整体来看待。例如,仅存在侵犯这项权利的行为本身并不构成侵犯《公约》权利,但如果不存在额外的程序保障措施即可重新认定上述侵犯行为的性质。当《公约》第8条权利(隐私权、住宅权和通信权)受到侵犯时,在证据方面存在能使侵犯《公约》权利行为正当化的标准与使程序保障正当化的其他考量因素相互抵消。在这种情况下,如果罪行足够严重,即使证据对审判的最终结果具有不可否认的影响,程序保障缺位所导致的问题也将得到纠正。

由于欧洲人权法院根据被侵犯的权利类型采取了不同的考虑,为了阐述的需要,本文将按照所涉权利的类型来进行讨论。首先,本文将关注违反《公约》第3条取证对正当程序的影响;然后,本文将继续检验违反《公约》第6条取证对程序公正的影响;最后则是违反《公约》第8条取证对正当程序的影响。每一部分将努力回答下列问题:(1)在侵犯《公约》权利的情况下获得的证据何时会影响诉讼的公正性(第二道门槛);(2)在诉讼程序不公正的情况下,欧洲人权法院判令作出了何种救济(第三道门槛)。最后,在这一分析之后,本文将对欧洲人权法院所采用的某些标准的合理性提出一些思考,并对违反同一公约权利的行为却不一致地适用标准的情况展开批评。本文不打算穷尽欧洲人权法院的判例和相关的研究主题。相反,本文目标是促进对审判中使用违反《公约》权利收集的证据是否需要明确一致的规则和程序性救济的讨论。

二 通过侵犯禁止酷刑和不人道或有辱人格待遇的权利所获的证据(《公约》第3条)

由于第3条所载权利的绝对性质,欧洲人权法院对违反该条的行为的处理

---

① 在侵犯禁止酷刑和不人道或有辱人格待遇的案件中,欧洲人权法院并没有跳过上述权衡标准,而是认为任何保障措施都可以恢复因通过酷刑或不人道或有辱人格待遇获得的证据所造成的不公正。

要比对其他权利的侵犯更为严重。① 使用违反《公约》第 3 条获得的证据会严重影响诉讼的公正性,即使该证据对被告的定罪并不是决定性的。② 然而,这并不意味着排除违反第 3 条获得的证据具有"独立"保障的地位。③ 欧洲人权法院没有选择自动排除违反第 3 条获得的证据的做法。相反,它以非常形式主义的方式进行分析——根据上文概述的标准——使用违反第 3 条获得的证据是否影响了诉讼的公正性。这种做法使欧洲人权法院有更大的裁量余地,可以进一步背离其自身作出的先例。

(一)第二道门槛:使用违反《公约》第 3 条获得的证据在什么情况下会影响诉讼的公正性?

1. 通过使用酷刑和不人道或有辱人格的方式所直接获得的证据

按照上文所述的标准,此处分析的重点将放在分配给下列每一项标准的权重上:证据对最终审判结果的影响,④罪行的严重性和惩罚犯罪或是查明真相的公共利益,以及是否存在额外的保障措施,特别是申诉人是否有机会在进入国内诉讼程序之前对证据可采性提出反对。⑤

(1) 该种证据对被告定罪的影响

在评估诉讼的公正性是否受到影响时,首先要考虑的一个因素是该种证据是否在审判中得到使用:如果要使得分析得以继续进行,那么该类证据必须

---

① 原则上,这种严厉性在禁止酷刑和不人道或有辱人格的权利中是等同适用的。然而,正如下文即将提到的,欧洲人权法院在对待本文所指的"实物证据"时对二者的处理略有不同。
② Gäfgen v. Germany (n 7) para 165.
③ 参见 B. Gasper (n 2) 299 - 312。该文章根据欧洲人权法院制定的标准,重点分析了英国一些被拘留的恐怖主义嫌疑人的起诉问题。(A v. Secretary of State for the Home Department, [2004] UKHL 56 and [2005] UKHL 71)值得注意的是,作者讨论了使用第三方匿名供述是否会影响诉讼公正性的问题。作者认为,在审判中使用通过酷刑获得的证据,由于该证据周围的环境(特别是缺乏可靠性和由于其匿名性,被告对使用该证据表示的反对将是无效的),会使公正审判变得不可能。但是,作者后来又认为,按照欧洲人权法院的解释,禁止酷刑可能意味着将自动禁止使用由此获得的证据。
④ İçöz v. Turkey App no 54919/00 (ECtHR 9 January 2003) para 3; Jalloh v. Germany (n 7) paras 99, 104; Göçmen v. Turkey App no 72000/01 (ECtHR 17 October 2006) para 74; Harutyunyan v. Armenia App no 36549/03 (ECtHR 28 June 2007) para 63.
⑤ örs and others v. Turkey App no 46213/99 (ECtHR 20 June 2006) para 59.

在审判环节中得到使用。① 如果国家法官没有使用该证据来证明任何事实，欧洲人权法院将不会认为该证据对诉讼的公正性有任何影响。② 但是，欧洲人权法院并没有要求证据必须是对被告定罪的决定性证据。

在"哈鲁特云扬诉亚美尼亚案"中，欧洲人权法院认为，使用通过酷刑获得的证据使得审判无法保持公正，即使这些证据对被告的定罪没有任何影响。③ 在"莱温塔诉摩尔多瓦案"中，欧洲人权法院明确指出，使用该类证据的证明目的，如定罪证据或量刑证据与诉讼公正性的影响不具有相关性。欧洲人权法院规定了一项更充分和明确的禁令，即使用通过酷刑获得的证据本身就会使审判自动变得不公正。④ 在"戈曼诉土耳其案"中，欧洲人权法院强调，确定该类证据对被告定罪的影响是无关紧要的。在这个案件中，审判被认为是不公正的，因为在定罪判决中提到了在审判环节对这种证据的使用。⑤ 在"索莱梅兹诉土耳其案和贾洛诉德国案"中，欧洲人权法院坚持认为，无论该种证据的用途如何，允许采纳它本身就会使审判不公正。⑥

---

① 非法证据在审判中必须被用来证明某件事的原则可参见 Gäfgen v. Germany（n 6）paras 166, 178。然而，请关注 T. Ward and P. Gardner 的这篇文章，"The Privilege Against Self-incrimination: In Search of Legal Certainty," *E. H. R. L. R.*, 2003, pp. 288, 391。作者批评了欧洲人权法院在 Funke v. France App no 10828/84（ECtHR 25 February 1993）案件中的判决。在该案中，尽管所获证据没有在审判中得到使用，但是判决依然认定取证行为违反了《公约》第 6 条第 1 款。

② 这一分析似乎是恰当的，因为作为专业法官，对陪审员所采取的同样预防措施也不应适用于他们，因此法官不得得到关于排除或采纳证据的指示。然而，由于非法获得的证据并没有被排除在诉讼程序之外，因此依然可能存在对法官的判断产生重大影响的情况，从而会损害无罪推定的风险。参见 M. R. Damaška, *Evidence Law Adrift*, New Haven: Yale University Press, 1997, pp. 46 et seq。达玛斯卡认为，在单一法官审理的案件中，同一名法官必须对证据和被告的罪行进行评估，此时非法证据的出现将构成一种威胁，因为其可以影响法官的判断。故而达玛斯卡认为，在审判前彻底消除非法证据，不在诉讼文件中留下任何痕迹，可能是另一种解决方案。然而，在无法完全消除非法证据的情况下，达玛斯卡认为，在大陆法系刑法中，弹劾法官继续审理案件可能是一种理论上的却非实际的解决办法。而在美国的制度中，主审法官在审判过程中处理附带问题，而对罪行的分析则由陪审员来负责，在达玛斯卡看来，这种制度更容易避免最终裁决者的判断受到影响。

③ Harutyunyan（n 18）para 63.

④ App no 17332/03（ECtHR 16 December 2008）paras 103 – 105.

⑤ Göçmen（n 18）para 74.

⑥ Söylemez v. Turkey（46661/99）21 September 2006, paras 122 – 125; Jalloh v. Germany（n7），para 99.

（2）犯罪的严重程度和对其进行起诉的公共利益

在贾洛诉德国一案中，欧洲人权法院确定，即使在最紧迫的情况下，也不允许违反《公约》第 3 条，因为其中所载的权利不能被减损或限制。因此，被告所犯罪行的严重性不能作为使用违反《公约》第 3 条第 2 款所取得证据的理由。[1]

（3）其他保障措施的存在并不能恢复因使用违反《公约》第 3 条获得的证据所造成的不公正

在戈曼诉土耳其一案中，欧洲人权法院认为，即使存在其他保障措施，例如遵守质证原则（the principle of contradiction），也不足以恢复因使用违反《公约》第 3 条所收集的证据而造成的不公正。[2] 在欧时和其他当事人诉土耳其一案中，欧洲人权法院认为，即使国内判决使用了违反《公约》第 3 条而获得的证据之外的其他证据，尽管申诉人已由一名律师代理，而且他曾有机会对违反《公约》第 3 条而获得的证据之可采性提出反对，但这些保障措施并不能补救其对诉讼程序已经造成的不公正影响。[3]

在这个阶段，欧洲人权法院的立场似乎很明确：违反《公约》第 3 条而获得的证据会自动使得审判变得不公正。无论采取何种保障措施，诉讼程序的不公正也是无法补救的。对于被告的定罪而言，证据是否具有决定性也无关紧要。因此，违反《公约》第 3 条获得的补强主要证据的辅助证据仍然会使审判变得不公正。下一步是分析这些标准是否同样适用于通过间接违反《公约》第 3 条（也称为"毒树之果"原则）[4]而获得的证据。也就是说，这些标准可能不仅适用于与侵权行为直接有关的证据，而且还可能适用于那些合法收集，却通过违反《公约》权利所获得的证据而间接发

---

[1] Jalloh(n 7) para 106. In Gäfgen v. Germany (n 7) paras 107, 176. 欧洲人权法院提到，任何原因都不能作为限制《公约》第 3 条的权利之理由：罪行的严重性、发现真相的公共利益或拯救儿童生命的需要都不能成为违反《公约》第 3 条的理由。

[2] Göçmen (n 18) paras 69, 75. Jalloh v. Germany (n 7) para 106.

[3] örs and others v. Turkey (n 19) paras 60–61.

[4] 毒树之果原则是美国最高法院在 Silverthorne Lumber Co v. US 251 US 385 (1920) 案件中提出的一个概念。一般来说，该原则指通过侵犯被告权利而获得的有关证据的信息是不能被用于审判。

现的证据。①

2. 通过间接使用酷刑和不人道或有辱人格的待遇获得的证据

欧洲人权法院将间接使用酷刑获得的证据与间接使用通过不人道或有辱人格的待遇获得的证据进行区别对待(《公约》第3条)。欧洲人权法院表示，通过酷刑获得的间接证据——或欧洲人权法院所称的"实物证据"②——不能与通过不人道或有辱人格获得的间接证据被同等对待。从使用酷刑中获得的间接证据不需要被复杂地分析:欧洲人权法院在"欧时和其他当事人诉土耳其案"、③"哈鲁特云扬诉亚美尼亚案"④和"莱温塔诉摩尔多瓦案"⑤中明确表示，通过酷刑获得的所有证据(无论是直接的还是间接的)都会影响诉讼程序的公正。⑥

但是，从使用不人道或有辱人格的待遇中获得的间接证据有其特殊性。在"贾洛诉德国案"中，欧洲人权法院没有把通过不人道或有辱人格的待遇直接或间接获得的所有证据统一视作自动影响诉讼程序的公正性。相反，欧洲人权法院认为，从不人道或有辱人格的待遇间接获得的证据的某些特定用途是禁止的，而其他一些用途是允许的。通过不人道或有辱人格的待遇获取的"实物证据"或间接证据不能用作证明被告的罪行，即不能用作主要证据，因为如果用作主要证据，它将对被告的定罪起决定性作

---

① J. A. Diaz Cabiale, R. M. Morales, 'La teoría de conexión de antijuricidad', *Jueces para la democracia*, 2002, pp.39, 46. 为了说明这一点，作者提到了西班牙宪法法院的一个有趣案例。该案中搜查行为被宣布为非法，但在搜查中收集到的证据通过被告的供述出现在了诉讼程序中。作者指出，如果没有进行搜查，这种供述是不会出现的，而这是宪法法院没有考虑到的情况。

② 欧洲人权法院将"实物证据"与证词(口头证词)并置。因此，所有通过证词发现，但需要进一步验证的证据都被称为实物证据。例如，Gäfgen v. Germany(n 7)。格夫根的证词是相当直接的证据;然而，尸体被认为是实物证据。欧洲人权法院认为，实物证据也指通过间接违反《公约》第3条而获得的证据，这意味着在收集证据的过程中没有发生违反《公约》的行为，但该证据被发现是由于使用了侵犯《公约》权利的手段。在格夫根的案件中，尸体是通过间接违反《公约》第3条而获得的，因为它是通过格夫根提供的证词而发现的，而证词则是通过施加不人道和有辱人格的待遇而获得的。

③ örs and others v. Turkey (n 19) para 60.

④ Harutyunyan(n 18) paras 63 - 64,66.

⑤ Levinta(n 23) paras 101, 104 - 105.

⑥ Gäfgen v. Germany(n 7) para 166.

用,①但它可以被用作辅助证据。

在"格夫根诉德国案"中,欧洲人权法院必须考虑通过间接使用不人道或有辱人格的待遇而获得的、对被告定罪没有决定性的实物证据是否会影响诉讼的公正性。② 格夫根因谋杀一名儿童被国内司法机关判决有罪。对他的定罪是基于其本人的自愿供述,实际上是他的"第二次供述",以及从他的第一次供述中获得的实物证据。在第一次供述中,他受到了不人道和有辱人格的待遇。实物证据包括孩子的尸体和尸检结果。欧洲人权法院必须确定使用这种从不人道和有辱人格的待遇中获得的间接证据是否使诉讼程序变得不公正。欧洲人权法院对这个问题作了否定的回答。在确定这一问题时,它考虑了下列因素:(1)这种实物证据只是用来检验主要证据(被告的第二次供述)的可靠性,而不是为了证明格夫根是否有罪;③(2)这种证据没有被第一次供述的非法性所污染,因为证据和被告的定罪之间并没有因果关系;④(3)被告曾有机会对证据的可采性提出反对,而内国法官享有是否排除证据的自由裁量权。⑤ 基于所有这些理由,欧洲人权法院的结论是,使用从不人道或有辱人格的待遇中获得的实物证据并不影响本案诉讼程序的公正性。

通过间接使用酷刑获得的证据与通过间接使用不人道或有辱人格的待遇获得的证据之间的区别没有多大意义。这两种侵犯行为的性质肯定都很严重,欧洲人权法院在其他情况下对《公约》第3条的所有权利都是平等对待,《公约》第3条的绝对性质适用于禁止酷刑和有辱人格或不人道待遇的权利。⑥ 此外,欧洲人权法院为确定实物证据或间接证据是否受到污染而进行的

---

① Jalloh(n 7), paras 105 – 106.
② Gäfgen(n 7), para 173. Harutyunyan v. Armenia (n 18), para 65. 在格夫根案中,欧洲人权法院必须确定申诉人的第二份供述是否为有效证据,是否独立于通过不人道和有辱人格的待遇获得的第一份供述。为此,欧洲人权法院认为,为了确定第二次供述的独立性,有必要确定其自愿性。由于在国内诉讼程序中已经证明,申诉人一直受到威胁,所以欧洲人权法院判定这些威胁影响了第二次供述。
③ Gäfgen(n 7), para 179.
④ Ibid, para 180.
⑤ Ibid, para 185.
⑥ 《公约》第15条第2款。See also, B. Vermeulen, "Freedom from Torture and Other Inhuman or Degrading Treatment or Punishment," in P. Van Dijk and others(eds.), *Theory and Practice of the European Convention on Human Rights*, Antwerpen-Oxford: Intersentia, 4th edn, 2006, pp. 406 – 409. 该文认识到,不人道和有辱人格的待遇与酷刑之间的区别是等级和意 （转下页）

分析似乎是不恰当的,因为它涉及将这种证据受到污染的判断与这一证据对被告定罪所产生的影响联系起来。这似乎是对这个问题的一种错误理解,因为证据受到污染是由于它与直接证据的非法性之间有因果关系,而不是像欧洲人权法院所认为的那样,因为它对审判的最后结果有影响。似乎间接证据的可靠性和真实性对直接证据的证实作用在欧洲人权法院的判决意见中具有重要的分量。[①] 例如,直接证据如供述或证人证言可能缺乏可靠性,但在供述之后获得的经确认的间接证据,虽然可能仍然是非法的,但不会有不可靠的风险。格夫根案的判决证明,在欧洲人权法院看来,发现真实的价值可能胜过其他程序性价值。也许欧洲人权法院使用"实物"证据这一术语来指代间接证据正是为了强调其可靠性。

(二) 第三道门槛:程序性救济

有学者可能会认为,出于国家主权的考虑,欧洲人权法院判决进行物质赔偿的权力有限。[②] 但是,欧洲人权法院以前曾在不同于本条所述的情况下,要求超出货币赔偿的程序性救济。例如,在几个起诉土耳其政府的案件中,欧洲人权法院下令重审原案被告,因为有证据表明原审法官缺乏公正或独立性。[③] 在"索

(接上页)图的区别。虽然酷刑是最严重的,需要有目的要素:如被告的供述。但有辱人格和不人道的待遇伤害却较小,而且不预先假定有特定的意图。从本质上说,《公约》第3条旨在保护人身的完整性。

① 根据阿什沃思的观点,英国法中关于可靠性原则的内核是在 King v. Warickshall (1783) 168 ER 234 - 235 案件中得到阐述的。该案中提到"虽然不正当获得的供述不能作为证据……在此之后所做的任何行为都可作为证据,尽管这些行为是由于这种供述的结果"。A. Ashworth, "Excluding Evidence as Protecting Rights" [1977] Crim. L. R. 723, 728.

② 最初,人们认为欧洲人权法院只能作出宣告性判决,而各国则在与部长委员会协商后选择适当的救济办法;此外,欧洲人权法院还可以在不可能恢复原状或国家不愿救济时作出货币赔偿的决定。然而,近年来,欧洲人权法院已开始向各国发出更多关于具体补救行为的命令,甚至部长委员会也鼓励欧洲人权法院在所谓引导性判决的范围内这样做。关于这一问题,参见 A. Zidar, "The European Court of Human Rights and the Question of Remedies" in Creta and others European Masters' degree in Human Rights and Democratisation, awarded thesis in the year 1998/1999 (Marsilio Venice, 2001) and A. Buyse, "The Pilot Judgment Procedure at the European Court of Human Rights: Possibilities and Challenges," 57 *NomikoVima* (*The Greek Law Journal*), 2009, p. 1890。

③ Göçmen v. Turkey (n 18) para 87; öcalan v. Turkey App no 46221/99 (ECtHR 12 May 2005) para 210 in fine; Gengel v. Turkey App no 53431/99 (ECtHR 23 October 2003) para 27; Tahir Duran v. Turkey App no 40997/98 (ECtHR 29 January 2004) para 23.

姆吉诉意大利案"中,欧洲人权法院下令重审,因为被告参与审判的权利实际上受到了侵犯。[1] 但是,关于使用证据侵犯《公约》权利的问题,欧洲人权法院一直不愿下令进行程序性救济。

必须指出的是,欧洲人权法院只针对因侵犯《公约》第3条权利而遭受的精神和身体损害下令进行物质赔偿。[2] 在上述大多数案件中,欧洲人权法院不会要求对使用违反《公约》第3条而获得的证据进行程序性救济。例如,在"欧时和其他当事人诉土耳其案"中,欧洲人权法院认为,即使通过使用酷刑获得证据,对违反《公约》行为的认定也构成充分的救济。[3] 在"哈鲁特云扬诉亚美尼亚案"中,欧洲人权法院仅下令对使用通过酷刑获得的证据所造成的精神损害给予非常低的金钱补偿,甚至拒绝下令对受害者因不当定罪而要求的赔偿。[4]

欧洲人权法院经常认为,如果证据被排除,关于审判结果的不确定性是阻止它下令进行程序性救济的原因。[5] 关于这一问题,"贾洛诉德国案"与其特别有关,由于在该案中欧洲人权法院主要鉴于这种不确定性,所以拒绝要求赔偿因非法定罪对贾洛造成的损害。[6] 欧洲人权法院的论点不是很有说服力,因为贾洛只是根据通过不人道和有辱人格的待遇获得的证据才被定罪的,而且欧洲人权法院认为审判是不公正的。欧洲人权法院还认为,由于存在另一种方法来收集可以证明贾洛有罪的证据,因此其无法得出结论,并认为审判的结果会有所不同,尽管警方没有采用这所谓的另一种办法收集证据。[7] 本案的判决支持了上文所提到的假设,即欧洲人权法院似乎特别重视能证明某一事实的

---

[1] App no 67972/01（ECtHR 18 May 2004）para 86.
[2] 虽然在 Söylemez v. Turkey(n 25) para 146 案件中,欧洲人权法院认为,由于使用了违反《公约》第3条而获得的证据,所以导致诉讼程序的不公正,但是欧洲人权法院没有下令要求侵犯公正审判权的行为进行任何赔偿。欧洲人权法院只要求对不人道待遇所造成的精神损害进行物质救济。
[3] örs and others (n 19) para 66.
[4] Harutyunyan(n 18) para 71.
[5] 在 Göçmen v Turkey（n 18）案件中,欧洲人权法院决定对违反《公约》第3条和利用由此获得的证据所造成的精神损害给予小额的金钱救济（para 86）。而且特别因为申诉人没有受到独立法庭的审判,所以决定重审该案（para 87）。
[6] Jalloh(n 7) para 128.
[7] Ibid.

可靠证据。

"莱温塔诉摩尔多瓦案"是唯一的例外。在本案中,欧洲人权法院除了要求对使用酷刑获得的证据所造成的心理损害进行物质救济外,还决定对案件启动再审。①

三 因侵犯沉默权和禁止自证其罪的权利 而获得的证据(《公约》第6条)②

虽然沉默权和禁止自证其罪的权利是保证公正审判的"关键"权利,但根据欧洲人权法院的判决,侵犯这些权利而获得的证据并不总是对诉讼程序的公正性产生影响。

《公约》并不禁止自愿地自证其罪,其禁止的是为获得被告自证其罪的供述而使用强制手段的情形。保护沉默权和不被强迫自证其罪的权利的目的是:(1)避免司法不公;③(2)避免在不顾被告意愿的情况下,利用因此获得的证据证明被告有罪。④ 更确切地说,禁止自证其罪的权利旨在保护被告不受检控方的不当强迫。⑤

根据对这些判决的解读,不可能轻易确定一项统一标准,即在何种情况下使用违反《公约》第6条而获得的证据会影响诉讼的公正性。正如下文将提及的,欧洲人权法院的判决之间自相矛盾,而且尚不清楚随后的保障措施是否证实了对不得自证其罪权利的侵犯。同样不清楚的是关于使用的证据与公正性的损害之间是否具有相关性,以及对减少犯罪的公共利益之考量是否对平衡公正审判权有任何影响。

---

① Levinta(n 23) para 113.
② 本文将不讨论对证人的审查、匿名证人和证据开示的问题,因为对权利的侵犯普遍表现在收集证据的手段中,而不是关于诉讼中如何提出证据的方式或是在提交证据时漠视辩护权的问题。
③ Aleksandr Zaichenko v. Russia (n 10) para 38.
④ Jalloh v. Germany (n 7) para 100.
⑤ Serves v. France App no 20225/92 (ECtHR 20 October 1997) para 46.

（一）第二道门槛：使用违反《公约》第 6 条获得的证据何时会影响诉讼的公正性？

1. 在某些情况下，使用因警察引诱而获得的证据所造成的不公正是无法补救的

因警察引诱而获得的证据，无论在审判中使用与否，都违反了正当程序原则。这种情形按照既有规则是必须将所获证据排除在审判之外。① 即使被告有可能对使用这种证据提出反对，② 或者对被告的定罪是基于其他证据，但都无法弥补因使用该证据导致的不公正。③

欧洲人权法院对警察引诱的定义是一个动态性的过程。即从卧底特工实施的侦查行为过渡为由密探④实施的引诱行为。这种转变发生在警察并不局限于进行侦查行为，而是对被侦查人施加压力，导致被侦查人犯罪的时候；简言之，卧底特工仅仅负责侦查行为，而密探却不限于此，还会引诱被侦查人进行犯罪。其结果是，如果不是因为引诱，这种罪行永远不会发生。⑤ 特别是，欧洲人权法院指出，以前是否存在对被侦查人的怀疑是确定是否有引诱行为的关键因素。如果事先有怀疑，警察就充当卧底角色；但如果之前没有怀疑，警方就扮演了密探的角色。为了确定以前是否存在怀疑，欧洲人权法院列举了下列客观因素：(1) 既存的司法秩序正常运转；(2) 一项正在进行中的侦查活动；(3) 怀疑该人连续犯下罪行的充分理由；(4) 被告人以前的犯罪记录；(5) 发现该人藏有犯罪物品（例如毒品）；(6) 这个人有犯罪倾向。⑥

---

① Ramanauskas v. Lithuania App no 74420/01（ECtHR 5 February 2008）para 60.
② Ibid, paras 69, 72.
③ Ibid, paras 72-73.
④ 此处的"密探"是指受雇于政府，怂恿某些政治团体人士犯法以便将之逮捕的密探，而非汉语意义上的卧底警察。——译者注
⑤ Ibid, para 55; Vanyan v. Russia App no 53203/99（ECtHR 15 December 2005）para 47.
⑥ Teixeira de Castro v. Portugal App no 25829/94（ECtHR 9 June 1998）paras 38-39. 在本案中，欧洲人权法院考虑了下列因素：申诉人没有犯罪背景、没有对他进行初步侦查、在他的手中没有发现除警察要求的毒品以外的任何毒品。所有这一切使欧洲人权法院得出结论，认为警察并没有把自己局限于对该罪行的侦查，而是影响了被告引诱他进行犯罪。同样相关的还有 Ramanauskas v. Lithuania（n 57）paras 56, 67-68。在本案中，欧洲人权法院考虑了下列因素：(1) 申诉人没有犯罪背景；(2) 他与警察的会面是由警察本身促成的；(3) 申诉人是迫于压力才犯罪的。所有这些因素使欧洲人权法院得出结论，认为警察的（转下页）

如果根据上述因素不能证明先前的怀疑是合理的,欧洲人权法院则会判定,一名卧底特工的参与超过了职责限度:在这种情况下,警察会被认定为一名密探。一旦确定有密探存在,欧洲人权法院就会认为诉讼是不公正的且非法的。欧洲人权法院坚持认为,不能以公众利益为理由使用通过警方引诱而获得的证据。①

2. 在某些情况下,进一步保障措施的存在并不能弥补因使用在制裁威胁下获得的证据所造成的不公正

根据欧洲人权法院对密探案件的处理办法,不能通过确保其他保障措施的存在来确立在制裁威胁下所作的供述之合法性。

在"桑德斯诉英国案"中,欧洲人权法院必须决定在受到讯问时以法律义务的威胁作出的自白是否侵犯了禁止自证其罪的权利,以及使用这些证据是否影响了诉讼的公正性。欧洲人权法院首先认定桑德斯回答讯问的法律义务侵犯了禁止自证其罪的权利,②这并不一定是因为桑德斯所讲述的关于他有罪的内容,而是因为检察官以这种方式使用证据来证明桑德斯不诚实。③

欧洲人权法院接着分析了正当程序是否受到了影响。第一,它确立了禁止自证其罪的权利适用于所有罪犯,不论所犯罪行的严重性。特别是,欧洲人

(接上页)行动超出了一个已暴露的卧底的职责范围。最后,同样重要的判例还有 Vanyan v. Russia (n 61) para 49。该案件证实了上述所有因素。特别是,没有怀疑之前,申诉人已经被他人引导实施犯罪,而且没有证据表明即使在没有发现卧底的情况下被告依然会实施犯罪,据此欧洲人权法院得出结论认为是警方的卧底引诱被告实施了犯罪。

① Teixeira de Castro v. Portugal (n 62) para 36; Ramanauskas v. Lithuania (n 57) para 54; Edwards and Lewis v. The United Kingdom App no 39647/98 40461/98 (ECtHR 22 July 2003) para 49; Bykov v. Russia (n 6) para 93.

② App no 19187/91 (ECtHR 17 December 1996) para 70. 但是,在下列案件中,欧洲人权法院的结论是,以制裁相威胁并不构成胁迫的手段:Weh v. Austria App no38544/97 (ECtHR8Apri2004) paras 50 – 57; O'Halloran and Francis v. The United Kingdom App no 15809/02; 25624/02 (ECtHR 29 June 2007) para 55. 在其他案件中,欧洲人权法院认为,由于被告拒绝向侦查机关提供信息而对其施加的制裁构成了对其禁止自证其罪的权利的侵犯,尽管嫌疑人并未自证其罪。应当强调的是,在下令提出这项要求时,警方已经在等待开始侦查;这意味着警方故意要求申诉人提供信息,以便引导他自证其罪。See Funke v France (n 20) paras 41, 44; J. B. v. Switzerland App no 31827/96 (ECtHR 3 May 2001) paras 63 et seq. ; Heaney and McGuinness v. Ireland App no 34720/97 (ECtHR 21 December 2000) paras 53 – 55,59.

③ Saunders (n 64) paras 71 – 72. Aleksandr Zaichenko v. Russia (n 10) para 54.

权法院认为,公众利益不能成为使用侵犯禁止自证其罪的权利获得的证据的理由。① 值得注意的是,桑德斯在审讯过程中作出的回答并不是支持其定罪的唯一证据,甚至不是主要证据。欧洲人权法院否定了进一步的保障措施可以重新建立诉讼程序的公正性的可能性,特别是因为它们不能阻止在审判中使用该类证据。② 例如,侦查人员独立地进行了审讯,法官也运用自由裁量权来排除了不可靠或不准确的证据,此时被告的辩护律师是不能充分地证明证据的使用侵犯了禁止自证其罪的权利。正如下文将会展示的,在其他案件中,这些保障措施确实证明了使用侵犯禁止自证其罪的权利而获得的证据是正当的。最后,欧洲人权法院决定在使用了因威胁制裁下而获得的证据的情形下,无法确保审判的公正性。③

在"希尼和麦吉尼斯诉爱尔兰案"中,欧洲人权法院还坚持认为,进一步保障措施的存在并不能弥补使用通过侵犯自证其罪的权利而获得的证据所造成的不公正。希尼和麦吉尼斯因涉嫌参与恐怖袭击而被拘留;在拘留期间,他们受到威胁——如果他们不招供就会受到制裁。尽管他们从未认罪,但最后依然被判入狱。爱尔兰政府向欧洲人权法院提出主张,认为爱尔兰本国法官享有自由裁量权,可以对制裁威胁下所作的供述进行排除,因此,不得强迫自证其罪的权利本质是受到保护的。欧洲人权法院最后判定,排除这类证据的司法自由裁量权不足以纠正对禁止自证其罪的权利的侵犯。④

从对这些案件的解读中可以得出结论,使用侵犯禁止自证其罪的权利而获得的证据不能得到其他保障措施的补偿,使用该类证据的行为会影响诉讼程序的公正性。

---

① Saunders(n 64)para 74.
② Ibid, paras 63, 75.
③ 同上,参见莫雷尼拉法官的同意意见。法官认为,允许使用强制权力从被告那里获得供述的制度本身就违反了公正审判的要求。法官认为在这种情形下,不需要进一步分析这一证据的用途。
④ Heaney and McGuinness(n 64)paras 53-54.

3. 在某些情况下,只要证据对定罪不是决定性的,其他保障措施的存在就可以补救因采纳违反沉默权和禁止自证其罪的权利而获得的证据所造成的不公正

欧洲人权法院认为,只要设立了下列保障措施,那么从被告的沉默行为作出推论便不会侵犯禁止自证其罪的权利和正当程序权。[①] 第一,应证明能够预期被告将作出说明,在此情况下,如果他选择不作出说明,便可合法地从其沉默行为中作出推论;如果已经开始对被告进行审理,那么其需要向法官解释或辩解以澄清案件真相。[②] 第二,应该告知被告,可以从他的沉默行为中得出推论,这样他就明白保持沉默的风险。[③] 第三,在向被告进行权利说明时,必须有律师在场,除非是合乎法律的放弃这一权利,或律师的缺席不能被归咎于政府。[④] 第四,在陪审团审判中,陪审团应该得到充分的指示,在什么情况下陪审员可以作出推断。[⑤] 这些保障措施都不能在审判的后期以其他保障措施取代,例如在审判的后期阶段由律师予以帮助,或给予被告对采纳这一证据提出反驳的可能性(质证原则)。[⑥]

有律师的帮助可以确保被告能够为自己的辩护作出正确的决定。当可以从被告的沉默中作出推论时,被告必须决定是说出有关案件的信息并冒着自证其罪的风险,或是保持沉默并接受推论,[⑦]又或者是为自己进行辩护。欧洲人权法院已指出,在有律师在场的情况下,被告的辩护策略是否会改变是无关

[①] 在这方面,原本侵犯禁止自证其罪的权利与正当程序权之间的清晰界限却并不明显。在某些案件中,欧洲人权法院似乎集中分析推论是否侵犯了沉默权的本质,而在另外的案件中,采用推论是否影响了诉讼的公正性。参见 John Murray v. The United Kingdom App no 18731/91 (ECtHR 8 February 1996) paras 46, 50。

[②] Ibid, para 51. Condron v. United Kingdom App no 35718/97 (ECtHR 2 May 2000) para 61.

[③] Aleksandr Zaichenko v. Russia (n 10) paras 52–56. 在本案中,欧洲人权法院提到,为了认定申诉人的认罪是自愿的,必须事先告知他享有禁止自证其罪的权利。

[④] Salduz v. Turkey App no 36391/02 (ECtHR 27 November 2008) para 55; Aleksandr Zaichenko v. Russia (n 10) paras 37, 40. Panovits v. Cyprus App no 4268/04 (ECtHR 11 December 2008) paras 68, 72–73. 可以放弃获得律师帮助的权利,但只有在明确提出并告知被告他有权免费获得律师帮助的情况下,放弃律师帮助的权利才是有效的。至关重要的是,被告必须了解放弃律师帮助权的后果。

[⑤] Beckles v. The United Kingdom App no 44652/98 (ECtHR 8 October 2002) paras 62–66; Condron v. The United Kingdom (n 71) para 62.

[⑥] Salduz v. Turkey (n 73) paras 58, 62; Panovits v. Cyprus (n 73) paras 75–77.

[⑦] John Murray v. The United Kingdom (n 70) para 66.

紧要的。① 这一观点证实,当可以根据被告的沉默作出推论时,如果没有律师帮助,就会侵犯被告获得公正审判的权利。②

欧洲人权法院还强调,推论不应用于证明某一事实,而应用于评价检察官提出的证据之可靠性。③ 欧洲人权法院认为,推论不应被用来证明被告的罪行,④如果对被告的定罪主要是根据他的沉默所作的推论,那么获得公正审判的权利就会受到侵犯。⑤

4. 在某些情况下,附加保障措施的存在弥补了使用因违反沉默权而获得的证据所造成的不公正,而不用考虑对这些证据的使用情况。为了减少犯罪的公众利益,可以完全用它来为使用这类证据提供理由

如上文所述,要求被告提供案件信息的权力可以以两种不同的方式行使:(1)通过推论;(2)如果没有提供所需的答复或信息,则通过施加制裁获得。此外,只要有充分的保障措施存在,对沉默作出的推论也是有效的。从"桑德斯诉英国案"和"希尼和麦吉尼斯诉爱尔兰案"来看,威胁或实施制裁是不被允许的,因为这样做有可能获得可以用于审判的证据。⑥ 据此可以推断,威胁要对被告实施制裁是允许的,只要在这种威胁下所作的供述在审判中不用于证明罪行或任何间接事实即可。

接下来笔者将论证,欧洲人权法院对桑德斯、希尼和麦吉尼斯已经审理的案件采取了一种不那么保护主义的做法。在"奥哈洛兰和弗朗西斯诉英国案"中,欧洲人权法院认为,只要以制裁相威胁所获得的证据不被用来证明被告有罪,那么这种做法就是可被允许的。与此同时,欧洲人权法院同意,以这种方式获得的证据可以用来证明所涉罪行的一个基本要件,例如犯罪者的身份。⑦

---

① Ibid, paras 67 – 68.
② 然而,在 Aleksandr Zaichenko v. Russia (n 10) paras 47 – 49 案件中,欧洲人权法院认为,由于被警方拘留,导致嫌疑人的行动和决策受到限制。因此,只有在被警方拘留的情况下,才能得到律师的帮助。
③ John Murray v. The United Kingdom (n 70) para 51.
④ Ibid, para 47.
⑤ Ibid, paras 25, 52. Condron v. The United Kingdom (n 71) para 47.
⑥ 参见脚注 64—69 的相关文本。
⑦ O'Halloran and Francis (n 64) para 59. 欧洲人权法院认为,尽管奥哈洛兰所作的供述被用来证明他的罪行,但司机的身份只是超速驾驶罪行的要件之一。

在"奥哈洛兰和弗朗西斯案"中,欧洲人权法院也使用了公共利益的论点。它这样做不仅是为了使在没有供述的情况下通过实施制裁使得对沉默权的干涉合法化,而且也是为了允许通过使用在侵犯人权的情况下获得的证词来干涉公正审判的权利。[①] 在这方面,笔者有两点意见。第一,对公正审判保障的限制应事先由法律规定,而不是留给法官来和公共利益进行平衡。在后一种情况下,合法性原则可能会受到影响,法治原则也会受到质疑。第二,一方面承认侵犯人权,例如沉默权,另一方面又以公共利益为由来为使用侵犯该权利而获得的证据辩护,这似乎是矛盾的。如果通过权利限制机制来分析这一点,就会出现在本文第一章所确定的在不同门槛中使用的论点相互矛盾的问题。成功限制了权利的,便不存在侵权行为;如果接受存在侵权行为,那么就没有成功地限制可以使证据使用合法化的权利。[②] 欧洲人权法院不能在认定存在违法行为的同时,又认定出于公共利益的理由可以在审判中使用通过这种违法行为获得的证据。公正审判权可以受到限制,但只能通过法律加以限制,当承认对公正审判权的侵犯时,应自动禁止使用通过这种侵犯所获得的证据。

(二) 第三道门槛:判决对侵犯沉默权和禁止自证其罪的行为进行程序性救济

欧洲人权法院发现在使用了密探的案件中,正当程序原则受到了影响。欧洲人权法院判决按照恢复原状的标准进行救济,理由是如果没有警察的引

[①] Ibid, paras 44, 55. 从奥哈洛兰和弗朗西斯案件的判决来看,尚不清楚公众利益是否对使用侵犯沉默权而获得的证据的合法性的决定产生了任何影响。之所以出现这种混乱,是因为此案涉及两名申诉人,他们被威胁如果不按照侦查机关的命令行事,并说出驾驶他们的汽车而发生了交通事故从而违反了道路交通法的司机名字,他们将会受到制裁。由于受到威胁,奥哈洛兰说开车的人是他自己,而弗朗西斯拒绝提供信息。奥哈洛兰因供述有罪而被定罪,而弗朗西斯因拒绝提供信息而受到制裁。起初,欧洲人权法院承认两个申诉人的情况不同,但后来它把这两个申诉合并在一个问题中:威胁制裁是否侵犯了禁止自证其罪的权利? 为了解决这个问题,欧洲人权法院考虑了许多因素,笔者认为,这些因素对在审判中使用这一证据的合法性产生了影响。

[②] P. Serna & E. Toller, "La interpretación constitucional de los derechos fundamentales. Una alternativa a los conflictos de derechos," La Ley, Buenos Aires, 2000, pp. 67 – 68. 作者批评了欧洲人权法院对权利进行限制的做法,关于这一做法,欧洲人权法院认为有两个步骤。首先,欧洲人权法院需要断定一项权利受到了侵犯;其次,它继续确定这种侵犯权利的行为是正当的,并得出结论说,由于合法地限制权利,所以不存在违背《公约》权利保障规定的行为。

诱,被告人就不会犯下罪行。由于被告的拘留和定罪是直接由于使用了通过密探获得的证据,欧洲人权法院判决的救济包括使申诉人恢复至他未被定罪时将享有的相同待遇或地位。虽然欧洲人权法院没有判决释放被告,特别是由于在所有申诉案件中,申诉人已经服完刑期,①但欧洲人权法院依然会判令弥补被告人所受到的精神和物质损害。②

在欧洲人权法院认为正当程序保障因使用以制裁相威胁而获得的证据而受到影响的案件中,它几乎从未判令进行程序性救济。一般来说,判决认定违反《公约》的行为本身便提供了充足的救济。③只有在"亚历山大·扎伊琴科诉俄罗斯案"中,欧洲人权法院才决定重审被告,主要是因为该案中不采纳无罪证据的决定是在没有充分的事实与理由的情况下作出的。④

关于使用仅凭推论获得的证据,在"克鲁姆霍尔茨诉奥地利案"中,欧洲人权法院承认正当程序受到了影响。尽管承认了这一点,但它并没有判令偿还因定罪而支付的罚款,其理由是如果没有发生违反《公约》的行为,审判的最后结果将是无法确定的。⑤

---

① 虽然申诉人可能有权要求重审案件,以确定他在被判有罪的案件中不负有刑事责任,但在本文所举出的案件中,欧洲人权法院并没有判决作出这种程序性救济。然而,在 Marijnissen v. The Netherlands App no 9193/80 (Commission Decision 12 March 1984) 案件中,荷兰接受了取消申诉人的犯罪记录之请求,因为对他的审判已超过所需的合理时间。关于这一问题可参见 L. Zwaak, "The Supervisory Task of the Committee of Ministers," in Theory and Practice of the European Convention on Human Rights, p. 305。

② Ramanauskas v. Lithuania (n 57) paras 87 – 88; Vanyan v. Russia (n 61) para 77; Teixeira de Castro v. Portugal (n 62) paras 48 – 49.

③ Krumpholz v. Austria App no 13201/05 (ECtHR 18 March 2010) paras 47, 50. 在本案中,欧洲人权法院只判令赔偿损失和有关开支。欧洲人权法院拒绝判令赔偿申诉人所支付的罚款,因为它认为自己无法推测如果没有发生违反《公约》的行为,审判的结果会是什么。See Saunders v. The United Kingdom (n 64) para 86. 在本案中,欧洲人权法院下令偿还损失和有关开支,并认定对违反《公约》行为的承认就是充足的救济。参见 Allan v. The United Kingdom (n 6)。在本案中,欧洲人权法院认为,对于在审判中使用通过违反《公约》第 8 条所取得的证据,由于法院自身无法推测如果不使用这一非法证据,诉讼的结果将会如何走向。因此,法院认定,对违反《公约》行为的承认就是充足的救济(para 59)。尽管如此,欧洲人权法院还是判令赔偿(para 60)和偿还因申诉人的焦虑和压力而产生的损失和有关开支(para 63)。

④ Aleksandr Zaichenko (n 10) para 65.

⑤ Krumpholz (n 88) para 47.

四 通过侵犯隐私权所获的证据(《公约》第8条)

为了确定违反《公约》第8条的行为是否影响诉讼程序的公正性,欧洲人权法院经常考虑到下列这些标准:(1)被起诉罪行的严重性;(2)对惩罚某类罪行或发现事实真相的公共利益;(3)证据对被告人定罪可能产生的影响程度;(4)对质证原则的尊重,特别是关于被告反对采纳这类证据的可能性的尊重。

使用这些评估标准一般会导致使用违反《公约》第8条而获得的证据被正当化。这一评估几乎从未使欧洲人权法院发现违反正当程序的行为。[①] 欧洲人权法院违背了它为违反《公约》第8条以外的权利而取得的证据所确立的重要原则。其结果是形成了一个隐含的权利间的等级制度,同时也没有为缔约国提供足够的指引。

(一) 第二道门槛:使用违反《公约》第8条而获得的证据何时会影响诉讼的公正性?

1. 犯罪的严重性和提起公诉的公共利益

在"赫格拉斯诉捷克共和国案"中,欧洲人权法院认为,在决定使用违反《公约》第8条而获得的证据是否影响诉讼的公正性时,罪行的严重性以及因此对其提起公诉的公共利益是两个应被考虑的核心因素。[②] 这种做法违背了《公约》第6条不区分罪犯类型或所犯罪行类型的既定原则。[③] 当然,尽管作出了这样的区分,欧洲人权法院也使其有利于被告。例如,在"贾洛诉德国案"中,欧洲人权法院在另一种情况下考虑了罪行的严重性,并认为罪行的轻微不足以成为违反《公约》第6条的理由。在本案中,欧洲人权法院判定,由于贾洛是一个小规模的毒品商,因此不存在紧迫的社会需要去限缩《公约》第6条对

---

① 在"卡恩诉英国案"中,欧洲人权法院认为采纳和使用通过违反《公约》第8条所获得的证据并没有侵犯正当程序权利。See Khan v. The United Kingdom (n 7) paras 25 – 28; PG. and J. H. v. The United Kingdom (n 7) paras 37 – 38; Bykov v. Russia (n 6) para 91; Heglas v. Czech Republic (n 8) para 88.

② Heglas(n 8)paras 87, 91.

③ Ibid, para 87;Bykov v. Russia (n 6) para 93.

被告权利的保护。①

如本文第三章所述,让法官利用公共利益的理由去压制某些程序性保障措施是危险的。同样危险的是,在决定是否应给予被告《公约》第 6 条的保护时,将罪行的严重性作为考量因素之一。这样做意味着被告人将不受《公约》第 6 条的保护,他们更有可能受到严重的惩罚。公正审判的权利被设计成有利于那些必须面对公权力机关的人,特别是在提起刑事公诉的情况下。如果这项权利的保障范围仅限于一类特殊的罪犯,即"不太坏的违法者",那么这项权利可能会失去它的基础:限制政府官员的恣意行为以保障当事人。因此恰恰相反的是,在决定是否给予《公约》保障时考虑罪行的严重性,是为了让被告人获得更好的权利保护,而非使其不受保护。如果一个无辜的人被指控犯有严重罪行,他可能会被处以更重的刑罚。如果所涉判决较重,则应加强《公约》第 6 条对被告的保护。②

尽管存在上述问题,但在制定干涉隐私权的政策时,可以考虑到特定罪行的严重性。例如,一项允许窃听电话、通讯拦截或搜查住宅的法律可能是基于减少犯罪行为的需要,这可能是一个合法的目标。③ 为了符合比例检验(proportionality test),④应制定一些保障措施,以防止恣意和不分青红皂白的干涉。例如,一个案件至少应当在表面上证据确凿,并得到立案;其他保障措施可包括发布司法令状和警务监督,⑤但在紧急情况下应实行事后限制而非事前限制的情况除外。⑥

---

① Jalloh (n 7) para 119.
② 笔者认为这个观点应归功于 Melinda Taylor, Associate Legal Officer, Office of Public Counsel for Defence, International Criminal Court. See D. Friedman (n 9) 221. 同样的原则也可参见 State v. Coetzee & Others [1997] 2 LRC 593 at 677:"犯罪越严重,设法作出有罪判决的公共利益越大,因而对被告的宪法保护也就变得越重要。"
③ P. G. and J. H. v. The United Kingdom (n 7) paras 49–51. I. 在本案中,欧洲人权法院认为,在 B 的公寓中对电话进行计数并没有违反《公约》第 8 条,因为这样做是为了预防犯罪。在 Iliya Stefanov v. Bulgaria App no 65755/01 (ECtHR 22 May 2008) para 38 案件中,欧洲人权法院认定,在确定隐私权是否受到侵犯时,犯罪的严重性是要考虑的因素之一。但是,在本案中,欧洲人权法院没有将这一原则适用于现有的事实。
④ 关于比例检验的简介,可参见孙长永:《欧洲人权法院视野中的非法证据排除制度》,《环球法律评论》2011 年第 2 期,第 146 页。——译者注
⑤ Klass v. Germany App no 5029/71 (ECtHR 6 September 1978) paras 50–51.
⑥ Imakayeva v. Russia App no 7615/02 (ECtHR 9 November 2006) paras 187–188.

现在的问题是,为什么在可能同时违反《公约》第8条和公正审判权的情况下,对于《公约》第8条应允许采用犯罪严重性标准,而对于公正审判权却不适用。在实践中,该答案可能不是很重要,但却可能是一个重要的原则问题。鉴于严重犯罪的因素去限制公正审判权对被告的保护是相互矛盾的,因为这一权利所保护的主体恰是被指控的罪犯;但是,当《公约》第8条受到威胁时,限制对被告人的保护便不成为问题,因为从本质上讲,该条的目的不是为了保护被告人。此外,互换保障(限制隐私权,只要该限制不影响权利的核心,并制定防止恣意的保障)与适用犯罪严重性标准来削弱对公正审判权的保护是有区别的。当在公正审判权的范围内考虑到罪行的严重性时,对某些罪犯的权利的保护是有限的,而且没有额外的保障措施来补偿这种限制。最后,公正审判权保护了某些程序性价值,如果这些价值被纳入罪行严重性的标准,就会受到严重损害。在这方面,这项权利不同于《公约》第8条,因为《公约》第8条保护的是隐私权,所以对罪行的严重程度之考虑不会损害该规定的目的本质。

2. 证据对被告定罪的影响

在下文提到的所有案件中,欧洲人权法院考虑到这样一种事实,即尽管使用了违反《公约》第8条而获得的证据,但这些证据对被告的定罪并没有决定性的影响。

在艾伦诉英国一案中,欧洲人权法院承认使用秘密录音违反了《公约》第8条,其原因主要是英国没有法律对这一行为予以规定。[1] 虽然这些证据已被用来证明被告有罪,但这并非将其视为违反公正审判的充分理由。欧洲人权法院认为,这些录音侵犯了不得自证其罪的权利,而不是因为侵犯了隐私权,因此欧洲人权法院判定该行为同时违反了《公约》第6条。[2]

在比科夫诉俄罗斯一案中,欧洲人权法院认定秘密录音违反了《公约》第8条,但由于除了这些录音之外还有其他证据,所以后者被认为对被告的定罪没有决定性作用。[3] 不过额外证据的存在也引起了一些反对意见,特别是因为它

---

[1] Allan (n 6) para 36.
[2] Ibid, paras 51-52 and order no 2.
[3] Bykov (n 6) paras 96, 98.

的价值存有争议。①

在"P. G. 和 J. H. 诉英国案"中,欧洲人权法院考虑到违反《公约》第 8 条而获得的证据并不是对申诉人定罪的唯一依据。欧洲人权法院还认为,申诉人有机会对证据的真实性提出质疑,并对使用该证据提出反对。此外,内国法官享有排除这类证据的自由裁量权,但在本案中,法官决定采纳这类证据。② 所有这些因素使欧洲人权法院得出结论,认定具备充分的保障措施,因此不存在违反《公约》第 6 条的行为。

在赫格拉斯诉捷克共和国一案中,欧洲人权法院认为,使用违反《公约》第 8 条获得的证据并不影响诉讼的公正性,理由如下:(1) 对被告的定罪不仅是根据违反《公约》第 8 条所获取的证据;③(2) 使用这一证据以及对严重罪行的惩罚涉及重大的公共利益;④(3) 被告享有质证原则,即他有权反对该证据在审判中被采纳。⑤

在"申克诉瑞士案"中,申诉人被判引诱暗杀其前妻。申克先生雇佣了波蒂先生来执行谋杀。然而,波蒂决定向警方告发申克,用一段他与申克的对话录音来支持他的指控。欧洲人权法院首先宣布,该录音是违反《公约》第 8 条的,同时判定在审判中使用录音并没有导致违反《公约》第 6 条。原因是,对申克先生的定罪也是基于波蒂先生和申克夫人的证词,这些证词证实了最初对诉讼程序造成的不公正。⑥

在上述所有案件中,欧洲人权法院认为除了非法取得的证据外,还存在其他对定罪起决定性的证据,因此违反《公约》第 8 条而获得的证据对被告定罪

---

① Bykov(n6) paras 96,98. 罗扎基斯、塔尔肯、卡萨德瓦尔和米乔维帕拉斯法官加入了斯皮尔曼法官的部分反对意见。16—22。根据反对意见,多数意见作出的判决所依据的证据是无效的。原告的证词便是这一证据的一部分,根据反对意见,原告后来在审判中削弱了这一证据的效力,而多数意见并没有考虑到这一点。此外,多数意见作出的判决是基于证明力有限的证据,因为证据提到了比科夫和 S 先生个人关系的背景情况。所有这些考量使斯皮尔曼法官得出结论,认为如果该证据的证明力已充分确定,最后的判决便会有所不同,也会认定行为违反了《公约》第 6 条。
② P. G. and J. H. (n 7) para 79.
③ Heglas(n 8) para 90.
④ Ibid, para 91.
⑤ Ibid, para 89.
⑥ Schenk(n 5) paras 48 - 49.

的影响有限,这有助于重新确立诉讼程序的公正性。但是"卡恩诉英国案"背离了这一原则。卡恩被判贩毒罪的依据只有一个证据:他和一个朋友的谈话录音,而这段录音是通过警方秘密放置的装置获得的。因此欧洲人权法院认为,这段录音的取得方式违反了《公约》第8条。尽管这是用来支持对卡恩定罪的唯一证据,但是欧洲人权法院最后判定,该行为没有违反《公约》第6条。特别是,欧洲人权法院认为,"对定罪的决定性影响"标准不足以宣布该行为违反《公约》第6条,尽管在上述所有案件中,欧洲人权法院都认为这一标准足以宣布行为违反了《公约》第6条。[1] 这一标准被用来证明没有违反程序公正的正当性时,似乎比被用来判定违反程序公正的情况时更有分量。

虽然在其他案件中,欧洲人权法院适用的原则是,如果证据的证明力足够强,就不需要对其补强。[2]特别是在卡恩的案件中,欧洲人权法院似乎大大放松了这一原则的适用,因为在卡恩的案件中,录音是支持定罪的唯一证据。此外,在侵犯禁止自证其罪的权利的情况下,欧洲人权法院也拒绝适用这一原则,即当具备很强证明力的证据是唯一可依赖的证据时,不需要予以补强。在"约翰·默里诉英国案"中,欧洲人权法院认为,对被告的定罪不能仅仅和主要基于对被告保持沉默或在受到讯问时拒绝回答,以及拒绝提交证据的行为所作出的推论。[3] 问题是,在违反《公约》第8条获得证据的情况下,为什么会允许这样做。这么看起来欧洲人权法院很重视证据的可靠性。因此,如果获得证据时的情形是可靠的,那么证据就会是真实的,此时对真相的追求就会凌驾于其他程序价值之上。

3. 对使用违反《公约》第8条而获得的证据提出反对的程序机会

对卡恩来说,反对使用违反《公约》第8条而获得的证据的机会是决定性的,因为这样才不会违反诉讼的公正性。[4]

欧洲人权法院一般将对使用违反《公约》第8条而获得的证据提出反对的机会与这种机会的效力联系起来。例如,在"贾洛诉德国案"中,欧洲人权法院

---

[1] Khan(n 7) paras 37–38.
[2] Bykov v. Russia (n 6) para 90.
[3] John Murray (n 70) para 47.
[4] Khan(n 7) paras 37–40.

认为,如果国内法认为对权利的干预是合法的,则这种反对权的行使就不能被认为是有效的。① 比如,德国法律不禁止使用催吐剂,因此反对由此获得的证据之可采性便不被认为是有效的。在"比科夫诉俄罗斯案"中,欧洲人权法院考虑到《搜查活动操作法》没有规定在何种情况下允许警方对电话交谈进行录音,而且它不需要司法授权来控制警察的自由裁量权。由于缺乏适当的规制,使得反对权变得无效,因为该行为的合法性将不会受到争论。②

与贾洛案和比科夫案的主张相反,在卡恩案中,欧洲人权法院没有考虑到反对权将缺乏效力,因为英国法律并没有规定为了保障隐私权,应禁止秘密录音。所以,对使用这一证据提出反对的权利只是徒有其名。尽管如此,欧洲人权法院认为反对权依然足以恢复对诉讼程序造成的不公正。③

鉴于欧洲人权法院在诉讼中使用违反《公约》第 8 条而获得的证据时并未出现违反《公约》第 6 条的情况,因此下文不再对第三道门槛展开分析。④

五 结语

欧洲人权法院一再坚持,应将审判视为一个整体来对公正审判权的保障及受影响状况进行评估。⑤ 这一做法的目的是避免当出现侵犯《公约》所规定的权利时,法院会自动且不假思索地认定该情形影响了诉讼的公正性,同时,该做法还允许对违反未列入《公约》的原则而对诉讼公正产生影响的可能性进行考虑。⑥ 但是,这种将程序视为整体来评价的做法也带来了一些问题,并可能使正当程序权利成为空洞的保障。同时,正如上文所述,在违反《公约》第

---

① Jalloh(n 7) para 107.
② Bykov(n 6) para 80.
③ Khan(n 7) paras 36—38.
④ 针对这一特定问题的批评请参见 D. Ormerod, "ECHR and Exclusion of Evidence: Trial Remedies for Article 8 Breaches?" *Crim. L. R.*, 2003, p.61。
⑤ 参见脚注 7—8 以及相关文本。
⑥ 沉默权和禁止自证其罪的权利是正当程序权的基本部分,即使它们没有在《公约》第 6 条的文本中加以规定。See örs and others v. Turkey(n 19) para 55; J. B. v. Switzerland (n 64) para 64.虽然《公约》第 6 条没有明确规定被告人获得有效辩护的权利,但欧洲人权法院已将其视为正当程序权的一部分。See V. v. The United Kingdom App no 24888/94 (ECtHR 16 December 1999) para 85.

8条而获得的证据的情况下,对于该违反《公约》的行为所侵害的权利可能得不到充分的救济。尽管隐私权遭到了侵犯,但法院并不会判令对当事人提供有效的救济,因为其并不认为审判的公正性受到了违法行为的影响。此外,为法律所禁止的侦查手段可能被错误地认为在刑事审判中是得到允许的。比如从欧洲人权法院所认定的取证行为没有违反《公约》第6条的案件中可以推断,在犯罪侦查时所采用的方法虽然侵犯了《公约》的一项权利,但却可以在审判中得到使用。这种"同情式的理解"可能会鼓励进一步违反《公约》行为的出现。

欧洲人权法院使用可靠性和准确性检验来确定是否应将违反《公约》权利而获得的证据被排除在审判之外,以及确定对该证据的采纳是否会影响诉讼的公正性。可靠性和准确性检验的本质是不让那些能证明案件事实的证据被排除在审判之外,即使该证据是非法取得的。[1] 此时带来的问题便是,对证据可靠性的重视成为侵犯《公约》权利取证的催化剂。[2] 如此一来,侦查行为的有效性将侵蚀法治;因为成功地发现真相可以作为侵犯人权的借口,除非当侵犯人权的行为并不能有效地发现真相,否则便不可能对该行为的违法性质予以认定。此外,即使发现真相是诉讼的主要目的,但笔者认为,它并不能使侵犯《公约》权利的行为合法化。因为假若如此,程序性权利将服从于警察对侦查犯罪的效率追求。发现真相的目标成为侦查行为有效性的代表标准,即当侦查行为与发现真相的目标一致时,便可认定该行为是有效的,而对法律的坚守和人权的保障将成为需要通过有效性来克服的阻碍。

在一些判决中,欧洲人权法院认定,公共利益可以成为侵犯《公约》权利的正当理由。[3] 这种权衡似乎高估了一个社会对遵守刑法规定的重视,也似乎低估了对尊重法治、适当司法和限制恣意的重视。如果这种权衡涉及一般利益和特殊利益的对立,我们会很容易牺牲个人权利,因为相较于公共利益,个人

---

[1] Khan v. The United Kingdom (n 7) paras 35, 37;Gafgen v. Germany (n 8) paras 179-187.

[2] J. A. Diaz Cabiale & R. M. Morales (n 30) 44. 作者认为,只有在历史上纯粹的纠问式刑事制度中,发现真相才可以作为保障人权的对应概念。

[3] 比如参见 Jalloh v. Germany (n 7) para 97。欧洲人权法院认为,只要这种权衡行为不威胁到被告人权利的核心,那么公共利益就应当与被告人所享有的权利相平衡。

权利并不重要。① 然而,这种结果反映出了对人权作用的彻底误解。人权的存在正是为了保护个人利益,以防止其受到倾向于否定个人权利的多数人意愿的影响。

关于救济问题,欧洲人权法院一再指出,如果没有对违反《公约》权利的行为进行取证,那么审判的结果将会缺乏确定性,所以欧洲人权法院无法判决作出程序性救济。然而笔者认为这一论点值得商榷。最合适的救济方式,即重审,不需要想象没有通过侵权行为所获证据的审判会是什么样子。即使认可上述论点,即如果没有通过违反《公约》权利的行为所获得的证据,那么欧洲人权法院便不能总去预测诉讼的结果。但是不判决作出适当的救济将使情况变得更糟,因为各国也不会对原判决作出更改,除非欧洲人权法院命令它们这样做。下令重审将使欧洲人权法院充分发挥其作用,而不会越权,因为各国法官仍将作出最后的评价。此外,这里还有一种两面性的因素:在许多案件中,欧洲人权法院在决定审判的公正性是否受到影响时,会评估证据的影响力。然而,当需要作出救济时,欧洲人权法院却认为这一任务过于困难。令人奇怪的是,在为侵犯公正审判权的行为证成时,欧洲人权法院很容易确定证据对审判的最终结果没有影响,但在考虑是否下令救济时,欧洲人权法院却认为不可能作出同样的决定,而且该举措会超出其权限范围。

---

① D. Friedman(n 9)216-218. 作者认为,由于"应有尊重"这一概念渊源自公法,其不应被扩展适用于刑事案件,否则罪犯的权利将变得毫无意义,特别是因为对公共利益的重视被等同为不希望罪犯享有权利,而是有权去惩治犯罪。

Abstracts

"People-Centered"
—The Master Key to Comprehending the Centennial Human Rights Theory and Practice of the CPC

Xiao Junyong

Abstract: "People-Centered" is the value core of Xi Jinping's socialist theory of socialism with Chinese characteristics in the new era. It has upheld and developed the concept of "serving the people" put forward by the first generation leader Comrade Mao Zedong, absorbed and inherited the "three favorable" "three representatives" and "scientific development view" and other ideological theories, embodies the summary of century-old theoretical exploration and practical of the Communist Party of China, and has gained firm and broad support among the people and the Communist Party as a whole. China's great achievements in human rights construction in the past century can be attributed to the formation and development of the "people-centered" human rights theory by the Communist Party of China. Starting from "people-centered", construct and optimize the institutional and governance system of the modern socialist country systematically. Adhering to the principle of "people-centered", the successive leaders of the Communist Party of China and their teams has made overall planning for national security, social stability, economic development, cultural prosperity and ecological health, and work together to build and share, done traditional advantages of politics and culture, improve weak links concerning poverty reduction, environmental protection, and other human rights constructions, so that the development of human rights has gained a steady stream of sustained internal driving force.

Keywords: "People-Centered", Communist Party of China, Human Rights, Theoretical Explanation

The Jurisprudence Meaning of the Right to a Better Life

Wang Yanyun

Abstract: The right to a better life is the right of everyone to pursue a better life. The right to a better life belongs to the fourth generation of human rights, which is a high-quality composite right form and a high-level integrated right form. The right to a better life is an era concept bearing Chinese culture, Chinese values and the ruling concept of the Chinese ruling party, which is based on the socialist human rights development path with the Chinese characteristics and the socialist human rights cause with Chinese characteristics. It not only has rich Chinese cultural heritage, but also has universal significance. Through the right to a better life, China can construct its own human rights discourse system, and further promote the construction of an international human rights discourse system centered on the concept of a community of shared future for mankind.

Keywords: the Right to a Better Life, Integrated Rights, Human Rights Development Path with Chinese Characteristics, Human Rights Discourse System

Reflection and Reconstruction of Children's Holiday System
—From the Perspective of Marxist Human Rights Theory

Jiang Hualin

Abstract: The setting and operation of children's holiday system is not only the reflection of the protection of children's human rights, but also the symbol of the modernization of national governance system and governance capacity. The field investigation found that there is a gap between the current unified vacation mode of children's day and the development and fine protection of children's human rights. Facing the future, we need a supply side structural reform of children's holiday system based on "for children" and "based on children" from the perspective of Marxist human rights theory. Through the historical institutional approach analysis of "children's human rights" on children's day and "children's Day" under children's human rights, the proof of the subjectivity of children's human rights and the development of the particularity of children's human rights provide a solid logical fulcrum for steadily promoting the reform and renewal of children's holiday system. The change of children's holiday system from the existing unified holiday mode of "children" to the multi subject mode of "children +" is a Kaldor-Hicks improvement. Abandon the concept of adult centrism and return to child centrism, take into account the experience of extraterritorial system construction, reconstruct the children's holiday system through the technical form of local legislation, and promote the progressive transformation of children's due and legal rights into real rights, so as to better protect children's human rights and a better life.

Keywords: Marxist Human Rights Theory, Children's Day, Holiday System, Local Legislation

Marx on Deconstruction and Reconstructoin of Human Right's Theory about Enlightenment
—Based on Review to *the Jewish Question*

Meng Feibai

Abstract: *The Jewish Question* is one of the most classic writttings in which Karl Marx firstly analyses the concept of human rights. Based on the crtique of liberalism, Marx deconstructed human rights' theory of Aufklurung from three apects of essence, content and approach, as well as finally established new image of "human" and redefine the cocept of human rights. In our times, rethoughting *the Jewish Question* has a new value that is helpful to systematically understand Marx's theory of human right. Because it is benefical to introspectoin of Chinese mordern process, estbalishment of Chinese discourse of human rights, and development of sincize marxism of human rights.

Keywords: Karl Marx, Theory of Human Rights, Enlightenment, Deconstruction, Reconstruction

Is There a Hierarchy of Constitutional Rights?

Zhang Xiaoshan

Abstract: The quest for legal certainty leads some scholars to believe that a hierarchy of constitutional rights would be an ideal solution to rights conflict. While constitutional rights can collide with each other, the existing case law and jurisprudence do not support a hierarchy of constitutional rights. On the one hand, the hierarchy of constitutional rights doctrine is built upon the confusion of case-specific application with abstract principles, of rhetorical argumentation with constitutional interpretation, of values and interests with rights. On the other hand, the hierarchy of constitutional rights doctrine runs counter to the indivisibility of human rights and departs from the original intention of a written constitution. The claim of a hierarchy of constitutional rights is untenable and rejected by the judiciary across the globe. Resolution of rights conflict can be reached via ex-post judicial way, i. e., balancing of competing interests, or ex-ante legislative route, i. e., setting rights boundaries and general rules.

Keywords: Conflict of Rights, Hierarchy of Rights, Fundamental Rights, Balancing of Interests, Proportionality

A Reconstruction of Dworkin's Right Thesis

Chen Kun

Abstract: Dworkin proposed the rights thesis in Hard Cases published in 1975, and in his later publications, relevant issues had been repeatedly mentioned. The rights thesis can be reduced into four sub-thesis, which are presupposition thesis, description thesis, normativity thesis and methods thesis. These sub-thesis respectively discuss that whether there are some rights waited to be discovered before adjudication, that whether judges are revealing these rights when they hear cases, that whether judges should reveal these rights, and that what methods can be used to reveal these rights. Through this restatement, we learn that all of Dworkin's theories can be understood as theoretical support for the protection of rights of individuals.

Keywords: Dworkin, Rights, Right Thesis

The Nationalistic Conception of Right in Modern China

Zhang Mengwan

Abstract: The mainstream conception of rights in modern China has a unique sinicization characteristic precisely because of the place in which it originated, showing a distinct characteristic of nationalism, which is specifically characterized by the position that on the issue of the relationship between the nation state and rights, it mainly believes that rights come from the nation state, rights serve the nation state and rights are subject to the position of the nation state. The classical Chinese ideological and cultural traditions, the Western culture of rights, and the historical and social situation in modern China are the main reasons for shaping the nationalistic conception of rights. The nationalistic tendency of the conception of rights has brought about problems such as the inconsistency of the promotion of rights and the instrumentalism of the exercise of rights. The nationalistic conception of rights is a conceptual model that deals with the relationship between nation state rights and civil rights in an unbiased way. There is tension between the nation state rights and civil rights, and also there is mutual benefit between the nation state rights and civil rights. It is a contradictory relationship. In the future, the nationalistic conception of rights should pay attention to how to balance the relationship between state rights and civil rights.

Keywords: Rights, Nationalism, Nation State Rights, Civil Rights

Challenges to the Principle of "Non-Punishability of the Exercise of Rights"

He Chenxia

Abstract: The "non-punishability of the exercise of rights" is based on a moderated monism of illegality, and the path to criminality is the "constituent element deterrence" and the "illegality deterrence". The enjoyment of a right cannot be used to deny the infringement of a legal interest by unlawful means, and the motive for the exercise of a right is not the only criterion for determining the purpose of unlawful possession. The exercise of a right that exceeds its proportionality is reduced to an abuse of the right, and the "illegality bar" is also questionable. The distinction between the exercise of rights and property crimes in criminal law lies in the hierarchy of responsibility, which is why the idea of "punishability of the exercise of rights" is put forward. The term "punishable exercise of rights" refers to the use of means that are not permitted by law to realise the content of a right, which can be punished as a property crime. It is based on the theory of the relativity of the offence, and through the path of diminished responsibility, the "rightness" factor is taken into account in sentencing, in order to distinguish it from property crimes.

Keywords: Exercise of Rights, Abuse of Rights, Restriction of Rights, Property Crime, Entersection of Criminal and Civil

Study of Constitutional Right Norms as Legal Principles

Li Xin & Duan Congying

Abstract: The study of the effect of constitutional rights, especially the third party's effect, should begin with the nature of constitutional right norms firstly. According to the semantic concept of norms, the concept of constitutional right norms will be defined as the meaning of constitutional right normative statement (normative provisions). Constitutional right norms include those provisions expressing directly constitutional rights, protecting constitutional rights (associated orbiting provisions), and derivative constitutional right norms that are not expressed. Constitutional right norms with features of principles are applied by balancing. Rights that are protected by the individual constitutional right norm are prima facie rights, which will be definite by balancing with other constitutional right priciples. The formula of balancing of constitutional right norms are to be achieved by the rule of conflict and the weight formula basing on optimizing commands, which may lead to some problems.

Keywords: Third Party Effect of Constitutional Rights, Legal Principles, Constitutional Right Norms, the Weight Formula

The Supervision Mode Of The Lawyers' Out-court Comments

Zhang Pei

Abstract: International standards set the basic requirements for the lawyers' out-court comments, however, didn't guiding its supervision mode. Judging from the laws of various countries, extraterritorial country provided two supervision modes of the lawyers' out-court comments: British and American countries' mode of "prior gag orders + punishment afterwards", continental law and mixed law countries' mode of "punishment afterwards". China has adopted a comprehensive governance mode of comprehensive supervision of the lawyers' out-court comments. Its regulatory measures included prior restraint measures, measures to "stop transmission" in the event, ex-post deletion and accountability measures. In order to improve the supervision mode of the lawyers' out-court comments, China should further clarify the boundary of lawyers' comments, follow the principle of "the law cannot be done without authorization" when carrying out the prior restraint measures, provide relief means for filtering or deleting the comments of lawyers, allow judicial review of disciplinary actions in the lawyer Industry.

Keywords: the Lawyers' Out-Court Comments, the Supervision Mode, Prior Restraint Measures, Measures to "Stop Transmission" in the Event, Accountability Measures

Vulnerability and Social Justice

Martha Albertson Fineman   Translated by Li Xia & Zuo Junchao

Abstract: This Article briefly considers the origins of the term social justice and its evolution beside our understandings of human rights and liberalism, which are two other significant justice categories. Recognition of fundamental, universal, and perpetual human vulnerability reveals the fallacies inherent in the ideals of autonomy, independence, and individual responsibility that have supplanted an appreciation of the social. After this reflection on the contemporary meaning of social justice, I suggest that vulnerability theory, which seeks to replace the rational man of liberal legal thought with the vulnerable subject, should be used to define the contours of the term. I suggest that we need to develop a robust language of state or collective responsibility, one that recognizes that social justice is realized through the legal creation and maintenance of just social institutions and relationships.

Keywords: Social Justice, Human Rights, Liberalism, Vulnerability, Collective Responsibility

Climate Litigation from the Perspective of Procedural Environmental Rights

Gong Wei

Abstract: Climate litigation has emerged as a new way to deal with the biggest threat facing humanity: climate change. The sudden increase in the number of climate litigation is accompanied by ongoing controversy, but the controversy is mainly focused on substantive rights, and climate litigation based on procedural rights is widespread. The legal origin of procedural environmental rights is rich and has gradually become a system. Both procedural environmental right and substantive environmental right have the function of claim right, and there is no relationship between principal and subordinate. Procedural environmental rights can be independent of substantive environmental rights, and even appear before substantive environmental rights. The current international law on climate change attaches more importance to procedural obligations than to substantive obligations. A large number of representative lawsuits based on procedural rights have appeared in foreign countries, which are carried out from three aspects: the right to access information, the right to participate in decision-making and the right to resort to justice. There are no lawsuits directly related to climate change in China, and the current ecological and environmental legislation and judicature are sufficient to guarantee climate litigation based on procedural environmental rights. China should take the lead in climate litigation based on procedural environmental rights, and promote climate litigation based on substantive environmental rights after the realization of carbon peak.

Keywords: Climate Litigation, Procedural Environmental Rights, Substantive Environmental Rights, Two-Carbon Target

On the Theoretical Reflection and Reconstruction of the Protection Path of Herdsmen's Environmental Rights in the Perspective of Ecological Civilization

Du Jianming

Abstract: Pastoralist environmental rights is a unique legal care and rights care for grassland herders and their pastoral environmental governance in our country's environmental rights theory, and application of "substantive rights" and "judicialization" advocated by the "judicial center" theory of environmental rights to grassland ecological protection has derived a rights protection model dominated by grassland environmental public interest litigation. The strong "state power centrism" and judicial "confrontationalism" that are typical features of this model have caused herders to lose their voice and cooperative dissolution in the process of top-down governance, which has lost the impetus and vitality of grassland ecological governance. Based on the sustainable development of grassland ecology, it is necessary to take procedural environmental rights as a clue to open up another path for the realization of pastoralists' environmental rights.

Keywords: Herdsmen, Procedural Environmental Rights, Substantive Environmental Rights

On the Normative Evolution of Environmental Procedural Rights in *the Escazú Agreement* and the Approach of Human Rights Law

Liu Mengyao

Abstract: *The Escazú Agreement* of Latin America and the Carbbean is the second regional treaty which has translated Principle 10 of the Rio Declaration into environmental procedural rights. The analysis of its human rights law approach of the Agreement is significant to reveal the new trend of international environmental law theory and practice. This paper makes a comparative study on the normative evolution of environmental procedural rights in *the Escazú Agreement* and *the Aarhus Convention*, and it is found that the reconstruction of rights protection in *the Escazú Agreement* is mainly reflected in the status of substantive environmental human rights, the intensity of environmental information disclosure, the attitude of protecting the rights of vulnerable groups, etc., and the national capacity building. The evolution of the human rights approach of *the Escazú Agreement* is characterized by strengthening the right to a healthy environment and creating the brand new right to sustainable development, explicitly stating the legal principles of human rights, focusing on the protection of the rights of environmental human rights defenders, and introducing the vulnerability theory of human rights protection into international law. The conclusion confirms that the environment and human rights are deeply integrated in regional international law; the concept of environmental democracy continues and spreads in environmental governance; environmental protection constitutes an important part of contemporary human right law theory.

Keywords: Rio Principle 10, Environmental Procedural Rights, *The Aarhus Convention*, *The Escazú Agreement*, Environment Protection, Human Rights Law Path

On the Protection Scope of Citizens' Right to Communication in the Constitution

Nie Youlun

Abstract: How to define the protection scope of citizens' right to communication in the constitution is a legal interpretation problem left over from the clause of the fundamental right of communication. Focusing on this issue, the theoretical circles have put forward theories such as "privacy theory", "private space theory", and "process and information theory". Although the different theories differ slightly in the extension of the protection scope, they all regard the content of the communication as the core of the protection in the right to communication. However, after the communication process is over, the carrier of the communication content will inevitably be mixed with other files or data, and the above theoretical definition will make the constitutional provisions of the interference of the right of communication impossible to actually apply. Through literal interpretation, the protection scope of the right to communication can be defined as the process space formed by communication: the core of the concept of "communication" lies in the process, "freedom" and "secret" are signs or reminders of communication rights, and "censor" is a necessary procedure for intruding into a specific communication process. In terms of the legal system, the "communication process theory" could be reinforced by the internal system of the constitution and the external system of the law: on the one hand, it makes the protection object of the right to communication identifiable, which can activate the application of intervening clauses in the constitution and reduce the possibility of concurrence of fundamental rights; on the other hand, it makes rules in the branch of laws that specify the constitutional clause of right to communication easier to understand, and can effectively maintain the consistency between the constitution and the departmental law.

Keywords: Fundamental Rights, Right to Communication, Protection Scope, Communication Process, Recognizability

The Constitutional Normative Basis of Our *Personal Information Protection Law*
—From the "Draft Law" without "the Law is Enacted in Accordance with the Constitution"

Fang Xun

Abstract: In the process of enacting the *Personal Information Protection Law*, the debate over whether or not to include in the Law the phrase "the law is enacted in accordance with the Constitution" was mainly about whether there is a constitutional normative basis for the protection of personal information. The basis of the power of the National People's Congress and its Standing Committee to enact laws in accordance with the Constitution has been explicitly stated in the Constitution, and the validity of legal norms has been derived from the Constitution, so the controversial issue is whether and what kind of connection exists between the content of the lower sector laws and the Constitution. From the theoretical development and legal practice of personal information protection in China, it is possible to sort out the essence of personality nature of personal information rights and interests. Combining the provisions of the Constitution and the Legislative Law on the relationship between the constitution and the law, this nature of personality can be traced back to article 38 of the Constitution, "personality dignity". Combined with the normative system of the constitutional text, the constitutional normative basis of the personal information protection law can be inductively explained, which provides a link between the Constitution and the personal information protection law in terms of content. Therefore, it is appropriate to include "the Law is enacted in accordance with the Constitution" in the *Personal Information Protection Law*.

Keywords: *Personal Information Protection Law*, Personality Dignity, Human Rights, Dignity, Constitutional Normative Basis

Exploration on the Path of Criminal Law Protection of the Information Privacy
—Taking the Biometric Information as the Starting Point

Wang Qianyun & Gong Yue

Abstract: With the development of information technology, the private attribute of citizen's private information is weakened and the public attribute is strengthened, which leads to the crime of infringing citizen's personal information. Under this background, the demand of information subject for personal information increases, and the right to privacy increases the content of personal information privacy, which is characterized by positive self-information control. In terms of criminal law regulations on relevant behaviors, the ambiguity of prior laws, the failure of certain behaviors in the scope of regulations, and the ambiguity of the status of privacy in the criminal law have caused some difficulties in determining the nature of the acts of divulging, obtaining or using personal information by illegal means. In this regard, improving the pre-requisite law, clarifying the status of the right to privacy in criminal law, and refining the existing crimes are of great significance in achieving the goal of balancing the overall structure of penalties and providing strong criminal law guarantee for the protection of the right to privacy of personal information in the big data era.

Keywords: Privacy, Biometric Information, Criminal Law Protection

Immunity of the Guardianship in Roman Law and Its Modern Application

Zhu Zhengyuan

Abstract: In Roman law, when the guardianship is the power, it is not obligatory and the guardian can refuse it. When the guardianship becomes the compulsory public service, the guardian may claim immunity within the time specified by law. The legal time is determined by the distance between his residence and the court. The reasons for immunity are sometimes personal reasons, sometimes different burdens, including personal burdens and official burdens, and some are pure privileges. Guardianship in the Middle Ages can be regarded as a kind of public office. It logically has the prerequisites for the application of guardianship immunity. The public law of guardianship in modern times can provide the living soil for guardianship immunity. Some modern civil law may follow Roman law and directly set guardianship immunity provisions in legislation, and some change part of the reason for immunity into a situation of inability to guardianship. Except that official guardianship is a mandatory obligation that cannot be changed without authorization, the parent's legal guardianship task cannot be rejected based on the connection of natural law, our country still emphasizes the kinship and autonomy in guardianship, the autonomy of guardianship should still be respected and allow the guardian to refuse the guardianship appointment. However, the reason for immunity can be classified as situation of inability to guardianship in terms of interpretation to ensure that the guardian is capable of capable of acting as a guardian.

Keywords: Roman law, Immunity, Immunity of the Guardianship, Guardianship Ability

Science System's Self-Governance and Human Rights' Protection under the View of Social Functional Differentiation

Huang Yanmeng

Abstract: The undue expansion of the boundaries of scientific system is often accompanied by realistic threats to basic human rights such as the right to life and health. The legislative regulation of gene editing in Chinese Criminal Law reflects the legal system's drastic way of responding to human rights violations by science and technology. However, in a functionally differentiated modern society, the criminalization of the expansion of the field of science by criminal law is still insufficient to properly construct an optimal order for the governance of scientific systems. Based on the theoretical logic of social system theory, the regulation from government and le-gislation is certainly a necessary way in the context of the rule of law, but, due to the lag of traditional legislative adjustment, the dynamics of governance of the social subsystem itself cannot be ignored. As a supplement to legal regulation, mobilizing the inherent discursive power of the scientific system to restrict its self-expansion is not a less than a holistic constitutional governance strategy to effectively safeguard human rights.

Keywords: Scientific Field, Gene Editing, Systemic Theory, Social Constitutional Governance, Criminalization

Rational Examination of the Role of the Victim in Public Prosecution Cases

Li Wenjun

Abstract: With the development of the international human rights protection movement and the rise of victims in the criminal field, the protection of victims' rights in the criminal procedure law has become an important goal of judicial reform in various countries. Among them, the role of the victim in public prosecution has received widespread attention, some of which have been through the making and amending the law to raise the victim's litigation status to make the victim can participate in the investigation or preliminary hearing and put forward evidence method, make independent indictment from the procuratorate, know the indictment reason, get help from a lawyer, participate in trial, and appeal against the adverse judgement, etc. The Criminal Procedure Law in mainland China puts the victim into the category of "Party". Although it conforms to the trend of guaranteeing the rights of victims in public prosecution cases, the reform of the victim's litigation role conflicts with the existence of criminal litigation system and litigation structure in China, and also contrary to the basic jurisprudence of the criminal trial process. The biggest difference between the auxiliary litigant system in China's Macao region and the additional litigant system in Germany is that after the victim has claimed to be the auxiliary litigant, due to the litigation role conflict, the witness cannot participate in the evidence investigation as a witness to provide testimony. The orientation of the role of victims in public prosecution cases in the criminal procedure law in mainland China can be comprehensively referred to the system setting in the criminal procedure law in Germany and China's Macao, and some victims of public prosecution cases can be given the right to choose to be witnesses or auxiliary litigant at the discretion of judges, and they can be given more attention in litigation rights compared with other participants.

Keywords: Victim, Public Prosecution Case, Witness, Auxiliary Litigant, Additional Litigant

From Experience-Driven Risk Assessment to Data-Driven Risk Assessment
—The Logic Conversion of Risk Assessment Model of Pretrial Detention

Shi Zhumei

Abstract: Experience-driven and data-driven are two ways to assess pre-trial risk. The shift from experience-driven to data-driven risk assessment is an important measure to advance the modernization of national governance. The data-driven risk assessment model are based on data, actuarial tools, pre-trial service agencies and predictive effectiveness verification. Compared with the experience-driven risk assessment, it has obvious advantages in terms of scientificity, transparency, neutrality and accuracy. That's the external motivation to change. Limiting the abuse of risk assessment discretion and optimizing resource allocation and advancing the modernization of national governance are internal motivation to change. In order to change the pre-trial risk assessment model, we should rely on big data and actuarial tools and pre-trial service agencies to assess pre-trial risk. In addition, we should strengthen assessment accuracy verification.

Keywords: Pre-trial Risk, Data-driven, Assessment Model

An Analysis of the Exclusion of Evidence Obtained in Violation of Human Rights in Light of the Jurisprudence of the European Court of Human Rights

Ana Maria Torres Chedraui   Translated by Zhang Jiayuan

Abstract: In the jurisprudence of the European Court of Human Rights, it has not always ordered the exclusion of all evidence obtained for violation of Covention rights. The Court divides the analysis of whether to exclude evidence into three thresholds. The first threshold refers to the determination of the violation of a Convention right; the second one refers to the violation of fair trial; and the third one to the exclusion of the evidence as a form of procedural reparation. In practice, the prohibition of evidence implies two requirements: firstly, the prohibition to obtain evidence through means that violate Convention rights, and secondly, the prohibition to use in trial evidence which affects the fairness of the proceedings. Since not all evidence obtained in violation of Convention rights affects the fairness of the proceedings, fair trial needs to be weighed against other interests in specific cases. In cases of violation of art. 3 of the Convention, the Court has tended to hold that the use of such evidence would affect the fairness of the proceedings and need not be weighed against other safeguards. In cases of violations of art. 6 of the Convention, the Court has tended to weigh in a holistic manner, that is, to look at the trial as a whole. When the rights under art. 8 of the Convention are violated, the problems caused by the absence of procedural safeguards will be corrected if the crime is serious enough, even if the evidence has an undeniable influence on the final outcome of the trial.

Keywords: Violation of a Convention Right, European Court of Human Rights, Exclusion of Evidence, Fair Trial, Balance the Interests

稿　约

《人权研究》首创于2001年,是国内第一份,也是唯一一份人权研究方面的CSSCI来源集刊,由山东大学人权研究中心主办,现任主编为郑智航教授。

本集刊欢迎以人权、基本权利为主题的历史研究、比较研究、跨学科研究、案例评析与书评,亦欢迎涉及刑事法、行政法、国际法、环境法等部门法的相关研究。来稿应见解独立,论证清晰,资料翔实,文风清新。

论文以2万—3万字为宜,案例评析、书评不受此限。本刊不再接收英文译文和合作署名稿件。来稿附中英文摘要、关键词,另附作者信息及通讯方式。三个月内未接到刊用通知者,敬请自行处理。来稿请以电子版发送至编辑部收稿邮箱:rqyj2001@163.com。稿件请勿投寄个人。

本集刊采用页下注、每页断码排列的注释体例。引用性注释必须真实、必要。对观点的引用,应注重代表性;对事件、数据的引用,应注重资料来源的权威性。限制对非学术性书籍、非学术性期刊及报纸文章和网络资料的引用。说明性注释以必要为限,并应尽量简化表达。

本刊已许可中国知网等网络知识服务平台以数字化方式复制、汇编、发行、信息网络传播本刊全文。所有署名作者向本刊提交文章发表之行为视为同意本刊的网络传播行为。如有异议,请在投稿时说明。

欢迎学界同仁不吝赐稿!

《人权研究》编辑部